HEYNE BIOGRAPHIEN

Zum Autor

MICHAEL EDWARDES, Autor und Rundfunksprecher, wurde 1923 in Liverpool geboren. Er studierte in England und an der Sorbonne in Paris. Michael Edwardes gilt als *der* Indien-Spezialist. Er schrieb neun Bücher über kulturhistorische und politische Probleme Indiens und verfaßte für ›Thames Television‹ eine zehnteilige Dokumentationsfolge zum Thema Indien.

Michael Edwardes

NEHRU

Eine politische Biographie

Deutsche Erstausgabe

Wilhelm Heyne Verlag
München

HEYNE BIOGRAPHIE
12 / 163

Aus dem Englischen übertragen von
Rena Passenthien und Holger Fliessbach

Titel der englischen Originalausgabe:
Nehru – a political Biography

Printed in Germany 1988
Umschlagfoto: Keystone Bilderdienst, Hamburg
Innenbilder: Keystone Bilderdienst, Hamburg (13),
Süddeutscher Verlag, Bilderdienst, München (10),
Archiv für Kunst und Geschichte, Berlin (5), dpa München (3)
Erstellung der Zeittafel: Axel Haase, Berlin
Satz: VerlagsSatz Kort GmbH, München
Bildteil: RMO München
Druck und Bindung: Presse-Druck Augsburg

ISBN 3-453-00824-3

Inhalt

1
Erdbeben in Delhi

Am Donnerstag, den 28. Mai 1964, wurde Neu-Delhi kurz vor zwölf Uhr mittags von einem Erdstoß erschüttert. Solche Beben sind in Indiens Hauptstadt nichts Außergewöhnliches, aber dieses eine erfolgte zu einem genau passenden Zeitpunkt und war nicht ohne einen deutlichen Symbolwert. Am Vortag war Pandit Jawaharlal Nehru gestorben, der Führer der Nation, Erbe Mahatma Gandhis, einer der Architekten des unabhängigen Indien und sein erster Ministerpräsident. Wenige Augenblicke nach der Erschütterung schloß man die Tore zu seiner Residenz, wo über eine halbe Million Menschen an dem Leichnam auf seinem erhöhten hölzernen Podest vorbeidefiliert waren. Ein paar Leute aus der Menge versuchten, über die Tore zu klettern, um einen letzten Blick auf den Mann zu werfen, der sie angeführt, gelehrt, manchmal auch hart angepackt hatte und doch von ihnen als Gegenleistung nichts als Achtung und Liebe erfuhr. Als die Wachen die Menge zurückdrängten, wurden drei Menschen zu Tode getrampelt und andere verletzt.

In dem weitläufigen Park, der vor der Unabhängigkeit zum Wohnsitz des britischen Oberbefehlshabers gehört hatte, hob man den Leichnam auf eine Lafette, sein Haupt war etwas erhöht und der Körper von der Flagge Indiens bedeckt. Es war ein sehr heißer Tag, und die über die Bahre gestreuten Blumen fingen an zu welken. In der drückenden, stickigen Luft hingen die Klänge der Sanskrit-*mantras*, die von einer Gruppe Hindupriester gesungen wurden, und die eher banalen englischen Worte von

Abide with Me, die von ein paar Christen gesungen wurden – aus dem einfachen Grund, weil es eine der Lieblingshymnen Gandhis gewesen war.

Um ein Uhr zwanzig war der Zug marschbereit. Vorneweg fuhr ein Jeep mit dem General, der die Region Delhi befehligte. Dann kam die Fahrlafette, die von Soldaten gezogen wurde, begleitet von einer Eskorte, die mit gekreuzten Armen gemessenen Schrittes zu beiden Seiten marschierte. Dahinter folgten mehrere Limousinen. In der ersten, in einem weißen Sari, Nehrus Tochter, Indira Gandhi, mit ihrem jüngeren Sohn, Sanjay. Da Nehru keinen Sohn hatte, würde es an Sanjay sein, den Scheiterhaufen zu entzünden, der sechs Meilen weiter am Ufer des heiligen Flusses Jamuna wartete, nahe der Stelle, wo sechzehn Jahre vorher der Leichnam Gandhis eingeäschert worden war. Hinter der ersten Karosse kamen noch mehrere, mit Nehrus Schwestern und weiteren Familienmitgliedern, mit führenden Politikern und den Repräsentanten ausländischer Staaten, die die ganze Nacht über und am Morgen eingetroffen waren.

Der eingeschlagene Weg war ziemlich genau der gleiche wie der, auf dem Gandhi seine letzte Reise angetreten hatte. Langsam bewegte sich die Prozession vorbei an den grandiosen Regierungsbauten, die von den Briten während der letzten Jahre ihrer eigenen Herrschaft errichtet worden waren. Am Parlament vorbei, die großartige Prozessionsstraße Rajpath hinunter, den Tilak marg hinunter, der nach einem anderen, längst verstorbenen indischen Nationalisten benannt worden war, und schließlich zu dem Einäscherungsplatz mit seinem einfachen Ziegelsockel, der einen Meter fünfzig hoch und einen Meter im Quadrat war, überragt von einem Scheiterhaufen aus Sandelholz.

Die ganze Strecke entlang drückten die Menschenmassen – manchen Berichten nach waren es mehr als drei Millionen – gegen die Polizisten und die Soldaten, die am Rand einen Kordon bildeten. Es war eine typisch indische Menge: lärmend, neugierig, Lachen und Weinen durcheinander, ehrerbietig, aber undiszipliniert. An einer Stelle wurden die Bahre und die ersten Karossen vom Ende des Prozessionszuges abgeschnitten, als die Menge auf die Straße drängte. Aber schließlich kam der Zug dann um vier Uhr am Ufer des Flusses an. Unter gedämpften Trommelklängen wurde der Leichnam auf dem Scheiterhaufen aufgebahrt. Hindupriester begannen die magischen Riten für den Toten, heiliges Wasser aus dem Ganges wurde versprengt, und eine kleine Gruppe von Führungspersönlichkeiten defilierte vorüber, wobei ein jeder einen Scheit Sandelholz auf den Stoß legte. Die indische Flagge wurde durch ein weißes Tuch und Blütenblätter ersetzt. Sanjay entzündete den Scheiterhaufen, und der Leichnam Jawaharlal Nehrus, des Sozialisten, Agnostikers, des Propheten der indischen Säkularisierung, ging in Flammen auf wie der eines Hindukönigs.

Die ganze Prozedur war vielen wie eine Zurschaustellung bizarrer Ungereimtheiten erschienen. Nehrus Testament, das zehn Jahre vor seinem Tod verfaßt worden war, hatte festgesetzt, daß es bei seiner Bestattung keinerlei religiöse Zeremonien geben sollte. Unter denjenigen, die ein letztes Scheit Sandelholz auf seinen Scheiterhaufen legten, waren so hochrangige Moslems wie der Vizepräsident Indiens und Scheich Abdullah, das Staatsoberhaupt Kaschmirs. Und während des eintönigen Singsangs der heiligen *mantras* knatterte eine Salve Gewehrschüsse, und vierundzwanzig Signalhörner bliesen den Zapfenstreich. Und doch war keiner dieser Widersprüche ohne eigentlichen Sinn oder ohne Bedeutung für Nehrus eigenes Leben und seine Persönlichkeit. Die eurasischen Anklänge, diese Elemente aus Ost und West, die manche als ausgesprochen geschmacklos ansahen, gehörten ebenso zu Nehrus Leben wie zu seinem Tod. Die Moslems, welche bereitwillig an einer Hinduzeremonie teilnahmen, demonstrierten nicht nur den besonderen Stellenwert, den die islamische Welt in Nehrus politischem Leben eingenommen hatte, sie zeugten auch von seiner Abstammung, denn seine Familie war in hohem Maße geprägt durch die moslemischen Herrscher aus vorbritischer Zeit – die Mogulherrscher.

Auch nachdem jedermann bis auf die Priester und ein paar Soldaten den Einäscherungsplatz verlassen hatte – als es der Familie und den Kabinettsministern mehr um die Bestimmung eines Nachfolgers und den ausländischen Würdenträgern mehr um das dabei herauskommende Ergebnis ging –, gab es noch weitere offensichtliche Paradoxien im Zusammenhang mit Nehrus Tod. Der Präsident Indiens mit einigen Kabinettsministern und die Familienmitglieder des verstorbenen Ministerpräsidenten wohnten am nächsten Tag der Bergung der Asche bei. Sie wurde in Kupferurnen gefüllt, mit Gangeswasser besprengt und in Nehrus Haus gebracht. Im dortigen Garten blieb sie, während Tausende ihr die Ehre erwiesen.

Der letzte Akt fand am Dienstag, dem 9. Juni, nicht in Delhi, sondern in der Nähe von Nehrus Geburtsort Allahabad statt. Dort vereinigt sich der Ganges mit der Jamuna an einer Stelle, die den Hindus besonders heilig ist. Nehru hatte in seinem Testament, das von seiner älteren Schwester ein paar Tage vorher über den Rundfunk verlesen worden war, gebeten, daß etwas von seiner Asche in den Ganges gestreut werden sollte. Er wollte darin keinen religiösen Akt sehen. Für ihn war der Ganges – wie er sagte – »ein Symbol der uralten Kultur und Zivilisation Indiens, immer im Wandel, im Fluß und doch immer gleich. Er erinnert mich an die schneebedeckten Gipfel und tiefen Täler des Himalaja, die ich so sehr geliebt habe, und an die weiten Ebenen, wo mein Leben und meine Arbeit Gestalt annahmen.« Die übrige Asche sollte, so schrieb er, »in einem Flugzeug in die Lüfte hinaufgetragen und von dieser Höhe herab auf die Felder verstreut werden, wo die Bauern Indiens sich mühen, so daß die Asche sich mit dem Staub und der Erde Indiens vermengt und sie ein untrennbarer Bestandteil Indiens wird«.

Die Asche wurde per Bahn aus Delhi gebracht, und Menschenmassen säumten die Strecke. Eine gewaltige Menge erwartete sie in Allahabad. Zusammen mit Nehrus Asche wurde die Urne mit der Asche seiner Frau gebracht; Nehru hatte das Gefäß die achtundzwanzig Jahre seit ihrem Tode in seinem Zimmer aufbewahrt. In Allahabad wurden die Urnen unter einen Baum gestellt, der nahe dem Haus stand, in dem Nehru seine Kindheit verbracht hatte. Erneut Blumen und stille Verehrung. Dann wurden sie, von Soldaten und Priestern geleitet, an die heilige Stelle am Ufer gebracht und zu dem Zusammenfluß der beiden Ströme gefahren. Dort wurde die Asche verstreut. Ein Hubschrauber ließ Blütenblätter herabregnen, Geschütze donnerten, *mantras* wurden gesungen, Hörner bliesen wieder den Zapfenstreich, und eine Militärkapelle – ihre Mitglieder höchstwahrscheinlich alles gute Hindus – spielte *Abide with Me.*

Das übertriebene Zeremoniell von Nehrus Begräbnis verärgerte viele Inder. Die Intellektuellen betrachteten die Mißachtung von Nehrus eigenen Wünschen als einen zynischen Versuch der Regierung, aus dem Tod eines Menschen Kapital zu schlagen, dessen Platz im Herzen der Hindumassen weitgehend auf die traditionellen Werte zurückging. Was die Schwäche seiner Familie anbelangte, daß sie alledem zustimmte, so wurde dies nachsichtig mit ihrer Trauer entschuldigt. Für die Ausländer, besonders diejenigen, die in Nehru eine Führergestalt gesehen hatten – ohne die wesenstypische Bigotterie und den Aberglauben des Hinduismus –, eben einen modernen Menschen westlichen Stils, schien es gute Gründe für diese Einschätzung zu geben. Wenn Nehru auch sicherlich von Geburt Hindu war, so war doch seine ganze Erziehung ihrer Form und ihrem Inhalt nach westlich gewesen. Er war dem Netz der Hindugesellschaft und

Hindureligion entflohen, um ein liberaler Demokrat westlicher Prägung zu werden; er war weitblickend und kritisierte ständig das Gewicht der indischen Traditionsverbundenheit, während er versuchte, sein Land ins zwanzigste Jahrhundert zu transportieren.

Aber hatten sie recht? Nehrus Testament, in dem mehrfach jedwede religiösen Gefühle geleugnet wurden, war ein Jahrzehnt alt. In den letzten Jahren seines Lebens hatte sich seine Einstellung gegenüber der Hinduwelt, aus der er hervorgegangen war, gewandelt. Während all der Jahre der Unabhängigkeit hatte der Hinduokkultismus in Regierungskreisen seine eifrigen Anhänger gehabt. Astrologen hatten ein gutes Auskommen als Ratgeber für Minister, Beamte und Politiker.

Die meiste Zeit hindurch hatte Nehru es vorgezogen, die Wahrsager auf den Hintertreppen des Palastes zu ignorieren, aber in den letzten Monaten nach seinem Schlaganfall im Januar 1964, in diesen Monaten fast byzantinischen Charakters, durfte das Okkulte den Palast selbst durchdringen.

Auch andere beklagten sich. Manche sagten, die Zeremonien seien überhaupt nicht in der traditionellen Form abgehalten worden. Außerdem hätte man es nie gestatten dürfen, daß Nehrus Asche aus dem Flugzeug heraus verstreut wurde. Die Orthodoxen – Orthodoxie findet sich gelegentlich an unerwarteten Stellen Indiens – hatten einen Wortführer in Dr. Rammanohar Lohia, dem in Berlin geschulten Sozialisten, der ein offener und manchmal bösartiger politischer Gegner des verstorbenen Ministerpräsidenten gewesen war. »Was Mr. Nehru auch in seinem Testament geschrieben haben mag«, erklärte er auf einer öffentlichen Versammlung, »was er auch über seine Einstellung zur Religion gesagt haben mag, die Tatsache bleibt, daß Mr. Nehru als Hindu geboren wurde und daß er in der Initiationszeremonie die Heilige Schnur nach Hindusitte angenommen hatte. Er lebte als Hindu, starb als Hindu und wurde nach Hinduritus eingeäschert. Seine gesamte Asche hätte ins Wasser gestreut werden müssen.«

Diese Stellungnahme und die Geschehnisse, auf die sie Bezug nahm, stellen einen wichtigen Schlüssel zum Verständnis der Komplexität von Nehrus Leben dar, wie auch zum Verständnis des Indien, für dessen Freiheit er kämpfte und dessen Schicksal er siebzehn Jahre lang bestimmt hatte: von der Erlangung der Unabhängigkeit aus britischer Herrschaft bis zu seinem Tode.

2
Am Kanal und bei Gericht

Im frühen achtzehnten Jahrhundert verließ ein berühmter Sanskrit- und Persischgelehrter namens Raj Kaul seine Heimat in Kaschmir und begab sich in die Mogulkaiserstadt Delhi. Er folgte damit genau dem traditionellen Muster der Männer seiner Kaste und seines Landes, denn er war Brahmane, ein Mann der Elite in der Gesellschaftsordnung der Hindus. Kaschmirische Brahmanen, Männer voller Gelehrsamkeit und Ehrgeiz, aber ohne große Reichtümer, waren seit Jahrhunderten aus ihrem gebirgigen, aber wirtschaftlich kargen Heimatland fortgezogen, um einflußreiche Posten und Vertrauensstellungen in der Verwaltung des Mogulkaiserreiches und der mit ihnen verbündeten Hindufürsten einzunehmen. Sie bildeten eine kleine Gemeinde, die sich ihrer Verwandtschaftsbande und ihrer geistigen Überlegenheit wohl bewußt war. Ihr Stolz wurde nur noch von der Stattlichkeit ihrer Männer und der Schönheit ihrer Frauen übertroffen. Wie die Schotten beklagten sie immer, wenn sie von ihrem Geburtsort entfernt waren, ihr Exil.

Wenn Raj Kaul auch vom Mogulkaiser höchstpersönlich nach Delhi eingeladen worden war, so hatte er doch einen Zeitpunkt gewählt, wo die kaiserliche Schirmherrschaft schwächer wurde. Aber Raj Kaul wäre es wohl schwerlich aufgefallen. Wie üblich wurde ihm ein Stück Land mit einem Haus zur Verfügung gestellt, das an einem Kanal am Stadtrand von Delhi gelegen war. Wegen dieses Standortes, und um sich von den anderen Kauls zu unterscheiden, fügte er seinem Namen ›Nehru‹

bei – aus dem Urdu-Wort für Kanal, *nahar*, und einige Jahre lang kannte man die Familie unter dem Namen Kaul-Nehru. Wie wechselhaft die Geschicke des Kaiserhauses auch waren, stets bekleidete während seiner Regentschaft – seit der Jahrhundertmitte konnte von wirklichem *Regieren* kaum noch die Rede sein – ein Kaul-Nehru ein offizielles Amt. Das war aber nicht immer bei den Moguln. Ein Lakshmi Narayan Nehru (zu diesem Zeitpunkt hatte die Familie den Beinamen ›Kaul‹ schon fallengelassen) wurde – vielleicht, weil er spürte, daß sich der Wind gedreht hatte – der erste *vakil*, eine Art Kombination aus Rechtsberater und Repräsentant der English East India Company am Hofe des in Wirklichkeit machtlosen Mogulkaisers.

Der Große Indische Aufstand von 1857 (Indian Mutiny), jene erste und erfolglose Revolte des traditionsverbundenen Indiens gegen die britische Herrschaft, beendete die Verbindungen der Familie Nehru mit Delhi. Pandit Ganga Dhar Nehru war vor den schrecklichen Ereignissen, die schließlich zum Untergang der Moguln führten, Polizeichef der Stadt gewesen. Nach der Niederschlagung der Revolte verließen die Nehrus Delhi und zogen nach Agra, der einstmals zweitwichtigsten Stadt Mogulindiens, die aber zu dieser Zeit schon etwas heruntergekommen war. Selbst das ruhmreiche Marmorgrabmal des Taj Mahal war in ein Arsenal verwandelt worden. Anfang 1861 starb Ganga Dhar. Ein paar Monate später, am 6. Mai, wurde sein Sohn Motilal geboren.

Da sein Vater tot war, übernahmen die älteren Brüder die Verantwortung für Motilal. Einer war in Regierungsdiensten, der andere, Nandlal, schloß sein Rechtsstudium ab, nachdem er eine Zeitlang in Diensten eines kleineren Raja gestanden hatte, und begann als Anwalt in Agra zu praktizieren. Es war Nandlal, der die tatsächliche Verantwortung für Motilals Erziehung zu tragen hatte, und als der Oberste Gerichtshof von Agra nach Allahabad verlegt wurde, zog auch die Familie Nehru in diese ruhige Provinzstadt. Allahabad war und ist immer noch ein heiliger Ort, denn dort fließen, wie jedermann sehen kann, der heilige Ganges und die Jamuna zusammen, und jeder Hindu weiß, daß auch die legendäre Saraswati einmündet, wenn dies auch nicht sichtbar geschieht. Selbst die Moslems scheinen sich des besonderen Standorts von Allahabad bewußt gewesen zu sein, denn der Name, den sie ihm gaben, bedeutet ›Stadt Gottes‹.

In den ersten zwölf Lebensjahren wurde Motilal zu Hause erzogen. Er bekam hauptsächlich Unterricht in Arabisch und Persisch, den Sprachen und der Literatur der einstigen Moslemherrscher. Das mochte in einem Teil Indiens, das so sehr Herzstück des Hinduismus ist, für einen Brahmanen, den Angehörigen der höchsten Hindukaste, eine außergewöhnliche kulturelle Gewichtung darstellen. Die Vereinigten Provinzen von Agra und Oudh (der heutige Staat Uttar Pradesh) beheimaten nicht nur den Zusammenfluß der heiligen Flüsse bei Allahabad, der damaligen Provinzhauptstadt, sondern auch das Mekka des Hinduismus, Benares. Im Norden liegt der Himalaja, wo auf dem Kailas der wichtigste der Götter, Schiwa, wohnt. Ayodhya war die Hauptstadt des *Ramayana*-Helden Rama, des strahlenden Königs eines goldenen Zeitalters. Und die Gegend um Mathura war der Schauplatz vieler Eskapaden jenes beliebtesten Hindugottes, des Kuhhirten Krischna.

Die Nähe der Götter und Helden hatte die Hinduwertvorstellungen trotz der Bedrohungen durch die nachfolgenden nicht-hinduistischen Eroberer bewahrt. Die Masse der Bevölkerung blieb ihrer Überlieferung treu, aber sie hatte keinen Einfluß auf den Standort der Elite. Diese wurde in eine Kultur eingebunden, deren Geisteshaltung moslemisch war. Einige aus der Hinduoberschicht übernahmen auch die Religion der islamischen Eroberer, doch viele Brahmanen und Mitglieder der einflußreichen Schreiberkaste, der *kayasthas*, blieben wohl Hindus, übernahmen aber viel vom islamisierten kulturellen Leben. Zu den kleineren Gruppen, die diese indo-persische Kultur übernahmen, gehörten die kaschmiri-schen Pandits. Welche Stellung die Mitglieder dieser Gruppen einnahmen, die ja im Grunde zwei Kulturkrei-sen angehörten, wurde durch ihr Verhältnis zu den mos-lemischen Herrschern widergespiegelt. Dieses Verhältnis war geprägt vom Dienst, vom vertrauten Umgang, aber nicht von der Identifizierung mit der jeweils an der Macht befindlichen Regierung. Als die Engländer kamen, be-grüßten diese Gruppen die ihnen somit gebotenen Mög-lichkeiten eines westlich orientierten Erziehungswesens. Wie vorher auch traten sie in den Verwaltungsdienst, oder sie fanden Arbeit bei den Großgrundbesitzern, deren Stellung durch die englische Herrschaft gestärkt worden war. Viele bewahrten ihre Verbundenheit mit den zwei Kulturkreisen, denen sie noch einen dritten zu-gesellten, den des Westens.

Motilal Nehru ging einen solchen Weg. Nach den Pri-vatstunden in Arabisch und Persisch bekam er eine engli-sche Schulbildung an der Government High School in Cawnpore (Kanpur) und im Muir Central College in Allahabad. Dort entstand seine tiefe Bewunderung für westliches Gedankengut und westliche Lebensweise. Aber Motilal machte seine Abschlußprüfung nicht. Da er seiner eigenen Einschätzung nach im ersten Teil seines B.A.-Examens schlecht abgeschnitten hatte, nahm er am folgenden gar nicht mehr teil. Eigentlich war es eine törichte Entscheidung, denn zu dieser Zeit war ein Uni-versitätsgrad der einzige Schlüssel zu einer gutbezahlten Anstellung in Regierungsdiensten. Glücklicherweise ging dieser Moment der Schwäche vorüber, und nach-dem Motilal sich den Rechtsstudien gewidmet hatte, machte er sein Examen und war sogar einer der besten Absolventen. 1883 ging er für die Referendarzeit nach Cawnpore, und drei Jahre später kehrte er nach Allaha-bad zurück, um am High Court als Anwalt zu prakti-zieren.

Kaum hatte Motilal begonnen, sich in Allahabad zu etablieren, als die Familie Nehru ein Unglücksschlag traf. Nandlal, der eine gutgehende Praxis aufgebaut hatte, starb 1887 im Alter von zweiundvierzig Jahren und hinterließ seine Witwe, zwei Töchter und fünf Söhne. Motilal war nun Oberhaupt und einziger Ernährer einer großen Familie geworden. Er war sechsundzwanzig Jahre alt. Er selbst war verheiratet, hatte aber keine Kinder. Es war Motilals zweite Ehe. In erster Ehe hatte er ein Kind gehabt, aber Mutter und Kind waren gestorben. Für Motilal war die Unglückskette noch nicht abgerissen, denn ein Sohn, den ihm seine zweite Frau gebar, starb ebenfalls im Säuglingsalter. Unter diesen Umständen ist es kaum verwunderlich, daß die Geburt eines zweiten Sohnes am 14. November 1889 Anlaß zu besonderer Freude war. Motilal nannte seinen Sohn Jawaharlal, das rote Juwel.

3
Eine Reise nach England

In den ersten drei Lebensjahren Jawaharlals lebte die Familie mitten in der Stadt, nicht weit vom Hauptmarkt entfernt. Aber Motilals Lebensstil war auf ein großes Einkommen und eine zunehmende Verwestlichung zugeschnitten. Die Familie zog in einen Bungalow um, der in den sogenannten Civil Lines lag, einem hauptsächlich Europäern vorbehaltenen Wohngebiet, was zeigte, daß sie sich von dem Indien der übervölkerten Innenstadt abgrenzen und gleichzeitig ihre Überlegenheit demonstrieren wollten. Wenn auch der Bungalow an der Elgin Road, verglichen mit einigen der englischen Herrenhäuser in der Umgebung, nicht besonders luxuriös ausgestattet war, so sprach doch der Umzug für sich. Motilal Nehrus Wahl war nicht nur die eines Mannes, der eine Menge Geld verdient und folglich in ein besseres Haus und in einen vornehmeren Bezirk umzieht. Obwohl die Civil Lines und die Innenstadt nur ein paar hundert Meter trennten, waren sie geistig und gesellschaftlich Welten voneinander entfernt. Motilal Nehru folgte der Familientradition und paßte sich den Wertvorstellungen der Eroberer an.

Das schloß aber nicht alle anderen aus. Motilals Frau, Swarup Rani, blieb eine Hinduehefrau, die sich hauptsächlich für die Belange ihres Heims und ihrer Familie interessierte. Motilal selbst lehnte die überkommene Tradition nicht ab. Die Atmosphäre in dem Nehru-Haus war jedoch eher englisch als indisch, und das in zunehmendem Maße, je mehr Motilals Anwaltseinkünfte ins Unge-

19

messene stiegen. 1900 erwarb Motilal ein großes Haus mit einem ausgedehnten Park in der Church Road, und er nannte es Anand Bhawan – Wohnung des Glücks. Große Summen wurden darauf verwendet, daraus ein palastartiges Heim zu machen.

Anand Bhawan symbolisierte die drei Kulturen, die im Laufe der Zeit das Leben der Nehrus geprägt hatten. Das Haus selbst war vom Stil her indisch: Ein großes, weitläufiges Haus mit großen Zimmern und vielen Terrassen, die den Eindruck großer Höhe vermittelten. Die Zimmer waren um einen Innenhof herum angeordnet, in dessen Mitte sich ein Springbrunnen befand. Es gab auch einen Swimming-pool, und das Haus hatte als erstes in Allahabad Elektrizität und fließendes Wasser. Motilal war, wie später sein Sohn, von der Naturwissenschaft angezogen. Aber Motilals Hauptinteresse galt dem Praktischen. In diesem Sinne war er der typische viktorianische Universalgelehrte. Neben den Gesetzesbüchern und den englischen Klassikern gab es in seiner Bibliothek Handbücher über solche Themen wie *Praktische Klingelmontage* und das detaillierte Werk *Eine praktische Anleitung zur Montage des Warmwasserboilers.*

Und doch gab es in dem Haus eine Trennung zwischen dem Indischen und dem Westlich-Orientierten. Im indischen Teil führten die Frauen und Kinder ein behagliches und komfortables, aber im wesentlichen traditionsverbundenes Leben. Die Küchen waren in der Hand brahmanischer Köche, und alle Dienstboten waren Hindus. An den ersten Tagen eines jeden Monats wurden große Mengen von Reis gesäubert, und Weizen wurde auf dem Küchenfußboden mit steinernen Handmühlen gemahlen. Im westlichen Teil gab es Köche und Dienstboten, die für die Arbeit in englischen Häusern ausgebildet worden waren; Goans oder Mughs aus Bengalen unterstanden die Küchen, während andere Diener Moslems waren, denn kein Hindu würde Fleisch anfassen. Motilal aß in dem westlichen Eßzimmer und saß bei Tisch auf einem Stuhl. Die meisten Familienmitglieder aßen im indischen Eßzimmer und saßen dabei auf Matten auf dem Marmorfußboden. Um diese Ambivalenz zu betonen, trug Motilal außerhalb des Hauses immer europäische Kleidung, drinnen aber die traditionelle Kurta und Pyjamas – weite Hosen und das knielange Hemd aus feinem Musselin. Zu feierlichen Anlässen trug er oft eine lange schwarze oder weiße Jacke – den *achkan*, den sein Sohn in der ganzen Welt berühmt werden ließ – und enganliegende Hosen.

Diese Universalität des Verhaltens zeigte sich auch bei religiösen Festen. Der Hindukalender ist voll davon. Alle wurden beachtet; ebenso aber das islamische *Nowroz* – das Neujahrsfest –, das in Kaschmir von Hindus und Moslems gleichermaßen gefeiert wurde. Familienmitglieder gingen auch gerne zu moslemischen Freunden und aßen mit ihnen zum Ende des Fastenmonats *Ramadan* Schüsseln voller süßer Fadennudeln, die mit Rosenwasser parfümiert und mit einem hauchdünnen Gold- und Silberblättchen belegt waren. Weihnachten wurde anscheinend in Anand Bhawan nicht gefeiert, aber die Kinder durften Einladungen bei ihren christlichen Freunden annehmen, und Blumenkörbe wurden zum Schmuck der benachbarten Dreifaltigkeitskirche hinübergeschickt. Anand Bhawan selbst stand auf heiligem Boden, denn der Legende nach war der Held Rama von seinem Bruder Bharat am Ende seines langen Exils an einer Stelle dieses Gartens begrüßt worden. Jedes Jahr wurde dieses Treffen durch eine Prozession gefeiert, die beim Anand Bhawan endete.

In dieser Atmosphäre verbrachte das liebevoll verzogene Einzelkind Jawaharlal seine frühe Kindheit. Zu seiner Erziehung gab es private Hauslehrer; die meisten von ihnen waren Engländer. Als Gegengewicht beschäftigte Motilal gelehrte Brahmanen, die den Jungen Hindi und Sanskrit lehren sollten, offenbar ohne viel Erfolg. Im Grunde schien Motilal entschlossen, seinen Sohn zu einem englischen Gentleman heranzuziehen. Der indische Teil der Haushaltsführung war ein bloßes Anhängsel an Jawaharlals Leben. Die starke Persönlichkeit seines Vaters war überaus dominierend. Motilals Stolz war ungeheuer, und es gab keinen Zweifel darüber, wer herrschte. Er verlangte unbedingten Gehorsam, und wenn ihn etwas erregte, wurde der Haushalt von seinen ungezügelten Wutausbrüchen arg mitgenommen. Da er kein Gelehrter war, hatte er viel übrig für das Praktisch-Machbare; doch war er wahllos in seiner Jagd nach dem allerneuesten Schnickschnack – dem ersten elektrischen Licht, dem ersten Auto.

Die Allgegenwart dieser fast proteischen Gestalt, das Fehlen von Kindern seines eigenen Alters im Hause und die bedrückende Abgeschiedenheit seiner Erziehung umgab Jawaharlal mit einer tiefen Einsamkeit, die er bis zu seinem Lebensende mit sich trug. Jawaharlal war voller Bewunderung für seinen Vater, und als Erwachsener zeigte er viele von dessen Charakterzügen. Zu ihnen gehörten aber nicht das Selbstvertrauen und der Mangel an Zweifel, über die Motilal bei all seinen Handlungen verfügt hatte. Vielleicht war das auf die ständige Anwesenheit älterer Leute zurückzuführen. Ohne gleichaltrige Freunde konnte Jawaharlal im Grunde nur Anweisungen und Ratschläge entgegennehmen. Vor dem Druck der klugen Köpfe und großen Taten gab es kein Entkommen. Ein paar Jahre lang sah Jawaharlal seinen Vater nur wenig, und es gab keinen Gleichaltrigen, mit dem er seine Gedanken austauschen und dem er Vertrauen schenken konnte. Seine Mutter brachte ihm vorbehaltlose Liebe entgegen, und später bemerkte er, daß sie ihm auch dann nichts *außer* Liebe zurückgab, wenn er zu ihr kam, um sein Herz auszuschütten, um seine Frustrationen und Ängste vor ihr auszubreiten.

Wenn Anand Bhawan in mancherlei Weise ein Gefängnis war, so doch eines ohne Gitter. Jawaharlal hatte Freude am Sport. Sein Vater hatte einen großen Reitstall, und Jawaharlal ritt oft. Man konnte im Pool von Anand Bhawan schwimmen, man konnte Kricket und Tennis spielen. Es gab Besuche bei Tempeln und Feierlichkeiten, sogar Baden im Ganges, umgeben von der ursprünglichen Frömmigkeit der Pilger. Unter den Frauen der Familie Nehru gab es ein starkes Gefühl für die althergebrachte Religion. Bei Motilal war es Achtung, aber kein Glaube. Jawaharlal mit seinen englischen Hauslehrern, seinen englischen Büchern und seiner englischen Kleidung übernahm sowohl seines Vaters Toleranz als auch dessen Agnostizismus.

Unter den Hauslehrern, die Jawaharlals Verstand so beeinflußten, wie es bei jedem beliebigen englischen Schuljungen und bei den meisten indischen Jungen der Ober- und Mittelschicht dieser Zeit üblich war, scheint nur ein einziger eine bleibende Wirkung hinterlassen zu haben. Als Jawaharlal zehn Jahre alt war, empfahl Annie Besant, die Führerin der Theosophen und indische Nationalistin, Motilal einen sechsundzwanzigjährigen jungen Mann als geeigneten Hauslehrer für seinen Sohn. F. T. Brooks, Sohn eines irischen Vaters und einer französischen Mutter, war ein glühender Anhänger der Theosophie, einer Mischreligion, bei der der Hinduismus in gängige christliche Begriffe gekleidet erscheint. Brooks hielt in seiner Wohnung Treffen der ortsansässigen Theosophen ab, und sein Schüler war mit anwesend. Zum Amüsement seines Vaters war Jawaharlal im Alter von dreizehn Jahren so stark interessiert an den Lehren der Theosophen, daß er in die Theosophische Gesellschaft aufgenommen wurde, und zwar durch niemand Geringeren als Annie Besant selbst. Bald darauf reiste Brooks ab – er schien Motilal zu viel Einfluß auf seinen scheuen und geistig empfänglichen Sohn auszuüben. Jawaharlals Interesse an dem okkulten Überbau der Theosophen überdauerte die Abreise von Brooks nicht, aber die drei Jahre, die Brooks als Lehrer wirkte, hinterließen gewisse unauslöschliche Spuren in Jawaharlals Geist. Auf Brooks' Anregung hatte er am ernsthaften Lesen Geschmack gefunden, was nie mehr aufhörte und mit den Jahren nur noch verfeinert wurde. Und natürlich las er das, was ein englischer Junge seines Alters las. Dazu gehörten Lewis Carroll und Rudyard Kipling, dessen *Dschungelbuch* und *Kim* seine Lieblingsbücher waren. Da waren Scott und Dickens und Thackeray. Die fantastischen Geschichten von H. G. Wells fand er so gut wie die von wirklichen Abenteurern. Da waren die englischen Dichter, für die Jawaharlal eine tiefe Zuneigung bewahren sollte.

Jawaharlals erstes Interesse an den Naturwissenschaften verdankte er auch Brooks. In einem der Zimmer in Anand Bhawan wurde ein kleines Laboratorium eingerichtet, und die einfachen Versuche, die dort angestellt wurden, waren eine aufregende Einführung in die Naturwissenschaft. Die langen und interessanten Stunden, die damit verbracht wurden, grundlegende, einfache Experimente in Chemie und Physik durchzuführen, bestimmten wahrscheinlich Nehrus Studienwahl der Naturwissenschaften, als er Jahre später nach Cambridge ging.

Nach Brooks' Abreise wurde offenbar, daß der junge Nehru das Wissen, das durch privaten Unterricht vermittelt werden konnte, ausgeschöpft hatte. Für Motilal gab es nur einen Weg: Jawaharlal mußte auf eine englische Public School gehen und dann zur Universität. Die besonderen Hoffnungen, die Motilal von Anfang an in seinen Sohn gesetzt hatte, verstärkten sich noch. 1900 hatte Swarup Rani Nehru eine Tochter geboren, die auch Swarup genannt wurde. Als Mrs. Vijaya Lakshmi Pandit sollte sie später in der Geschichte der Unabhängigkeit Indiens eine kleinere Rolle spielen. Aber es kam kein Sohn. Jawaharlal war immer noch der einzige, der den Familiennamen weiterführen – und zu seinem Glanz beitragen konnte.

Motilal hatte England erstmals 1899 besucht. Bei seiner Rückkehr hatte er sich geweigert, sich einer Reinigungszeremonie zu unterwerfen, von der die Gemeinde der

Kaschmir-Brahmanen behauptete, daß sie den einzigen Weg darstellte, sich von der Sünde, Indien verlassen zu haben, reinzuwaschen. Diese Weigerung hatte im Grunde nicht nur seine eigene Verwestlichung verstärkt, sondern trug – indem sie die Unorthodoxen von den übrigen Gemeindemitgliedern abspaltete – auch dazu bei, die Albernheit der ganzen Geschichte, wie er es nannte, abzubauen. Sein Englandaufenthalt hatte ihm sehr gefallen, er hatte dort Freundschaften geschlossen und die beherrschende Rolle in Gesellschaft und öffentlichem Leben erkannt, welche die Absolventen der großen Public Schools spielten. Nur die exklusivste war für Motilals Sohn gut genug.

Die ganze Familie – Motilal, Swarup Rani, Jawaharlal und seine vierjährige Schwester – reiste am 13. Mai 1905 per Schiff von Bombay ab. Durch die Hilfe einiger englischer Freunde war es Motilal gelungen, seinen Sohn in Harrow unterzubringen. Jawaharlal hinterließ kaum Spuren in Harrow, aber die Schule prägte ihn sehr. Er spielte Kricket, trat dem Rifle-Club (Schützenbund) und dem Cadet Corps (Kadettenkorps) bei und nahm ganz das allgemeine Überlegenheitsgefühl der edwardischen Oberschicht an. Seine Reaktionen waren hauptsächlich emotional. Während er die klassenbewußten Wertvorstellungen der Engländer akzeptierte, nahm er denselben Engländern übel, wenn sie in Indien die ebenso klassenbewußten Inder diskriminierten. Als er als Preis den ersten Band von Trevelyans Leben des italienischen Patrioten Garibaldi gewann, erwuchs in ihm die romantische Vorstellung einer Befreiung Indiens. Das war nicht gerade die Einstellung, die er mit anderen englischen Jungen oder mit den paar Indern, die auch in Harrow waren – mit den Söhnen von Fürsten –, wirklich diskutieren konnte. Sein Interesse an der neuen Wissenschaft des Fliegens machte die Frustration kaum geringer.

Dem jungen Nehru war so, als passierten große Dinge, die die Welt verändern konnten. Am Tage seiner Ankunft in England hatten die Japaner in der Schlacht von Tsuschima die russische Flotte zerstört, was Nehru als ersten Schlag eines asiatischen Volkes gegen den weißen Mann ansah. Auch in Indien schien ein gewaltiger Nationalismus seine Muskeln spielen zu lassen. Auf all diese Dinge reagierte Nehru nicht verstandes-, sondern gefühlsmäßig, eine Haltung, die zum Leitmotiv seines politischen Lebens werden sollte. 1907 hielt er Ausschau nach einer weiteren Welt als Harrow, überredete seinen Vater, ihn nach Cambridge gehen zu lassen.

Am Trinity College, einer weiteren bestimmenden Einrichtung des englischen Establishments, studierte Nehru Naturwissenschaften, Chemie, Botanik und Geologie. Er fing an mit einer ausgedehnten Lektüre in anderen Bereichen, in der Literatur, der griechischen Dichtung, in Politik, Geschichte und Volkswirtschaft. Zu dieser Zeit war der Sozialismus, der romantische Sozialismus der Fabian Society (Fabier), modern. Nehru reagierte auf seine naive Art, aber hier wurde der Grundstein gelegt für seine Hinwendung zu sozialistischen Ideen. Als Motilal mehr in die Politik gezogen wurde, gab sein Sohn ihm Ratschläge. Motilal war ein Gemäßigter, ein Verfassungstreuer. Sein Sohn, angefeuert vom Idealismus, neigte der revolutionären Richtung unter den Nationalisten zu.

Doch sogar diese Anwandlungen der Begeisterung waren in Jawaharlals Leben nebensächlich. Der Reichtum seines Vaters bedeutete, daß er ein genußreiches Leben führen konnte, und das tat er auch. Natürlich war da immer noch die Frage, was er nach seinem Examen tun sollte. Wenn man weiß, was Vater und Sohn später taten, klingt es fast unglaubhaft, daß Motilal von seinem Sohn verlangte, er solle in den indischen Verwaltungsdienst (Indian Civil Service) eintreten, und daß Jawaharlal keinen Grund sah, sich zu weigern. Aber es gab Gründe, die dagegen sprachen. Jawaharlal hätte wahrscheinlich für weitere zwei Jahre, bis er das erforderliche Alter erreicht hatte, in England bleiben müssen, und die Abschlußprüfungen wurden in London abgehalten. Außerdem war seines Vaters irgendwie besitzergreifende Liebe durch den Tod eines weiteren Sohnes im Säuglingsalter während Jawaharlals Englandaufenthalt verstärkt worden. Eine Karriere im I.C.S. hätte bedeutet, daß Jawaharlal auf Posten versetzt werden würde, die immer weit weg von der Familie in Allahabad wären. Für Motilal war jede weitere Trennung undenkbar. Jawaharlal mußte die Rechte studieren und nach seiner Rückkehr nach Indien in Allahabad als Anwalt praktizieren.

Jawaharlal bestand im Sommer 1910 sein naturwissenschaftliches Examen. Im Herbst verließ er Cambridge, um seine Rechtsstudien am Inner Temple aufzunehmen, wo etwa zweiundzwanzig Jahre vorher ein Inder ganz anderer Art und sozialer Stellung, Mohandas Karamchand Gandhi, auch für das Jurastudium zugelassen worden war. In dem Leben der beiden Männer gab es keine Parallelen. Gandhi war arm. Nehru war reich. Wenn sich Gandhi auch wie ein englischer Gentleman gekleidet hatte, war dies im wesentlichen ein Akt der Unterwerfung gewesen, der den Wunsch nach gesellschaftlicher Stellung und Akzeptanz widerspiegelte. Der gutaussehende junge Nehru mit seiner hellen Haut trug die Bond-Street-Kleidung, als müßte es so sein. Während Gandhi nach vegetarischen Restaurants Ausschau hielt, frequentierte Nehru die passenden Clubs, die Theater und die standesgemäßen gesellschaftlichen Veranstaltungen. Er machte Spritztouren zum Festland, wäre beinahe bei einem Wanderurlaub in Norwegen ertrunken, fuhr nach Irland und gewann ein romantisiertes Bild von den irischen Nationalisten. Es war ein leichtes Leben, das endete, als er 1912 als Rechtsanwalt zugelassen wurde.

Abgesehen von zwei kurzen Besuchen war Nehru sieben charakterbildende Jahre lang von Indien weg gewesen. Die Reise nach England – die wesentlich seinen geistigen Horizont erweitert hatte – war vollendet. Er war, wie er später zugab, »ganz schön eingebildet«.

4
Salonpolitik

Das Indien, in das Nehru im Spätsommer 1912 zurückkehrte, war ruhig. Das Drama des revolutionären Nationalismus, das ihn gelegentlich in England begeistert
hatte, war abgeschlossen, untergegangen in der Apathie
der Gemäßigten. Die Briten hatten auf den Terrorismus
mit einer restriktiven Gesetzgebung geantwortet, die
nicht nur die revolutionären Anführer zum Schweigen
brachte, sondern auch der konventionellen Politik
den Handlungsspielraum nahm. Die Kolonialregierung
schien nach einem Augenblick der Panik so mächtig, un-
nahbar und unwandelbar wie eh und je. Der Indische Nationalkongreß kehrte, sobald er wieder von den Gemäßigten kontrolliert wurde, zu seiner alten, vorsichtigen
und untergeordneten Rolle zurück. Nehru nahm im Dezember 1912 an der jährlichen Tagung in Bankipur teil
und fand sie deprimierend. Ein geselliges Beisammen-
sein englischsprechender Männer der oberen Mittelschicht in Cut und gutgebügelten Hosen.

In seinen Anfängen, um 1885 herum, hatte der Kongreß die Unterstützung der britischen Regierung, die in
ihm die Möglichkeit sah, die politischen Aktivitäten der
indischen Mittelschicht niederzuhalten. Sogar seine Anführer sahen in dem Kongreß eine Art loyaler Opposition, ein Druckmittel zur Durchsetzung ihrer Einzelinter-
essen. Seine Mitglieder waren im wesentlichen Konservative, die aus den Kreisen Indiens stammten, die von
der britischen Herrschaft profitiert hatten und nun glaubten, sie würden noch mehr profitieren. Im Jahre 1899

waren 40 Prozent der 13839 Delegierten der jährlich stattfindenden Kongreßversammlung Juristen, die durch ihre
Ausbildung und Einstellung dazu neigten, das Gesetz
und die legitimen Mittel der Agitation zu respektieren.
Die anderen großen Gruppen bestanden aus Großgrundbesitzern und Geschäftsleuten. Alle übrigen waren fast
ausschließlich Journalisten, Ärzte und Lehrer.

Die Schichten, welche den Kongreß unterstützten,
waren diejenigen, die aus den dürftigen Reformen
Nutzen zogen, welche die Engländer ihnen von Zeit zu
Zeit gnädig gewährten, um sie ruhig zu halten. Die
Masse des indischen Volkes interessierte sie nicht. Tat-
sächlich war der Kongreß stark gegen alle Versuche der
Regierung, das Los der Landbevölkerung zu verbessern.
Die Gruppe der Großgrundbesitzer und Leute aus der
Wirtschaft, die den größten Anteil der Kongreßmittel zur
Verfügung stellten, war nicht auf seiten der Bauern oder
Industriearbeiter. Mit den Jahren nahm die Gruppe der
Grundbesitzer ab, sie fand andere Ventile für ihre politi-
schen Ambitionen. Aber die Geschäftsleute blieben, und
sie waren es, die eher den gewaltlosen Gandhi finanziell
unterstützten als einen Führer, der durch ein revolutio-
näres Programm vielleicht ein wirtschaftliches Chaos her-
beiführte. Das hatte tiefgreifende Auswirkungen auf die
Entwicklung der Freiheit Indiens und auf das Leben
Jawaharlal Nehrus.

Motilal Nehru war 1888 in den Kongreß eingezogen,
und sein Name erscheint auf der Delegiertenliste für die
in diesem Jahr in Allahabad stattfindende Sitzung. Für
Motilal war die Mitgliedschaft im Kongreß mehr ein gesellschaftlicher als ein politischer Akt, eine Geste der
Identifizierung mit Männern seines Standes. Zwei Jahre
später war er bei der Versammlung in Nagpur dabei, und
er war der Sekretär des Empfangskomitees, als die Sitzung 1892 wieder einmal in Allahabad abgehalten wurde.
Aber danach verschwindet sein Name aus den Delegier-
tenlisten. Er war zu stark damit beschäftigt, seine Rechts-

anwaltskanzlei aufzubauen, als daß er Zeit für die aktive Politik gehabt hätte. Aber er hielt die Verbindung aufrecht. Er hatte auch allen Grund dazu. Der Kongreß war die Interessenvertretung seiner Klasse – des verwestlichten Bürgertums. Unter ihren führenden Politikern bewunderte Motilal besonders Gopal Krishna Gokhale, auch ein Brahmane, diesmal aber aus Maharashtra. Gokhale war stark nach Westen orientiert, ein Verfassungstreuer aus Überzeugung und England gegenüber loyal aus Prinzip. Später meinte er, daß für den Fall, daß die Briten Indien verlassen sollten, die Inder sie zurückrufen würden, noch ehe sie Aden erreicht hätten.

Gokhale sollte das Sprachrohr der Gemäßigten werden. Was Motilal an ihm schätzte, war eben der Reiz der beiden Kulturkreise. Er verband einen wirklich indischen Patriotismus mit der Loyalität gegenüber England. Beides war, so glaubte er – und Motilal ebenfalls –, ohne weiteres miteinander vereinbar. Aber es gab andere, die das nicht glaubten. Nach 1870 war das englische Bildungswesen beträchtlich ausgeweitet worden. Eine neue Gesellschaftsschicht mit einer hauptsächlich literarischen Bildung westlichen Stils entstand, die kein Betätigungsfeld hatte, weil es einfach nicht genug Arbeitsplätze für sie gab, weder in der Verwaltung noch in der Wirtschaft. Sie war in einer fremden Kultur unzureichend ausgebildet, und in derjenigen ihrer Väter fühlte sie sich nicht wohl. Nachdem ihr Ehrgeiz durch die beherrschende Stellung der völlig verwestlichten oberen Mittelschicht gebremst wurde, waren sie reif für die Anziehungskraft neuer Formen des kulturellen Nationalismus.

Ihre Frustration schuf eine neue Synthese von Ost und West. Ihre Lektüre hatte ihnen eröffnet, daß das Geheimnis der europäischen Revolution in der militanten Machtübernahme durch das Volk lag und nicht in der zur Mitarbeit bereiten Reform. Der evolutionäre Ansatz des Kongresses war nicht nur zu langsam, die gewährten Reformen begünstigten auch nur diejenigen, welche sich in

Pseudo-Engländer verwandelt hatten. Diese Männer bedeuteten für die gebildeten Stellungslosen allmählich den Anfang einer neuen Tyrannei, die ihnen fast genau so fremd war wie diejenige, die sie eines Tages vielleicht ersetzen wollten.

Nachdem die erste Reaktion auf westliche Ideen das Streben nach Identifikation gewesen war, sollte die nächste deren Ablehnung bringen. Neue Anführer tauchten auf, die in einer erneuerten Tradition eine politische Waffe sahen, nicht nur gegen die Engländer, sondern auch gegen die verwestlichte indische obere Mittelschicht. Da die meisten dieser Führergestalten Hindus waren, blickten sie auf die Hinduüberlieferung. Eigentlich war das nichts Neues. Im frühen 19. Jahrhundert hatte es schon Versuche gegeben, den Hinduismus zu reformieren, damit er der Flut westlicher Gedanken und Wertvorstellungen widerstehen konnte. Aber diese Bewegung war in erster Linie defensiv, so geistig anregend sie auch gewesen sein mochte. Doch im Jahre 1875 hatte Dayananda Saraswati den Arya Samaj begründet, eine reformerische Gesellschaft, die versuchte, den Hinduismus vom Aberglauben zu reinigen und ihm eine aggressive politische Ausrichtung zu geben. Dayananda betonte, daß die Engländer der traditionellen Hindugesellschaft einen breiten Überbau westlicher Gesetze, Wirtschaftsstruktur und Verwaltung aufoktroyiert hätten, der beständig die liebevoll gepflegten Bräuche und Lebenseinstellungen bedrohte. Für gute Hindus gab es keine Möglichkeit des Ausgleichs angesichts der kulturellen Aggression. Kulturelle und religiöse Freiheit konnten nur durch politische Freiheit erworben werden.

Dayanandas Botschaft war ungeheuer anziehend für diejenigen, die einerseits die westlichen Kulturgüter nicht einfach übernehmen wollten und andererseits so viel westliche Erziehung genossen hatten, daß sie nicht mehr willens waren, den primitiven, abergläubischen Hinduismus der indischen Massen zu übernehmen.

Dayananda hatte aufzuzeigen versucht, daß hinter dem gängigen Hinduismus ein Gedanken- und Glaubenswerk von ungeheuerer Differenziertheit steckte, das den Vergleich mit allem, was der Westen zu bieten hatte, durchaus nicht scheuen mußte. Das pseudo-intellektuelle Lob des Hinduismus durch die Gründer der Theosophischen Gesellschaft trug dazu bei, die Hinduvergangenheit wieder aufzuwerten. Kulturelles Selbstbewußtsein ist der erste Schritt zu nationaler Selbstbestimmung. Eine weitere große Gestalt gab der Entstehung des kulturellen Selbstbewußtseins ihre Daseinsberechtigung. Vivekananda, ein religiöser Führer und Propagandist, rief zur aktiven Beteiligung an Reform und Sozialwesen auf. In seinen Reden drängte er die jungen Inder, sich der Aufgabe zu widmen, das Leben von Millionen ihrer armen und hungernden Landsleute zu verändern. Sie sollten an ihre Fähigkeit zum selbständigen Handeln glauben und aufstehen gegen das selbsternannte Recht der Briten, das Denken für sie zu übernehmen. »Was wir brauchen, ist Stärke«, das war 1897 seine Botschaft; »...glaubt an euch selbst... Was wir brauchen, sind Muskeln aus Eisen und Nerven aus Stahl. Wir haben lange genug geweint. Jammert nicht mehr, sondern steht auf euren beiden Beinen und seid Männer.« Wieviel ansprechender schien das alles doch im Vergleich zu den Alternativen, die von den gemäßigten Kongreßführern angeboten wurden, die immer nur auf den Knien um Zutritt zum Verwaltungsapparat bettelten und ihre Redekunst auf die machtlose Gesetzgebungsarbeit verschwendeten.

Der erste, der religiöse und kulturbewußte Gesinnung mit politischem Handeln verband, war Bal Gangadhar Tilak. Wie Gokhale, der sein Hauptgegner werden sollte, war er ein Brahmane aus Maharashtra. Entsprechend seiner westlichen Erziehung unterstützte er zunächst die gemäßigten Elemente in Bombay; als er aber erkannte, daß sie keine Unterstützung bei der breiten Masse fanden, machte er eine Kehrtwendung und schuf sich eine eigene Anhängerschaft. Nachdem er einen Zeitungsverlag gekauft hatte, arrangierte er zwei Feste, eines davon dem Hindugott Ganesha gewidmet – der im Westen Indiens, wo er besonders verehrt wurde, als Ganapati bekannt war –, und das andere zu Ehren des Maratha-Helden Sivaji, der im 17. Jahrhundert der konsequenteste Gegner des Mogulkaiserreiches gewesen war. Tilak war äußerst erfolgreich, wenn es darum ging, die Unterstützung der Massen zu gewinnen und zu militanten Aktionen anzustiften. Er hatte keine Skrupel, irgendwelche vollkommen vernünftigen Aktionen der Regierung verzerrt als entsetzliche Bedrohung der Hindureligion und des sozialen Gefüges darzustellen.

Tilaks Erfolg führte zu seiner Festnahme und Inhaftierung und zu einer weiteren Verbreitung seiner Ideen. Sein Ruf galt dem *swaraj,* der völligen, kompromißlosen Unabhängigkeit; »Kampf und keine Kriecherei« war sein aufrüttelnder Slogan. In den Augen der gemäßigten Kongreßmitglieder war er offenbar die Inkarnation atavistischer Kräfte. Seine Verbündeten waren die Hindugötter und -helden, und seine Armee bestand aus den Analphabeten und Abergläubischen. Aber der Jugend bot er Taten, Identifizierungsmöglichkeiten und eine Hoffnung auf Triumph. Sie reagierte leidenschaftlich und wartete auf irgendeinen großen Anlaß, bei dem sich primitive Leidenschaften erwecken ließen. 1905 lieferten die Briten einen solchen. In diesem Jahr entschied die Regierung aus gutem Grund, die riesige, unlenkbare Provinz Bengalen aufzuteilen. Dieses Vorgehen wurde von den Bengalen als der Gipfel einer Politik der Erniedrigung angesehen. All ihre Frustrationen brachen los in einer beispiellosen Welle des Protestes, in welcher sich religiöse Erneuerung und bengalischer Nationalismus vereinigten und ihr so Sprengkraft verliehen.

Die Jungen, die Geheimbünde zur gewaltsamen Abschaffung der britischen Herrschaft gebildet hatten, ließen sich plötzlich zu terroristischen Taten hinreißen.

Die Regierung antwortete mit sofortiger Repression. Neue Protestmethoden wurden praktiziert. Es gab einen Boykott englischer Waren und einen völligen Stillstand des Geschäftslebens. Die Gemäßigten im Kongreß merkten nun, daß sie einer immer beliebter werdenden Bewegung hinterherhinkten. Die neue, kämpferische Führung befürwortete keine Gewalt, verlangte aber Taten, nicht Worte. Es sollten nicht nur englische Waren boykottiert werden, sondern auch die von der Regierung kontrollierten Bildungseinrichtungen, die Gerichtshöfe und der ganze übrige Apparat der Fremdherrschaft. Die Leute sollten *swadeshi* unterstützen, das heißt, indische Waren kaufen. Zum ersten Mal erscheint im Vokabular des indischen Nationalismus der Begriff ›passiver Widerstand‹. Das bedeutete, wie Aurobindo Ghose 1907 schrieb, »die gesetzmäßige Enthaltung von jeglicher Art der Zusammenarbeit mit der Regierung«.

Es sah so aus, als werde der Konflikt zwischen den Gemäßigten und den jetzt Extremisten Genannten bald im Kongreß selbst ausbrechen. Trotz der revolutionären Anklänge bei der bengalischen Agitation gab es keine *indische* Revolution. Das war zum Teil auf die mangelnde Organisation bei den Extremisten zurückzuführen. Der Kongreß verfügte über eine solche Organisation, und doch waren seine Führer strikt gegen jegliche kämpferische Auseinandersetzung, die ihre ureigensten Interessen aufs Spiel gesetzt hätte, die doch am besten durch den *Pakt* mit der Regierung gewahrt blieben. Die Gefahr einer direkten Konfrontation zwischen Gemäßigten und Extremisten auf der Kongreßversammlung von 1905 brachte Motilal Nehru wieder als Delegierten zurück. Bei dieser Gelegenheit wurde ein Zusammenprall vermieden, aber die Gemäßigten waren entschlossen, die Opposition zu ersticken, da ihr kämpferisches Auftreten die Aussicht auf Reformen, wie sie damals von der britischen Regierung in London erwogen wurden, zunichte machen konnte.

Als ein Teil der Kampagne gegen den Extremismus wurde 1907 in Allahabad ein Provinzkongreß abgehalten, dessen Vorsitzender Motilal war. Sein Sohn, der sich schwärmerisch mit der extremistischen Position identifizierte, befürwortete seines Vaters Rede an die Versammlung nur unter Vorbehalt. Im selben Jahr gab es ernste Zwischenfälle im Panjab. Einer der wichtigsten Anführer der Extremisten, Lala Lajpat Rai, wurde inhaftiert und in das Gefängnis von Mandalaj in Burma deportiert. Als Jawaharlal wieder in England war, erregte er sich über diese neuen Schikanen, und nach einer Irland-Reise sah er in den dortigen Nationalisten eine extremistische Haltung, die Indien als Beispiel dienen konnte. Motilal war jedoch anders eingestellt, und er wurde immer mehr in die aktive Verteidigung der Gemäßigten gedrängt. Auf der Kongreßversammlung vom Dezember 1907 in Surat siegten die Gemäßigten, und die Führer der Extremisten wurden ausgeschlossen.

Extremistische Aktivitäten wurden langsam untergraben. Ohne Kongreß gab es keine Organisation. Die Regierung übte so viel Druck aus wie eh und je. Der durch die Teilung Bengalens angefachte Gefühlssturm legte sich 1911 wieder, als Folge der Wiedervereinigung. Aber der Extremismus war keineswegs tot. Er war in den Untergrund gegangen, in die Herzen der Jungen, die jetzt den Kongreß klar als das erkannten, was er war, die Interessenvertretung einer Minderheit. Es gab auch den trüben Nebeneffekt des Kommunalismus. Die Agitation in Bengalen war fast ausschließlich das Werk von Hindus gewesen. Die Moslems hatten durch die Teilung einen neuen Staat mit einer weitgehend islamischen Bevölkerung gewonnen, und die Kampagne für die Wiedervereinigung schien ein weiteres Beispiel dafür zu sein, daß die Hindumehrheit entschlossen war, alle zu beherrschen. 1906 gründeten konservative Moslems die Moslem-Liga, und im selben Jahr sandten sie eine Delegation zum britischen Vizekönig, die um die Garantie einer getrennten Wählerschaft bei den kommenden Reformen nachsuchte.

Kein Wunder, daß der junge Nehru die Politik langweilig fand. Seine Begeisterung hatte sich schon gelegt, als er aus England zurückkehrte. Er trat 1913 dem Provinzkongreß der Vereinigten Provinzen bei, beteiligte sich aber nicht aktiv. Zwei Jahre später, nach dem Ausbruch des Ersten Weltkrieges, wurde er Verwalter eines Fonds, der zur Unterstützung der Inder in Südafrika eingerichtet worden war. Aber seine Politik war Salonpolitik, so bequem und gelassen wie sein Leben. Er war nicht übermäßig daran interessiert, seinen Anwaltsberuf auszuüben – er war kein guter Redner und stand weiterhin im Schatten der kraftvollen Persönlichkeit seines Vaters. Vielleicht war sein Vater aus denselben Gründen die hervorragende Figur im Kongreß. 1916 heiratete Nehru Kamala Kaul, die hübsche siebzehnjährige Tochter eines wohlhabenden Geschäftsmannes aus Kaschmir, der derselben Kaste angehörte wie er. Wie Nehrus Mutter war Kamala in der Hindutradition erzogen worden, und sie versuchte, die geistige Kluft zwischen sich und ihrem zukünftigen Gatten dadurch zu überbrücken, daß sie ein paar Monate mit der Erzieherin von Motilals beiden kleinen Töchtern, Swarup und Krishna, die 1905 während Jawaharlals Englandaufenthalt geboren worden war, verbrachte. Im November 1917 gebar Kamala ein Mädchen, Indira Priyadarshini, heute besser bekannt als Indira Gandhi. Es war dasselbe Jahr, in dem Nehru die Salonpolitik verließ und in die aktive Politik ging.

Im Kongreß hatte es einen Umschwung gegeben. 1914 hatte er feierlich seine Unterstützung des Krieges in Europa erklärt. Aber im folgenden Jahr starben drei der einflußreichsten Gemäßigtenführer, auch Gokhale, und die Extremisten kamen langsam wieder zurück. 1916 schlossen sich Gemäßigte und Extremisten zusammen, und im selben Jahr taten sich der Kongreß und die Moslem-Liga zusammen, um für Indien den Dominion-status zu fordern. Der Lucknow-Pakt, wie das Projekt genannt wurde, entstand im Anand Bhawan. Großen Anteil an den Diskussionen nahm ein stark verwestlichter moslemischer Anwalt, Mohammed Ali Jinnah, der später der Schöpfer Pakistans werden sollte.

Rückblickend ist es eine Ironie der Geschichte, daß die Kongreßversammlung, die zu einer Zurschaustellung der Eintracht zwischen Hindus und Moslems führte, auch den Triumph der Extremisten brachte. 1916 hatten Tilak und Annie Besant unabhängig voneinander ›Home Rule Leagues‹ gegründet, im Bestreben, Bewegung in das politische Leben zu bringen. Obwohl die Bewegung ihrem äußeren Bild nach revolutionäre Stärke demonstrierte, war sie im Kern konservativ. Tilaks Erfahrungen mit der britischen Repression – die ihm bis zum Jahre 1914 sechs Jahre Gefängnis eingetragen hatten – ließen ihn vorsichtig werden. Mrs. Besant verfolgte mit ihrem Eintritt in die indische Politik hauptsächlich das Ziel, Indien und England einander näherzubringen, was die eurasische Natur ihrer religiösen Anschauungen widerspiegelte. Sie war gegen Gewaltanwendung und hatte sogar Tilaks Eintreten für den passiven Widerstand verurteilt. Aber jetzt ging sie davon aus, daß in Tilak ein Sinneswandel vorgegangen war, und sie wollte im Kongreß alle Schattierungen nationalistischer Geisteshaltung vereinigen, um sie in die Lage zu versetzen, gemeinsam agitieren zu können. Nach ihrem Verständnis würde die Agitation nicht gewalttätig oder terroristisch sein. Solcherlei Methoden wären nur eine Aufforderung für die geballte britische Macht, sie zu zermalmen. Mrs. Besant hatte die klassischen englischen Reformkampagnen – zur Abschaffung der Sklaverei, zur Zurückweisung der Corn Laws und zur irischen Selbstbestimmung – im Sinn. Riesenhafte Menschenansammlungen, Zeitungsartikel und Pamphlete sollten breite Zustimmung bewirken, und eine derartige Agitation sollte die Briten dazu zwingen, die Selbstverwaltung zu gewähren. »Britische

Politiker«, so betonte sie, »beurteilen die Berechtigung von Ansprüchen danach, wie massiv sie vorgebracht werden.« Nur im abgestumpften Klima der indischen Politik mitten im Kriege konnten solche Gedanken für revolutionär gehalten werden.

Und doch waren sie es. Die jüngeren Nationalisten, die durch den tatsächlich von der Regierung ausgeübten Druck frustriert waren, wurden von dem neuen Ruf nach Taten beflügelt. Tilak, der Mrs. Besant nicht leiden konnte, gründete seine eigene ›Home Rule League‹ in Maharashtra, um ihr zuvorzukommen. Mrs. Besant verließ sich bei ihrer Organisation auf die Zweige der Theosophischen Gesellschaft, welche die ersten Kader stellte. Es gab noch viele andere, die auf dieses eher schwache Licht in der Dunkelheit reagierten. Einer davon war Jawaharlal Nehru, der mit Mrs. Besant schon bekannt war, und möglicherweise fühlte er sich sogar gefühlsmäßig zu dieser erstaunlich dynamischen Frau von 69 Jahren hingezogen, die eine nicht geringe Rolle in seiner Jugend gespielt hatte. Im Juni wurde sie durch die Regierung von Madras interniert, und sechs Tage später wurde in Allahabad eine Tochterorganisation der Liga begründet, deren Sekretär Jawaharlal Nehru war.

Aber trotz alledem, trotz der Atmosphäre der Begeisterung und der eigentlichen Übernahme des Kongresses durch die Extremisten, war Jawaharlals Engagement keineswegs ausschließlich. Bei der Kongreßtagung im Dezember 1917 wurde Mrs. Besant mit überwältigender Mehrheit ins Präsidentenamt gewählt. Aber kaum daß sie es innehatte, schien sie Ansichten zu vertreten, die von denen der Gemäßigten nicht weit entfernt waren. Es sah so aus, als befürworte sie vorsichtiges Taktieren und als habe sie sich entschlossen, das Ergebnis der neuen Reformen abzuwarten, die sich im August desselben Jahres durch die Ankündigung andeuteten, daß neue Vorstöße in Richtung auf eine verantwortliche indische Regierung gemacht werden sollten. Bei der Tagung im Jahre 1918 wurde Mrs. Besant als Vorsitzende abgewählt, von den jungen Kongreßmitgliedern wie von den Extremisten gleichermaßen. Aber es war ihr gelungen, den ganzen Charakter der Organisation zu verändern. Die Gemäßigten verließen nach und nach die Bewegung, die sie so lange mit ihrer verfassungskonformen Einstellung gegenüber Veränderungen bestimmt hatten. 1919 bestand die überwältigende Mehrheit der Kongreßmitglieder aus jungen Leuten und Extremisten. Sogar das Angebot neuer Reformen war im Grunde eine Reaktion auf die Tatsache gewesen, daß die britische Regierung erkannt hatte: weil sie den Forderungen der Gemäßigten nicht nachgekommen war, hatte sie sie auf die Seite der ›Home-Rulers‹ getrieben.

Mrs. Besants Vermächtnis für den Kongreß, der sie fallenließ, war eine ganz Indien umfassende Organisation und ein agitatorischer Stil. Bei Tilak war das schon angeklungen, auch bei den Extremisten im Panjab und in Bengalen, aber die Aktivitäten des ›Home Rule‹ der Jahre 1915 bis 1918 hatten einem weiten Spektrum von Interessen zur Solidarisierung und zur gemeinsamen Ungeduld verholfen. Auf dieser Grundlage sollte ein neuer Führer, Mahatma Gandhi, eine neue Art nationaler Bewegung aufbauen. Er sollte auch durch die spezifische Kraft seiner vielseitigen Persönlichkeit Jawaharlal Nehru anziehen und ihn von einer gelegentlichen Beschäftigung mit der Politik zum engagierten Kampf um Indiens Freiheit führen.

5
Auftritt des Mahatma

Einzig das von den Briten beherrschte Hinduindien konnte eine solche Gestalt wie Mohandas Karamchand Gandhi hervorbringen. Er wurde 1869 in der Vaisya-Kaste, der zweitniedrigsten Kaste in der Hindugesellschaftsordnung, in Porbandar geboren. Das ist ein kleiner Fürstenstaat in Kathiawar, im Westen Indiens. Obwohl er in Bombay und London eine westliche Erziehung erhielt, blieb er doch dem Wesen nach ein unverfälschter Inder. Eine Wirkung hatte seine westliche Erziehung: Sie versorgte ihn mit dem politischen Vokabular, das er gelegentlich anwendete – so wie etwa ein Hindubauer die Eisenbahn benutzen würde: als ein Kommunikationsmittel. Außerdem gewann er die Überzeugung, daß die Engländer ein moralisches Volk sind, das an Gerechtigkeit glaubt, was eine tiefgreifende Wirkung auf seine Strategie im Freiheitskampf haben sollte. Wenn die Briten dazu gebracht werden konnten, die Unrechtmäßigkeit ihrer Herrschaft über Indien einzusehen, würden sie gerne die Macht abgeben.

Nachdem Gandhi einige Zeit nicht sehr erfolgreich in Bombay als Anwalt praktiziert hatte, ging er 1893 nach Südafrika. Dort entfaltete er sich unter dem Druck einer Rassendiskriminierung, die er mit der indischen Gemeinde teilte, vom schüchternen und sprachlosen Rechtsanwalt zu einem Advokaten mit Überzeugungskraft. Nachdem ihm die Gesetze wenig Schutz geboten hatten, entwickelte er eine Strategie des Massenprotestes, die er *satyagraha* (gewaltlose Nicht-Zusammenarbeit) nannte.

Neun Jahre lang – von 1906 bis 1915 – führten Gandhi und seine Anhänger eine Art Krieg gegen die südafrikanische Regierung. Die Leiden der indischen Gemeinde, deren Mitglieder inhaftiert und geprügelt wurden, regten die Geister nicht nur in Indien auf, wo die Regierung so viel Druck ausübte wie nur möglich, sondern auch in England. Mit vereinten Kräften erzwangen sie von der südafrikanischen Regierung, vieles von dem geschehenen Unrecht wiedergutzumachen. Als Gandhi 1915 wieder nach Indien zurückkehrte, wurde er wie ein Held empfangen. Die Regierung verlieh ihm eine Auszeichnung in der Liste der Neujahrsehrungen. Sein Name war berühmt geworden.

Gandhis spezifische Einstellung gegenüber politischem Handeln schien jedoch beiden Richtungen nationalistischen Denkens fremd zu sein. Die Gemäßigten, die sich darauf verließen, daß rationale Argumente ihre Sache zum guten Ende führen würden, konnten den Massenprotest nicht als Mittel zur Überzeugung der Briten gutheißen. Seine bereitwillige und eindeutige Unterstützung des im Krieg befindlichen britischen Empire sprach die Extremisten und die ungeduldigen jungen Männer nicht an. Gandhi machte einigen Eindruck auf Kongreßversammlungen, aber man achtete ihn nur wegen seiner Taten in Südafrika. Gandhi machte sich keine Sorgen, denn er fühlte, daß seine Zeit noch kommen werde. Während er die Szene beobachtete, erkannte er die Machtlosigkeit des im wesentlichen stadtorientierten Kongresses.

Gandhis Gelegenheit, die ländlichen Massen aufzurütteln, kam 1918, als er eingeladen wurde, den Fall der Indigo-Arbeiter in Champaran im Staate Bihar in die Hand zu nehmen, und dabei Erfolg hatte. Er kümmerte sich auch um die Probleme der Textilarbeiter in der Industriestadt Ahmadabad in Gujarat. Dort benutzte er zum ersten Mal das Fasten als politische Waffe. Während er sich in Gujarat aufhielt, unterstützte er auch eine Kampagne der Bauern im Distrikt Kheda gegen die Steuern. Für Gandhi waren dies alles erste Versuche, die Massen zum Handeln anzutreiben. Sie waren auch insofern von Bedeutung, als sie zwei sehr unterschiedliche Männer in Gandhis Gesichtskreis brachten. Durch die Kheda-Affäre lernte er Vallabhbhai Patel kennen, den Sohn eines armen Bauern, der aber zu dieser Zeit schon ein reicher und erfolgreicher Anwalt in Ahmadabad war. Patel sollte der Organisator der Kongreßkampagne gegen die Briten werden, und nach der Unabhängigkeit, bis zu seinem Tod im Jahre 1950, die mächtigste Kraft in der indischen Politik bleiben. Champaran, wo Gandhi sich als Mann der Tat zeigte, war für Jawaharlal Nehru eine Offenbarung und bereitete den Weg für seine Bindung, nicht nur an die nationalistische Sache, sondern auch an Gandhi.

Die Zeit war sicher reif für Offenbarungen und Engagement. Die anfängliche Begeisterung der Inder für den Krieg, die im Lichte der späteren Geschehnisse heute so unwahrscheinlich wirkt, war geschwunden, als sich die Kämpfe länger hinzogen. Die Agitation der ›Home Rule League‹ hatte die Regierung beunruhigt, und es gab sich mehrende Anzeichen dafür, daß der Terrorismus bald wieder aufflammen werde. Das Land war voller Spannungen. Eine aus Europa eingeschleppte Grippe-Epidemie breitete sich in Indien aus und forderte über zwölf Millionen Tote. In diesem Jahr blieb in einigen Landesteilen der Monsunregen aus, und in anderen gab es Überschwemmungen, was beides auf eine schlechte Ernte hinauslief. Die Preise für Nahrungsmittel stiegen steil an. Indische Soldaten, die man übereilt entlassen hatte, aus Angst, daß sie die Waffen gegen ihre eigenen Offiziere richten könnten, hatten ihren Ärger in ihre Heimatdörfer mit zurückgebracht. In den Städten waren die Löhne, trotz der von britischen und indischen Industriellen erwirtschafteten riesigen Profite, niedrig gehalten worden, während sich die Bedingungen, unter denen die Arbeiter leben mußten, ständig verschlechterten.

Sogar die Gewißheit politischer Reformen hatte Anlaß zur Besorgnis gegeben. Im Oktober 1917 hatte der damalige Staatssekretär für Indien, Edwin Montagu, ein Liberaler von geradezu klassischer Naivität, Indien besucht, mit der Folge, daß die britische Regierung eine Reihe von Reformen beschloß, wie sie bei einer Kolonialmacht noch nie dagewesen waren. Frühere Verfassungsänderungen basierten auf einer eingeschränkten Vertretung, die den indischen Standpunkt darstellen sollte, jedoch niemals Gesetzgebungskompetenz hatte. Die neuen Reformen waren im Grunde sensationell, auch wenn sie von indischen Nationalisten und von englischen Sozialisten bekrittelt wurden. Zum ersten Mal hatte eine Kolonialmacht einigen ihrer farbigen Untertanen zugestanden, daß sie in der Lage seien, sich selbst zu regieren.

Die Reformen schlossen, als ihr Inhalt bekanntgegeben wurde, natürlich keine *vollständige* Selbstverwaltung ein. Aber sie gewährten eine Gewaltenteilung. Die zentrale Exekutive blieb einzig dem Staatssekretär in London verantwortlich, aber die Gesetzgebung sollte, zumindest theoretisch, Aufgabe einer neuen Gesetzgebenden Versammlung und eines Staatsrates sein, der aus gewählten Mehrheiten, aber auch aus einem ›offiziellen‹ oder ernannten Block bestand. Als Ausgleich gab es den Vorbehalt, daß der Vizekönig für den Fall, daß die Legislative sich weigerte, ein wichtiges Gesetz zu verabschieden, die Macht hatte, es per Dekret einzuführen. Die Provinzen sollten auch Gesetzgebungsorgane erhalten, und die Zentralregierung sollte einige ihrer Befugnisse an diese Körperschaften abtreten. Diese Dezentralisierung betraf sowohl die Finanzen als auch die Verwaltung, und zu einem gewissen Grade würden die Provinzen eine Selbstverwaltung bekommen. Aber auch diese Regierung bedeutete eine Gewaltenteilung. In die tatsächliche Verwaltung teilten sich der gewählte Rat und der Gouverneur. Finanzen, Justiz und Polizei blieben unter der ausschließlichen Zuständigkeit des Gouverneurs, während den gewählten Ministern solche Bereiche wie das Bildungs- und Gesundheitswesen zugeteilt werden sollten. Die Zahl der Wahlberechtigten sollte, über die 1909 gewährten Reformen hinausgehend, erhöht werden, obwohl sie immer noch von einer gleitenden Einkommensstaffelung abhängig war. Für die Provinzialversammlungen würden unter den Wahlberechtigten ungefähr fünf Millionen in Frage kommen, für die zentrale gesetzgebende Versammlung nahezu eine Million und für den Staatsrat eine auserlesene Gruppe von etwa siebzehntausend.

Trotz der Behinderung durch so viele Vorbehalte und Abwägungen waren die Reformen ein wirklicher Schritt nach vorn. Viele Nationalisten einschließlich Gandhis glaubten, daß die Änderungen eine neue Haltung der Briten gegenüber Indien zum Ausdruck brächten. Andere waren dessen nicht so sicher. Zu diesen gehörten zum Beispiel die Moslems in Bengalen, die wegen der Wiedervereinigung Bengalens ohnehin schon verärgert und voller Befürchtungen waren. Nach der Teilung hatten die Engländer ihnen viele Zugeständnisse gemacht, um eine Opposition zu der fast ausschließlich von Hindus getragenen Agitation gegen die Teilung aufzubauen. Eine größere Anzahl von Posten in der Provinz-Beamtenschaft war den Moslems zugestanden worden, und für das moslemische Bildungswesen waren beträchtliche Summen zur Verfügung gestellt worden. 1909 waren ihnen getrennte Wählerschaften zugestanden worden, damit sie ihre Gemeinschaftsinteressen gegenüber der Hindumehrheit schützen konnten. Dann hatten die Engländer 1911 offenbar vor dem Hinduextremismus kapituliert, indem sie Bengalen wieder vereinigten. Dies alles und noch andere Faktoren, insbesondere der Tod des einflußreichsten Moslemführers alter Art im Jahre 1915, hatten im folgenden Jahr in Lucknow zu der Allianz zwischen der Moslem-Liga und dem Kongreß geführt.

Um den Lucknow-Pakt zustande zu bringen, war der Kongreß in bezug auf künftige Reformen auf das Prinzip der getrennten Wählerschaften für Minderheiten eingegangen. Aber Bengalen hatte eine Moslemmehrheit, wie auch der Panjab. Dort mußte die Hinduminderheit vor der tatsächlichen Überrepräsentation der Minderheit geschützt werden. Als man sich darauf einigte, stellte dieses Zugeständnis nur ein theoretisches Problem dar, aber bei der Ankündigung neuer Reformen erkannten die Moslems in Bengalen, daß sie die Leidtragenden sein würden. Bihar, wo Gandhi zum ersten Mal als Agitator in Indien aufgetreten war, hatte den Moslems ein paar Monate zuvor auch einen Vorgeschmack auf die Zukunft gegeben. Im September 1917 hatten Hindus des Bezirks Shahabad Moslems angegriffen, die ihr traditionelles Kuhopfer darbrachten, und daraus folgten gewalttätige allgemeine Ausschreitungen einer Größenordnung, wie man sie in Britisch-Indien noch nicht gekannt hatte. Vielen Moslems schien das einen Vorgeschmack auf den Hindu Raj, auf die Herrschaft der Hindumehrheit, zu geben. Dazu kamen noch Stellungnahmen des Vizekönigs und des Staatssekretärs, daß getrennte Wählerschaften mit der parlamentarischen Demokratie nicht vereinbar wären, so daß die Moslems in Bengalen zu der Überzeugung gelangten, die neuen Reformen stellten nicht nur eine Bedrohung ihrer Volksidentität, sondern auch ihres Lebens dar.

Die Reaktion einiger Moslemführer hatte gravierende Auswirkungen auf die Zukunft des späteren Freiheitskampfes. Im September 1918 wurde in einem Stadtteil von Kalkutta ein Moslemmob angestiftet, die Häuser nichtmoslemischer Geldverleiher und anderer anzugreifen. Der Boden dazu war bereitet worden durch Geschichten über bösartige Anspielungen auf den Islam in Hinduzeitungen. Ein Versuch, einen Mob, der zur Übergabe einer Petition auf das Regierungsgebäude zumarschierte, aufzuhalten, artete in Gewalttätigkeiten aus. Schließlich wurde Kalkutta drei Tage lang Gesetzlosigkeit, Plünderung und Brandstiftung überlassen. Es war vielleicht zum ersten Mal, daß in Britisch-Indien eine gewalttätige Menge zu ausgesprochen politischen Zwekken mobilisiert worden war. Das Ziel der Anführer war es, Gewalt gegen die nichtmoslemischen Bevölkerungsteile zu richten, und zwar nur zu dem Zweck, die Briten zu beeinflussen. Ihr Erfolg bei der Anstachelung des Mobs zur Gewalttätigkeit offenbarte, daß es eine Unzufriedenheit der Massen gab, die von gewissenlosen Politikern zu ihrem persönlichen Vorteil oder zu dem ihrer Volksgruppe manipuliert werden konnte. Die Instrumente für die Volksunruhen der kommenden Jahre waren hiermit geschaffen.

Überwältigt von dem Gefühl der Unsicherheit, beschloß die Regierung von Indien, sich zu schützen, indem sie Sondergesetze erließ. Der Bericht einer vom Richter Rowlatt geleiteten Untersuchungskommission über die »kriminellen Verschwörungen«, wie sie die Regierung nannte, wurde herausgegeben kurz vor der Veröffentlichung des Berichts des Staatssekretärs über die beabsichtigten Reformen. Der Rowlatt-Report befürwortete durchgreifende Sicherheitsmaßnahmen, einschließlich der Gerichtsverhandlung ohne Geschworene bei politischen Fällen und der Waffe der Präventivhaft ohne irgendeine Verhandlung. Der Report wurde von buchstäblich allen Schichten der Gebildeten in Indien mit Entsetzen aufgenommen – außer natürlich von den Briten. Unter den nationalistischen Führern war Gandhi der einzige, der wirklich handelte. Er rief den Vizekönig dazu auf, sich zu weigern, den Sicherheitserlaß zu ratifizieren. Als dieser Appell ungehört verhallte, gründete er eine Satyagraha-Gemeinde, deren Mitglieder das Gelübde ablegten, das Gesetz zu übertreten als Akt des passiven Widerstandes.

Es war dieser Aufruf, der zusätzlich zu der Erkenntnis von Champaran plötzlich Jawaharlal Nehrus Einbil-

dungskraft ansprach. Seine Reaktion war »ungeheuere
Erleichterung«, wie er später schrieb. Es war, als ob
Champaran eine unerträgliche Spannung aufgebaut
hätte, die auf irgendeine Lösung gewartet hatte. Das Sa-
tyagraha-Gelübde brachte diese Erlösung, obwohl nicht
klar ist, wieso. Doch nicht einmal das veranlaßte Jawaharlal zum Handeln. Seine natürlichen Hemmungen
wurden noch verstärkt durch die ablehnende Haltung
seines Vaters, der in den Methoden der Nicht-Zusammenarbeit die Negation all dessen sah, woran er glaubte.
Zwischen Vater und Sohn kühlte sich das Verhältnis ab,
und dieser Zustand dauerte fast eineinhalb Jahre. Aber
im Panjab passierten Dinge, die Motilals Glaube an britische Gerechtigkeit zerstören sollten und welche die
beiden einander in der Hoffnung auf die Erschaffung
eines neuen Indien wieder näher brachten.

6
Amritsar und die Folgen

Die Proteste gegen die neuen Sicherheitsmaßnahmen erfolgten auf zwei Ebenen. Gandhi, der den Akten der Nicht-Zusammenarbeit Dramatik verleihen und eine Verbindung zwischen ihnen herstellen wollte, rief am 6. April 1919 den ›Satyagraha Day‹ aus. Es sollte einen *Hartal*, einen völligen Stillstand des Geschäftslebens geben; die Protestierenden sollten fasten, und Massenversammlungen sollten abgehalten werden. Auf einer anderen Ebene und wahrscheinlich ohne Gandhis Wissen verbreiteten Kongreßfunktionäre schwarzseherische Propaganda. Gerüchte wurden in die Welt gesetzt, die Regierung würde durch die neuen Gesetze ermächtigt, Mann und Frau vor der Ehe zu ›inspizieren‹. Eine andere Maßnahme beschränkte, wie es hieß, die Anzahl der Zugochsen, die ein Bauer besitzen durfte, auf zwei. Solche Gerüchte entstanden und verbreiteten sich hauptsächlich im Panjab, der Provinz, aus der die allermeisten der so schnell entlassenen Soldaten stammten. Bald gab es öffentliche Mißfallenskundgebungen.

Die meisten Tumulte, die praktisch auf den Panjab und Teile Westindiens beschränkt waren, kamen spontan zustande und waren gekennzeichnet vom Haß zwischen den verschiedenen Rassen und Religionsgruppen. Die Regierung reagierte übertrieben scharf auf den ›Satyagraha Day‹, und am 9. April wurde Gandhi verhaftet, jedoch bald wieder entlassen. Seine Inhaftierung löste ernsthafte Krawalle in Bombay und Ahmadabad aus, und Gandhi war so entsetzt über den Ausbruch der Gewalttätigkeit, daß er die Kampagne abbrach. Aber, wie er immer wieder erfahren mußte, einmal losgebrochene Gewalttätigkeit kann nicht mehr eingedämmt werden. Im Panjab verhaftete die Verwaltung, entschlossen, Stärke zu demonstrieren, am 10. April zwei beliebte führende Kongreßpolitiker, und als eine Menschenmenge einen Protestmarsch in Richtung des europäischen Sektors der Innenstadt von Amritsar in Bewegung setzte, eröffnete die Polizei das Feuer. Auf ihrem erzwungenen Rückweg plünderte die Menge zwei Banken und setzte das Bahnhofsgebäude in Brand. Vier Europäer wurden von dem Mob ermordet, und andere wurden zusammengeschlagen; darunter war eine Missionarin, die wie tot zurückgelassen wurde. Der Militärkommandant, Brigadegeneral Dyer, brachte es fertig, die Ordnung wiederherzustellen, und alle öffentlichen Versammlungen und Zusammenkünfte wurden verboten.

Trotz des Verbotes versammelte sich am 13. April eine große Menschenmenge von schätzungsweise 20 000 Männern, Frauen und Kindern auf einem von Mauern eingeschlossenen Platz, bekannt als der Jallianwala Bagh. Als General Dyer davon erfuhr, begab er sich selbst an Ort und Stelle in Begleitung von neunzig Gurkha- und Baluchi-Soldaten und zwei Panzerwagen. Da der Eingang für die Passage der gepanzerten Gefährte zu eng war, benutzte er sie, um den einzigen Ausgang zu blokkieren. Dann forderte er die Menge auf, sich zu zerstreuen. Möglicherweise wußte Dyer, der fremd in Amritsar war, nicht, daß es keine anderen geeigneten Ausgänge aus dem Jallianwala Bagh gab, und er drehte durch, als die Menge sich nicht zerstreute, was sie ja nicht konnte. Ohne Vorwarnung befal Dyer seinen Soldaten, in die Menge zu feuern. Später gab er zu, daß er alle Magazine, die er dabeihatte, leerschoß; dann zog er sich zurück und ließ nach offiziellen Schätzungen 379 Tote und 1200 Verwundete auf dem Platz zurück. Die Panzerwagen wurden als Blockade des Eingangs stehengelassen, so daß niemand herauskonnte und keine ärztliche Versorgung hereinkonnte. Dyers Aktion wurde vom Gouverneur gutgeheißen.

Am folgenden Tag wurde an einer anderen Stelle ein aufrührerischer Mob, der brandschatzte, aus der Luft bombardiert und mit Maschinengewehren beschossen. Am 15. April wurde das Kriegsrecht verhängt und erst am 9. Juni wieder aufgehoben. Während dieser Zeit zwang man die Inder, an der Stelle, wo die Missionarin angegriffen worden war, auf allen Vieren vorbeizukriechen, und nach dem Bericht der Hunter-Kommission, die Nachforschungen über die Unruhen anstellte, wurde die Strafe der öffentlichen Auspeitschung verhängt für solch geringfügige Verstöße wie »Übertretung der Sperrstunde, keine tiefe Verbeugung vor einem Offizier bei der Begrüßung, Mißachtung eines Europäers, Benutzung eines requirierten Autos ohne Erlaubnis oder die Weigerung, Milch zu verkaufen...« Die im Oktober 1919 eingesetzte Kommission, bestehend aus vier Engländern und vier Indern, fand für Dyers Handlungsweise nur Ausdrücke mildester Kritik: »unglücklich« und »unüberlegt«. Für die Inder war es eine ungeheuerliche Verletzung ihrer Selbstachtung und ihres Stolzes.

Es dauerte einige Zeit, bis die Neuigkeit die übrigen Teile Indiens erreichte, denn die Regierung des Panjab hatte eine strikte Nachrichtensperre verhängt. Aber als alles bekannt wurde, war das Land voller Wut und Entsetzen. Bei manchen gab es auch eine schreckliche Desillusionierung. Diejenigen, welche, wie Jawaharlal Nehru, die Gerechtigkeit und den liberalen Idealismus der Briten bewundert hatten, diejenigen, welche, wie Motilal, trotz allem an die britischen Versprechungen einer wachsenden Beteiligung der Inder an der Regierung ihres Landes glaubten, fanden ihren Glauben unwiederbringlich zerstört. Nach Amritsar konnte es für sie keinen Kompromiß und vor allem kein Vertrauen mehr geben. Amritsar nimmt in der Geschichte der Märtyrer des Freiheitskampfes einen besonderen Platz ein – und es ist nicht schwer zu verstehen, warum.

Gandhis Antwort kam schnell und präzise. Er erklärte, es könne »keine Zusammenarbeit mit dieser teuflischen Regierung geben«.

Champaran hatte Jawaharlal Nehru die Methoden gezeigt. Das Massaker im Jallianwala Bagh erfüllte ihn mit Verbitterung. Aber es trieb ihn noch immer nicht zum Handeln. Sein langes Zögern zu jener Zeit zeigt zwei Charakterzüge, die der Schlüssel zu seinem späteren politischen Verhalten sind. Er traf nicht gern Entscheidungen, und er verließ sich gerne auf ältere, dynamische Persönlichkeiten. Da er es nicht fertigbrachte, wegen der Nicht-Zusammenarbeit mit seinem Vater zu brechen, überließ er es Gandhi, die Entscheidung für ihn zu treffen. Gandhi gab ihm den Rat, seinen Vater nicht aufzuregen.

Immerhin brachte das Massaker Jawaharlal in Verbindung mit den herausragenden nationalistischen Führern jener Zeit. Anfang Juni 1919 setzte der Kongreß seine eigene Untersuchungskommission über die Unruhen im Panjab ein. Motilal war als berühmter Rechtsanwalt und wichtiger Kongreßmann ein Mitglied der Kommission, ebenso wie Gandhi und der bengalische Kongreßführer C. R. Das. Der junge Nehru wurde der Assistent von Das, der mit den Nachforschungen in dem Gebiet von Amritsar beauftragt wurde, und es war dort, im Epizentrum der Gewaltanwendung der Regierung, daß er zum ersten Mal der Realität nahekam, der Realität eines Indien, wie er es nie kennengelernt hatte, und der dunklen Seite der Briten, deren Kultur sein Leben und Denken geprägt hatte. Er kam auch zum ersten Mal in nähere Berührung mit Gandhi.

Am Ende des Jahres 1919 hielt der Kongreß seine Jahrestagung in Amritsar ab. In dieser emotionsgeladenen Atmosphäre wurde wieder einmal der Ruf nach praktischem Handeln und nach der Ablehnung der anstehenden Reformen laut. Aber Gandhi, der durch die aus seiner Kampagne gegen die Sicherheitsgesetze hervorgegangene Gewalttätigkeit abgeschreckt worden war, überraschte und schockierte die Delegierten, als er nach Mäßigung rief und die Annahme der Reformen und die Mitarbeit an ihrer Ausarbeitung verlangte. Die Kongreßmitglieder hatten die entscheidenden Elemente von Gandhis Stil noch nicht kennengelernt. Wie sollten sie auch, nachdem sie sich erst ein einziges Mal gezeigt hatten, als er Anfang des Jahres überhastet die Satyagraha-Kampagne abgebrochen hatte.

Es sollte einige Zeit dauern, bis die klügeren Köpfe unter den indischen Nationalisten begriffen, daß der Mahatma keine Politik verfolgte, daß er nicht mit logischen und sorgfältig formulierten Plänen in die Zukunft blickte. Er reagierte nur auf das Heute. Für ihn bestand die Zukunft einzig aus einer Gegenwart, die ihm ihre Probleme noch nicht präsentiert hatte. Gandhi war sich der Realität einer geschichtlichen Entwicklung nie bewußt. Getreu der geistigen Hindutradition war er sich des Unendlichen klar bewußt, aber das Endliche war ohne Bedeutung für ihn. Das war sowohl seine Stärke als auch seine Schwäche. Er hatte ein außergewöhnlich feines Gespür für die sich wandelnden und unvorhersagbaren Stimmungen der Hindumassen. Sie lernten, diese mysteriöse Gabe zu erkennen, und folgten ihm treu nach. Aber seine unmittelbare Reaktion auf die sich ändernden und unzusammenhängenden Elemente, aus denen sich die Gegenwart zusammensetzte, bewirkte, daß er dem Indischen Nationalkongreß plötzliche und unvorhersehbare Anstöße gab, die sowohl die Briten als auch seine Anhänger unter den indischen Intellektuellen aus dem Konzept brachten.

Im Januar 1920 änderte Gandhi, seinem Stil entsprechend, wieder seine Meinung. Einer der Gründe war, daß General Dyer bei seiner Ankunft in England als Held empfangen worden war, obwohl ihn doch die indische

Regierung fallengelassen und seinen Abschied aus der Armee erzwungen hatte. Ein weiterer Grund lag in der Zurückweisung der Proteste moslemischer Inder gegen die Bedingungen des türkischen Friedensvertrages durch die britische Regierung. Indische Moslems waren sich des Minderheitenstatus in ihrem eigenen Land in wachsendem Maße bewußt geworden, und sie hatten begonnen, sich außerhalb Indiens in der weiteren islamischen Welt in der Hoffnung umzusehen, eine weiterreichende Identität zu gewinnen. Das höchste religiöse Amt in der Welt des Islam war das des Kalifen, ein Titel, den der türkische Sultan innehatte. Die Entscheidung der Alliierten, dieses Amt des Kalifen abzuschaffen, erregte beträchtlichen Ärger in Indien, denn sie wurde als Beleidigung der Gläubigen und auch als Bruch eines Versprechens angesehen, das der britische Premierminister Lloyd George gegeben hatte.

Die daraus resultierende Grundstimmung äußerte sich in der Gründung einer politischen Organisation durch die beiden Brüder Mohammed und Sharkat Ali. Die Khilafat-Bewegung, wie sie nach dem indischen Wort für ›Kalifat‹ genannt wurde, gewann überall viele Anhänger, aber entscheidender war noch ihre Allianz mit dem Kongreß. Gandhi erkannte, daß die Khilafat-Frage dazu dienen konnte, Moslems und Hindus in gemeinsamer Sache gegen eine Regierung zu einen, die den Indern beider Religionen so viel Mißachtung gezeigt hatte. Gandhi brachte es fertig, die beiden ganz und gar unterschiedlichen Streitpunkte der Amritsar-Affäre und der Kampagne gegen die Abschaffung des Kalifats miteinander in Einklang zu bringen und sie auf das gemeinsame Ziel des *swaraj* oder der Unabhängigkeit auszurichten.

Gandhi überzeugte die Khilafat-Führer schneller als die des Kongresses. Die meisten waren mit ihm einig, was die Nicht-Zusammenarbeit anbelangte, aber viele wandten sich gegen seinen Führungsanspruch und gegen seine Methode der Gewaltlosigkeit. Manchem kam

Gandhi bildungsfeindlich und gleichzeitig reaktionär vor. Viele Nationalisten hatten ihren Lebensstil vom Westen übernommen und ebenso ihr politisches Vokabular. Gandhi verwendete jetzt indische Worte und Bilder, um die Ziele der Befreiungsbewegung zu beschreiben. Er sprach immer vom *swaraj* und nicht von ›Selbstverwaltung‹. Er wollte auch dann keine Akzeptierung der britischen Institutionen, wenn sie in indische Hände übergingen, sondern er verlangte die nationale Erneuerung. Er wollte, daß neue Institutionen sie ersetzten. Er verlangte nicht die Segnungen westlicher Reformen, sondern eine Reformierung der indischen Gesellschaft. Das konnte seiner Meinung nach am besten dadurch erreicht werden, daß die Kongreßmitglieder die Städte verließen und beim Aufbau der Heimindustrie mithalfen. Die eigene Herstellung von Baumwollwaren sollte wiederbelebt werden, und das Spinnrad sollte zum Symbol für das neue Indien werden. Wer selbstgesponnenes Tuch trug, würde mit dieser Geste zeigen, was er ablehnte und wie positiv er dazu stand, daß er Inder war.

Gandhis Vorgehen war unverhohlen anti-intellektuell. Er forderte, die importierten europäischen Ideen genauso aufzugeben wie das importierte europäische Tuch. 1920 schlug er eine vollständige Umkehrung der früheren Ausrichtung des indischen Nationalismus vor. Sein eigenes Leben und Engagement stellte er als das *einzige* Beispiel hin, dem man nacheifern sollte: Zurück zum einfachen Leben, so daß der einzelne sich von der Tyrannei materiellen Besitzes befreien kann, Verzicht auf Unwesentliches, was eine völlige Hingabe an den Kampf gegen die Fremdherrschaft ermöglicht. Natürlich wurde er innerhalb des Kongresses von denjenigen angefeindet, die gegen seine Ideen eingestellt waren oder die sie für die falschen für Indien hielten. Aber Gandhi gewann bereits Anhänger unter solchen Gruppierungen, die sich früher nie am nationalistischen Kampf beteiligt hatten, und, was mehr zählte, er sprach Menschen aus ganz Indien damit

an. Die meisten seiner Gegner hatten ihre Anhängerschaft in einer ganz bestimmten Region. Bisher war der
Kongreß eine Zusammenkunft regionaler Führer gewesen. Gandhi forderte etwas ganz Neues – eine nationale,
unangefochtene Führungsrolle. 1920 sprach Gandhi zu
einer Versammlung: »Solange ihr mich als euren Führer
behalten wollt, müßt ihr meine Bedingungen akzeptieren, ihr müßt die Diktatur und die Zucht des Kriegsrechts
in Kauf nehmen.«

Jawaharlal Nehru spielte keine bedeutsame Rolle im
Kampf zwischen Gandhi und seinen Gegnern. Er war bereits ein Parteigänger des Mahatma. Doch 1920 war für
ihn wieder ein Jahr neuer Erkenntnisse. Amritsar hatte
den Blick auf ein ihm unbekanntes Indien freigegeben,
nun sollte er das harte Leben der Bauern kennenlernen.
Im Mai 1920 hatten er und seine Frau einen Urlaub in der
Hill-Station von Musoorie, einem Erholungsort im indischen Bergland, verbracht. Im selben Hotel hielt sich eine
Delegation aus Afghanistan auf, die nach dem Krieg von
1919 die Friedensbedingungen aushandelte. Die beiden
Gruppen hatten keinen Kontakt, doch die britischen
Machthaber hatten solche Angst, daß Nehru vom ortsansässigen Bürgermeister aufgefordert wurde, ein förmliches Versprechen abzugeben, daß er sich der afghani-
schen Delegation nicht nähern werde. Schon aus Prinzip
weigerte sich Nehru, und er wurde gezwungen, den
Bezirk zu verlassen.

Da er früher als geplant nach Allahabad zurückkehrte,
war er zugegen, als eine Gruppe von Bauern aus einem
nahegelegenen Bezirk in die Stadt marschierte, um die
Unterstützung der einheimischen politischen Führer zu
gewinnen. Nehru erklärte sich bereit, mit ihnen in ihre
Dörfer zurückzukehren, um an Ort und Stelle selbst den
Anlaß ihrer Unzufriedenheit zu sehen. Dort sah er zum
ersten Mal die drückende Armut des indischen Land-
lebens. Später schrieb er: »Ein neues Bild Indiens schien
vor mir aufzustehen, nackt und bloß, hungernd, ausge-

preßt und zutiefst elend.« Er fühlte sich sofort eins mit den Bauern: Als Reaktion auf das kindliche Vertrauen, das sie offenbar diesem Besucher aus der Stadt entgegenbrachten, verließ ihn seine sonstige Scheu. So entstand jenes besondere Einfühlungsvermögen, das einer der Gründe für seine spätere Beherrschung der politischen Bühne war.

Während die Massen der Bauern immer stärker in Nehrus Bewußtsein eindrangen – denn in den folgenden Monaten gab es auf dem Land immer wieder Unruhen –, traf Gandhi Vorkehrungen für eine Kampagne des zivilen Ungehorsams sowie für die Kontrolle über den Kongreß. Die Initiative ergriff dann aber nicht Gandhi, sondern es waren die Anführer der Khilafat-Bewegung. Der Beginn der Nicht-Zusammenarbeit wurde für den 1. August 1920 festgesetzt. Gandhi und Nehru befanden sich gerade auf einer Reise durch die Provinz Sindh, als die Nachricht sie erreichte, daß der große Führer der Extremisten, Tilak, am selben Tag gestorben war. Tilak war vielleicht Gandhis einziger ernstzunehmender Rivale um die Kongreßführung, und beide Männer kehrten eilig nach Bombay zurück, um dem Mann die letzte Ehre zu erweisen, der als erster die mitreißende Parole vom *swaraj* geprägt hatte.

Einen Monat später trat der Kongreß zu einer Sondersitzung in Kalkutta zusammen. Die Gandhi entgegengesetzte Opposition war um so stärker, als sie großenteils in Bengalen ihren Ursprung gehabt hatte. Zu seinen Gegnern zählten auch Mrs. Besant und Mohammed Ali Jinnah, der zur damaligen Zeit noch dem Kongreß als aktives Mitglied angehörte. Aber Gandhi konnte einen unerwarteten Bundesgenossen vorweisen. Motilal Nehru hatte schließlich seine Zweifel am Satyagraha aufgegeben. Sein Richtungswechsel veränderte die Gewichte zugunsten Gandhis, aber die Nicht-Zusammenarbeit wurde nur aufgrund einer denkbar knappen Mehrheit zur offiziellen Kongreßpolitik erhoben. Gandhis Sieg sollte erst noch kommen. Die Richtigkeit seiner Politik mußte sich erst noch in der Praxis erweisen, und keiner der Kritiker erwartete, daß sie funktionieren würde. Gandhi rief einfach zum Boykott der kommenden Wahlen gemäß der Regierungsakte (Government of India Act) von 1919 auf, zum Boykott des britischen Bildungswesens und der Gerichte. Zur großen Überraschung von Gandhis Gegnern im Kongreß sowie auch der Briten gingen fast zwei Drittel der Wähler im November 1920 nicht zur Wahl. Danach gab es weiterhin Kritik, aber die Opposition wurde immer schwächer.

Bei der ordentlichen Jahresversammlung des Kongresses, die Ende 1920 in Nagpur stattfand, gelang es Gandhi, sogar die lautesten Gegner auf seine Seite zu ziehen. Der Kongreß änderte sein politisches Ziel von der Selbstbestimmung innerhalb des britischen Empire in *swaraj*, wenn sich Gandhi auch nicht auf eine präzise Definition des Begriffes festlegen ließ – ob Dominionstatus oder vollständige Unabhängigkeit. Er war jetzt der anerkannte Führer, und der Kongreß begann, seine spezifischen Bilder und Symbole zu übernehmen. Aber die Tagung in Nagpur vertrieb ein bedeutendes Mitglied, das auch nie wieder zurückkehrte: Mohammed Ali Jinnah ging in den politischen Untergrund, aus dem er Jahre später als Führer der Moslem-Liga und als Initiator der Teilung Indiens wieder auftauchen sollte.

Jinnahs Weggang war nicht so folgenschwer wie das, was mit dem Kongreß passieren sollte. Aus dieser begrenzten, fast beschränkten Organisation sollte eine neu geeinte *nationale* Bewegung erwachsen. Wenn Gandhi die Führung übernehmen sollte, dann mußte da ein Apparat sein, der die Führungsgewalt in seine Hände legte. Der Kongreß wurde vollkommen umorganisiert. Indien wurde in einundzwanzig Gebiete aufgeteilt, die Provinzen. An deren Spitze stand das Provinzkongreßkomitee. Die ihm unterstehende Organisation wurde folgendermaßen aufgeteilt: In Bezirke, Kleinstädte und Großstädte, wobei jedes Komitee die Mitglieder des nächsthöheren wählte, bis die oberste Spitze der Pyramide in Gestalt des All India Congress Committee (AICC), des Allindischen Kongreßkomitees, erreicht wurde. Das AICC mit seinen dreihundert bis vierhundert Mitgliedern führte die Kongreßgeschäfte zwischen den jährlich stattfindenden Tagungen der obersten gesetzgebenden Versammlung. Es wählte auch die zentrale Schaltstelle der Macht und Entscheidungsbefugnis, den Arbeitsausschuß; der bestand aus dem Kongreßpräsidenten, den Generalsekretären, dem Schatzmeister und etwa zwölf weiteren Mitgliedern. Der Präsident wurde alljährlich gewählt. Bis zur Unabhängigkeit blieb Gandhi an der Spitze, oft ohne formelles Amt, aber immer als Gewissen und Führer der Bewegung.

Die Kampagne der Nicht-Zusammenarbeit hatte – nach all den in sie gesetzten Hoffnungen und den vielen Mühen, die sie gekostet hatte – einen mühsamen Start. Der Boykott der Schulen und Colleges war unwirksam – die meisten Studenten waren nicht bereit, ihre spätere Anstellung dadurch aufs Spiel zu setzen, daß sie jetzt ihre Studien abbrachen. Regierungsangestellte blieben auf ihren Posten, und die Zahl der Prozesse schien bei den Gerichten nicht weniger zu werden. Es gab Zusammenkünfte, Ermahnungen, gelegentlich einen Streik, aber keine Beteiligung der Massen. Die Regierung trug dazu bei, die Flamme der Aktionen zu schüren, indem sie im September 1921 die Brüder Ali verhaften ließ, weil sie Moslems in der Armee zur Meuterei angestiftet haben sollten. Gandhi kam ihnen zu Hilfe und ordnete an, daß Kongreßfunktionäre am 21. Oktober die umstürzlerische Rede Mohammed Alis, die zu seiner Inhaftierung geführt hatte, auf außerordentlichen Versammlungen verlasen.

Bei dieser Gelegenheit erwog man in der Regierung, Gandhi zu inhaftieren, nahm dann aber davon Abstand. Es wurde langsam ziemlich klar, daß der Ruf, den der Mahatma unter den einfachen Leuten genoß, so groß geworden war, daß seine Festnahme zu einem allgemeinen Aufstand geführt hätte. Zumindest ging die Regierung davon aus. Welcher Art genau die Bedrohung war, die von Gandhi ausging, war den Regierenden noch nicht ganz klar. Trotzdem war es besser, sicherzugehen – zumindest vorerst. Die Briten waren nicht die einzigen in Indien, die den Mahatma verwirrend fanden. Jawaharlal Nehru, der sich durch dessen Persönlichkeit und unorthodoxe Methoden angezogen fühlte, konnte sich immer noch nicht ganz mit dessen Kulturfeindlichkeit abfinden. Aber er ließ alle Zweifel beiseite und steckte als Generalsekretär des Kongreßkomitees der Vereinigten Provinzen all seine Kraft in die Kampagne.

Im Herbst 1921 plante die Regierung als Ablenkungsmanöver einen Indienbesuch des englischen Kronprinzen. Der Glanz einer Reise des königlich-kaiserlichen Thronerben würde sicherlich jenes spezifische Gefühl der Ehrerbietung gegenüber dem Königshaus auslösen, das nach allgemeiner Annahme in jedem indischen Herzen wohnte. Gandhi proklamierte einen landesweiten Boykott des Besuches. Zu jedermanns Überraschung wurde der Aufruf befolgt, und der Kronprinz mußte durch leere Straßen zu Versammlungen fahren, auf denen nur seine Landsleute zugegen waren und solche Inder, die jetzt vom Hauptstrom des politischen Lebens Indiens abgeschnitten waren. Wie immer gab es Ausschreitungen. Der Terrorismus war keineswegs tot, und es gab viele politische Aktivisten, die Gandhi und seine Ideen völlig ablehnten.

Diesmal hatte die Regierung jedoch keine Skrupel, Maßnahmen zu ergreifen – wenn sie auch Gandhi unbehelligt ließ. Die vom Kongreß ins Leben gerufenen Freiwilligenorganisationen wurden als illegal erklärt, und Massenverhaftungen von Kongreßfunktionären folgten. Unter den Inhaftierten waren die beiden Nehrus – festgenommen am 6. Dezember im Anand Bhawan. Beide wurden zu einer sechsmonatigen Gefängnisstrafe verurteilt; Motilal, weil er Mitglied einer verbotenen Organisation war, und Jawaharlal, weil er Flugblätter mit Boykottaufrufen verteilt hatte. Das war – wie sich später herausstellte – nach geltendem Recht überhaupt nicht strafbar, und Jawaharlal wurde nach drei Monaten Haft entlassen.

Während die Nehrus im Gefängnis von Lucknow saßen, rief Gandhi zu immer neuen Demonstrationen auf. Diesmal reagierten die Studenten darauf und verließen ihre Studien, um sich der Kampagne anzuschließen. Um den Boykott ausländischer Waren noch augenfälliger zu machen, wurden europäische Kleidungsstücke und Stoffe feierlich verbrannt, und Geschäfte, die ausländische Spirituosen verkauften, wurden demonstrativ bestreikt. Die Verhaftungswelle ging weiter, bis etwa 30 000 Menschen im Gefängnis waren. In diesem Stadium brach wieder Gewalt aus. In einem entlegenen Dorf der Vereinigten Provinzen wurde eine Polizeistation niedergebrannt, in der sich noch die Polizisten befanden. Voller Entsetzen gab Gandhi am 4. Februar eine Anordnung heraus, mit der die Kampagne des zivilen Ungehorsams in ganz Indien abgebrochen wurde. Er machte geltend, das Volk sei noch nicht reif für den Kampf, wie er ihn sich vorstellte.

Sowohl die Eigenmächtigkeit als auch die offenbare Naivität von Gandhis Entscheidung schockierte andere Kongreßmitglieder. Eine Kampagne abzubrechen, wenn sie trotz der Gegenmaßnahmen der Regierung so gut lief, schien zumindest töricht. Jawaharlal zeigte seine Kritik offen. Wenn Indien natürlich so lange warten mußte, bis alle Inder die Methode des gewaltlosen Widerstandes richtig beherrschten, dann allerdings gab es wenig Aussicht auf Erfolg zu ihren Lebzeiten. Und trotzdem war er immer noch bereit, dem Urteilsvermögen des Mahatma zu trauen, ein Zeichen dafür, wie viel seines eigenen er aufgegeben hatte.

Am 3. März 1922 wurde Jawaharlal entlassen, und er begab sich auf schnellstem Wege nach Ahmadabad, wo

Gandhi der Prozeß wegen Aufwiegelei gemacht wurde. Die Regierung hatte, als sie die durch Gandhis Entscheidung zur Zurücknahme der Kampagne ausgelöste Verwirrung bemerkte, sich diese gleich zunutze gemacht und Gandhi verhaften lassen. Die Briten hatten in bezug auf Gandhi wirklich etwas Wichtiges dazugelernt. Sie glaubten jetzt – und blieben bei diesem Glauben –, daß sie von Gandhi eigentlich nichts zu fürchten hätten. Während Gandhi unter der Kontrolle des Kongresses stand, hatten sie einen inoffiziellen Verbündeten. Solange der zivile Ungehorsam gewaltlos blieb, kümmerte er die Regierung nicht weiter. Wer wurde durch die Nicht-Zusammenarbeit denn überhaupt beeinträchtigt? Nur die Inder selbst. Gandhis Ziel war es, die Gewalt zu minimieren; genau wie das der Regierung. Kleinere Ausbrüche von Gewalt konnten leicht niedergehalten werden, aber wenn Gandhi den Kongreß nicht mehr beherrschte, könnten andere, dynamischere, gewalttätige Männer die von ihm aufgebaute Maschinerie nutzen, um eine Rebellion auf ganzer Linie anzuzetteln. Deswegen würde die Regierung Gandhi so lange in Freiheit lassen wie möglich und ihn nur dann inhaftieren, wenn er offenbar seinen Einfluß verlor, der durch ein kleines Martyrium nur aufgefrischt werden konnte. In der Zwischenzeit würde die Regierung dann jeweils spürbar gegen die Terroristen und gegen die Revolutionäre westlichen Stils vorgehen, die sie tatsächlich fürchtete.

Zu diesen gehörte Jawaharlal Nehru. Die Briten schätzten seinen Charakter völlig verkehrt ein. Sie nahmen seine revolutionären Reden beim Wort und reagierten so, als ob er ein gefährlicher Gegner wäre. Gandhi wußte, daß das nicht stimmte. Der Mahatma war ein besonders guter Menschenkenner. Er erkannte Nehrus Schwäche und nutzte sie für seine Zwecke. Im Laufe der Jahre baute er den ›Revolutionär‹ Nehru auf, den ›Progressiven‹ Nehru, teilweise deshalb, weil er ausländische Parteigänger wie die Mitglieder der englischen Labour Party beeindrucken wollte, aber auch, um hinter einem ineffektiven Führer jene echt progressiven Elemente innerhalb des Kongresses zu polarisieren, die für Gandhis eigene Position eine Gefahr darstellten. Das Bild des revolutionären Nehru ergänzten die Briten durch die bedeutende Auszeichnung häufiger Festnahme und Haft.

Dieses Mal wurde Gandhi zu einer sechsjährigen Haftstrafe verurteilt, wurde aber, nachdem er fast zwei Jahre abgesessen hatte, wieder entlassen. Äußerer Anlaß war seine angegriffene Gesundheit, der wirkliche Grund lag aber darin, daß der Kongreß zerstritten war, der dünne Faden der Allianz zwischen Hindus und Moslems war zerrissen, und die Kampagne der Nicht-Zusammenarbeit litt an Apathie und Desillusionierung. Nehru wurde auch nach nur sechs Wochen in Freiheit wieder inhaftiert. Nach seiner Rückkehr nach Allahabad hatte er einen Boykott ausländischer Waren organisiert, und als einige Ladenbesitzer sich weigerten, daran teilzunehmen, waren vor ihren Geschäften Streikposten aufgestellt worden. Nehru wurde der kriminellen Einschüchterung angeklagt, und als er sich weigerte, auszusagen, wurde er zu achtzehn Monaten Gefängnis verurteilt.

Im Januar 1923 wurde er wieder entlassen. Nehru hatte keinen Gefallen gefunden an seinem Gefängnisaufenthalt, obwohl man ihn nicht schlecht behandelt hatte. Der Mangel an Privatleben hatte ihn gestört, aber es hatte auch Zeit zum Lesen und Nachdenken gegeben. Der Gefängnisaufenthalt hatte sein Engagement für den Freiheitskampf verstärkt.

7
Vater, Sohn und Heiliger Geist

Als Nehru ins Gefängnis ging, hatte er stolz verkündet, es sei sein gütiges Geschick, das ihn im Freiheitskampf Indiens dienen lasse. Bei seiner Entlassung fand er das Schlachtfeld verlassen, Verbündete waren nicht mehr verbündet, und seine eigenen Hilfstruppen waren untereinander zerstritten. Die Khilafat-Bewegung stand vor der Auflösung. Die Türken hatten unter einem neuen, revolutionären Anführer den Sultan-Kalifen vertrieben und planten selbst, das Kalifat abzuschaffen. Die Bewegung hatte jetzt keinen Sinn mehr. Die Spannungen zwischen Hindus und Moslems waren wieder aufgelebt, nachdem moslemische Bauern in einer besonders grausamen Rebellion im Süden Indiens ihre Gewalttätigkeiten nicht gegen die Briten, sondern gegen die Hindus gerichtet hatten. Das Jahr 1923 sollte den Ausbruch ernsthafter kommunaler Zwistigkeiten bringen, nach deren Muster die Volksunruhen zwischen Hindus und Moslems in Zukunft häufig abliefen. Für die Moslems war es ein schwarzes Jahr, das nach der Euphorie der hochgespannten Hoffnungen um so verzweiflungsvoller wurde.

Auch der Kongreß hatte sich desillusioniert in Splittergruppen zerspalten. Ohne die beherrschende Gegenwart des Mahatma wurden seine Politik und sein Verhalten als Fehlschläge attackiert. Natürlich hatte er immer noch seine Anhänger, zu denen nach seiner Entlassung Jawaharlal gehörte. Aber auf der anderen Seite waren die ›Prochangers‹, wie sie genannt wurden, wie Motilal Nehru und eine Reihe anderer, unter ihnen C. R. Das. Gandhis

Anhänger, die ›No-changers‹, waren dafür, abzuwarten, bis das Klima der Lethargie und Desillusionierung vorüber war und eine neue Kampagne gestartet werden konnte. Das erledigte sich von selbst durch eine vom Kongreß eingesetzte Untersuchungskommission, die das Land durchreiste. Ihr Bericht machte deutlich, daß ohne den Mahatma keine neue Kampagne möglich war.

Den ›Pro-changers‹ lag viel daran, für die allgemeinen Wahlen zu kandidieren, die im November 1923 stattfinden sollten. Der Boykott der letzten Wahlen durch den Kongreß hatte dazu geführt, daß die Parlamente von den Gemäßigten beherrscht wurden, die den Kongreß verlassen hatten, um ihre eigene Partei der Liberalen zu gründen. Motilal war im Grunde seines Herzens immer ein Verfassungstreuer geblieben, auch wenn er das Prinzip der Gewaltlosigkeit übernommen und seinen luxuriösen Lebensstil aufgegeben hatte, um Gandhi zu gefallen. Die ›Pro-changers‹ waren die alten Gegner Gandhis. Sie glaubten, daß man die neuen pseudo-parlamentarischen Institutionen nutzen sollte, um die Sache der indischen Freiheit zu fördern. Die ›Pro-changers‹ waren aber nicht dafür, die Institutionen zu benutzen, sie wollten nur verhindern, daß sie von den ›No-changers‹ in Anspruch genommen würden.

Die ›No-changers‹ bestanden auf einem totalen Boykott der Wahlen und wollten, daß man sich auf Gandhis Programm zur Erneuerung der indischen Gesellschaft konzentrierte. Angeführt von C. Rajagopalachari und Rajendra Prasad, setzten sich auf der Ende 1922 abgehaltenen Jahresversammlung die ›No-changers‹ durch, obwohl C. R. Das damals Kongreßpräsident war. Nach der Sitzung gab Das seinen Rücktritt bekannt und äußerte die Absicht, mit einer neugegründeten Swaraj-Partei für die Wahlen zu kandidieren. Es sah so aus, als ob der Kongreß sich zwangsläufig spalten würde. In dem Versuch, die Einheit zu bewahren, überredete man Das, seine Entscheidung noch ein paar Monate hinauszuschieben. Jawaharlal Nehru und Maulana Azad, ein Moslem, der später ein bedeutender Kongreßführer werden sollte, wirkten als Mittler zwischen den beiden Gruppierungen. Man einigte sich auf eine Aussöhnung, aber die konnte nur ganz oberflächlich sein, da beide Parteien völlig davon überzeugt waren, im Recht zu sein.

Der junge Nehru war der Meinung, sein Vater habe unrecht, aber es kam ihm in erster Linie darauf an, einen Bruch zu vermeiden, der dem Kongreß möglicherweise nicht wiedergutzumachenden Schaden zufügen konnte. Gemeinsam mit anderen gründete er eine Zentrumspartei (Centre Party) innerhalb des Kongresses, und deren Mitgliedern war es hauptsächlich zu danken, daß ein offener Bruch vermieden werden konnte. Was statt dessen zustande kam, war eine Kompromißlösung, die beiden Seiten zu ihrem gewünschten Erfolg verhalf. Die ›Nochangers‹ wollten sich auf Gandhis Programm konzentrieren, die ›Pro-changers‹ wollten für die Wahlen kandidieren. Dieser Kompromiß sollte einen Präzedenzfall schaffen. Die Einheit des Kongresses sollte noch oft durch unterschiedliche Gruppierungen gefährdet werden, zwischen denen es manchmal nur mühselige Allianzen gab. Während der folgenden Jahre sollte Jawaharlal Nehru als Streitschlichter eine besondere Rolle spielen. Der damalige Kompromiß, zu dessen Zustandekommen er einen nicht geringen Beitrag leistete, war sein erster Einstieg in die Innenpolitik der nationalen Bewegung.

Bald nach dem Zustandekommen des Kompromisses und seiner Bestätigung auf einer Sondersitzung des Kongresses, die im September 1923 in Delhi stattfand, wurde Jawaharlal zum dritten Mal festgenommen. Diesmal nicht von den Briten, sondern durch die Polizei eines Fürstenstaates. Der Maharadscha von Nabha war von den Engländern zur Abdankung gezwungen worden, weil er ständig im Streit lag mit dem Herrscher des Nachbarstaates Patiala. Beide waren Sikhs. Dieser kriegerische Volksstamm, der nie vergessen hatte, daß er einst den Panjab beherrscht hatte, ehe er ihm von den Engländern weggenommen worden war, hatte mit Begeisterung auf Gandhis Kampagne des zivilen Ungehorsams reagiert. Das galt in besonderem Maße für die Akalis, eine militante Sikh-Gemeinschaft, die Propaganda machte für die Übernahme der Sikh-Tempel, von denen einige unter der Verwaltung der britischen Regierung standen. Die Akalis waren über die Absetzung des Herrschers von Nabha verärgert, weil er ihrer Sache wohlwollend gegenübergestanden hatte. Sie beschlossen, verschiedene Trupps über die Grenze zu schicken und auf die Hauptstadt loszumarschieren. Die Akalis, die mit ihrer Bewegung im Kongreß vertreten waren, luden Jawaharlal Nehru und zwei andere ein, diese unbewaffnete Invasion zu beobachten.

Als die Beobachter Jaito erreichten, das unmittelbar an der Staatsgrenze liegt, konfrontierte man sie mit der Aufforderung, den Staat nicht zu betreten, beziehungsweise ihn sofort wieder zu verlassen, falls sie ihn schon betreten hätten. Als sie erklärten, daß sie keine Demonstranten, sondern nur Beobachter seien und ohnedies nicht sofort das Land verlassen könnten, da der nächste Zug erst in ein paar Stunden abfahre, nahm man sie fest und steckte sie in die Arrestzelle am Ort. Am Abend wurden Nehru und seine Kollegen in Handschellen durch die Hauptstraßen der Stadt zum Bahnhof geführt, wobei Nehrus linkes Handgelenk an das rechte seines Begleiters gefesselt war und ein Polizist eine mit den Handschellen verbundene Kette hielt. Das war sehr viel anders als die fast höfliche Behandlung, die er bei den Briten erfahren hatte. Das galt auch für die Zelle, in der sie nach ihrer Ankunft in der Hauptstadt drei Tage untergebracht waren. Nicht nur, daß man ihnen die Handschellen nicht abnahm, die Zelle war auch noch klein, unhygienisch und voller Ratten.

Schließlich wurden die drei Männer vor Gericht gestellt und der illegalen Einreise in den Staat angeklagt. Der Richter schien Analphabet zu sein, und die Sache zog sich endlos hin, bis die Angeklagten eines Tages ohne Vorwarnung in einem anderen Gerichtssaal einem neuen Richter vorgestellt wurden. Hier wurden sie eines neuen, viel schwerwiegenderen Vergehens angeklagt – der kriminellen Verschwörung. Da selbst die archaischen Staatsgesetze von Nabha vier Personen zur Bildung einer Verschwörung forderten, stellte das Gericht großzügigerweise eine weitere Person, die mit Nehru und seinen Gefährten auf der Anklagebank saß. Das ganze war eine Farce – das Gericht wie die Vorgehensweise. Die Angeklagten verweigerten ihre Mitwirkung, aber Nehru gab eine Stellungnahme ab. Die Urteile, die schließlich herauskamen, waren jedoch nicht zum Lachen. Nach vierzehn Tagen wurden alle vier wegen Verschwörung zu achtzehn Monaten Gefängnis verurteilt, und Nehru und seine beiden Kollegen zu weiteren sechs Monaten, weil sie sich geweigert hatten, den Staat zu verlassen.

Das war Nehrus erste Begegnung mit dem ›Recht‹ in den Fürstenstaaten, und er erkannte wahrscheinlich zum ersten Mal, daß der Kampf um die Befreiung von den Briten auch die von den Fürsten einschließen mußte, deren mittelalterliche Herrschaft nur deshalb geduldet wurde, weil die Briten ihre Staaten als Bollwerke des Konservatismus ansahen.

Glücklicherweise mußte Nehru keine längere Gefängnisstrafe in einem fürstlichen Gefängnis absitzen. Nach der Absetzung des Maharadschas war der Staat einem britischen Verwalter unterstellt worden. Am Abend des Tages, an dem der Urteilsspruch gefällt worden war, informierte man die drei Kongreßmitglieder, daß ihre Urteile durch den Verwalter aufgehoben worden seien. Daraufhin wurden sie zum Bahnhof geleitet und freigelassen. Was aus dem vierten Mann wurde, erfuhr Nehru nie.

Nehru verließ Nabha mit einem neuen Bewußtsein für ein anderes Indien. Er nahm auch eine Krankheit mit, die sich zu einem heftigen Typhusanfall entwickelte. Viele

Jahre später schrieb er, daß diese Krankheit für ihn »eine Art geistiger Erfahrung« dargestellt habe. Er glaubte, daß er danach die Politik nicht mehr so gefühlsmäßig betrachtet habe und daß er nun die Ziele klarer sehen konnte. Zumindest in den nächsten paar Jahren schien er – bei gleichzeitigem gewohntem Einsatz für die Sache der indischen Befreiung – doch seltsam entrückt.

Ganz anders die ›Pro-changers‹ der Swaraj-Partei. Im November 1923 gewannen sie fünfundvierzig Sitze in der zentralen gesetzgebenden Versammlung, so daß sie mit Hilfe anderer nationalistischer Gruppen die Mehrheit errangen. Bei den Provinzialwahlen schnitt die Partei nicht ganz so gut ab, sie gewann aber die Mehrheit in den Zentralprovinzen und war stärkste Partei in Bengalen. In diesen Provinzen weigerte sie sich, Ministerien zu bilden oder anderen bei ihrer Bildung zu helfen, und auf diese Weise blockierte sie die Reformen. Sie war auch in der Lage, die Arbeit der zentralen Gesetzgebung zu behindern. Das soll nicht etwa heißen, daß die Verwaltung dadurch tatsächlich beeinträchtigt wurde, diese gebrauchte nur ihre Vollmachten, um die Gesetze durchzusetzen. Aber es war ein wirksamer Protest, eine Zurschaustellung der Stärke und eine Warnung, daß Verfassungsreformen, die nicht progressiv genug waren, durch die Anwendung der demokratischen Wahl immer aufgehoben werden könnten.

Der Erfolg der Swarajisten bewirkte in der Tat die Spaltung des Kongresses. Auf dem Papier blieb der Kompromiß aber bestehen, und seine offensichtlichen Widersprüche wurden übergangen, um den Anschein der Einigkeit zu wahren. Jawaharlal war immer noch dem ausgleichenden Mittelkurs der Zentrumspartei verpflichtet, wenn er auch keine entscheidende Rolle in den Diskussionen spielte, die bei der Jahressitzung im Dezember 1923 zur Bestätigung des Kompromisses führten. Als einzige öffentliche Handlung bei dieser Tagung befürwortete er die Gründung einer Kongreß-Freiwilligenorganisation, der Hindustani Seva Dal. Nachdem dieser Vorschlag angenommen worden war, wurde Nehru selbst zum Präsidenten des Allindischen Vorstands der Organisation bestellt.

Jawaharlal wurde auch von Mohammed Ali, dem Kongreßpräsidenten von 1924, dazu überredet, den Posten des Kongreßgeneralsekretärs zu übernehmen. Nehru nahm zögernd an. Er fühlte, daß die Mitglieder des Arbeitsausschusses ihn ablehnten, und erfuhr durch den Präsidenten, daß dies ein Hauptgrund sei, warum er annehmen sollte! Er war nicht besser und nicht schlechter als andere auf diesem Posten. Sein Akt des Widerstandes war ein Versuch, den Gebrauch solcher Ehrentitel wie ›Pandit‹ und ›Mahatma‹ abzuschaffen, und er war überrascht, welchen Gefühlssturm er damit auslöste.

Mitte Januar wurde bekanntgegeben, daß Gandhi erkrankt sei: eine akute Blinddarmentzündung. Das löste so viele Bekundungen der Liebe, Zuneigung und ängstlichen Fürsorge von so verschiedenen Seiten aus, daß ein für allemal deutlich wurde, welchen besonderen Stellenwert der Mahatma in den Herzen der Menge hatte. Als bekannt wurde, daß er aus dem Gefängnis entlassen wäre, begaben sich die beiden Nehrus nach Bombay, wohin sich der Mahatma zur Erholung zurückgezogen hatte. Da die Rückkehr Gandhis in die politische Arena bevorstand, wünschten die Swarajisten seine Unterstützung ihrer Politik. Ein ablehnendes Wort von ihm hätte genügt, und der Kongreß hätte sich gespalten oder die Swarajisten hätten sich verpflichtet gefühlt, ihre Angriffe gegen den Gesetzgebungsapparat aufzugeben. Gandhi war kompromißlos. Die Gesetzgebung sollte boykottiert werden. Der Kongreß sollte zu seinen Wurzeln zurückkehren, indem er den britischen Institutionen keine Glaubwürdigkeit verlieh, sondern sie zu zerstören suchte.

Glücklicherweise konnte Gandhi im Interesse der Einheit davon abgebracht werden, die Swarajisten öffentlich zu verdammen. Statt dessen schlug er vor, sie sollten versuchen, sein Programm zu unterstützen, indem sie hilfreiche Gesetze durchpeitschten. Währenddessen würden seine Anhänger das Recht der Swarajisten auf Fortsetzung ihrer Aktivitäten respektieren. Bezeichnenderweise fuhr Gandhi fort, die Swarajisten im Kongreß zu unterminieren, denn im Grunde war er weiterhin der Auffassung, daß sie unrecht hätten. Das war eine Methode, die er wieder und wieder anwendete, manchmal unter Beihilfe Jawaharlals. Aber nicht diesmal. Auf Gebetsversammlungen pries Gandhi die Tugenden des häuslichen Spinnens, das er nicht so sehr als wirtschaftlichen, sondern mehr als geistigen Faktor ansah. Im Sommer 1924 brachte er im Allindischen Kongreßkomitee den Antrag ein, daß das Spinnen einer bestimmten Menge Garns – zweitausend Meter *pro Monat* – eine unabdingbare Voraussetzung für die Mitgliedschaft im Kongreß sein sollte. Motilal Nehru und C. R. Das betrachteten das als einen Angriff auf die Swarajisten und verließen die Versammlung. Der junge Nehru, der fürchtete, daß der Kongreß schließlich dadurch gespalten würde und somit das wichtigste Organ der Kontrolle fanatischer Gandhi-Anhänger überlassen bliebe, legte sein Amt des Generalsekretärs aus Protest gegen diese Resolution nieder.

Die Resolution wurde verabschiedet, aber später wieder zurückgenommen, denn es war sogar Gandhi klargeworden, daß man es sich nicht leisten konnte, wegen einer solchen Angelegenheit den Kongreß zu spalten. Viele Kongreßmitglieder fanden die Qualifikation durch das Spinnen lächerlich. Und nicht nur diese. Als Gandhi dem großen bengalischen Dichter und Nationalisten Rabindranath Tagore in einem Brief empfahl, das Spinnrad jeden Tag für eine halbe Stunde zu benutzen, antwortete dieser eisig: »Warum nicht achteinhalb Stunden am Tag, wenn es dem Lande dient?« Zum Ende des Jahres steckte Gandhi zurück, als er wie immer auf die

Forderungen des jeweiligen Tages einging, und auf der Dezembertagung des Kongresses wurde die Swaraj-Partei als der offizielle verfassungsmäßige Arm des Kongresses anerkannt, und als solchem sollten ihr die Kongreßmitglieder volle Unterstützung gewähren.

Die Entscheidung war pragmatisch, aber ihre Folgen sollten den Verlauf der indischen Geschichte beeinflussen. Die Swarajisten waren – ohne die absolute Mehrheit – dazu gezwungen worden, ihre Politik des völligen Abbaus der gesetzgeberischen Prozeduren abzumildern, um die notwendigen Verbündeten zu gewinnen. In der zentralen Gesetzgebung gingen sie eine Allianz ein mit den Gemäßigten und mit moslemischen Gruppierungen. Aber die Lage außerhalb des Gesetzgebungsapparates hatte angefangen, die Parteien innerhalb der Koalition zu beeinflussen. Auseinandersetzungen zwischen Hindus und Moslems, meistens blutiger Art, waren jetzt an der Tagesordnung. Politiker, die nicht unmittelbar zur Kongreßführung gehörten, hatten sich den Zusammenbruch der Kampagne der Nicht-Zusammenarbeit zunutze gemacht, und sie waren zu den regionsspezifischen Aktivitäten zurückgekehrt, die sie schon immer für den sichersten Weg zum Erfolg gehalten hatten.

Natürlich waren sie am erfolgreichsten in den Provinzen, wo ihre Volksgruppe in der Minderheit war. Moslemischer Kommunalismus nahm beständig zu in den Vereinigten Provinzen, in Bihar, Bombay, Madras und in den Zentralprovinzen. Hindukommunalismus blühte im Panjab, Sindh, Bengalen und in der Nordwestlichen Grenzprovinz. Obwohl die Kongreßführer meistens eine Aversion gegen den Kommunalismus hatten, verstanden sie weder seine Ursachen noch seine Gefahren. Die meisten entstammten Hindumehrheitsprovinzen, und sie hatten noch nicht erfahren, was es heißt, Angehöriger einer religiösen Minderheit zu sein. Im übrigen waren sie der Auffassung, der Kommunalismus sei nur ein Produkt der britischen Gewaltherrschaft und werde mit ihr von selbst verschwinden. Tragischerweise weigerten sie sich, die Differenzen zwischen den einzelnen Religionsgruppen ernst zu nehmen.

1924 gab es Ausschreitungen in Delhi, Nagpur, Lucknow, Allahabad und Jubbulpore. Aber am schlimmsten war es in Kohat, in der nordwestlichen Grenzprovinz. Gandhi entschloß sich, einundzwanzig Tage zu fasten. Eine Einigungskonferenz wurde nach Delhi einberufen, und für einen Augenblick legten sich die Spannungen. Aber Erpressung war kein Ersatz für Verständnis. Der Kongreß war noch stark mit seinen eigenen Zerwürfnissen beschäftigt, die ja durch den angeblichen Kompromiß mit den Swarajisten noch nicht beseitigt waren. Das Feld wurde den Kommunalisten überlassen, und sie säten sorgsam die Saat des Hasses.

Eine neuerliche Volkszählung hatte gezeigt, daß die Zahl der Moslems im Ansteigen begriffen war. Das ging teilweise darauf zurück, daß mehr Neugeborene am Leben blieben, aber einen weiteren Faktor stellte die islamische Missionsarbeit unter den Unberührbaren dar, die an der untersten Stufe der Hindugesellschaftsordnung standen. Darauf reagierten die Hindukommunalisten mit Panikmache. Als Gegengewicht zur ›Unity‹-Bewegung – so halbherzig die auch eigentlich war – und gegen die Bedrohung einer Konversion zum Islam begannen solche Organisationen wie der ›Arya Samaj‹ ihre eigene Missionierungskampagne. Die meisten indischen Moslems hatten Hindus als Vorfahren. Diese waren zum Islam übergetreten, weil das damals die Religion der Herrscher gewesen war. Nun sollten, nach Meinung der Hindumissionare, die indischen Moslems wieder zurückkehren zum Glauben ihrer Väter. Sehr bald wurde im Norden Indiens das ganze Gefüge des Alltagslebens verschlungen von Angst und Haß der verschiedenen Volksgruppen. Natürlich berührte das jene Mitglieder der Legislative, die nach dem Gesetz von 1919 gewählt worden waren, das in Wirklichkeit durch die Klauseln über die getrennten Wählerschaften einen Freibrief für den Kommunalismus darstellte. Ihr Verdacht gegen die Swaraj-Partei wuchs, und die Koalition begann auseinanderzubrechen.

Jawaharlal Nehru beobachtete die Szene mit Abscheu. Seine Annäherung an die Religion, die sich unter dem Einfluß des Mahatma vollzogen hatte, endete rasch wieder. Immerhin hatte sich Nehrus Einstellung gegenüber der religiösen *Lehre* gewandelt. Mit den religiösen Untertönen in Gandhis Kampagne war er nie glücklich gewesen, aber er hatte sich dazu gedrängt gefühlt, noch einmal solche Werke wie die *Bhagavad-gita* zu lesen, und er hatte sich von deren Botschaft angezogen gefühlt. Angesichts seines Abscheus vor den Gewalttätigkeiten der verschiedenen Volksgruppen gewann der Westen bei ihm wieder die Oberhand, so daß ihm Religion in der Politik zuwider war. Doch war seine Ablehnung des Kommunalismus eher gefühlsmäßig als intellektuell begründet. Gandhi, der eigentlich ein Politiker des Kommunalismus war, haßte die Gewalt, zu der er beständig beitrug. Auch das war unterbewußt. Keiner der beiden Männer verstand die *Ursache*, oder wollte sie verstehen, und deshalb trugen sie dazu bei, die Gewalt am Leben zu halten.

Jawaharlal wandte sich der Lokalpolitik zu. Dem Kongreß war daran gelegen, die Stadtverwaltungen zu kontrollieren, was Bestandteil seiner Politik war, die darauf ausgerichtet war, alle Lebensbereiche Indiens zu durchdringen. Im Herbst 1923 war Jawaharlal zum Vorsitzenden der Stadtverwaltung von Allahabad gewählt worden. Eine Flut von Memoranden zu allen möglichen Fragen flossen aus seiner Feder, wenn auch ohne große Wirkung. Wie auch später zu seiner Zeit als Ministerpräsident des unabhängigen Indiens fand er sich jetzt gelähmt durch Vetternwirtschaft und Korruption. Seine Kollegen waren mehr darauf aus, ihren Verwandten einträgliche Posten zu verschaffen, als aus Allahabad eine

Musterstadt zu machen. Nehru war entschlossen, zurückzutreten, wurde zunächst vom britischen Kommandanten zum Bleiben überredet, gab aber im Februar 1925 schließlich doch auf.

Kurz vor seinem Rücktritt hatte ein ausländischer Journalist, der bemerkt hatte, daß Motilal Nehru zum Oppositionsführer der zentralen Legislative bestimmt worden war, daß sein Sohn an der Spitze der Stadtverwaltung der Hauptstadt einer der wichtigsten Provinzen Indiens stand und daß Gandhi als treibende Kraft des Kongresses wieder zurückgekehrt war, einen Satz geprägt. Er sagte: »Der indische Nationalismus hat seine Dreifaltigkeit, den Vater, den Sohn und den Heiligen Geist.«

8
Wiederentdeckung Europas

Obwohl sich Motilal in den Dienst der Sache gestellt hatte und folglich in Anand Bhawan seinen luxuriösen Lebensstil etwas einschränkte, war die Politik von Vater und Sohn immer noch eine Politik der Wohlhabenden. Motilal hatte seine Anwaltskanzlei stark verkleinert, aber keineswegs ganz aufgegeben. Wie er seinem Sohn erklärte, konnte er immer noch in einer Woche leicht so viel verdienen, daß sie alle davon ein Jahr zu leben hätten. Jawaharlal, der vielleicht erkannte, wie stark sein und seines Vaters Ansehen in der nationalen Bewegung davon abhing, daß sie keine Not litten, begann sich daran zu stören, daß er von der Großzügigkeit seines Vaters abhängig war.

Als symbolische Geste begann er, mit Flicken besetztes, selbstgesponnenes Tuch zu tragen, und fing an, das zu essen, was er für die Speise des armen Mannes hielt. Seiner Frau verordnete er dieselbe Diät, was ihrer Gesundheit aber nicht zuträglich war. Es gab einen Vorschlag, nach dem die Generalsekretäre des Kongresses aus den Mitteln der Organisation ein Gehalt beziehen sollten und daß Jawaharlal hauptberuflich tätig werden könnte. Damit war Motilal aber nicht einverstanden, denn er war weiterhin der festen Überzeugung, daß es der Sache wirklich nutzte, wenn er ohne Geldsorgen leben konnte. Jawaharlal gab nach, und das war gut so, denn der Gesundheitszustand seiner Frau hatte sich dermaßen verschlechtert, daß sie zur Behandlung nach Europa fahren mußte.

Im November 1924 hatte Kamala einen Sohn geboren, der nach ein paar Tagen starb. Ein Jahr später diagnostizierte ihr Arzt Tuberkulose. Die einzige Hoffnung lag in einem Aufenthalt in der Schweiz, dem Mekka der an dieser Krankheit Leidenden. Gandhi befürwortete den Entschluß, als er nach seiner Meinung befragt wurde. Jawaharlal war froh über die Entscheidung. Die Apathie, die über dem politischen Leben Indiens lag, hatte sein Gefühl der Isoliertheit nur noch verstärkt. »Ich begrüßte die Idee, denn ich brauchte einen Vorwand für meinen Wunsch, Indien zu verlassen. Mein Geist war umnebelt, kein klarer Weg war zu sehen, und ich dachte, wenn ich vielleicht weit weg von Indien wäre, könnte ich alles aus einer besseren Perspektive sehen und die dunklen Winkel meines Geistes erhellen.«

Anfang März 1926 reisten Jawaharlal, Kamala und ihre Tochter Indira von Bombay aus per Schiff nach Venedig. Auf demselben Schiff waren seine Schwester Vijaya Lakshmi und ihr Ehemann Ranjit Pandit. Ziel der Reise war Genf, wo Kamala ein paar Monate ärztlich behandelt werden sollte. Während Kamala weiterhin bettlägerig war, las Nehru Bücher, erforschte die ziemlich langweilige Stadt, die jetzt Sitz des Völkerbundes war, und besuchte so berühmte Leute wie den französischen Romancier und Gandhi-Bewunderer Romain Rolland. Die Gedanken dieses großes Mannes waren ihm aber zu vergeistigt. Er traf auch einige indische Revolutionäre, die sich in Europa niedergelassen hatten, und glaubte, hinter ihnen den Schatten des allgegenwärtigen britischen Geheimdienstes zu sehen. Er fand diese isoliert lebenden Menschen bemitleidenswert; es war, als lebten sie in einer längst vergangenen Welt.

Europa war zu dieser Zeit voller Spannungen. Die Auswirkungen des Ersten Weltkrieges auf die soziale und wirtschaftliche Ordnung zeigten sich als radikale Unzufriedenheit an beiden Enden des politischen Spektrums. Der Faschismus hatte sich in Italien schon festgesetzt; in

Deutschland war er in Wartestellung. Sozialisten und Kommunisten gingen bei den Leuten mit ihren Patentrezepten hausieren, während die Reaktionäre ihre Visionen von Zucht und Ordnung entstehen ließen. Jawaharlal, der nur ein offensichtlich stabiles Europa gekannt hatte, das den Eindruck rassischer Überlegenheit vermittelte, fand es jetzt von Zweifeln und Ängsten geplagt. Im Gegensatz dazu schien es auf der indischen Szene um lauter kleinliches Hickhack zu gehen.

Für jemanden, der oft stärker gefühlsmäßig als nach dem Intellekt reagierte, hatten die sozialistischen Ideen beträchtliche Anziehungskraft. In Indien war Nehru bereits einem vagen Populismus verfallen, als er die Kümmernisse der Bauern in den Vereinigten Provinzen zu seiner Sache machte. Er fühlte sich auch stark angesprochen von Vivekanandas Doktrin des Dienstes an den Armen und Bedrängten. Somit war sein Geist empfänglich für die christlichen Elemente des internationalen Sozialismus.

Obwohl Jawaharlal eigentlich nur für ein paar Monate in Europa bleiben wollte, bekam er durch Kamalas unverändert schlechten Gesundheitszustand, der sich nach der Behandlung nicht besserte, mehr Zeit, um die auf ihn zukommenden neuen Ideen zu verarbeiten. Im Februar 1927 nahm er als Delegierter des Indischen Nationalkongresses an dem Antiimperialistischen Kongreß in Brüssel teil. Dort begegnete er Kommunisten, Sozialisten des linken Flügels, Nationalisten aus Asien und Afrika, einem Völkerbund der Radikalen. In Brüssel waren wirklich Vertreter aller Schattierungen linksgerichteten Denkens vertreten. Moskau hatte dem Treffen starke moralische Unterstützung gewährt, und es gab eine gewichtige Delegation orthodoxer Kommunisten. Aber es gab auch weniger orthodoxe. Die Finanzierung kam weitgehend von der Regierung Mexikos und von der Kuomintang, die damals noch eine radikale Linie verfocht. Die britische Labour Party wurde unter anderem von George Lansbury vertreten, den man hauptsächlich deshalb zum Präsidenten des Kongresses wählte, um zu zeigen, daß dieser nicht von den revolutionären Kommunisten dominiert wurde. Später stieß Jawaharlal zu ihm bei der Leitung der Liga gegen den Imperialismus, die eines der Ergebnisse des Kongresses war. Im Vorstand waren unter anderem Madame Sun Yat-sen, Romain Rolland und Albert Einstein. Es nahmen noch andere an dem Treffen teil, die später als echte Revolutionäre hervortraten. Nicht der geringste war ein bestimmter, zurückhaltend wirkender Vietnamese namens Nguyen-Ai-Quoc, besser bekannt als Ho Chi Minh.

Am Vorabend der Konferenz gab Jawaharlal eine Erklärung ab, die vor marxistischem Jargon strotzte. Es war verständlicherweise ein Angriff auf den britischen Imperialismus und ein Appell an alle unterdrückten Völker, im weltweiten Kampf gegen Fremdherrschaft zusammenzuarbeiten. Dem folgte eine leidenschaftliche Ansprache vor der Versammlung, die mit seinem prophetischen Ausspruch endete, sobald Indien unabhängig sei, werde das britische Empire fallen. Darin lag viel Emotion, eine ganze Menge Rhetorik, aber sehr wenig ideologisches Verständnis. In seinem Bericht an den Indischen Nationalkongreß betonte Nehru die neuen Perspektiven, die sich ihm eröffnet hatten. Zum ersten Mal wurde ihm bewußt, daß Indiens Probleme nicht einzigartig waren. Er hatte etwas über die Probleme Lateinamerikas gelernt, von denen er vorher nichts gewußt hatte, und über den Sanskriteinfluß in Indonesien, der ein Überbleibsel von Indiens kultureller Expansion war. Er kommentierte die revolutionäre Leidenschaft der chinesischen Delegierten, die Ungeheuerlichkeit, daß die Briten indische Truppen gegen die Chinesen schickten, und die Unterstützung für Chinas nationale Bewegung durch die Labour Party. Was die Liga gegen den Imperialismus anlangte, so werde sie ein unschätzbarer Träger der Kongreßpropaganda sein.

Nehrus Begeisterung wurde von den meisten Führern und Mitgliedern des Indischen Nationalkongresses mit demselben Gleichmut aufgenommen, den sie immer seinen sozialistischen Glaubensbekenntnissen entgegenbrachten. Sie waren an seinem Internationalismus oder an seiner Weltsicht nicht interessiert. Irgendwie kam es nicht wirklich darauf an. Nehru hatte jetzt ein paar Hausgötter, denen er huldigen konnte, während er den antiradikalen Hang der Kongreßführer ständig hinnahm. Nehrus Vorliebe für radikale Ideen wurde von Gandhi dazu benutzt, radikale Elemente innerhalb des Kongresses zu entschärfen, weil er davon ausgehen konnte, daß Nehrus gefühlsmäßige Bindung an das Prinzip der Einheit des Kongresses stärker war als seine gefühlsmäßige Bindung an den Sozialismus. Mit der Zeit verlor Nehrus Radikalismus die Wirklichkeitsnähe, die er einmal gehabt haben mochte, und wurde in erster Linie ein Fundus wohlklingender Worte und nichtssagender Phrasen und Reden.

Aber während Jawaharlal noch in Europa war, fern von dem enervierenden Einfluß des Kongresses und Gandhis, war seine Begeisterung echt. Die britische Labour Party kam ihm schwach vor, und der Bericht von der Sozialistischen Internationale machte keinen Eindruck auf ihn. Obwohl er den in Rußland praktizierten Kommunismus ziemlich vulgär fand, fesselte ihn, wie dieses große unterentwickelte Land mit seinen wirtschaftlichen und sozialen Problemen fertig wurde. Doch machte er sich Sorgen über eine mögliche sowjetische Einflußnahme auf die Aktivitäten der Liga gegen den Imperialismus. Schließlich führten radikale Kritik von seiten der Liga an der offenkundig nicht radikalen Kongreßpolitik und der Versuch des Ligavorstandes, unter den Mitgliedern von Arbeiter- und Bauernvereinen in Indien Stimmung gegen den Kongreß zu machen, dazu, daß Nehru aus der Liga ausgeschlossen wurde und daß der Kongreß die Verbindungen zur Liga im April 1930 abbrach.

Im September 1927 kam Motilal Nehru in Europa an. Im selben Monat, in dem Jawaharlal selbst Indien verlassen hatte, war die Swaraj-Partei aus den gesetzgebenden Körperschaften ausgezogen, da viele ihrer Parteimitglieder der Versuchung nachgegeben hatten, ein öffentliches Amt anzunehmen. Der Auszug stellte im Grunde einen Triumph für Gandhi dar, denn jetzt plädierte Motilal selbst für eine Unterstützung der absoluten Nicht-Zusammenarbeit. Das hielt aber den Verfall nicht auf. Eine neue Wahl war in Sicht, und die religionsbewußten Hindus im Kongreß sowie die Moslems außerhalb schickten sich an, religiöse Emotionen anzuheizen. Unter ihrem Einfluß nahmen die Unruhen zu. Motilal wurde heftig attackiert, er sei gegen den Hinduismus eingestellt, und man warf ihm sogar vor, er habe einmal vorgehabt, ein Gesetz zur Legalisierung des Schlachtens von Kühen einzubringen. Von diesem Zeitpunkt an sollte die religiöse Frage die nationalistische Szene beherrschen. Obwohl die meisten Kommunalisten außerhalb des Kongresses standen, besaßen sie doch die kaum verhohlene Sympathie vieler Mitglieder. Der nationale Kampf war dabei, aus seiner heroischen Phase in die tragische Phase überzugehen.

Motilals Ankunft fiel mit Kamalas Genesung zusammen, und die Nehrus gingen auf eine große Reise. Sie konnten in den exklusivsten Hotels absteigen, dank des beträchtlichen Honorars, das Motilal für einen schwierigen Fall bekommen hatte, in dem es um das Erbe eines großen Gutes ging. Die Reise schloß auch einen Abstecher in die Sowjetunion mit ein. Motilal selbst war nicht sonderlich begeistert, aber er gab Jawaharlals Drängen nach. Der Besuch war sehr kurz – nur vier Tage –, er machte aber einen starken Eindruck auf Jawaharlal.

Die Nehrus wurden nach ihrer beschwerlichen Bahnreise, aus Berlin kommend, bei ihrer Ankunft in Moskau als wichtige Besucher begrüßt. Zu dem russischen Empfangskomitee, das sie am Bahnhof erwartete, gehörte ein

Inder, Shapurji Saklatvala, ein kommunistisches Mitglied des britischen Parlaments, den Jawaharlal in Brüssel kennengelernt hatte. Die Nehrus waren zu den Feiern des zehnten Jahrestages der Oktoberrevolution eingeladen, aber sie kamen zu spät für die Große Parade auf dem Roten Platz. Man ließ sie aber die heiligen Stätten des Kommunismus besichtigen. An Lenins Grab sah Jawaharlal auf den Lippen des einbalsamierten Sowjetführers ein Lächeln und einen »Anflug von Kampfeslust wie einen Rückblick auf getane Arbeit und erreichten Erfolg«.

Es hatte für ihn einen besonderen Reiz, daß die Sowjetunion kein europäisches, sondern ein eurasisches Land war, und die Gesichter, die er auf Moskaus Straßen sah, bestätigten ihn in dieser Meinung. Was ihn auch ansprach, war die einfache Lebensführung der Sowjetpolitiker, sehr im Gegensatz zu den britischen Statthaltern in Indien. Sogar die Gefängnisse schienen mehr der Wiedereingliederung als der Bestrafung zu dienen. Obwohl er seine Zweifel hatte, ob *alle* sowjetischen Gefängnisse so waren wie diejenigen, die er besichtigt hatte, glaubte er immer noch gerne, daß das Leben in einem sowjetischen Gefängnis dem Leben in einer indischen Fabrik vorzuziehen sei.

Obwohl der Besuch in der Sowjetunion kurz war, hinterließ er bei dem jüngeren Nehru einen bleibenden Eindruck. Er stand dem sowjetischen Kommunismus nicht unkritisch gegenüber, und seine Kritik wuchs mit den Jahren. Aber er erkannte in der sowjetischen Praxis deutliche Parallelen zu Indien. Aus der zaristischen Autokratie war ein Land entstanden, das mit denselben Problemen konfrontiert war wie Indien. Auch die Sowjetunion war ein Land der Bauern, das einst rückständig war, als es im festen Griff der Tradition und der reaktionären Grundherren war. Er erkannte, daß Indien von der Sowjetunion nichts zu fürchten hatte, wenn auch die Engländer in Indien die bolschewistische Regierung mit derselben Voreingenommenheit betrachteten wie einst die der Zaren. Der Besuch trug Nehru einen weiteren Minuspunkt in seiner Sicherheitsakte ein.

Aber die Briten hätten unbesorgt sein können. Nehru wurde kein revolutionärer Kommunist, obwohl der Marxismus über zwanzig Jahre sein Denken und sein Vokabular beeinflußte. Nehrus Marx- und Lenin-Studien, deren Anstoß auf den Besuch in der Sowjetunion zurückging, übten – wie er später schrieb – »einen gewaltigen Einfluß auf meinen Geist aus, und sie halfen mir, die Geschichte und die Tagespolitik in einem neuen Licht zu sehen. Die lange Kette der Geschichte und der gesellschaftlichen Entwicklung gewann Bedeutung und Folgerichtigkeit, und die Zukunft verlor etwas von ihrer Dunkelheit.« Die Anziehungskraft des Marxismus kam sicher zum Teil von seiner starken antikapitalistischen Ausrichtung. Nehru fand ein Pendant dazu in der Kultur Indiens, die auf ihrer höchsten Stufe das Geldscheffeln und das zu eigennützigen Zwecken dienende Zusammenraffen weltlicher Besitztümer verabscheute und das Ansehen eines Menschen nicht von der Macht des Geldes abhängig machte.

Nehrus Marxismus war nie viel mehr als eine Gefühlssache. Er verlieh den Ideen, die er von Vivekananda übernommen hatte, eine gewisse Universalität, aber dessen Botschaft beeinflußte ihn stärker als die von Marx. Es war nicht nur Vivekanandas Vision der Einheit Indiens, sondern sein Ideal des selbstlosen Dienstes als Mittel zur Befreiung der verarmten indischen Massen, was Nehru fasziniert hatte. Unter Gandhis Einfluß hatte er das schreckliche Leben der Landbevölkerung kennengelernt, und deswegen lehnte er jetzt die marxistische These ab, daß die Revolution vom städtischen Proletariat ausgehen müsse. So konnte er die Tatsache akzeptieren, daß der Indische Nationalkongreß von einheimischen Kapitalisten finanziert wurde, denn seine radikalen Aktivitäten richteten sich nicht gegen den Industriekapitalismus, sondern gegen die Grundbesitzer.

Diese Erfahrung sollte er aber erst noch machen. Welche Auswirkungen seine Europareise hatte, würde sich erst in Indien erweisen. Er war fast zwei Jahre von Indien fort gewesen, und ihm war nicht ganz wohl dabei. Kamala ging es wieder gut. Sein eigenes Zweifeln und seine Verzweiflung waren in der Begeisterung über seine Wiederentdeckung Europas untergegangen. Er ließ seinen Vater zurück und reiste Anfang Dezember 1927 per Schiff zurück nach Indien.

9
Aus mitternächtlicher Finsternis

Nachdem die Swaraj-Partei die gesetzgebenden Körperschaften verlassen hatte, erklärte Gandhi im November 1926, als er das Anwachsen der kommunalistischen Spannungen sah, der Kongreß »gehe durch mitternächtliche Finsternis«. Ende 1927, als Jawaharlal nach Indien zurückkehrte, war die Dunkelheit noch immer bedrükkend. Erst einen Monat vorher hatte man in der *Times of India* einen Kommentar lesen können über »den völligen Zusammenbruch des Kongresses, die nicht zu überbietende Sinnlosigkeit der Kongreßanschauungen und das Fehlen auch nur eines einzigen verantwortungsbewußten Gedankens bei seinen Anhängern«. Jawaharlal war entschlossen, diese Lücke zu schließen.

Der Kongreß trat Ende Dezember zu seiner Jahrestagung in Madras zusammen. Nehru brachte eine Reihe von Resolutionen ein, die seine Erfahrungen in Europa widerspiegelten. Es waren Resolutionen über Indiens Unabhängigkeit, über die Gefahren eines Weltkrieges und über viele andere Themen. Zu seiner Überraschung wurden sie alle mit Beifall aufgenommen. Nehru hatte den Verdacht, sie waren angenommen worden, weil man sie nicht verstand, und wahrscheinlich hatte er damit recht. Der Mahatma aber verstand sie wohl und stellte sich dagegen. »Der Kongreß«, so schrieb er, »macht sich unglaubwürdig, wenn er Jahr für Jahr Resolutionen dieser Art wiederholt, wo er doch weiß, daß er sie nicht in die Tat umsetzen kann.« So konnte man nicht die Freiheit gewinnen, sondern nur Verachtung. In einem Brief warnte er Nehru davor, zu weit zu gehen, und er hielt ihm vor, er habe während seines Auslandsaufenthalts den Bezug zur indischen Wirklichkeit verloren. Bedeutend realistischer war in der Sicht des Mahatmas die zur gleichen Zeit verabschiedete Resolution über die Boykottierung der Simon-Kommission.

Die Einrichtung dieser Kommission ging auf eine Klausel in der Regierungsakte von 1919 zurück, die eine Überprüfung der Reformergebnisse nach zehn Jahren vorsah. Das Überprüfungsdatum war jedoch vorverlegt worden, weil die damals in Großbritannien regierenden Konservativen befürchteten, daß die Labour Party 1929 an die Regierung kommen könnte, und mindestens ein Mitglied des konservativen Kabinetts ging davon aus, daß die Labour Party ihren Reden Taten folgen lassen werde, wenn sie – wie bereits geschehen – damit begann, von Indiens Recht auf Selbstverwaltung zu sprechen. Lord Birkenhead, der damalige Staatssekretär für Indien, hielt es für einen geschickten Schachzug, vorzeitig eine Kommission einzusetzen. Bezeichnenderweise war Birkenhead das einzige Kabinettsmitglied gewesen, das die Reformen von 1919 abgelehnt hatte. Was ihn anbelangte, so würde es keine weiteren Konzessionen geben, wenn er es verhindern konnte. Um sicherzustellen, daß die Kommission die Dinge in seiner Sicht sah, wurde entschieden, daß sie ausschließlich aus britischen Parlamentsabgeordneten bestehen sollte. Sogar die Labour Party arbeitete mit ihm zusammen, indem sie unbekannte Hinterbänkler zu ihren Vertretern wählte. Einer von ihnen war ein gewisser Clement Attlee, dessen damalige Erfahrungen unmittelbaren Einfluß auf seine Entscheidungen haben sollten, als er – nahezu zwanzig Jahre später – selbst Premierminister wurde. Den Vorsitz über die Kommission sollte Sir John Simon übernehmen – ein Rechtsanwalt, der einmal zu den Liberalen gehört hatte, dann aber in einen pedantischen und starren Konservativismus zurückgefallen war, und dem jegliche radikale Lösung zutiefst zuwider sein würde.

Die Nachricht von dem Indienbesuch der Kommission wurde im November 1927 bekanntgegeben. Die Engländer in Indien begrüßten den Umstand, daß der Kommission ausschließlich Engländer angehörten. Den nationalgesinnten Indern sah es nach dem alten Rezept aus. Unter keinen Umständen war es einem Inder zuzutrauen, daß er reif genug wäre, bei einer Untersuchung über die Zukunft Indiens etwas Konstruktives beizusteuern. Offenbar hatte die britische Regierung nichts aus der jüngsten Vergangenheit gelernt. Natürlich wurde die Zusammensetzung der Kommission übel vermerkt, und zwar quer durch das ganze Spektrum indischer Meinungsbildung. Mohammed Ali Jinnah, der immer noch versuchte, Hindus und Moslems irgendwie an einen Tisch zu bringen, trat entschieden für einen Boykott ein. »Jallianwala Bagh war das Hinschlachten der Körper«, erklärte er, »die Simon-Kommission ist das Hinschlachten der Seele.«

Die Berufung der Simon-Kommission riß das politische Indien aus seiner Apathie. Aber sie verstärkte auch die Zugkraft des Kommunalismus. Nachdem sich die Möglichkeit von Reformen eröffnet hatte, begannen die Moslems wieder an ihre eigenen Interessen zu denken. Jinnah, der sich immer noch aus der kommunalistischen Politik heraushielt, hatte Moslems dazu überredet, getrennte Wählerschaften anzustreben und mit anderen Nationalisten ein Parteiprogramm zu teilen. Aber das war vor der Ankündigung der britischen Regierung, daß im Februar 1928 eine Untersuchungskommission nach Indien kommen würde. Die kommunalistisch Gesinnten unter den Moslemführern, die im März 1927 Jinnahs Vorschlag zugestimmt hatten, nahmen jetzt, im November, ihre Zustimmung wieder zurück. Es sah so aus, als wollten die meisten Nationalisten die Kommission boykottieren, aber nicht miteinander zusammenarbeiten.

Für Jawaharlal aber, der frisch aus Europa zurückgekehrt und von marxistischem Gedankengut verklärt war, schien der Kommunalismus eine Folge mittelständischer Begehrlichkeit und somit völlig wirklichkeitsfremd zu sein. Die moslemischen und hinduistischen Massen verfielen, seiner Überzeugung nach, nur aus wirtschaftlichen Gründen den Reizen des Kommunalismus. Bankiers und Geldverleiher waren für gewöhnlich Hindus, während die moslemischen Bauern immer zu den Schuldnern gehörten. Unter diesen Umständen sei der religiöse Konflikt nur eine Verbrämung der wirtschaftlichen Nöte. Sobald man die Not linderte, würde der Kommunalismus seinen Reiz verlieren. Das war eine gefährliche Sicht der Dinge, denn sie ließ die anderen, tiefergehenden Motive unbeachtet. Nehru ließ die Rolle der Religion außer acht, weil er davon ausging, sie sei ohne Bedeutung für die wirklichen Probleme.

Nehru rief jetzt lautstark nach Taten. Die Simon-Kommission boykottieren, ohne Frage, aber es war an der Zeit, mehr als das zu tun. Gandhi war anderer Meinung, machte aber geschickterweise den Vorschlag, Nehru sollte seine abweichenden Ansichten in einem Briefwechsel festlegen, den Gandhi dann in seinem Wochenblatt *Young India* veröffentlichen wollte. Die Tatsache, daß Nehru die Herausforderung nicht annahm, zeigt, wie weit er schon auf Gandhis Linie eingeschwenkt war. Aber der Schwenk war weder absolut noch lautlos. Nehru spürte den Zug an der Leine, aber Gandhi beteuerte, die Leine werde immer lang genug sein, um Nehru einen breiten Handlungsspielraum zu gewähren. Diese relative Handlungsfreiheit wurde voll ausgenutzt. Nehru war immer noch Generalsekretär, und als solcher mußte er oft Reden halten. Er war der gewählte Präsident des Allindischen Gewerkschaftsbundes (All-India Trade Union Congress), was ihm selbst etwas unschicklich für jemanden vorkam, der kein Arbeiter war. Aber es verschaffte ihm ein Forum, und er redete – über den Sozialismus und die Notwendigkeit der völligen Unabhängigkeit für Indien.

In den Ansprachen Nehrus aus dieser Zeit schwang immer revolutionäre Leidenschaft mit, und vielfach waren sie für seine Zuhörer einfach zu hoch. Aber er war immer noch gegen Gewaltanwendung – was im Grunde einen Widerspruch darstellte, doch das war einerseits auf seine eigene Abneigung gegen Gewalt und andererseits auf den übermächtigen Einfluß Gandhis zurückzuführen. Er betonte immer wieder, daß es Sozialismus nicht ohne nationale Einheit und erst nach der nationalen Unabhängigkeit geben könne. Gewalt würde nur die nationale Einheit zerstören und sei deshalb konterrevolutionär. Bei nüchterner Betrachtung war diese Doktrin recht verwirrend, und so erschien sie auch vielen Aktivisten. Aber es war Nehrus rednerisches Repertoire, die Art, wie er Indiens Kampf als Teil eines weltumspannenden Kampfes begriff, was die Jugend beeindruckte. Er schien der Kongreßbewegung ein modernes Gepräge zu geben. Durch ihn gewann der im wesentlichen bildungsfeindliche Zugang Gandhis einen progressiven Zug. Der von Nehru gepredigte Sozialismus war trotz seiner Verbindungen zur weiteren Welt fest verwurzelt in den Idealen indischen Lebens, und die kulturelle Integrität mußte nicht einer ausländischen Lehre geopfert werden.

Auf seiner Reise durch Indien kam Nehru zu der Überzeugung, daß er Zeuge eines neuen Erwachens war. Der Morgen dämmerte, und die dunkle Nacht würde bald vorüber sein. Und wieder sollte es die Unzufriedenheit der Landbewohner sein, die das politische Leben aus seiner Passivität riß. Der Ort des Geschehens war unbekannt, aber das Thema, um das es ging, war von allgemeinem Interesse. Bardoli ist ein kleiner Bezirk in Gujarat, das damals zur Provinz Bombay gehörte. Eine Grundsteuerreform brachte eine Anhebung des Steuersatzes um 22 Prozent gegenüber der vorherigen Veranlagung. Die Kleinbauern des Bezirkes wandten sich in ihrer Not an Vallabhbhai Patel, der nach seinem ersten Einstieg in die nationalistische Politik in dieser Gegend geblieben war. Von ihm wußte man, daß er schon früher, 1922, eine Initiative zur Abschaffung der Steuern ins Leben gerufen hatte, die er aber aus taktischen Gründen abbrach, nachdem Gandhi die Nicht-Zusammenarbeits-Kampagne aufgegeben hatte.

Bardoli war jedoch entschlossen, etwas zu unternehmen, genau wie Patel. Mit Gandhis Zustimmung und Unterstützung organisierte dieser eine begrenzte Sayagraha, nachdem sich die Regierung geweigert hatte, eine wohldurchdachte und gut dokumentierte Eingabe gegen die erhöhte Steuerveranlagung entgegenzunehmen. Die Regierung reagierte auf die Weigerung, Steuern zu zahlen, mit Massenverhaftungen und Beschlagnahme des Besitzes. Aber die Bauern wollten immer noch nicht nachgeben, und die Geschichte ihres Widerstandes machte — ausgeschmückt und überhöht durch heldisches Beiwerk — blitzartig in Indien die Runde. Die Kampagne dauerte sechs Monate und endete siegreich für die Bauern. Sie war vollständig gewaltlos verlaufen, zumindest was die Beschwerdeführer anlangte. Die Steuermehrbelastung wurde auf nur mehr sieben Prozent reduziert. In Bardoli erhielt Patel den Titel ›Sardar‹ (Führer). Sein Name wurde in ganz Indien bekannt, und eine neue Gestalt erschien in der nationalen Führung.

Als die Simon-Kommission in Indien eintraf, wurde sie überraschenderweise mit nur halbherzigem Protest empfangen, und wenn der Vorsitzende mehr menschliche Wärme gezeigt hätte, wären die Aufgaben der Kommission vielleicht ohne ernsthafte Behinderung durchgeführt worden. Aber Freundlichkeit zu zeigen gehörte nicht zu Simons Naturell. Er war vielmehr der Meinung, die indische Regierung sei gegen ihn eingestellt, weil sie die paar Proteste, die laut wurden, nicht unterband. Die Lage sollte sich jedoch bald ändern. Als die Kommission Bombay besuchte, wurde eine Zeitbombe in einem Zug gezündet, und die Polizei ging schärfer gegen Demonstranten vor.

Inzwischen war man auf einer im Mai 1928 abgehaltenen Allparteienkonferenz übereingekommen, daß die Nationalisten ihre eigene Verfassung für Indien ausarbeiten sollten. Daher wurde ein Komitee einberufen unter dem Vorsitz von Motilal Nehru, der kurz zuvor aus Europa zurückgekehrt war. Der ›Nehru-Report‹, wie man ihn nannte, wurde im August veröffentlicht. Es war ein sehr weitblickendes Werk, das bei seinen Empfehlungen auf eine Vielfalt von Quellen zurückgriff, einschließlich der amerikanischen Verfassung. Zwei seiner Vorschläge erwiesen sich als höchst kontrovers. Einmal wurde empfohlen, diejenigen kommunalistischen Wählerschaften aufzuheben, die in den Gesetzgebungsgremien über keine offiziellen Sitze für die Minderheiten verfügten. Zweitens wurde gefordert, daß Indien sofort zum selbstverwalteten Dominion gemacht werden sollte. Beides waren Kompromisse; der erste kam auf Druck der Hindu-Kommunalisten zustande, die gegen die getrennten Wählerschaften eingestellt waren, der zweite sollte die gemäßigten Nationalisten beschwichtigen, die glaubten, Indien sei für die völlige Unabhängigkeit noch nicht bereit.

Jawaharlal reagierte verärgert und lautstark auf diesen Schritt. Im Grunde hatte der Bericht für ihn nur wenig Ansprechendes. Eine Klausel beleidigte sein sozialistisches Gewissen ganz besonders. Sie enthielt die Empfehlung einer Garantie der Rechte der halbfeudalen Grundherren von Oudh. Aber das war nur eine kleine Affäre, wenn man dagegenhielt, daß der Dominion-Status die Unabhängigkeit ersetzen sollte. Auf einem erneuten Treffen der Allparteienkonferenz, das im August in Lucknow stattfand, sprach sich Jawaharlal entschieden dagegen aus. Er sagte, er wolle überhaupt nichts mit einem Empire zu tun haben, das seine Untertanen nur ausbeute. Aber er gehörte zur Minderheit. Bald nach dem Ende der Konferenz kündigten ein paar Dissidenten unter der Führung Jawaharlals und eines etwa gleichaltrigen jungen Bengalen, Subhas Chandra Bose – er war 1927, als Jawaharlal in Europa war, zum Generalsekretär des Kongresses ernannt worden –, die Gründung einer Unabhängigkeitsliga (Independence for India League) an. Die Liga stand nur Kongreßmitgliedern offen und diente nur dem Zweck, den Kampf aufzunehmen gegen alles, was weniger war als die volle Unabhängigkeit.

Die Agitation der Liga war ohne Erfolg. Sie konzentrierte sich auf ein Thema, das nach Meinung der meisten Kongreßmitglieder vergleichsweise unbedeutend war. Trotzdem lag es durchaus im Bereich des Möglichen, daß es über der Frage der Unabhängigkeit zwischen der alten Garde und den Jungen zum wirklichen Bruch kam. Sowohl Jawaharlal als auch Bose strengten sich an, die Liga mit Leben zu erfüllen, aber die einzigen, die sich durch ihre Aktivitäten beeindrucken ließen, waren die Briten. Doch Motilal Nehru, der wie immer der Überzeugung war, daß der verfassungskonforme Zugang immer versucht werden sollte, machte sich Sorgen, was Ende 1928 auf der Jahrestagung des Kongresses geschehen werde.

Der ältere Nehru war jetzt designierter Präsident des Kongresses. Als die Frage anstand, wer bei einer vermutlich besonders wichtigen Sitzung den Vorsitz übernehmen sollte, hatte Motilal Vallabhbhai Patel vorgeschlagen, der damals, nach der Bardoli-Affäre, auf der Höhe seines Ruhms stand. Nachdem Patel abgelehnt worden war, schlug er Jawaharlal vor. Gandhi war gegen den jüngeren Nehru. Er war zu weit abgeschwenkt in eine Richtung, die dem Mahatma nicht gefiel. Mit Motilal als Präsident würde Gandhi öffentlich den Nehru-Report gutheißen, während er es gleichzeitig Jawaharlal erschwerte, offen seinen Vater anzugreifen. Bei diesem Manöver schätzte der Mahatma die Lage falsch ein, was ihm in seinem Verhältnis zum jüngeren Nehru nur äußerst selten passierte. Bose wie auch Jawaharlal waren fest entschlossen, ihren Standpunkt durchzusetzen.

Auf der Tagung des Allindischen Kongreßkomitees Anfang Dezember wurde eine Resolution verabschiedet, die wie ein Kompromiß aussah. Die Madras-Resolution über die völlige Unabhängigkeit wurde gebilligt, aber die Teile des Nehru-Reports, in denen es um die eigentlich wichtigen kommunalistischen Probleme ging, wurden als großer Schritt nach vorn stürmisch begrüßt. Das war weder für Gandhi noch für Motilal ein akzeptabler Kompromiß. Sie hatten sieben Wochen, um dieses allmächtige Instrument, den Arbeitsausschuß (Working Committee), umzustimmen. Auf einer Sitzung des Ausschusses schlug Gandhi vor, man solle den ganzen Nehru-Report, einschließlich der Empfehlung des Dominion-Status, zur offiziellen Kongreßpolitik machen, vorausgesetzt, das britische Parlament akzeptiere vor dem Ende des Jahres 1930 den Report als Verfassung für Indien. Sollte sich das Parlament weigern, wolle er eine weitere Kampagne des zivilen Ungehorsams vorschlagen.

Jawaharlal sprach sich deutlich gegen den Vorschlag aus und äußerte offene Kritik, wenn auch in gemäßigter Form, sowohl an seinem Vater als auch an Gandhi. An die Stelle von Gandhis Resolution wollte er eine andere setzen: Wenn der Forderung nach Unabhängigkeit nicht bis zum Ende des Jahres 1929 entsprochen sei, dann sollte eine Kampagne des zivilen Ungehorsams gestartet werden. Es schien kein Kompromiß möglich, und die Versammlung ging auseinander, ohne eine Entscheidung getroffen zu haben. Jetzt war es an Gandhi, seinen Einfluß auf den jüngeren Nehru geltend zu machen. Der Mahatma wußte, wo er ansetzen mußte: bei der Gefährdung der nationalistischen Einheit und, unausgesprochen, bei der Gewißheit, daß sich Jawaharlal – sollte er es auf einen Bruch ankommen lassen – auf einsamem Posten und abgeschnitten von den Hauptströmungen des politischen Freiheitskampfes wiederfinden würde. Damit packte er ihn unweigerlich bei seinem Gefühl und bei seiner Eitelkeit.

Der Kompromiß, welcher zustande kam, reduzierte die Zeitvorgabe, bis wann die Briten den Nehru-Report zu akzeptieren hätten, auf ein Jahr. Im Grunde war es eine totale Kapitulation der Opposition, und der jüngere Nehru wußte das nur zu gut. Er blieb der nächsten Versammlung fern und erfuhr die Demütigung, daß der Mahatma sein Fernbleiben damit erklärte, er sei eben ein ›hochherziger Mensch‹. Nach einem derart spektakulären Abfall war die Opposition entkräftet. Auch Subhas Bose verließ die Versammlung, kündigte aber an, er werde nicht gegen die Resolution stimmen, wenn sie bei der öffentlichen Kongreßsitzung auf der Tagesordnung erschiene. Bose änderte aber seine Meinung, und als der Mahatma selbst die Resolution vorschlug, sprach er dagegen, indem er einen Änderungsantrag einbrachte, der den Dominion-Status ablehnte. Vielleicht aus Beschämung unterstützte Jawaharlal Bose. Doch das war im Grunde nur ein Zerren an der Leine und nicht der Wunsch, sich von ihr loszureißen. Der jüngere Nehru sollte nie eine gewisse Entscheidungsschwäche überwinden.

Diesmal war es Gandhi. Wieder einmal zog der Mahatma alle Register seines Repertoires an Erpressungsmitteln. In privaten Gesprächen hatte er ganz deutlich gemacht, daß er sich aus dem politischen Leben wieder zurückziehen werde, wenn man seinem Weg die Zustimmung verweigern sollte. In der Versammlung beschuldigte er seine Kritiker, sie seien ihm untreu geworden! Er zog ihr Ehrgefühl in Zweifel. Hatten sie nicht unter vier Augen einem Kompromiß zugestimmt, den sie jetzt in der Öffentlichkeit lieber ablehnten? Sollte der Kongreß den Eindruck erwecken, als ob er nicht einen Tag zu seinen Resolutionen stehen könne? Solche Unreife wäre in sich schon ein Beweis dafür, daß Indien noch nicht zur Unabhängigkeit bereit wäre. Boses Ergänzungsantrag wurde abgewiesen, aber gegen beträchtliche Opposition, denn es waren nur 1350 gegen 973 Stimmen, obwohl viele, die gegen Gandhi stimmten, dies nur aus religiösen Gründen taten.

Tatsächlich war der Kommunalismus nach einer Phase der Ruhe wieder auf dem Vormarsch. Obwohl der Nehru-Report für gemeinsame Wählerschaften eingetreten war, hatte es einen Kompromiß im Sinne der Kommunalisten gegeben. Es sollte keine *offizielle* Minderheitenvertretung geben, sondern statt dessen eine inoffizielle Sitzverteilung zwischen den Minoritäten. Der Report hatte auch eine Neuregelung der Provinzgrenzen gefordert, die sowohl sprachlichen als auch religiösen Wünschen entgegenkam. Das überwiegend moslemische Gebiet von Sindh sollte von der Provinz Bombay abgetrennt werden, und man befürwortete Reformen für die Nordwestliche Grenzprovinz. Im Interesse einer gemeinsamen Front gegen die Simon-Kommission waren diese Vorschläge von allen angenommen worden, mit Ausnahme der zu diesem Zeitpunkt unbedeutenden Moslem-Liga. Unglücklicherweise war bis zum Ende von 1928 die Unzufriedenheit angewachsen. Auf einer Allparteienkonferenz, die fast gleichzeitig mit der Kongreßsitzung in Kalkutta abgehalten wurde, machten die Moslems, die nicht der Liga angehörten, ihre Zustimmung rückgängig. Jinnah hatte den Anspruch angemeldet, daß den Moslems ein Drittel der Sitze im Zentralparlament garantiert werden müßte. Der Anspruch war von den Hindu-Kommunalisten zurückgewiesen und von jenen ignoriert worden, die wie Jawaharlal Nehru davon ausgingen, daß kommunalistische Ängste unbegründet waren. Jinnah hatte das Treffen in Kalkutta mit gebrochenem Herzen verlassen. Mit Tränen in den Augen hatte er zu einem Freund gesagt: »Jetzt trennen sich die Wege.«

Jinnahs Rückzug in ein Schweigen, das bis 1934 anhalten sollte, war nicht der einzige bedeutsame Nebeneffekt des Treffens von 1928 in Kalkutta. Subhas Bose, ein echter und engagierter Radikaler, hatte gelernt, daß man Jawaharlal Nehru nicht trauen konnte. Zu einem indischen Journalisten sagte er: »Wir in Bengalen stellen die wirklich revolutionäre Kraft dar. Jawaharlal redet nur, wir handeln!« Bald sollten diese beiden Männer Rivalen werden, nicht nur um die Anhängerschaft in der indischen Jugend, sondern auch um Machtpositionen innerhalb der Kongreßbewegung.

Während die Intrigen und Gegenintrigen innerhalb des Kongresses sich hochschaukelten, hatte es in der Welt draußen gebrodelt – manchmal blutig. Als die Simon-Kommission in Lahore ankam, war sie, wie gewohnt, von Demonstranten empfangen worden. Unter ihnen befand sich der alte Nationalist und Anführer der Hindu-Gemeinde Lala Lajpat Rai. Aus irgendeinem Grund – oder auch ohne Grund – war er von einem britischen Polizeioffizier mit einem Schlagstock quer über die Brust geschlagen worden. Rai war ohnehin herzkrank, und ein paar Wochen später starb er. Natürlich führte man seinen Tod auf die Schläge zurück, für die es keinerlei Berechtigung gegeben hatte, denn die Demonstration war ganz friedlich gewesen. Wenig später sollte Jawaharlal selbst die Schlagstöcke der Polizei auf seinem Körper fühlen.

Als die Kommission in Lucknow war, führte Jawaharlal einen Umzug zu einer Protestversammlung. Auf dem Weg dorthin wurde die Gruppe von einer Patrouille berittener Polizei angegriffen. Da die Pferde auf sie zusteuerten, zerstreute sich der Zug, und Nehru blieb allein mitten auf der Straße zurück. Ein Polizist gab ihm zwei kräftige Schläge mit einem *lathi*, einem langen und sehr harten Bambusstock. Nehru fand diese Erfahrung eher belustigend als schmerzhaft. Am nächsten Tag sollte er einen ernsteren Zusammenstoß mit der Macht haben. Truppen waren postiert worden, und als die Menge begann vorwärtszudrängen, wurde sie angegriffen. Nehru, der wieder einmal dabei war, hatte ein brennendes Verlangen gespürt, zurückzuschlagen, aber er beherrschte sich, weil er wußte, daß die Truppen bei ausbrechender Gewalt wahrscheinlich feuern würden.

Aber Gewalt lag wieder in der Luft. Terrorismus, die nunmehr einzige wesentliche Zurückweisung von Gandhis Führungsanspruch, trat wieder auf den Plan. In Lahore wurde ein Polizeioffizier, von dem man glaubte, er sei derjenige, welcher Lajpat Rai geschlagen hatte, ermordet. Im April 1929 wurden in die Verfassunggebende Versammlung in Delhi zwei Bomben geworfen. Es wurde niemand verletzt, aber die zwei Verantwortlichen wurden als Helden gefeiert. In Bengalen, diesem Epizentrum des Extremismus, brach eine Welle der Gewalt los, und die Regierung nahm sich weitreichende Vollmachten für Festnahmen und Inhaftierungen. Es gab Streiks, die nicht immer friedlich abliefen; in Bengalen wurden die Jutefabriken bestreikt, und in Kalkutta arbeiteten die Straßenkehrer nicht mehr. In Bombay streikten einhunderttausend Arbeiter und brachten die Baumwollindustrie dieser Großstadt zum Stillstand. Die Regierung reagierte darauf mit der Festnahme der Arbeiterführer und klagte sie der Verschwörung und der Volksverhetzung an. Das Gerichtsverfahren, das versuchte, eine nicht vorhandene kommunistische Gefahr zu bannen, zog sich über viereinhalb Jahre hin und war eine offensichtliche Perversion der Gesetze Britisch-Indiens, vom natürlichen Rechtsempfinden ganz zu schweigen. Nehru organisierte in seiner Eigenschaft als Präsident des Allindischen Gewerkschaftskongresses ein Verteidigungskomitee und trommelte Geldmittel aus dem Ausland zusammen. Trotzdem wurde es für ihn selbst mit Hilfe seines Vaters schwierig, genügend Mittel aufzutreiben und Rechtsanwälte zu finden, die willens waren, die Verteidigung der Angeklagten zu übernehmen. Während die ausführenden Organe der Regierung auf die eine oder andere Weise die militanteste Opposition unterdrückten, versuchte der Vizekönig, die gemäßigten Elemente, die von Gandhi angeführt wurden, zu neutralisieren. Der Vizekönig, Lord Irwin, war ein tiefreligiöser Mann, der gefühlsmäßig auf das reagierte, was er für den wesentlichen moralischen Gehalt der Ideen Gandhis hielt. Wie er sagte, war er bereit, Gandhi zu treffen – Kritiker nannten

Der indische Ministerpräsident
Nehru 1961 vor dem National Press Club
in Washington.

Motilal Nehru,
lesend an seinem Arbeitstisch,
um 1910.

Jawaharlal Nehru
mit seiner Frau und Tochter Indira.

Mahatma Gandhi,
um 1945.

dies »Teetrinken mit dem Verrat« –, und es fanden Gespräche statt. Gandhi schien anzunehmen, daß Irwins Frömmigkeit die Oberhand über seinen politischen Verstand und über seine Bindungen gewänne, die aber genauso ausgebildet waren wie bei den anderen Briten der herrschenden Schicht. Irwin konnte in Wirklichkeit nicht frei handeln. Die letzte Entscheidungsbefugnis lag bei der britischen Regierung in London. Trotzdem wurde die in der Geschichte Britisch-Indiens noch nie dagewesene Geste Irwins von Gandhi nicht nur als Zeichen seiner eigenen Bedeutung, sondern britischer Schwäche angesehen.

Irwin war aber kein Narr. Was die Kurzsichtigeren in der britischen Gemeinde Indiens auch sagen mochten, jeder evolutionäre Weg zur Verfassungsänderung in Indien hing von Gandhi, dem Apostel der Gewaltlosigkeit, ab. In einer offenbar revolutionären Situation gehörte es nur zur vernünftigen Taktik, einen zu ermutigen, der die Revolution haßte und der die Massen mitreißen konnte. Irwin war der Meinung, es sei notwendig, Gandhis Einfluß zu stärken. Als ersten Schritt gab der Vizekönig eine öffentliche Stellungnahme ab, wie sie noch nie zuvor ein Vizekönig geäußert hatte. Er sagte, er habe eine doppelte Pflicht zu erfüllen: Er müsse die kaiserlichkönigliche Regierung weiterführen und als Mittler zwischen Indien und Großbritannien wirken. Insgeheim riet er London, sofort eine Erklärung abzugeben, die den Dominion-Status für Indien auch als Ziel der britischen Regierung darstellen sollte. Das ging Lord Birkenhead, dem Staatssekretär, zu weit.

Veränderungen lagen aber in der Luft. Die Befürchtungen der Konservativen, daß ein Wahlerfolg der Labour Party bevorstehe, erwiesen sich als berechtigt. Im Sommer 1929 übernahm die zweite Labour-Regierung in der Geschichte Englands die Amtsgeschäfte. Premierminister war Ramsay MacDonald, der ein paar Monate vor seinem Amtsantritt erklärt hatte: »Ich hoffe, daß innerhalb eines Zeitraumes von wenigen Monaten, nicht von Jahren, dem Commonwealth ein neues Dominion hinzugefügt wird, ein Dominion, welches innerhalb des Commonwealth in seiner Eigenständigkeit Selbstbewußtsein finden wird. Ich meine Indien.« Gandhi, der auf den Ruf der unmittelbaren Gegenwart reagierte, hatte die Stellungnahme begrüßt. Andere, unter ihnen Jawaharlal, waren skeptisch gewesen. Im August 1928 hatte er sich über die »scheinheiligen, phrasendreschenden Hochstapler, die die britische Labour Party anführen«, geäußert, und er sah keine Veranlassung, seine Meinung jetzt zu ändern. Eine Zeitlang schien es so, als habe sich Nehru geirrt. Im Oktober 1929 gab Irwin eine eher vage gehaltene Stellungnahme ab, die bestätigte, daß der Dominion-Status tatsächlich das Ziel war. Gandhi pries die Lauterkeit Irwins und schloß sich einer Konferenz von Parteiführern an, die vom Vizekönig Ende Dezember einberufen worden war. An dem Morgen, als sie zusammentrat, zerstörte eine Bombe einen Teil des Zuges, in dem sich der Vizekönig befand. Er selbst blieb unverletzt.

Die Terroristen zeigten mehr Wirklichkeitssinn. Als Gandhi betonte, der Kongreß habe sich nur unter der Voraussetzung bereiterklärt, der Konferenz beizutreten, daß eine weitere Konferenz in London zur Bildung einer Dominion-Verfassung für Indien einberufen werde, erklärte ihm Irwin, daß er zu solch einer Zusage nicht ermächtigt sei. Die Kongreßdelegierten reisten aus Delhi ab und erkannten endlich, daß die britische Labour Party auch nicht besser war als alle anderen politischen Parteien. Versprechen, die in der Oppositionszeit abgegeben wurden, neigten dazu, an Substanz zu verlieren, sobald man in Amt und Würden war. Immerhin lud der Vizekönig die Kongreßführer und andere für das folgende Jahr zu einer Round-Table-Konferenz nach London ein.

Jetzt hing viel von der Haltung des Kongresses ab. Die Sitzung von 1929 sollte in Lahore im Panjab stattfinden. Ihr Vorsitzender sollte Jawaharlal Nehru sein. Diese fast dynastische Nachfolge war von Gandhi hauptsächlich deshalb inszeniert worden, um die Jungen und Linksgerichteten zu neutralisieren. Bei der Vorbereitung der Präsidentschaftswahlen für 1930, das allgemein als entscheidendes Jahr angesehen wurde, hatten sich die meisten Provinzorganisationen des Kongresses der Führung des Mahatma unterstellt. Unter den achtzehn Organisationen hatten zehn Gandhi nominiert, fünf Patel und drei Jawaharlal. Obwohl er sehr dazu gedrängt wurde, ließ sich Gandhi nicht nominieren; er wollte kein Amt, sondern die Macht. Zum Erstaunen vieler Mitglieder gab er Nehru seine volle Unterstützung und sagte auch ganz offen, weshalb er das tat. Nehru repräsentiere, so äußerte er in einer öffentlichen Stellungnahme, die Jugend der Bewegung (Nehru war damals neununddreißig), und er werde die Radikalen wieder für die gemeinsame Sache gewinnen. Die Verantwortung, betonte er, »wird die Jugend milder und nüchterner machen«. Denjenigen innerhalb des Kongresses, die mit Nehru nicht einverstanden waren, versicherte Gandhi, es werde ganz so sein, als ob er selbst den Vorsitz übernähme – eine demaskierende Äußerung ohnegleichen. Jedenfalls konnte der Präsident nicht frei schalten, er war nur ein konstitutioneller Monarch.

Nehru gefiel keineswegs, mit welchen Methoden Gandhi andere unter Druck setzte, um zu erreichen, was er wollte. Daß er nicht aufgrund seiner eigenen Verdienste und nur nach der ziemlich offensichtlichen Intervention des Mahatma gewählt werden konnte, verletzte seinen Stolz. In seiner Autobiographie behauptet Nehru, er habe beinahe »die Ehre zurückgewiesen«. Das tat er aber nicht. Gandhi kannte ihn besser als er sich selbst. »Ein besänftigender Brief von Gandhiji und drei Tage Nachdenkens beruhigten mich.«

Der Kongreß trat in gespannter Atmosphäre zusammen. Terroristen waren noch aktiv, und das ganze Land war unruhig. Die Regierung witterte Unrat und stellte sich darauf ein. Auch der Kongreß war nicht einig, und die Sitzung schien auf Meinungsverschiedenheiten zuzusteuern. Nehru hatte nur widerstrebend Gandhis Bedingungen für eine Konferenzteilnahme in London angenommen. Damit hatte er wieder einmal die Unterstützung der Radikalen verscherzt. Glücklicherweise kam ihm die Haltung konservativer Sprecher im britischen Parlament und die Tatsache zu Hilfe, daß auch von seiten der Labour Party eine beruhigende Stellungnahme ausblieb. Auf einer Allparteienkonferenz, die am 16. November 1929 in Allahabad stattfand, hatte Nehru den nationalistischen Führern vorgeworfen, sie hätten sich vom Vizekönig übertölpeln lassen. Als Irwin außerstande war, Gandhi die Versicherung zu geben, daß der Dominion-Status das Ergebnis der kommenden Konferenz sein werde, erkannten Nehru und die Radikalen, daß sie ihren Standpunkt im Kongreß durchsetzen konnten.

Über dreißigtausend Delegierte hatten sich in einem großen Zeltlager am Ufer des Ravi in Lahore versammelt. Der neue Präsident führte, auf einem Schimmel reitend, die Prozession an, zu der auch eine Herde Elefanten gehörte. Die Amtsübergabe vom Vater auf den Sohn hatte (wie es jemand, der dabei war, später darstellte) ganz das Aussehen einer apostolischen Nachfolge. Es war sicher das Ende einer Ära, denn ein gutes Jahr später starb Motilal. Als er abtrat, schien der verfassungskonforme Weg beendet, obwohl der Kongreß ein paar Jahre später die politische Arbeit aufgrund neuer Reformen tatsächlich wieder aufnahm. Vielen erschien es aber in Lahore, als sollte alles, wofür Motilal gestanden hatte, aufgegeben werden.

Eine beträchtliche Anzahl Delegierter, die erkannte, daß es jetzt um die Entscheidung ging, ob der Kongreß sich gegen den britischen ›Raj‹ (Herrschaft) stellen sollte, befürwortete vorsichtiges Taktieren. Aber Gandhi hatte sich jetzt der Unabhängigkeit verschrieben und hielt an der in Kalkutta verfaßten Resolution fest, nach der der

Kongreß eine Kampagne des zivilen Ungehorsams starten müsse, falls ein Jahr verginge, ohne daß der Forderung nach dem Dominion-Status entsprochen wurde. Jawaharlal überließ es Gandhi, Schritte zu unternehmen, und die Stimme der Radikalen wurde Subhas Bose. Der Mahatma schlug vor, man solle dem Vizekönig in einer Resolution zu seiner Errettung vor dem Tode bei dem Bombenattentat auf den Zug gratulieren. Dank Bose, dem der Sinn nicht nach leeren Höflichkeitsfloskeln stand, wurde sie nur mit einer denkbar knappen Mehrheit verabschiedet. Danach brachte Gandhi die entscheidende Resolution vor: Der Kongreß werde an der Round-Table-Konferenz in London nicht teilnehmen. *Swaraj* sei das einzige Ziel, und *swaraj* bedeute völlige Unabhängigkeit. Als erstes sollten die gesetzgebenden Körperschaften boykottiert werden, und das Allindische Kongreßkomitee sollte ermächtigt werden, eine Kampagne des zivilen Ungehorsams zu starten, sobald es die Zeit für gekommen erachte.

Die Vorsichtigen drängten auf Aufschub. Bose verlangte den endgültigen Bruch und die Schaffung eigener Verwaltungs- und Gesetzgebungsorgane durch den Kongreß. »Ich bin ein Extremist«, rief er laut, »und mein Prinzip ist: Alles oder nichts!« Damit waren Gandhi und Nehru direkt herausgefordert. Nehru schwieg die ganze Debatte hindurch, und seine Antrittsrede als Präsident hatte Bose klargemacht, daß Nehru die Radikalen nicht unterstützen würde. Im Grunde war es eine radikale Rede, voller vernünftiger sozialistischer Ansichten, die auf die weit ausholende Art vorgetragen wurde, die zu Nehrus typischem Stil werden sollte. Die Rede war von sozialem und wirtschaftlichem Wandel und von der räuberischen Natur des indischen Kapitalismus. Anders als der Mahatma sah Nehru in der Gewaltlosigkeit keinen absoluten Wert – »Gewalt ist schlecht, aber Sklaverei ist schlechter«. Doch Nehru versicherte seinen Zuhörern, als Kapitalisten hätten sie nichts von ihm zu fürchten, wenigstens nicht solange der Freiheitskampf noch andauerte. Erst die Unabhängigkeit, dann der Sozialismus, so lautete die Botschaft. Bose wurde dadurch in seiner Meinung bestärkt, daß von Nehru nur Gerede kam.

Doch Bose war in der Minderheit. Nehrus Ansprache sollte viele junge Männer anfeuern, welche die Worte mit der nachfolgenden Kampagne in Verbindung brachten, so daß sie rückblickend ein Aufruf zur Tapferkeit zu sein schien. In Wirklichkeit war Nehru wie eh und je ein Gefangener des Mahatma. Wenn die Kongreßversammlung Bose auch nicht unterstützte, so war sie doch auch nicht ganz auf der Seite des Mahatma. Gandhi mußte all seinen Einfluß und sein Prestige in die Waagschale werfen, um seine Resolution durchzubringen. Sozusagen als letzte Rettung behauptete er, seine Politik habe die Unterstützung geheimnisvoller Mächte. »Ich bin nur meinen Inneren Stimmen gefolgt«, verkündete er, und zum guten Schluß gab es nicht genügend, die es wagten, die Frage zu stellen, ob er richtig hingehört habe.

Nachdem die Entscheidung gefallen war, schien niemand recht zu wissen, was zu tun war. Wieder zeigte der Kongreß, wie stark er von Gandhi abhängig war. Am 1. Januar 1930 trat, wie um das noch zu unterstreichen, das AICC zusammen, um einen Arbeitsausschuß zu wählen, in dessen Händen die Kampagne liegen sollte. Gandhi nannte zehn Namen, und als andere vorgeschlagen wurden, entzog ihnen Nehru in seiner Eigenschaft als Kongreßpräsident das Wort, indem er betonte, es sei falsch, Männer in den Arbeitsausschuß zu wählen, die gegen Gandhi gestimmt hätten. Am folgenden Tag faßte Gandhis handverlesener Ausschuß den Entschluß, daß der 26. Januar als Unabhängigkeitstag gefeiert werden sollte, an dem die Kongreßflagge bei Massenversammlungen gehißt und ein Unabhängigkeitsgelöbnis abgelegt werden sollte.

Noch vor Tagesanbruch hatten die Kongreßgesetzgeber mit bewundernswerter Disziplin ihre Sitze in den verschiedenen Körperschaften aufgegeben und sie den Liberalen, den Hindu-Kommunalisten und den Moslems überlassen. Das bedeutete auch, daß man ihnen die anstehende Round-Table-Konferenz überließ. Die Zusammenkünfte am 26. Januar zeigten, daß die Basis fest hinter dem Mahatma stand. Auf Versammlungen, die im ganzen Lande abgehalten wurden, wiederholten Tausende das Gelöbnis: »Wir glauben, daß es das unveräußerliche Recht des indischen Volkes wie jedes anderen Volkes ist, frei zu sein und sich der Früchte seiner Arbeit zu erfreuen... Wir glauben auch, daß, wenn irgendeine Regierung ein Volk dieses Rechtes beraubt und es unterdrückt, das Volk darüber hinaus das Recht hat, sie zu verändern oder abzuschaffen...«

Das Hissen der Kongreßflagge und die feierlichen Worte des Gelöbnisses machten außerhalb des Kongresses nicht viel Eindruck. Nicht einmal die Regierung schien besonders beeindruckt. Bald nach der Feier des Unabhängigkeitstages formulierte Gandhi elf Punkte, bei deren Befolgung er, wie er sagte, die Kampagne des zivilen Ungehorsams absagen könnte. Nehru konnte es gar nicht glauben, daß die Forderung nach Unabhängigkeit nicht darunter war. Doch die elf Punkte waren in Wirklichkeit eine Reihe von Angeboten, die dazu gedacht waren, die Sympathie aller möglichen sozialen Gruppierungen Indiens zu gewinnen – die der Briten natürlich ausgenommen, und selbst ihnen wurde ein Beschwichtigungsmittel angeboten, indem ausgerechnet der Ruf nach Unabhängigkeit fehlte.

Es gab die Forderung nach einem absoluten Alkoholverbot – als direkten Appell an Leute der alten Schule und an die Orthodoxen. Der Vorschlag zur Amnestie politischer Gefangener und der zur Abschaffung der Geheimpolizei zielten auf Politiker jeglicher Couleur. Für die Geschäftsleute gab es die Forderung nach einer Herabsetzung des Wechselkurses zwischen dem Sterling und der Rupie, nach einer Reservierung der Küstenschiffahrt für

indische Schiffe und nach der Einführung eines Schutz-
zolles auf ausländische Stoffe. Der Ruf nach einer Kür-
zung der Militärausgaben auf die Hälfte und nach einer
Gehaltskürzung bei den britischen Beamten zielte auf die
Akademiker der Mittelschicht. Um die Bauern auf seine
Seite zu ziehen, forderte er eine Senkung der Grundsteu-
er und die Abschaffung der Salzsteuer.

Unglücklicherweise schien keiner der Punkte auf
Gandhis Liste sofortiges Handeln herauszufordern.
Ohne ein zündendes Thema würde die Kampagne des zivilen Ungehorsams vermutlich nicht die Unterstützung
der Massen finden. Wirtschaftlich war das Land einigermaßen stabil; die Ernte war gut gewesen. Die Regierung
schien Gandhi nicht den Gefallen eines spektakulären
Aktes der Unterdrückung tun zu wollen. Ende Februar
fiel ihm die Lösung ein: er würde die Salzgesetze brechen. Die Salzgewinnung war ein Regierungsmonopol,
und die Hälfte seines Verkaufspreises war eine Regie-
rungssteuer. Diese war so wenig belastend, daß es keinerlei Versuche einer verbotswidrigen Herstellung gab,
und der Verbrauch stieg jedes Jahr an. Gandhi erkannte,
daß es die *Art* der Steuer war und nicht ihre Höhe, die die
Mehrheit der Inder belastete. Niemand kann ohne Salz
auskommen, vor allem nicht in einem tropischen Land.
Außerdem war kein Monopol leichter zu brechen als
dieses. Salz konnte aus der Erde geholt oder aus Meer-
wasser destilliert werden. Es würde so aussehen, als
hätte Gandhi die Naturgewalten auf seine Seite gebracht.

Obwohl Jawaharlal Nehru und andere anfangs skeptisch waren, schrieb Gandhi, der ein unübertroffenes Geschick hatte, die Dinge für die Massen zu dramatisieren,
am 2. März einen Brief an seinen ›Lieben Freund‹, den Vizekönig. Darin teilte er Irwin mit, daß er beabsichtige,
gegen das Salzmonopol vorzugehen, wenn seine elf
Punkte nicht von der Regierung angenommen würden.
Irwin zeigte sich nicht beeindruckt, und in seinem Ant-
wortschreiben drückte er nur sein Bedauern darüber aus,

daß Gandhi es für nötig halte, das Gesetz zu übertreten. Am 12. März machte sich Gandhi mit neunundsiebzig auserlesenen Anhängern von seiner geistlichen Zufluchtsstätte in der Nähe Ahmadabads aus auf den Weg, um die knapp 400 Kilometer bis zum Arabischen Meer zu Fuß zurückzulegen und dort feierlich Salz zu gewinnen.

Als der Mahatma seinen langsamen und mit Bedacht umständlichen Marsch ans Meer machte, erwartete er, verhaftet zu werden. Aber der Regierung lag nicht daran, ihm zuzuarbeiten. Sobald er tatsächlich das Gesetz übertrat, war es an der Zeit, etwas zu unternehmen. Aber selbst dann sollten nur Gandhis Stellvertreter verhaftet werden. Vallabhbhai Patel, der den Machthabern nicht nur als Organisator des Salzmarsches, sondern auch als führender Kongreßpolitiker bekannt war, wurde ohne Aufhebens verhaftet, noch ehe Gandhi aufbrach, möglicherweise in der Hoffnung, die Kampagne somit zum Scheitern zu bringen. Andere Führer wurden in Frieden gelassen. Schließlich erreichte Gandhi am 5. April das Meer, und nachdem er Gebete gesprochen hatte, hob er am Strand liegendes Salz auf. Dieser symbolische Akt erfuhr im Ausland große Publizität, insbesondere in Amerika, wo man sich an die Boston Tea Party erinnert fühlte. In Indien wurde die Botschaft durch Kongreßfunktionäre im ganzen Land verbreitet, und auf großen öffentlichen Zusammenkünften, zu denen – wie der Kongreß behauptete – mehr als fünf Millionen Menschen kamen, wurde feierlich Salz gewonnen. Die Regierung unternahm öffentlich nichts dagegen, und die Demonstrationen waren fast alle ganz friedlich.

Jawaharlal, der in Allahabad aktiv an der Organisation der Kampagne mitgewirkt hatte, wurde selbst am 14. April verhaftet und aufgrund der Übertretung des Salzgesetzes zu sechs Monaten verurteilt. Gandhi aber blieb auf freiem Fuß, obwohl die Regierung sein Verhalten einen Akt der Rebellion nannte. Man versuchte nicht, Gandhis Aktivitäten zu behindern oder seine Kontrolle des Kongresses zu bedrohen, nachdem die Hauptanführer verhaftet worden waren. Er wurde nicht daran gehindert, die Post oder die Telegraphen zu benutzen. Ohne Zweifel suchte die Regierung wieder einmal Gandhis Einfluß auf die Bewegung des zivilen Ungehorsams zu wahren, indem sie Politiker wie Nehru ausschaltete, von denen sie annahm, sie könnten der Bewegung eine revolutionärere Richtung geben wollen.

Diese Politik war zum Teil erfolgreich. Gandhis Kampagne mit ihrer ungeheueren Symbolwirkung auf die Massen hatte eine Zeitlang andere Aktionen aufgehalten. Die Regierung ordnete an, daß keinerlei Provokation erfolgen dürfe. Das Militär sollte nicht eingesetzt werden, um die Mengen zu zerstreuen. Es durfte kein zweites Amritsar geben. Auch die Polizei sollte möglichst keine Gewalt anwenden. Der Kongreß würde natürlich die ›Brutalität der Polizei‹ anprangern – und das tat er auch –, aber es sollte keine Toten auf der Straße geben, die nach Rache schrien.

Unglücklicherweise gab es Männer, auf die Gandhis Vorgehen nur als zusätzlicher Anreiz für militante Aktionen wirkte. Diese Männer bereiteten einen Anschlag vor. In Bengalen, mit seiner geheiligten Tradition revolutionärer Gewalttaten, wurde ein Waffenarsenal angegriffen, und acht Männer, die es verteidigen wollten, wurden getötet. Diesmal reagierte die Regierung mit Nachdruck, und eine Anzahl von Demonstranten wurde von der Polizei erschossen. Es gab auch Unruhen in der Provinz Bombay, wo ortsansässige Kongreßführer die Stadt Sholapur einnahmen, dann aber vom Militär wieder unter Opfern vertrieben wurden.

Den schlimmsten Ausbruch gab es in der Nordwestlichen Grenzprovinz nach der Verhaftung des Abdul Ghaffar Khan, der später als ›Grenz-Gandhi‹ bekannt werden sollte. Die Stadt Peshawar war ein explodierender Kessel der Gewalt, und es mußten Truppen angefordert werden. Natürlich gab es auf beiden Seiten schwere

Verluste. Aber noch schlimmer war – was die Folgen anlangte – die Weigerung zweier Züge der indischen
Armee, nach Peshawar zu ziehen und auf ihre moslemischen Brüder zu schießen. Das Schreckgespenst einer
neuen Meuterei in der Armee wie bei dem Aufstand von
1857 tauchte wieder auf. Bis zum 24. April hatten sich die
Zustände in der Stadt derart zugespitzt, daß die Briten
keine Kontrolle mehr darüber hatten. Erst zwölf Tage
später, nach dem Eingreifen britischer Truppen und der
Luftwaffe, wurde die Stadt wieder besetzt.

Schließlich sah die Regierung die Zeit für gekommen,
den Mahatma festzunehmen. Seine Kampagne war trotz
allem in Gewalt ausgeartet, aber es war nur die Gewalt
der Berufsrevolutionäre und nicht der Massen. Die
Bauern, die nicht nur das Rückgrat, sondern auch die
Zielgruppe der Bewegung des zivilen Ungehorsams
waren, waren hauptsächlich damit beschäftigt, auf den
Feldern die Frühjahrsernte einzubringen. In den frühen
Morgenstunden des 5. Mai wurde Gandhi ohne Aufhebens in Gewahrsam genommen. Als sich die Nachricht
von seiner Verhaftung ausbreitete, gab es Demonstrationen – schwerwiegende in Delhi und Kalkutta –, und die
verbleibenden Kongreßführer riefen nach einer Verstärkung des zivilen Ungehorsams. Die Regierung sah sich
nun, da Gandhi im Gefängnis saß, zu keinerlei Mäßigung mehr genötigt und reagierte sofort und massiv: fünf
Jahre Gefängnis wegen der Weigerung, vor der Polizei
auszusagen, sieben Jahre und eine große Geldbuße
wegen des Tragens einer Kongreßflagge.

Eine Zeitlang konzentrierte sich die Aufmerksamkeit
der Regierung auf die Unruhen in der Nordwestlichen
Grenzprovinz, und es wurde den Provinzverwaltungen
überlassen, die Kongreßaktivitäten zu unterdrücken. Die
Grenzgebiete, die immer spannungsgeladen und häufig
von Stammesfehden erschüttert waren, wurden durch
die Unruhen in Peshawar noch stärker aufgeheizt. Eine
Zeitlang sah es so aus, als ob ein neuer Grenzkrieg aus-

brechen würde. Während das Heer und die Luftwaffe versuchten, der Stammesangehörigen Herr zu werden, beschloß die Regierung, den Provinzbewohnern einige Konzessionen zu machen, damit sie nicht auf die Idee kommen sollten, sich etwa ihren moslemischen Glaubensbrüdern anzuschließen und die Briten anzugreifen. Die lokale Selbstverwaltung wurde angeboten – die Provinz war aus Sicherheitsgründen von den Reformen des Jahres 1919 ausgeschlossen gewesen –, und man startete eine intensive Propaganda-Kampagne, worin man den Kongreß als reine Hinduorganisation diskreditierte. Die Regierung mochte glauben – obwohl es dafür nie einen Beweis gab –, daß der Kongreß die Stammesangehörigen zum Aufstand angestachelt und ihnen große Summen Geldes gezahlt habe. Diese Annahme und die Erkenntnis, daß die Festnahme seiner Führer den Kongreß nicht daran hinderte zu arbeiten, führten zu einem Regierungserlaß, der das Allindische Kongreßkomitee zu einer illegalen Organisation erklärte. Sein Vorsitzender, Motilal Nehru, wurde zu seinem Sohn in das Zentralgefängnis von Naini geschickt.

Die Verhaftungen machten natürlich der Gewalt kein Ende. Sie ebneten ihr nur den Weg. Aber mit dem Terrorismus können alle Regierungen umgehen. Es gibt nur eine Methode, und da die Gewalttaten noch nicht die allerschrecklichsten Ausmaße angenommen hatten, konnten sie unter Kontrolle gebracht und unterdrückt werden. Der Boykott ausländischer Waren ging weiter; indische Geschäftsleute, die wußten, daß sie sich selber damit einen Gefallen taten, achteten schon darauf. Die Regierung konnte nicht viel dagegen unternehmen. Ohnehin waren die einzigen, denen Schaden zugefügt wurde, nur die Baumwollarbeiter in Lancashire und die Zigarettenfabrikanten. Aber die Regierung konnte versuchen, etwas von den entgangenen Staatseinkünften zurückzuholen. In Bombay beschlagnahmte die Verwaltung Kongreßeigentum. Andere Provinzen folgten dem Beispiel. Die

Briten waren jetzt so sicher, der Kongreßopposition das Rückgrat gebrochen zu haben, daß sie begannen, neue Polizisten zu rekrutieren – und es gab jede Menge Bewerber. Schließlich ging man ohne Samthandschuhe vor: es wurden Kollektivstrafen verhängt, und junge Missetäter wurden ausgepeitscht.

Der Kongreß war gewiß aus mitternächtlicher Finsternis aufgetaucht, aber nur in ein Zwielicht, das tödlicher war als die Dunkelheit.

10
»Nicht mit einem Schlag, sondern mit einem Seufzer«

Im Gefängnis verbrachte Jawaharlal seine Zeit mit Lesen, Spinnen und Weben. Die Gefängnisverwaltung behandelte ihn mit einigem Respekt. Er hatte jede Menge Bücher und Schreibutensilien und konnte sich Essen schicken lassen. Da es nur sehr wenige politische Gefangene gab, war er allein. Wenn auch eingeschränkt, so war es doch ein bequemes Leben, und er empfand langsam, daß er kein Recht habe, bequem zu leben, während andere draußen litten. Zu seiner Überraschung hatte sich seine Frau Kamala, obwohl es ihr gesundheitlich nicht gut ging, in die Kampagne des zivilen Ungehorsams gestürzt und in Allahabad praktisch die Führungsrolle ihres Mannes übernommen. Und sie stand nicht allein. Die Kampagne hatte eine nie dagewesene Anzahl von Frauen auf die Straße gebracht – die traditionsgemäß in Indien zurückgezogen vom öffentlichen Geschehen lebten. Das quälte Nehru um so mehr.

Nach der Einlieferung seines Vaters freute sich Jawaharlal, wenn er versuchen konnte, dem älteren Mann das Leben ein wenig zu erleichtern. Mit seinen siebzig Jahren ging es Motilal nicht gut, und die Zustände in dem Gefängnis trugen dazu bei, daß sich seine Gesundheit rapide verschlechterte. Aber ehe die Lage so ernst wurde, daß die Briten beschlossen, den älteren Nehru zu entlassen, sollten beide in eine Sache verwickelt werden, wie sie so nur in Britisch-Indien ablaufen konnte. Keine andere Kolonialmacht hätte es ihren wichtigsten politischen Gefangenen gestattet, miteinander zu konferieren, oder hätte ihnen gar noch einen Sonderzug zur Verfügung gestellt, um es ihnen zu ermöglichen. Zumindest kann von der britischen Regierung Indiens gesagt werden, daß sie ihre autoritäre Herrschaft hinter guten Manieren verbarg.

Das Treffen – zwischen Gandhi und den beiden Nehrus – kam zustande, weil die britische Regierung in London entschlossen war, die Round-Table-Konferenz, deren Inszenierung sie so viel Mühe gekostet hatte, nicht ohne ihre Hauptakteure über die Bühne gehen zu lassen. Die Regierung hatte bereits mehrfach Gesten guten Willens gezeigt. Als der Simon-Report im Juni 1930 herauskam, wurde er mit Schweigen aufgenommen. Die Labour-Regierung kündigte an, daß Sir John Simon an der Konferenz nicht teilnehmen werde, und man hielt es nicht einmal für der Mühe wert, die Parlamentsabgeordneten der Labour Party zu informieren, die der Kommission angehört hatten. Es war eine Geste der Abgrenzung, die in bestimmten Bereichen der nationalistischen Bewegung nicht unbemerkt blieb. In einem Interview mit einem britischen Journalisten, der es irgendwie geschafft hatte, an die Gefangenen heranzukommen, deutete Gandhi an, daß immer noch ein Übereinkommen erzielt werden könne, vorausgesetzt es gäbe eine Garantie dafür, daß die Konferenz ermächtigt würde, eine Verfassung zu formulieren, die die *Grundlage* der Unabhängigkeit darstellte. Das schien ein deutliches Abrücken von der *völligen* Unabhängigkeit zu beinhalten. Kurz vor seiner Verhaftung hatte auch Motilal, der ewig Verfassungstreue, sein Angebot ausgearbeitet. Verhandlungen seien seiner Meinung nach dann möglich, wenn die Regierung Indiens sich bereitfände, eine *private* Zusicherung abzugeben, daß sie die Forderung nach einer eigenverantwortlichen Regierung unterstützen werde. Später bedauerte Motilal, was er gesagt hatte, und berief sich darauf, daß er nicht genügend darüber nachgedacht habe. Das bewirkte aber, daß zwei liberale Nationalisten, Tej Bahadur Sapru und M. R. Jayakar, dem Vizekönig vorschlugen, als Mittler zwischen der Regierung und den inhaftierten Kongreßführern zu fungieren. Dieser Anregung gab der Vizekönig seinen Segen, und seine Formulierung war offenbar eine Paraphrase der Worte Motilals.

Sapru und Jayakar begaben sich in das Yeravda-Gefängnis bei Poona, um sich mit dem Mahatma zu besprechen. Dort nannte er seine Bedingungen. Er sei bereit, den zivilen Ungehorsam abzusagen, wenn die Regierung als Gegenleistung Gefangene freiließe – mit Ausnahme der wegen gewalttätiger Vergehen Inhaftierten –, beschlagnahmtes Eigentum zurückgäbe, bezahlte Geldstrafen zurückerstatte und die Beachtung der Salzgesetze nicht erzwänge. Abgesehen von diesen besonderen Bedingungen halte er weiterhin an seinen ursprünglichen elf Punkten fest. Die Mittler spürten eine gewisse Kompromißbereitschaft, auch wenn Gandhi betonte, seiner Meinung nach sei die Zeit für Verhandlungen noch nicht reif, und er könne ohnedies nicht auf eigene Faust handeln. »Die letzte Entscheidung liegt bei Jawaharlal«, dem Kongreßpräsidenten.

Die Mittler kamen am 27. Juli mit einem Brief Gandhis im Naini-Gefängnis an, um die Angelegenheit mit den beiden Nehrus zu besprechen. Zwei Tage lang wurde argumentiert und diskutiert. Aber wie Gandhi sich offensichtlich nicht ohne die Nehrus festlegen wollte, so waren sie gewiß nicht bereit, ohne Rücksprache mit Gandhi irgendeine Entscheidung zu treffen. Nachdem die Mittler dem Vizekönig das mitgeteilt hatten, setzte er die Gefangenen durch seine Zustimmung in Erstaunen. Ein Sonderzug wurde eingesetzt, der die beiden Nehrus von Allahabad nach Kirkee bei Poona brachte, wo sie Gandhi treffen sollten. Ihr Zusammentreffen, zu dem später noch Vallabhbhai Patel und andere Kongreßführer stießen, muß eine der außergewöhnlichsten politischen Konferenzen gewesen sein, von denen man weiß. Die Männer, die im Grunde das Kongreßkabinett darstellten, trafen sich zu einer Geheimsitzung innerhalb eines Gefängnisses, und das geschah mit voller Billigung eben der Regierung, deren Sturz sie ganz offen betrieben. Die Konferenz dauerte drei Tage, und sie veranlaßte Winston Churchill, einen führenden Erzkonservativen im britischen Parlament, zu der sarkastischen, einigermaßen den Tatsachen entsprechenden Bemerkung: »Die Regierung von Indien hat Gandhi ins Gefängnis geworfen, und sie sitzt seitdem vor seiner Zellentür und bettelt, er möge ihr aus ihren Schwierigkeiten helfen.« Gandhi wäre vielleicht wirklich dazu bereit gewesen; nicht aber Nehru und die anderen. Daher wurden sie mit ihrem Sonderzug wieder zurück ins Naini-Gefängnis befördert.

Bald nach diesen Gesprächen beschloß die Regierung, Motilal wegen seiner angegriffenen Gesundheit freizulassen. Der alte Mann wollte nicht weg, aber er war offensichtlich schwer krank, und die Regierung hatte nicht die Absicht, ihn im Gefängnis sterben zu lassen. Einen guten Monat später, Anfang Oktober, war Jawaharlal nach Verbüßung seiner Strafe auch wieder auf freiem Fuß. Aber nicht lange. Die Regierung war zu der Überzeugung gelangt, daß er ein wirklich gefährlicher, unversöhnlicher Gegner war, den man sich am besten in sicherer Entfernung hielt. Ohne Zweifel würde er ihr alsbald einen Vorwand liefern. So war es auch. Fast unmittelbar nach seiner Entlassung rief Jawaharlal wieder zu einem Boykott der Salzgesetze und – was noch schwerwiegender war – zu einer Steuerverweigerungs-Kampagne auf.

Ehe Jawaharlal wieder festgenommen werden konnte, fuhr er seinem Vater nach zur Hill-Station von Musoorie. Kamala und ihre Tochter waren auch dort, außerdem die drei Töchter ihrer Schwägerin Vijaya Lakshmi. Es war eine angenehme Ruhepause, und Motilal schien es sehr viel besser zu gehen. Nach drei Tagen kehrte Jawaharlal nach Allahabad zurück, um an einer Konferenz teilzunehmen, die er einberufen hatte, um die Steuerverweigerungs-Kampagne zu organisieren. Bei seiner Ankunft erteilte man Jawaharlal das offizielle Verbot, auf öffentlichen Versammlungen zu sprechen. Natürlich dachte er nicht daran, das Verbot zu befolgen. Am Abend des 19. Oktober wurde sein Auto auf der Rückfahrt von einer Versammlung angehalten, und er wurde in Gewahrsam genommen.

Bei dieser Verhandlung stand der Schuldspruch schon vorher fest. Diesmal sollte die Verurteilung für längere Zeit sein – zwei Jahre und vier weitere Monate, weil er sich geweigert hatte, eine Strafe zu zahlen. Jawaharlals Verurteilung war genau das Richtige für die Wiederbelebung der Kampagne des zivilen Ungehorsams, die in Ermangelung eines zündenden Themas gerade etwas am Abflauen war. Obwohl Motilal jetzt ernsthaft erkrankt war, stand er von seinem Krankenbett auf und forderte landesweite Demonstrationen, auf denen Passagen aus der letzten Rede seines Sohnes verlesen werden sollten, wohl wissend, daß die Machthaber auch dies als einen Akt der Anstiftung betrachten würden. Die Resonanz war unerhört, und auf Versammlungen, die an Jawaharlals Geburtstag stattfanden, wurden ungefähr fünftausend Menschen verhaftet. »Eine feine Geburtstagsfeier«, war sein Kommentar. Es dauerte nicht lange, und Kamala machte auch die Erfahrung dieses unerläßlichen Initiationsritus des erfolgreichen Nationalisten: Sie bekam eine Gefängnisstrafe.

Im selben Monat, im November 1930, hatte in den erhabenen Mauern des St.-James-Palastes in London die erste Round-Table-Konferenz begonnen. Die indischen Delegierten waren sorgfältig ausgewählt worden, und sie repräsentierten alle speziellen Interessensgruppen, angefangen bei den Fürsten – außer der Hauptstimme des Nationalismus, dem Kongreß. Seltsamerweise bestand die Konferenz nicht nur aus einer Ansammlung von Jasagern. Alle Delegierten stellten vollkommen klar, daß sie eine eigenverantwortliche Regierung für Indien

wünschten. Sogar diejenigen, die man für die Verbündeten der Briten hätte halten können, stimmten darin überein. Diese Einmütigkeit, die der britischen Regierung
nicht besonders willkommen war, war durch Saprus Einflußnahme zustande gekommen. Er hatte es fertiggebracht, den Delegierten zu zeigen, wo ihre wirklichen Interessen lagen. Das war vielleicht der letzte Triumph der
Gemäßigten, doch die Ergebnisse waren folgenschwer –
nicht nur für den Kongreß, sondern auch für das unabhängige Indien. Die Reformen, die sich schließlich her-
auskristallisierten, sollten später Grundlage der Verfassung für die Republik Indien werden.

Das lag aber noch in ferner Zukunft. Es war sofort klar,
daß der Kongreß von der nächsten Konferenzrunde nicht
ausgeschlossen werden konnte. Die britische Regierung
hatte sich bei ihren Zugeständnissen im Grunde dem
Kongreßstandpunkt stark angenähert. Sie war bereit,
volle Provinzautonomie zu gewähren und allmählich
eine zentrale Selbstverwaltung einführen zu lassen. Ein
Versuch war unternommen worden, das Problem der
Vertretung der verschiedenen Religionsgruppen in den
Griff zu bekommen – gemeinsame Wählerschaften, aber
Sitzreservierungen in den Parlamenten –, doch das
wurde bald von kommunalistischen Politikern und ihren
Freunden in der englischen Konservativen Partei sabo-
tiert. Trotzdem hatten Irwin und auch die britische Regierung den Eindruck gewonnen, es gäbe eine Grundlage
dafür, erneut an Gandhi heranzutreten.

Der neue Vorstoß war bewußt darauf ausgerichtet, das
Interesse des Mahatma zu wecken. Er hatte ›eine Umkehr
des Herzens‹ von den Briten gefordert. Man deutete ihm
an, daß eine solche Umkehr stattgefunden habe und daß
man den Haß vergessen sollte. Die Untertreibung in den
Worten des Vizekönigs machte die Kompromißbereitschaft überdeutlich. Irwin lud Gandhi dazu ein, den Beziehungen der beiden Völker, die einander durch un-
glückliche Umstände in letzter Zeit entfremdet worden

waren, »wieder das Siegel der Freundschaft aufzudrük-
ken«. Als Geste des guten Willens wurden Gandhi und
die Kongreßführer am 25. Januar 1931 freigelassen. Viele
Engländer in Indien wie auch in Großbritannien betrachteten das als einen Akt des Verrates, denn es bedeutete
zugleich, daß die Volksaufwiegelung salonfähig geworden war. Trotzdem war es ein kluger Schachzug, der in
erster Linie dazu dienen sollte, Gandhi als Impresario der
nationalistischen Bewegung wiedereinzusetzen.

Die Freilassungen wurden vom Kongreß und von
Gandhi freudig begrüßt. Er erklärte: »Ich hungere nach
Frieden, wenn er mit Anstand zu bekommen ist.« Jawaharlal war weder davon überzeugt, daß Gandhi klug ge-
handelt hatte, als er das Angebot annahm, noch glaubte
er an den guten Willen der Briten. Aber ihm lagen andere
Dinge auf der Seele. Motilal war offenbar dem Tode nahe.
Er war in dem neuen, kleineren Haus, das er sich hatte
bauen lassen, als er seinen Lebensstil auf relativ beschei-
dene Verhältnisse umstellte, ans Bett gefesselt. Das alte
Haus hatte er dem Kongreß als Hauptquartier vermacht
und es in *Swaraj Bhawan* umbenannt. Während Motilal
nun im Sterben lag, versammelten sich dort die Kongreßführer, um sich über ihr weiteres Vorgehen zu beraten.
Motilal wußte sehr wohl, wie es um ihn stand. »Mahatmaji«, sagte er zu Gandhi, »ich gehe bald. Ich werde nicht
mehr hier sein, um *swaraj* zu sehen. Aber ich weiß, daß
ihr sie gewonnen habt und bald besitzen werdet.«

Am 4. Februar schien sich Motilals Zustand gebessert
zu haben, und er wurde zur Weiterbehandlung nach
Lucknow gebracht; aber zwei Tage später kam das Ende
so unbemerkt, daß Jawaharlal, der an seinem Bett
wachte, meinte, sein Vater schlafe. Der in die Kongreßflagge eingehüllte Leichnam Motilals wurde auf der
Landstraße nach Allahabad überführt. Jawaharlal, Ranjit
Pandit und Motilals alter Diener Hari gaben dem Toten
das Geleit. Große Menschenmassen drängten sich auf
dem Weg zusammen. Nachdem der Leichnam im Swaraj

116

Bhawan aufgebahrt worden war, wurde er zum Einäscherungsplatz am Ufer des Ganges gebracht und dort verbrannt. Es war Abend, Gandhi sprach ein paar Worte zu der Menge, und dann ging jedermann nach Hause. Später erinnerte sich Jawaharlal: »Die Sterne waren zu sehen und funkelten hell, als wir einsam und verzweifelt nach Hause gingen.«

Der Tod seines Vaters berührte Nehru tief, obwohl man ihn erwartet hatte. Trotz aller Meinungsverschiedenheiten, manchmal bitterer, immer aber grundsätzlicher Art, hatte Motilals dominierende Persönlichkeit nie ihren Einfluß verloren; im Grunde war das so bis zu seinem Tode. Nehru war oft zwischen den beiden dynamischen Persönlichkeiten, zwischen Motilal und Gandhi, hin- und hergerissen gewesen. Nun sollte er auf den Mahatma die besondere Zuneigung übertragen, die bis dahin seinem Vater gegolten hatte. Und dieses Gefühl wurde erwidert. Ihr Bund, der sich beiderseits auf eine Abhängigkeit gründete – denn Gandhi brauchte Nehru fast genauso nötig wie Nehru Gandhi –, wurde durch die Liebe verstärkt. Und die konnte durch nichts zerstört werden. Als es Spannungen und Konflikte gab – und das geschah häufig –, wurden die Opfer immer von Nehru gebracht. Es sollte ein Bündnis mit weitreichenden Konsequenzen werden – nicht immer den besten.

Motilals Tod schien auch ein Symbol für das Scheitern des Kongresses zu sein. Während der vorangegangenen zehn Monate war er des zivilen Ungehorsams überdrüssig geworden. Die Regierung schien durch all die Monate der Agitation nicht geschwächt worden zu sein. Die Machthaber waren – vor allem in ihren Möglichkeiten, auch die stärkste Opposition niederzuhalten – offenbar so stark wie eh und je. Der Tod des Apostels der Zusammenarbeit – denn als der wurde Motilal trotz seiner Unterstützung des Satyagraha angesehen – schien den starken Wunsch auszulösen, dem Kongreß wieder Verhandlungen mit den Briten möglich zu machen.

117

Wieder ging die Initiative von den Liberalen außerhalb des Kongresses aus. Die Delegierten, welche an der Round-Table-Konferenz teilgenommen hatten, kamen an Motilals Todestag wieder in Indien an. Sapru, der in London solch eine bedeutsame Rolle gespielt hatte, war entschlossen, die günstige Position, die er seiner Meinung nach gewonnen hatte, nicht wieder aufzugeben. Telegramme wurden zwischen den beiden Seiten ausgetauscht, und es gab eine Reihe von Begegnungen. Gandhi eröffnete eine neue Phase, indem er dem Vizekönig in einem Brief seine Minimalforderungen unterbreitete: eine Amnestie, die Einstellung von Repressalien, die Rückgabe konfiszierten Eigentums, die Wiederbeschäftigung von Regierungsangestellten, die aus politischen Gründen entlassen worden waren, die Abschaffung des Salzmonopols und eine Untersuchung der Polizeiübergriffe. In seiner Antwort appellierte der Vizekönig an Gandhi, die Vergangenheit zu vergessen und in die Zukunft zu blicken. Die Regierung sei nicht dazu bereit, irgendwelche Vorbedingungen zu akzeptieren, und es gebe dazu auch wirklich keine Veranlassung. Auf Betreiben der Gemäßigten im Kongreß und auch auf seinen eigenen Wunsch hin erklärte sich Gandhi dazu bereit, den Vizekönig zu Gesprächen ohne Themenkatalog aufzusuchen.

Er ging nicht mit der vollen Unterstützung des Kongresses. Der linke Flügel einschließlich Nehrus war nicht glücklich über Gandhis schwache Position. Die Mitglieder des Arbeitsausschusses baten ihn aber nur, er möge fest bleiben. Sie wurden belohnt mit einer Kapitulation, so erschien es zumindest vielen Radikalen und Vertretern anderer politischer Richtungen wie etwa Vallabhbhai Patel. »Ich beugte mich«, schrieb Gandhi später, »nicht Lord Irwin, sondern seiner Anständigkeit.« Am Morgen des 5. März wurde bei dem sechsten Zusammentreffen der beiden Männer ein Übereinkommen unterzeichnet. Gandhi hatte keinen Versuch unternommen, den Arbeitsausschuß zu konsultieren oder sein Einverständnis einzuholen. Am Vorabend hatte er den Kern des Abkommens dargelegt, das er zu akzeptieren gewillt war. Absatz 2 bedeutete einen schrecklichen Schock für Nehru, und das mit vollem Recht, denn dessen Bedingungen waren nicht vereinbar mit der Kongreßforderung nach völliger Unabhängigkeit. Im Grunde war es die Akzeptierung der Verfassungsposition, wie sie von der britischen Regierung gesehen und auf der Round-Table-Konferenz bekräftigt worden war.

Das war etwas, womit Nehru überhaupt nicht gerechnet hatte. Aber er sagte nichts und verließ die Versammlung. »Hat sich unser Volk dafür ein Jahr lang so tapfer gehalten? Sollen all unsere tapferen Taten darauf hinauslaufen?« Offenbar; denn Gandhi begab sich zum Palast des Vizekönigs, um die Vereinbarung zu unterzeichnen. Als er zurückkam, beschwerte sich Nehru, aber als Gandhi anbot, per Telefon die Abmachung zu annullieren, antwortete er: »Nein«. An diese Entscheidung sollte sich Nehru immer voller Pein erinnern. Als Präsident des Kongresses hatte er einen Krieg angefangen, und nun hatte ein anderer Bedingungen der Kapitulation unterzeichnet, die er nicht nur für demütigend, sondern auch für unnötig hielt. Aber Gandhi überzeugte ihn davon, daß es keine Demütigung und auch keine wirkliche Kapitulation gäbe. Sein eigener gesunder Menschenverstand sagte ihm, daß die Kampagne des zivilen Ungehorsams nicht weitergeführt werden konnte, da sie mit Bekanntwerden der Verhandlungen buchstäblich zum Stillstand gekommen war.

Gandhi hatte die Erschöpfung des Kongresses gespürt, ebenso wie der Vizekönig; denn die von ihm gemachten Konzessionen waren minimal. Friedliche Streiks wären erlaubt, Gefangene würden freigelassen, aber nicht die wegen Mordes Verurteilten, das Salzmonopol würde nicht aufgegeben, aber Dorfbewohner, die nahe am Meer wohnten, könnten ihr eigenes Salz gewinnen, nicht aber zum Verkauf an andere. Was die Untersuchung der polizeilichen Vorgehensweise anlangte, so wollte sich der Vizekönig auf keine Konzessionen einlassen. Das war alles sehr schwach, aber die Regierung *hatte* ein wirkliches, wenn auch zartes Zugeständnis gemacht. Die bloße Tatsache, daß der Vizekönig dazu bereit gewesen war, die Probleme mit Gandhi zu diskutieren und ein förmliches Übereinkommen mit ihm zu treffen, hob das Prestige des Kongresses. Der Gandhi-Irwin-Pakt, wie er später genannt wurde, sah aus wie ein Abkommen unter gleichwertigen Partnern und implizierte, daß der Anspruch des Kongresses, zumindest für einen großen Teil des indischen Volkes zu sprechen, anerkannt wurde. Die meisten britischen Stellungnahmen erkannten das sofort. Die konservative Opposition im Unterhaus protestierte lautstark, und man versuchte, den Parteivorsitzenden, Stanley Baldwin, der den Vizekönig unterstützt hatte, aus seinem Amt zu entfernen. Winston Churchills Rhetorik war voller Abscheu darüber, daß der Stellvertreter des König-Kaisers auf gleichem Fuße mit einem »nackten Fakir« verhandeln sollte. Er verließ aus Protest das Schattenkabinett und ging daran, mit anderen Tory-Falken die kommenden Reformen zu bekämpfen.

Die Regierung Indiens blieb jedoch gelassen, auch nach Kritik aus den eigenen Reihen. Im Bestreben, Gandhis Stellung gegen eine mögliche Opposition innerhalb des Kongresses zu stärken, wurden die Sicherheitserlasse zurückgenommen, noch *ehe* die Kampagne des zivilen Ungehorsams offiziell aufgegeben worden war. Beide Seiten gaben – vermutlich bei dem ganz bewußten Versuch, die Nebenwirkungen des Vertrages zu verschleiern – sehr doppeldeutige Erklärungen ab. Aber etwas war wenigstens klar: Gandhi hatte für die Zusammenarbeit des Kongresses mit den Briten die Grundlage geschaffen, und trotz der Geschehnisse, die auf das Übereinkommen folgten, war die britische Regierung verpflichtet, mit Gandhi zusammenzuarbeiten. Im Lichte der geschichtlichen Betrachtung war das entscheidendste Ergebnis, daß es Gandhi ein für allemal gelungen war, den Kongreß von einem wahrhaft revolutionären Pfad abzubringen.

Obwohl das manchen der Kongreßradikalen klar war, zogen sie es vor, ihn nicht in Verlegenheit zu setzen. Die Kritik an Gandhi wurde statt dessen über eine Frage laut, die für den Freiheitskampf im Grunde nebensächlich war. Es war der Regierung von vielen übelgenommen worden, daß sie sich weigerte, die wegen politischen Mordes Verurteilten zu amnestieren. Insbesondere der Fall des Bhagat Singh, der mit anderen zusammen in Lahore für die Ermordung desjenigen Polizeioffiziers verantwortlich gewesen war, der Lajpat Rai geschlagen haben sollte, erregte die Gemüter stark. Über seine legendären Heldentaten wurden Lieder verfaßt, und Gandhi war bestürmt worden, die Regierung wenigstens so weit zu beeinflussen, daß sein Todesurteil in ein Lebenslänglich umgeändert würde. Hier blieb Irwin ganz fest. Ein Gnadenerweis wäre politisch klug gewesen, aber nicht vernünftig in Hinblick auf die Interessen des Empire. Irwins Regierungsmandat war weder uneingeschränkt noch unangefochten, und er konnte es nicht riskieren, die öffentliche Meinung in Großbritannien noch mehr zu erregen, als er es schon durch sein Abkommen mit Gandhi getan hatte.

Als Gandhi Ende März in Karatschi ankam, um an einer Sondersitzung des Kongresses teilzunehmen, die den Pakt ratifizieren sollte, erwartete ihn eine feindliche Menge. Bhagat Singh war ein paar Tage zuvor hingerichtet worden, und teilweise wollte man mit dieser Demonstration Gandhi verdammen, weil er ihn nicht gerettet hatte. Es gab auch noch eine andere, wenn auch kleinere Willenskundgebung. Eine moslemische Menschenmenge, die schwarze Fahnen mit sich trug und rief: »Gandhi, geh weg«, zeigte, daß der Kommunalismus immer noch sehr lebendig war. Auch anderswo gab es dafür Beweise. Nachdem Bhagat Singh gehenkt worden war, gab es De-

121

monstrationen im ganzen Land. In Cawnpore führten sie zu einem Hindu-Moslem-Aufstand, bei dem es 166 Tote und fast 500 Verletzte gab.

Obwohl die Empörung hohe Wellen schlug, war der Pakt nicht in Gefahr. Vallabhbhai Patel, der schon Sprecher des rechten Kongreßflügels und unangefochten der dritte Mann in der Kongreßführung war, unterstützte Gandhi mit allen Kräften. Nehru, immer noch hin- und hergerissen zwischen Prinzipien und der Realität, stellte kein Hindernis dar. Gandhi verlangte allen Ernstes, daß er die Resolution zur Billigung des Paktes einbringen sollte! Im letzten Augenblick stimmte Nehru zu, und die Resolution wurde verabschiedet. Gandhi sollte nach London fahren und als Vertreter des Kongresses an der nächsten Sitzung der Round-Table-Konferenz mit völliger Entscheidungsfreiheit teilnehmen.

Nehrus Einlenken belohnte Gandhi mit seiner Billigung einer Resolution über fundamentale Rechte und wirtschaftliche und soziale Veränderungen. Es war kein besonders revolutionäres Dokument – ein solches wäre wahrscheinlich auch nicht akzeptiert worden. Aber sogar mit seinem vorsichtigen ersten Herantasten und seinem verwässerten Sozialismus sollte es ein Meilenstein auf dem Weg der politischen Entwicklung Indiens sein. Obwohl allen klar war, daß die Resolution erst bei der Unabhängigkeit in die Tat umgesetzt werden konnte und daß sie den festgefahrenen Interessen mächtiger Splittergruppen innerhalb des Kongresses nicht gefährlich wurde, so hatten diese frühen Verpflichtungen – die teils deshalb eingegangen wurden, weil man sie nicht ganz verstand, und die teils als Besänftigungsmittel für die Radikalen gedacht waren – bis zu dem Zeitpunkt der Erreichung der Unabhängigkeit die unverletzbare Natur eines alten Erbes angenommen. Das sollte nach der Unabhängigkeit zur Absegnung der nationalen Wirtschaftsplanung und des ›sozialistischen Gesellschaftsbildes‹ als der naturgegebenen Erfüllung durch den Kongreß führen.

Jene Teile der Resolution, die einen schwachen sozialistischen Einfluß zeigten, waren das Recht auf ein Min-
desteinkommen für alle, die Einführung einer Erbschafts-
steuer und einer abgestuften Einkommenssteuer auf bäu-
erliches Einkommen, eine Mietsenkung und die Verstaatlichung oder Kontrolle der Basisindustrien. Die anderen
›fundamentalen‹ Rechte waren hauptsächlich von Gandhis eigenen elf Punkten und aus einer Liste des Nehru-
Reports übernommen. Dazu gehörten solch elementare
Rechte wie die Gleichheit aller vor dem Gesetz, der
Schutz regionaler Sprachen und Kulturen, die Abschaffung der Unberührbarkeit, absolutes Alkoholverbot und
kostenlose Grundschulbildung. Sie alle hatten ihren
Platz bei der Entstehung eines politischen Systems im
Indien nach der Unabhängigkeit. Sie sollten den Haupt-
beitrag des indischen Nationalismus zur Verfassung von
1950 darstellen.

Das Treffen in Karatschi war ohne Zweifel ein Triumph
für Gandhi. Der Tagungsvorsitzende war Vallabhbhai
Patel, aber der Mahatma war die beherrschende Gestalt.
Nehrus eigene Haltung war einigermaßen gespalten. Er
hatte die Resolution zur Unterstützung des Gandhi-
Irwin-Paktes gefördert, ohne sie wirklich aus innerstem
Herzen zu wollen. Als Gandhi ihm zum ersten Mal die
Klauseln des Paktes gezeigt hatte, war er sicher gewesen,
daß etwas sehr Wichtiges für Indien verloren war, und es
kamen ihm die Zeilen T. S. Eliots in den Sinn, die trotz
der tapferen Worte in der Resolution über die Grund-
rechte sich sehr wohl auf die Tagung in Karatschi beziehen ließen:

So ist der Lauf der Welt, das Leben endet
Nicht mit einem Schlag, sondern mit einem Seufzer.
(*The Hollow Men*, V.)

11
Jahre der Heuschrecke

Der Tod Motilals, das durch den Gandhi-Irwin-Pakt symbolisierte Zurückstecken, die Spannung zwischen geistiger Neigung und gefühlsmäßiger Abhängigkeit, all dies
wirkte sich auf Nehrus Gesundheit aus. Nach den An-
spannungen der Konferenz von Karatschi riet ihm sein
Arzt zu einem Urlaub. Es war eine Flucht aus dem Gefängnis der nationalistischen Realität. Es brachte auch die
Wiederentdeckung seiner eigenen Ehe mit sich. Die
Nehrus reisten nach Ceylon, und in der Ruhe dieser zau-
berhaften Insel, die so offensichtlich unberührt von den
Krisen ihres nördlichen Nachbarn war, wuchs zwischen
Ehemann und Ehefrau, die einander nie richtig verstanden hatten, eine neue und von seiten Jawaharlals vielleicht respektvollere Beziehung. Von Ceylon aus kehrten
sie nach Indien zurück und besuchten in aller Ruhe
Freunde, fast wie Touristen. Das sollte natürlich nicht
von Dauer sein.

Der Waffenstillstand zwischen der Regierung und dem
Kongreß hatte begonnen, an den Rändern abzubröckeln.
Die Provinzialregierungen, die in erster Linie solchen
Beamten unterstanden, die gegen die Gandhi vom Vizekönig gewährten Konzessionen gewesen waren, setzten das Übereinkommen nur schleppend in die Tat um.
Viele politische Gefangene waren noch in Gewahrsam,
trotz der Empfehlungen der Zentralregierung. Einige der
radikaleren Kongreßmitglieder agitierten unter Führung
von Subhas Bose aktiv gegen regionale Mißstände. Es
gab immer wieder Ärger in der Nordwestlichen Grenz-

provinz, wo der Sicherheitserlaß in Kraft geblieben war aufgrund der prekären Lage mit den Grenzstämmen. Im April war Lord Irwin am Ende seiner Dienstzeit nach England zurückgekehrt. Seinen Platz nahm nun Lord Willingdon ein, dessen Sympathien ganz anders gelagert waren als die seines Vorgängers. Als Gandhi an ihn appellierte, eine unparteiische Untersuchung der Paktverletzungen einzuleiten, lehnte er ab, und erst als Gandhi sich weigerte, Anfang August 1931 nach London zu kommen, wurde ein Versuch unternommen, die Differenzen zwischen der Regierung und dem Kongreß zu übertünchen. Der Versuch war so erfolgreich, daß es Gandhi möglich wurde, zur neuen Sitzung der Round-Table-Konferenz zu fahren.

Nehru brachte den Mahatma in Bombay ans Schiff. Gandhi, der erklärt hatte, Gott sei sein einziger Führer, kam in London an und fand, daß die maßvoll progressive Labour Party nicht mehr im Amt war, obwohl der Premierminister, Ramsay MacDonald, weiterhin einer sogenannten Nationalen Regierung vorstand, die aber in Wirklichkeit von den Konservativen kontrolliert wurde. Wie er herausfand, beschäftigte sich die Konferenz in erster Linie mit den Problemen von Minderheiten und ganz besonders mit denen der größten Minderheit: der Moslems. Gandhi betonte, der Kongreß werde jegliche Lösung akzeptieren, die Hindus, Sikhs und Moslems genehm wäre, er sei aber gegen getrennte Wählerschaften für irgendeine andere Gruppe; das gelte insbesondere für die Unberührbaren, die – woran er unbeirrbar festhielt – ein Bestandteil der Hindugemeinde seien. Das waren sie auch, aber auf eine spezifische Weise. Die Parias waren die niedrigste Schicht in der Hindugesellschaft; sie waren so niedrig, daß ein Kastenhindu verunreinigt werden konnte, wenn ihn auch nur der Schatten des Unberührbaren streifte. Sie machten die Schmutzarbeiten, gerbten das Leder und reinigten die Latrinen. Ihnen war nicht erlaubt, die Tempel zu betreten, dieselben Brunnen wie Kastenhindus zu benutzen, und sie wurden ganz generell von der übrigen Hindugesellschaft auf sozialem und religiösem Gebiet diskriminiert. Die Simon-Kommission hatte die Zahl der Unberührbaren auf circa 30 Prozent der Bevölkerung geschätzt, und die britische Regierung gedachte, deren Interessen zu wahren, indem sie in den gesetzgebenden Körperschaften Sitze ausschließlich für die Repräsentanten der Unberührbaren vorbehielt.

Nachdem er gesprochen hatte, machte Gandhi keinen Versuch, die widerstreitenden Meinungen auszugleichen, und schaffte es nur, alle gegen sich aufzubringen. Die anderen Delegierten nahmen ihm seine Behauptung übel, daß nur der Kongreß für Indien sprechen könne und daß sie bloße Randfiguren seien, die nur für sich selbst sprechen könnten. Wenn der kompromißbereite Gandhi mit einem Übereinkommen aus dem vizeköniglichen Palast in Neu-Delhi herausgekommen war, so zeigte sich im St.-James-Palast in London hauptsächlich der arrogante Gandhi. Als offenbar wurde, daß es keine mögliche Grundlage für eine Einigung gab, kündigte die britische Regierung an, daß sie in der Frage der Minderheiten selbst eine Entscheidung treffen werde. Als Antwort darauf verließ Gandhi die Konferenz und zeigte sein Bedauern darüber, daß man weder seinen Rat befolgt noch seine versteckten Ultimaten befolgt hatte. Die Konferenz wurde offiziell auf den 1. Dezember vertagt.

Während Gandhi sich in London aufhielt, waren in Indien die Spannungen und Unruhen angewachsen, da es immer deutlicher wurde, daß seine Mission gescheitert war. Die Regierung Indiens kam auch zur Überzeugung, daß der Pakt nicht einmal mehr das Papier wert war, auf dem er geschrieben war, und sie versuchte auch nicht, das zunehmend provokante und brutale Vorgehen der Provinzverwaltungen zu unterbinden. In Bengalen war der Terrorismus wieder aufgelebt und mit brutaler Polizeigewalt beantwortet worden. In der Nordwestlichen

Grenzprovinz hatte Abdul Ghaffar Khans kongreßnahe ›Redshirt‹-Bewegung einen derartigen Zulauf bekommen, daß die Verwaltung einen Aufstand befürchtete. Die Polizei schoß in die unbewaffnete Menge, und es gab viele Verhaftungen. Ende Dezember wurde die Bewegung zur illegalen Organisation erklärt, und ihre Führer wurden verhaftet.

Insbesondere in Nehrus Heimat, in den Vereinigten Provinzen, gab es Unruhen. Die Steuerverweigerungs-Kampagne, die als Teil des Gandhi-Irwin-Pakts eingestellt worden war, lebte wieder auf, als die Regierung Bezahlung forderte. Vor seiner Abreise nach London hatte Gandhi, in dem Bestreben, eine größere Agrarrevolte zu diesem Zeitpunkt zu vermeiden, den Bauern geraten, die Hälfte der Steuern zu zahlen. Da die Regierung die Stärke der bäuerlichen Position erkannte, bot sie eine Reduzierung der Summe an, jedoch nicht um die Hälfte. Auf Drängen des örtlichen Kongreßkomitees suchten Nehru und Pandit Pant, ein anderer Kongreßführer aus den Vereinigten Provinzen, durch Verhandlungen eine Einigung der beiden Parteien herbeizuführen, aber die ortsansässigen Steuereinnehmer waren feindlich gesonnen. Sie beharrten darauf, die Steuern müßten gezahlt werden, ehe Verhandlungen stattfinden könnten.

Der Kongreß befand sich nun in einer Sackgasse. Sein Führer war abwesend, und niemand schien genau zu wissen, was man tun sollte. Gandhi, an den man sich gewandt hatte, antwortete aus London: »Tut, was ihr für richtig haltet.« Nehru, dessen kraftspendender Idealismus so sehr auf die mißliche Lage der Bauern zurückging, übte selbst starken Druck auf den Kongreß aus, der schließlich beschloß, eine Steuerverweigerungs-Kampagne zu unterstützen. Als sich Mitte Dezember 1931 die Lage kritisch zuspitzte, war Nehru in Bombay, wohin er die erneut erkrankte Kamala zur ärztlichen Behandlung gebracht hatte. Dort erfuhr er, daß die Regierung der Vereinigten Provinzen sich selbst weitreichende Sicherheitsvollmachten gegeben und per Dekret jegliche Agitation verboten hatte. Nach einer Propagandareise nach Südindien und seiner Rückkehr nach Bombay beschloß Nehru Ende des Monats, nach Allahabad zu gehen und die Bauern zu unterstützen. Die Londoner Konferenz war vorbei; jetzt war es an der Zeit zu handeln.

Obwohl Kamala bettlägerig in Bombay zurückblieb, reiste Nehru ab. Während der Zug ein paar Kilometer vor Allahabad an einem Bahnhof anhielt, übergab ein Polizeioffizier Nehru die Anweisung, sich innerhalb der Stadtgrenze von Allahabad aufzuhalten, und das Verbot, öffentliche Versammlungen zu besuchen oder auf ihnen zu sprechen; auch dürfe er keine Zeitungsartikel oder andere Artikel schreiben. Als Nehru in Allahabad ankam, erklärte er dem Bürgermeister, er habe die Verfügung erhalten, erachte sie aber für unannehmbar, und er gedenke nach Bombay zu fahren, um dort den von seiner Europareise zurückkehrenden Gandhi abzuholen. Gemeinsam mit örtlichen Kongreßvertretern nahm er am 26. Dezember den Zug nach Bombay. Nach ein paar Kilometern Fahrt wurde der Zug an einer Zwischenstation angehalten. Dort wartete ein Polizeiwagen, der die ganze Gruppe ins Gefängnis von Naini brachte. Nehrus sechster Gefängnisaufenthalt hatte begonnen.

Bei seiner Ankunft in Bombay begrüßte man Gandhi als erstes mit der Neuigkeit der Verhaftungen. »Weihnachtsgeschenke von Lord Willingdon, unserem christlichen Vizekönig«, bemerkte er. Er telegraphierte dem Vizekönig und bat um ein baldiges Zusammentreffen. Als Antwort erhielt er die Mitteilung, der Vizekönig sei bereit, ihn zu sehen, vorausgesetzt, daß es keine Diskussion der Sicherheitserlässe oder der Inhaftierungen gebe. Da es Gandhi um eben dies ging, waren die Bedingungen unannehmbar. Gandhi, der noch nicht erkannt hatte, daß Willingdon ein ganz anderer Vizekönig als Irwin war, übersah auch die Tatsache, daß sich die Lage geändert hatte. Nach dem Scheitern der Londoner Konferenz

Gandhi, der Führer der indischen
Unabhängigkeitsbewegung, mit Anhängern auf
dem ›Marsch zum Meer‹, 1930.

Gandhi
während der Londoner Konferenz
1931.

Gandhi beim Kongreß in Bombay 1946;
links der gerade zum Präsidenten gewählte Nehru,
rechts Gandhi.

gab es für die Briten keine Veranlassung mehr, auf ihn Rücksicht zu nehmen.

Obwohl der Kongreß nicht gerne die Vereinbarung brach, konnte er doch nicht hinnehmen, wie der Vizekönig seinen Führer behandelte. Gandhi wurde ermächtigt, an Willingdon zu schreiben und eine Wiederaufnahme des zivilen Ungehorsams anzudrohen, mit dem Vorbehalt: »Falls Eure Exzellenz es der Mühe wert finden sollte, mich zu sehen, wird die Inkraftsetzung der Resolution für die Dauer unserer Unterhaltung ausgesetzt.« Willingdons Antwort lautete, er weigere sich, ›unter Druck‹ zu verhandeln. Am nächsten Tag, dem 4. Januar 1932, holte die Regierung zu einem schnellen und vernichtenden Schlag aus. Sie verhaftete den Mahatma und Patel und in den darauffolgenden vier Monaten etwa achtzigtausend Kongreßfunktionäre. Am 10. Januar wurde der Kongreß zur illegalen Organisation erklärt. Die Geschwindigkeit und Effektivität, mit der die Regierung vorging, das Ausmaß der Sicherheitserlässe, die am Tag von Gandhis Verhaftung herausgegeben wurden, all das zeigte deutlich, daß die Regierung schon geraume Zeit Vorbereitungen getroffen hatte, den Kongreß zu entmachten. Eine Zeitlang sah es so aus, als ob ihr das gelungen sei.

Am selben Tag, an dem Gandhi in Gewahrsam genommen wurde, machte man Nehru in Allahabad den Prozeß und verurteilte ihn zu zwei Jahren Gefängnis. Es war offensichtlich ein Abschreckungsurteil, denn ein Mitangeklagter bekam für den gleichen Anklagepunkt nur sechs Monate. Die Regierung ging auch gegen andere Mitglieder von Nehrus Familie vor. Beide Schwestern Jawaharlals wurden je zu einem Jahr Gefängnis verurteilt. Die Machthaber drohten damit, Nehrus Besitz zu konfiszieren, weil er sich, im Zuge der Steuerverweigerungs-Kampagne, geweigert hatte, die Steuerschulden für den Besitz seines Vaters zu bezahlen. Es war wirklich bezeichnend, wie personenbezogen die neue Politik der Regierung ausfiel. Hohe Geldbußen und andere Wirtschaftsstrafen waren dazu gedacht, die nationalistischen Geschäftsleute und die Akademiker davon zu überzeugen, daß ihre Unterstützung des Kongresses nur zum wirtschaftlichen Ruin führen konnte.

Der Kongreß war scheinbar völlig zerschlagen. Seine Gebäude waren enteignet, seine Geldmittel beschlagnahmt, seine Unterlagen vernichtet; seine Schulen, Apotheken und Krankenhäuser geschlossen. Von der ganzen Organisation blieb nicht mehr viel übrig. Sogar gegen die Frauen ging man brutal vor, manche von ihnen wurden zu zwei Jahren verurteilt, nur weil sie Parolen gerufen hatten. Die noch in Freiheit befindlichen Mitglieder versuchten die Kampagne des zivilen Ungehorsams weiterzuführen, aber ohne Geldmittel: Enthusiasmus allein reichte nicht aus. Um die Jahresmitte 1932 war die Kampagne bis auf kleinere Ausbrüche zusammengebrochen, und über Indien senkte sich Grabesruhe.

All das wurde von Nehru mit wachsender Sorge beobachtet. Er hatte nie wirklich an die gütliche Einigung zwischen Gandhi und Irwin geglaubt. Es war eine Täuschung gewesen, die nur Unheil gebracht hatte, und nicht nur das, sondern auch persönliches Leid. Im April wurde Nehrus Mutter während einer Demonstration, an der sie unbedingt teilnehmen wollte, geschlagen, aber nicht festgenommen. Ein Polizeioffizier entdeckte sie, mit Kopfverletzungen am Straßenrand liegend, und fuhr sie in seinem Auto nach Hause. Nehru war wütend und traurig. Wenn er dabei gewesen wäre, so fragte er sich, wie weit hätte ihn wohl seine Gewaltlosigkeit gebracht? Vermutlich nicht sehr weit, fürchtete er. Es tröstete ihn wenig, als er erfuhr, daß die Gerüchte über ihren Tod Demonstrationen und weitere Polizeiübergriffe ausgelöst hatten.

Im Februar war Nehru aus dem Gefängnis von Naini nach Bareilly verlegt worden. Dort begann unter den ziemlich verschärften Haftbedingungen seine Gesundheit zu leiden. Nach vier Monaten wurde er wieder ver-

legt, diesmal nach Dehra Dun, wo er vierzehneinhalb
Monate blieb. Glücklicherweise besserte sich sein Ge-
sundheitszustand wieder, aber dieses Gefühl des Ent-
rücktseins, das jede Krankheit vermittelt, blieb ihm. Er
hatte auch während der letzten sieben Monate seiner
Haft keine Besucher; denn seine Mutter war von einem
Gefängnisaufseher in Allahabad beschimpft worden,
und er wollte eine Wiederholung des Vorfalles in Dehra
Dun vermeiden. Im großen und ganzen ging es ihm gut,
und er wurde von seinen Gefängniswärtern sogar mit
Höflichkeit behandelt. Andere hatten nicht so viel Glück.
Weniger prominente politische Gefangene wurden mit
Schwerverbrechern zusammengelegt, und nicht selten
wurden sie wegen geringfügiger Verstöße gegen die Ge-
fängnisordnung ausgepeitscht.

Nehrus erzwungener Abstand von den Ereignissen in
Indien außerhalb seines Gefängnisses lenkte seine Gedanken auf die Welt außerhalb Indiens. Erneut sah er die
Probleme Indiens als Teil eines größeren, weltumspannenden Dramas. Der Faschismus war in Europa wie in
Asien auf dem Vormarsch, denn im zeitigen Frühjahr
1933 hatte Japan seine Eroberung der Mandschurei abgeschlossen, und in Deutschland war Hitler an die Macht
gekommen. Die Nachwirkungen der Weltwirtschaftskri-
se führten in den westlichen Demokratien immer noch zu
sozialem und wirtschaftlichem Chaos. Nur die Sowjetunion schien der Menschheit eine dynamische und vor-
wärtsblickende Politik anzubieten. Er fühlte, daß es sehr
bald zu einem schrecklichen Zusammenprall zwischen
Kommunismus und Faschismus kommen würde, und
Indien mußte sich irgendwie darauf einstellen.

Wie das mit dem Mahatma als Triebkraft der Freiheitsbewegung bewerkstelligt werden sollte, war unklar. Im
September 1932 erfuhr Nehru mit Schrecken, daß
Gandhi ein Fasten bis zum Tode angefangen hatte. Anlaß
für die dramatische Geste war die Ankündigung der britischen Regierung, daß sie den Unberührbaren getrennte

Mandate einräumen wollte. Gandhis Entschluß zu fasten entsprang nicht seiner Rolle als nationalistischer Kämpfer für die Freiheit seines Landes, sondern seiner Rolle als religiöser Führer. Wenn die Parias auch von den Kastenhindus entsetzlich schlecht behandelt wurden, so waren sie doch für Gandhi untrennbarer Bestandteil des Hinduismus. Der Vorschlag, sie auch nur im Politischen herauszunehmen, war für ihn unmoralisch. Um so etwas zu verhindern, war er bereit zu sterben.

Für Nehru und viele andere schien das kaum ein wirklicher Grund zum Sterben zu sein, so wichtig es auch sein mochte. Nehrus verwirrte Reaktion wurde auch durch seine Furcht bestimmt, Gandhi könne tatsächlich sterben. Es war fast ein persönlicher Affront gegen seine Zuneigung und sein Vertrauen, wenn Gandhi für etwas Geringeres als die Freiheit sein Leben aufs Spiel setzen wollte. Echte Panik schwingt mit in einem Brief Nehrus an seine Tochter; in ihm fragt er: »Und zu wem soll ich gehen, wenn ich in Zweifel bin und klugen Rat brauche? Was sollen wir alle tun, wenn unser geliebter Führer, der uns inspiriert und geleitet hat, von uns gegangen ist?« Doch kein Appell an sein *politisches* Bewußtsein hatte eine Wirkung auf den Mahatma. Der Kampf um die Unabhängigkeit war untergegangen in dem Wunsch nach religiösen Reformen. Die Frage der getrennten Mandate wich einem Appell an das Hindugewissen. Die Unberührbarkeit war ein Angriff auf Gandhis Konzept eines reinen und erneuerten Hinduismus. Es war für ihn ohne Belang, daß die ständig diskriminierten Unberührbaren durch ihren Anführer, Dr. Ambedkar, die ihnen gebotene Chance der getrennten Repräsentation bereitwillig aufgriffen, um der Vorherrschaft der Kastenhindus zu entgehen.

Am 20. September begann das Fasten. Die Engländer waren deswegen nicht besonders beunruhigt, doch wollten sie Gandhi nicht gerne im Gefängnis sterben lassen. Sie waren darauf vorbereitet, ihn zwangsweise zu ernähren, falls nötig, oder ihn unter bestimmten Voraussetzungen freizulassen, nach dem Grundsatz, daß er lebendig weniger gefährlich war als tot. Am folgenden Tag trafen Hinduführer zu einer Konferenz zusammen, und einigen wurde gestattet, Gandhi im Gefängnis zu besuchen. Man versuchte, Druck auf Dr. Ambedkar auszuüben, der sich von Gandhis Fasten gänzlich unbeeindruckt zeigte. Aber am fünften Fastentag gab Ambedkar nach und erklärte sich bereit, das Angebot der britischen Regierung abzulehnen. Er tat das als Gegenleistung für das Versprechen, daß die Unberührbaren Sitze aus dem Kontingent der den Hindus vorbehaltenen Sitze erhalten würden. Durch dieses Übereinkommen bekamen die Unberührbaren doppelt so viele Sitze wie nach dem Gesetzentwurf vorgesehen. Aber für Gandhi und für die Kastenhindus bedeutete es, daß der Hinduismus erhalten blieb.

Eine Zeitlang hatte es den Anschein, daß Gandhis Hoffnung auf eine veränderte Einstellung den Unberührbaren gegenüber sich erfüllen würde. Tempel, die ihnen früher verschlossen gewesen waren, öffneten ihnen jetzt ihre Tore. Die Brunnen und Weiden, von denen sie ausgeschlossen gewesen waren, bot man ihnen jetzt mit allen Anzeichen echter Reue an. Aber der Zustand sollte nicht von Dauer sein. Diese Gefühle legten sich wieder aus der Furcht heraus, daß dreißig Millionen Unberührbare die ureigensten Interessen der Kastenhindus gefährden könnten. Die Tempeltore schlossen sich wieder, die Tradition behauptete sich. Das Fasten war wirklich Zeitverschwendung gewesen. Es hatte auch der nationalistischen Bewegung wirklichen Schaden zugefügt, denn es lenkte von dem schmalen Pfad ab, der zur Freiheit führte. Die Briten erkannten, daß Gandhi wieder einmal mit ihnen zusammengearbeitet hatte, indem er ihren Gegnern den Wind aus den Segeln nahm.

In seinem fernen Gefängnis vergaß Nehru, der sich mit weiterreichenden Fragen beschäftigte, bald den Ärger und die Furcht, die er empfunden hatte. Aber er sollte wieder an die für ihn irrationale Einstellung Gandhis gegenüber der Politik erinnert werden. Am 8. Mai 1933 kündigte der Mahatma noch im Gefängnis ein weiteres Fasten an. Seine Inneren Stimmen hätten wieder zu ihm gesprochen und ihm diesmal sogar genau gesagt, wie lange er fasten müsse. Es sollten einundzwanzig Tage sein mit dem Ziel der ›Selbstreinigung‹. Diesmal hatte die Regierung es satt. Am selben Abend wurde ein Kommuniqué veröffentlicht, daß man sich angesichts der besonderen Art des Fastens dazu entschlossen habe, den Mahatma freizulassen.

Niemand war schockierter als Gandhi. Das Gefängnis war ein fast unabdingbarer Hintergrund für sein persönliches Drama. Wo sein ganzes Sein jetzt auf das Fasten ausgerichtet war, sollte er buchstäblich auf die Straße geworfen werden. Widerstrebend ließ er sich zu einem Haus am Rande von Poona bringen und setzte dort trotz der Proteste seiner Anhänger und der Kongreßführer sein Fasten fort. Als Gegenleistung für seine Freilassung brach er offiziell die Kampagne des zivilen Ungehorsams ab, die ohnehin schon an mangelndem Interesse eingeschlafen war. Aus irgendeinem Grund glaubte er immer noch, ein Druckmittel zu haben, und er kündigte an, daß er die Kampagne nur für sechs Wochen *aussetzen* wolle und sie wiederbeleben werde, wenn die Regierung die übrigen Gefangenen nicht freilasse. Aber nicht einmal Gandhi konnte den Lazarus des zivilen Ungehorsams wiedererwecken, und die Regierung wußte das.

Das Drama wurde jetzt zur Farce. Gandhi beendete sein Fasten nach der göttlich verordneten Anzahl von Tagen. Im Juni dehnte er seine ›Aussetzung‹ des zivilen Ungehorsams auf weitere sechs Wochen aus, und im Juli beendete er förmlich den zivilen Ungehorsam *der Massen*. Die Regierung reagierte nicht darauf. Gandhi bat um ein Treffen mit dem Vizekönig. Das wurde verweigert. Anfang August, er war jetzt völlig wiederhergestellt, kündigte er eine eigene Satyagraha an, wurde festgenommen und nach drei Tagen wieder freigelassen mit der Maßgabe, Poona nicht zu verlassen. Er weigerte sich, diese Bedingung zu akzeptieren, wurde wieder verhaftet und diesmal zu einem Jahr Gefängnis verurteilt. Als er wieder in seiner alten Zelle war, glaubte er, seine Kampagne gegen die Unberührbarkeit fortsetzen zu können. Früher war er ausgesprochen sanft behandelt worden; diesmal ließ man ihn wissen, man werde ihm nicht gestatten, die Bedingungen für seinen Gefängnisaufenthalt zu diktieren. Daraufhin begann er erneut mit einem Hungerstreik.

Die Methode war jetzt vollends zur Belanglosigkeit herabgesunken, und sogar Gandhi war sich dessen bewußt. Das Fasten wurde zum Eingeständnis des Scheiterns. Nach fünf Tagen war er schwerkrank und unternahm keinen Versuch, den Folgen des Hungerns entgegenzuwirken. Wieder beschloß die Regierung, ihn freizulassen, damit er – wenn er sterben mußte – woanders, nicht in einem britischen Gefängnis stürbe. Gandhi konnte sich nicht mehr auf den Beinen halten. Wieder brachte man ihn zu dem Haus außerhalb Poonas, wo seine Freunde versuchten, ihn davon zu überzeugen, daß er wirklich um sein Überleben kämpfen müsse. Das Fasten war vorüber, aber es hatte Nachwirkungen, nicht nur auf seinen gemarterten Körper, sondern auf seine Seele. Er war verzweifelt und wollte den Kongreß und die Politik aufgeben. Viele Kongreßabgeordnete hielten das für das Beste für die nationale Bewegung. Subhas Bose, der sich im fernen Europa zur medizinischen Behandlung befand – die Engländer ließen nie ihre prominenten politischen Gefangenen bei sich sterben, wenn sie es vermeiden konnten –, griff Gandhi an. Er sei, sagte er, »ein altes, nutzloses Möbelstück«, und es sei Zeit für eine neue Führung. Obwohl Bose ein Gegner Nehrus war, erachtete er ihn immer noch als den besten Bewerber für diese Aufgabe. Andere Radikale waren da nicht so sicher. Auch Nehru selbst nicht.

Im August war Nehru aus dem Gefängnis von Dehru Dun nach Allahabad gebracht worden, um seine Reststrafe abzubüßen. Dort erfuhr er von der ernsthaften Erkrankung seiner Mutter, und die Regierung entließ ihn, dreizehn Tage vor der Beendigung seiner Gefängnisstrafe am 30. August. Nach einem kurzen Aufenthalt – nachdem er sich davon überzeugen konnte, daß sich der Zustand seiner Mutter wieder gebessert hatte – fuhr Nehru nach Poona, um den Mahatma wiederzusehen. Es war eine traurige Begegnung. Der Kongreß war auf seinem Tiefpunkt angelangt. Gandhi hatte sich aus der aktiven Politik zurückgezogen. Was noch schlimmer war, niemand schien sich um die Zukunft Gedanken zu machen. Die Gespräche der beiden Männer und die ausgedehnte Korrespondenz, die folgte, enthüllten die tiefe Kluft, die im Gedanklichen zwischen ihnen lag.

Nachdem er den Mahatma verlassen hatte, äußerte Nehru seine sozialistischen Ansichten in einer Reihe von Artikeln, die beträchtliches Interesse weckten, nicht zuletzt deshalb, weil sie den indirekten Angriff auf Gandhi enthielten, er verfolge keine politische Linie. Aber Nehru machte keine Anstrengung, die Frage zu beantworten, was als nächstes geschehen solle. Sicherlich war der Kongreß noch immer eine geächtete Organisation und existierte nur in Untergrundzellen, die einige Mitglieder aufrechterhalten konnten – trotz der Geheimpolizei und Gandhis Forderung, sie aufzulösen. Eine Zeitlang war Nehru ganz von familiären Problemen in Anspruch genommen: der Gesundheit seiner Mutter, der Heirat seiner jüngeren Schwester und mit Geldangelegenheiten, da er fest davon ausging, wieder verhaftet zu werden, und die finanzielle Unabhängigkeit seiner Mutter sicherstellen wollte. Nehru hielt ein paar Ansprachen, traf gelegentlich mit seinen Kollegen aus dem Arbeitsausschuß zusammen, aber das alles hatte keinen bestimmten Zweck. Gandhi, der wegen einer neuen Kampagne gegen die Unberührbarkeit das Land bereiste, zog große Menschenmassen an. Er schien dabei ganz glücklich zu sein und ließ die nationalistische Bewegung stagnieren. Doch griff er im Dezember in einer Rede indirekt Nehrus sozialistische Ideen an, und aus diesem Grund erwog Jawaharlal, sich aus dem Arbeitsausschuß zurückzuziehen.

Im Januar 1934 standen die Kongreßmitglieder vor der Frage, wie der Kongreß als verbotene Organisation den Unabhängigkeitstag feiern könne. Wenn er dies auf herausfordernde Weise täte, würde eine Verhaftungswelle die Folge sein. Nehru gab einen kurzen Aufruf heraus, der sich für die Feier des Tages aussprach, die Einzelheiten aber den örtlichen Kongreßführern überließ. Er plante eine Reise nach Kalkutta, wohin er Kamala zur medizinischen Untersuchung bringen wollte, beabsichtigte aber, rechtzeitig für den Unabhängigkeitstag wieder in Allahabad zurück zu sein. Die Regierung hatte schon beschlossen, ihn festzunehmen, und wartete nur auf eine günstige Gelegenheit. Zwei seiner jüngsten Reden waren als genügend aufrührerisch angesehen worden, um eine Verfolgung zu rechtfertigen, aber bis zu seinem Kalkuttabesuch war nichts gegen ihn unternommen worden. Dort hielt Nehru zwei höchst provozierende Reden, die sogar einen noch besseren Vorwand für seinen Arrest lieferten.

An dem Tag, als die Nehrus nach Kalkutta abreisten, konnte man in Allahabad ein Erdbeben wahrnehmen. Das Epizentrum war in Bihar, im Nordosten Indiens, wo ganze Städte dem Erdboden gleichgemacht und Hunderte von Dörfern zerstört wurden. Das verwüstete Gebiet umfaßte über siebzigtausend Quadratkilometer mit einer Bevölkerung von ungefähr fünfzehn Millionen Menschen. Die endgültige Zahl der Todesopfer wurde auf über zwanzigtausend geschätzt, und über eine Million Häuser wurden beschädigt oder zerstört. Als die Nachricht davon Kalkutta erreichte, beschloß Nehru, das betroffene Gebiet zu besuchen, und auf seiner Rückfahrt nach Allahabad verbrachte er eine kurze Zeit dort. Nachdem er eine Geldbeschaffungs-Kampagne ins Leben gerufen hatte, kehrte er zum Schauplatz des Erdbebens zurück.

Während der zehn Tage, die er damit verbrachte, das Gebiet zu durchreisen, erschütterten ihn die Schrecken der nahezu totalen Verwüstung. Er äußerte laut Kritik an den Hilfsmaßnahmen der Regierung. Als zusätzliches Ärgernis verkündete Gandhi, das Erdbeben sei eine Strafe für die Sünde der Unberührbarkeit! Nehru fühlte sich abgestoßen von Gandhis fundamentaler Vereinfachung, der ungeheueren Gleichgültigkeit gegenüber menschlichem Leid. Und er war nicht der einzige, der das so sah. Rabindranath Tagore fragte den Mahatma in einem Brief, warum Gott ausgerechnet die Menschen Bihars für seinen Zorn ausgesucht haben sollte. Es hatte doch sicher niemand das Recht anzunehmen, daß Naturkatastrophen erzieherischen Zwecken dienten. Gandhi blieb unerschütterlich. Das Erdbeben war eine Strafe.

Am 11. Februar kehrte Nehru erschöpft nach Hause zurück. Am nächsten Nachmittag fuhr ein Polizeiauto vor. Es bestand ein in Kalkutta ausgestellter Haftbefehl. Nehru wurde dorthin gebracht, vor Gericht gestellt und zu zwei Jahren Gefängnis verurteilt. Wenigstens war es ein anderes Gefängnis; auch der ihm zugestandene Raum war anders: eine winzige Zelle; denn dies war ein Stadtgefängnis, obwohl es die übliche Veranda und eine hohe Mauer gab. Man gestattete ihm, Bücher zu lesen und den *Manchester Guardian Weekly*, aber keine indische Zeitung zu halten. Er wußte besser über die Geschehnisse in Europa als über die in Indien Bescheid. Im April erfuhr er jedoch durch eine beiläufige Bemerkung, daß Gandhi sich entschlossen hatte, alle Formen des zivilen Ungehorsams aufzugeben, und daß er eine Neubelebung von Motilals alter Swaraj-Partei befürwortete, um an den im folgenden November stattfindenden Wahlen teilzunehmen.

Nehru fand die erste Entscheidung unmoralisch, und die zweite sah er als unmittelbare Bedrohung an. Gandhis Gründe für die Aufgabe des zivilen Ungehorsams waren so trivial, daß sie »eine Beleidigung der Intelligenz und ein unglaubliches Verhalten für den Führer einer nationalen Bewegung« darstellten. Der Vorsatz, die Swaraj-Partei wiederzubeleben, zeigte, daß die Gemäßigten wieder einmal gesiegt hatten. Nehru war so tief deprimiert, daß er den Eindruck gewann, seine Verbundenheit mit Gandhi sei vorbei und in Zukunft müsse er sich nur noch auf sich selbst verlassen. In Wirklichkeit lag die Trennung in weiter Zukunft und kam im Grunde erst durch den Tod des Mahatma zustande.

Als er so tief deprimiert war, machte ihm Kamala einen Besuch, obwohl es ihr gesundheitlich nicht gut ging. Ihr Besuch heiterte ihn wieder auf. Seine eigene Gesundheit begann, ihm und der Gefängnisleitung Sorgen zu machen. Am 7. Mai wurde er in sein altes Gefängnis in Dehru Dun überstellt. Aber es war dort nicht mehr so bequem wie zuvor. Seine alte Zelle war belegt, und er wurde in einen umgebauten Viehstall gesteckt. Wegen einer 4,50 m hohen Wand konnte er nicht einmal die Berge sehen. Was das Schlimmste war: Er wurde in Einzelhaft genommen. Man erlaubte ihm aber, eine indische Tageszeitung zu beziehen. Die in ihr enthaltenen Nachrichten machten seine Depression nur noch schlimmer.

Seine Entfremdung von Gandhi und das Wissen, daß seine Frau, die er zu bewundern gelernt hatte, nun ernsthaft erkrankt und durch die Lungentuberkulose wahrscheinlich todgeweiht war, bewirkte, daß er sich in seinem einsamen Gefängnis besonders hilflos fühlte. Es gab nichts, was er tun konnte; weder für sie noch für die Freiheitsbewegung. Die Regierung hatte die Zusammenkunft des Allindischen Kongreßkomitees gestattet und hatte das Verbot vieler ihrer Tochterorganisationen aufgehoben, mit Ausnahme der Agrarorganisationen und der ›Redshirts‹ in der Nordwestlichen Grenzprovinz.

Zwei neue Gruppen hatten sich innerhalb des Kongresses gebildet: eine, die vorhatte, den gesetzgebenden Körperschaften beizutreten, die andere, die versuchte, eine sozialistische Partei zu gründen. Dazwischen stand Gandhi, der die Vorgänge beherrschte.

Nehru hatte das Gefühl, daß Gandhi viel zu diktatorisch wurde. Gemäßigte Elemente, mit all der typischen Vorsicht der Gemäßigten, schienen die Kontrolle auszuüben. Der Kongreß wurde respektabel, und viele neue Gesichter erschienen in den Reihen der Führung, Leute, die es zu den Zeiten, als der Kongreß noch militant war, nie gewagt hätten, sich anzuschließen. Der Arbeitsausschuß trat sogar mit einer Attacke auf den Sozialismus an die Öffentlichkeit und erklärte, er sei »der Meinung, daß Konfiszierung und Klassenkampf mit dem Kongreßgrundsatz der Gewaltlosigkeit nicht vereinbar sind«. Sozialisten wurden als Befürworter der Konfiszierung privaten Eigentums gebrandmarkt.

Im August kamen alarmierende Nachrichten über Kamalas Gesundheitszustand, und die Regierung beschloß, Nehru bedingt freizulassen, so daß er bei seiner Frau sein konnte. Er fand sie sehr zerbrechlich und geschwächt. Seine kranke Mutter war auch im Haus. All seine aufgestauten Gefühle entluden sich in einem Brief an Gandhi, in dem er den Weg verdammte, den der Kongreß unter Gandhis Führung einschlug. In seiner Antwort schalt ihn Gandhi wegen seiner Kritik, die er als nicht begründet zurückwies. Jedenfalls bildete er sich ein, daß er »ein Gespür für die Zeichen der Zeit habe«, was sicherlich eine ausreichende Rechtfertigung darstelle.

Am elften Tag seiner Freiheit kam ein Polizeiauto und brachte Nehru zurück ins Gefängnis, aber nicht nach Dehra Dun. Solange seine Frau krank sei, würde er in Naini gefangen gehalten. Zwei Wochen lang erhielt er Krankenberichte, dann nicht mehr. Einen Monat später wurde er für einen Besuch zu seiner Frau gebracht, und man versprach ihm, daß er sie künftig regelmäßig besuchen dürfe, aber das Versprechen wurde nicht gehalten, und erst im Oktober brachte man ihn wieder zu Kamala. Ehe er abfuhr, gab man ihm zu verstehen, daß er freigelassen werde, falls er zustimme, sich aus der Politik zurückzuziehen. Das stürzte ihn in einen schlimmen Zwiespalt. Kamala war sehr krank und benommen, aber als er wegging, flüsterte sie: »Was ist das für eine Zusage, die der Regierung gegeben werden soll? Gib sie nicht!«

Bald danach wurde Kamala in ein Sanatorium in den Bergen der östlichen Vereinigten Provinzen gebracht. Nehru sah sie, ehe sie abreiste, und sie machte auf ihn einen strahlenden und fröhlichen Eindruck. Drei Wochen später verlegte man ihn ins Gefängnis von Almora in der Nähe des Sanatoriums – ein Zugeständnis, das offenbar auf starken Druck der Führer der britischen Labour Party und indischer Persönlichkeiten zurückging, die sich für seine Freilassung einsetzten. In Almora waren die Haftbedingungen weniger eingeengt. Er war in einer großen Baracke untergebracht und hatte viel Platz zum Herumgehen.

Nehrus Hauptsorge galt dem Befinden seiner Frau. Jede dritte Woche durfte er sie besuchen. Die sonstigen Neuigkeiten waren nicht erfreulich. Auf der Jahrestagung des Kongresses, die im Oktober in Bombay abgehalten wurde, waren die Versuche, ein radikales Wirtschaftsprogramm einzuführen, gründlich gescheitert. Der Kongreß war völlig unter Kontrolle des rechten Flügels. Gandhi selbst hatte einen Monat zuvor angekündigt, daß er sich aus dem Kongreß zurückziehen wolle, angeblich deshalb – wie er in seinem Abdankungsbrief schrieb –, weil die intellektuelleren Kongreßabgeordneten »durch die beispiellose Loyalität« ihm gegenüber daran »gehindert« würden, sich seiner Politik entgegenzustellen! Natürlich verließ Gandhi den Kongreß nicht wirklich. Wie Nehru es formulierte, »könnte sich Gandhi nicht von seiner dominierenden Stellung losreißen, selbst wenn er es wollte«. In der Tat hatte Gandhi auch zum Teil deswegen ›abgedankt‹, um eben dies zu demonstrieren. Die Versammelten bestätigten ihr Vertrauen in ihn, und sein Programm des Spinnrads und des Gemeinschaftsdienstes rückte wieder an erste Stelle.

Im folgenden Monat errang der Kongreß einen triumphalen Erfolg bei den Wahlen: Er bekam 44 der 137 Sitze in der zentralen Gesetzgebenden Versammlung. Zusammen mit anderen nationalistischen Gruppierungen konnte er eine Mehrheit zustande bringen, wenn er es wollte. Nehru war mehr denn je bestrebt, wieder nach draußen zu kommen.

Im Mai 1935 war Kamalas Zustand so schlecht, daß man sich entschloß, sie zur Spezialbehandlung nach Europa zu schicken. Nachdem sie abgereist war, fand Nehru das Gefängnisleben – ohne die gelegentlichen Besuche jenseits der Mauern – besonders belastend. Er machte sich auch Sorgen um seine Mutter, die im Januar einen Schlaganfall erlitten hatte. Dann wurde er – ganz unerwartet – am 4. September freigelassen. Es war ein Akt der Menschlichkeit, denn Kamala befand sich wieder in einem kritischen Gesundheitszustand. Fünf Tage nach seiner Entlassung war Nehru, der ein Flugzeug nach Basel genommen hatte und von dort in die kleine Schwarzwaldstadt Badenweiler weitergereist war, wieder an der Seite seiner Frau.

Etwa einen Monat später schien es Kamala deutlich besser zu gehen, aber es war zu spät, als daß irgendeine Kur noch anschlagen konnte. Nehru glaubte, er könne sie für einen kurzen Besuch in Paris und London allein lassen. Er war acht Jahre zuvor das letzte Mal in England gewesen, und er war überrascht, wie herzlich er sogar von denjenigen empfangen wurde, die seine politische Einstellung nicht teilten. Obwohl er bei den Engländern »so etwas wie Gewissensbisse« gegenüber Indien zu spüren glaubte, zeigten sich die meisten gleichgültig, ja sogar gelangweilt, wenn das Gespräch auf indische Angelegenheiten kam. Im August hatte das neue Gesetz über die Regierung Indiens die königliche Bestätigung erhalten und würde zwei Jahre später in Kraft treten. Warum, so fragte man ihn, lehne der Kongreß die Zusammenarbeit ab und akzeptiere diese Reformen nicht als einen weiteren Schritt auf dem Weg zu seinem Ziel? Es war für ihn schwierig, den Fragestellern seinen eigenen Standpunkt deutlich zu machen.

Nach vierzehn Tagen kehrte er nach Badenweiler zurück, wo er seine Zeit damit verbrachte, den Text seiner Autobiographie durchzusehen, mit deren Niederschrift er viel Zeit während seines Gefängnisaufenthaltes verbracht hatte. Begonnen hatte er damit, um seinen Geist abzulenken und um sich in der Selbstanalyse zu üben. Nach einem kurzen Rückfall schien es Kamala wieder besser zu gehen. Im Januar 1916 machte Nehru erneut einen kurzen Londonbesuch; dort erfuhr er, daß er wieder zum Präsidenten des Kongresses gewählt worden war und daß man ihn wieder in Indien brauchte. Nehru fühlte sich stark gedrängt zurückzukehren, obwohl er Kamala nur ungern zurückließ. Ende Januar war sie kräftig genug, um in ein anderes Sanatorium nach Lausanne in der Schweiz verlegt zu werden, und ihre Ärzte versicherten Nehru, er könne unbesorgt ein paar Monate fern von ihr in Indien verbringen. Mit Kamalas Zustimmung wurde beschlossen, daß Nehru am 28. Februar mit dem Flugzeug nach Indien abreisen sollte. Aber aus irgendeinem Grund schien Kamala unruhig zu sein. Ein paar Tage vor dem Abflugtermin drängte ihr Arzt darauf, daß Nehru doch noch eine Woche oder zehn Tage bleiben sollte. Kamalas Veränderung war sehr deutlich, und es wurde bald klar, daß sie im Sterben lag. Kamala starb friedlich früh am Morgen; Nehru und ihre Tochter Indira waren an ihrer Seite. Der Leichnam wurde eingeäschert und die Asche in eine Urne gegeben, so daß Nehru sie mit sich zurück nach Indien nehmen konnte.

Auf der Heimreise fühlte sich Nehru unendlich einsam. In Rom sagte man ihm, Mussolini würde ihn gerne persönlich sehen, um ihm zum Tode seiner Frau zu kondolieren. Es war eine schwierige Situation. Der faschistische Diktator war bestrebt, als Helfer nationalistischer Bewegungen gegen die Engländer aufzutreten, und hatte bereits angeregt, Nehru solle ihn während seines Europaaufenthalts aufsuchen. Nehru, der sich daran erinnerte, daß die offizielle faschistische Zeitung ein gefälschtes Interview mit Gandhi gedruckt hatte, war nicht willens, ein Zusammentreffen zu riskieren, selbst wenn er seine Abneigung gegen den Faschismus hätte überwinden können. Trotz der eindringlichen Argumente eines hohen Funktionärs weigerte sich Nehru, Mussolini aufzusuchen, und bestieg sein Flugzeug.

Als er in Bagdad landete, telegrafierte Nehru seinem Londoner Verleger, der das Manuskript seiner Autobiographie angenommen hatte. Das Telegramm enthielt die Buchwidmung: »Für Kamala, die nicht mehr ist«. Die Jahre der Heuschrecke* hatten sich tief in sein eigenes Leben und in das der nationalistischen Bewegung hineingefressen.

Vgl. Joel, Kap. 2, Vers 25: »Und ich will euch die Jahre erstatten, welche die Heuschrecken ... gefressen haben.« – A. d. Ü.

12
Der radikale Mittler

Traurig und müde kehrte Nehru nach Indien zurück und tröstete sich damit, daß ein neues Ringen um die politische Linie in Sicht war, wenngleich der Kongreß nur noch ein Schatten seines früheren Selbst war, mit einem Tiefstand der Mitgliederzahl von weniger als einer halben Million. Bei seiner Vorbereitung konnte er in der einzigen für ihn wirksamen Therapie gegen Depressionen Vergessen finden: dem Kampf um die indische Freiheit. Das kommende Gefecht war durch die Verabschiedung der Regierungsakte von 1935 eingeleitet worden; demnach würden im Frühjahr 1937 Wahlen stattfinden.

Der Gesetzentwurf verband alle vorhergehenden Stadien der Verfassungsentwicklung und fügte zwei neue Prinzipien dazu: Indien sollte zu einer Föderation zusammengeschlossen werden, und dem Volk verantwortliche Regierungen sollten in den Provinzen eingerichtet werden. Aufgrund des Gesetzentwurfs sollten neue Provinzen in Indien entstehen, wogegen Burma abgetrennt werden und eine eigene, nicht so fortschrittliche Verfassung wie die indische erhalten sollte. Das föderative System war dazu gedacht, die Fürstenstaaten in das neue Regierungssystem einzubinden. Dennoch betrachteten die Herrscher der größten Fürstenstaaten es mit Argwohn; dagegen sahen die Nationalisten die ganze Angelegenheit als einen weiteren machiavellistischen Versuch der Briten an, unter geschickter Ausnutzung der gegensätzlichen Interessengruppen ihre Herrschaft zu verewigen. Jedenfalls hatten die Briten sichergestellt, daß sie an der Macht blieben, indem sie eine ungeheure Menge von Sicherungen einbauten, die ihnen die Kontrolle über alle wirklich wichtigen Schaltstellen vorbehielt.

Aber wenn Indien als Ganzem die Freiheit auch vorenthalten wurde, so galt dies nicht für einzelne Teile. Außer einigen den Briten vorbehaltenen Machtbefugnissen sollten die Provinzverwaltungen von indischen Ministern kontrolliert werden, die ihrerseits Mitglieder einer gewählten gesetzgebenden Körperschaft waren. Die Befugnisse wurden beträchtlich erweitert. Bei Alltagsfragen sollten die Provinzregierungen allein verantwortlich sein. Das war ein sehr verführerisches Angebot wirklicher Macht für jene nationalistischen Elemente, die noch zur Zusammenarbeit mit den Briten bereit waren. Der rechte Flügel des Kongresses kontrollierte die gesamte Organisation, und Nehru fürchtete zu Recht, wie sich später herausstellte, daß man gewillt war, Ämter zu übernehmen. Nehru hatte nichts dagegen, die Wahlen zu bestreiten. Im Gegenteil; er war davon überzeugt, daß eine Wahlkampagne dazu dienen konnte, das Bild des Kongresses in den Augen der Massen, zu denen der Kontakt abgebrochen war, wieder zu beleben. Aber er war strikt dagegen, Funktionen im Kolonialsystem zu übernehmen und auf diese Weise dessen Partner zu werden. Die Frage war, wie man gegen die Bereitschaft zur Versuchung des rechten Flügels angehen und trotzdem die Einheit des Kongresses bewahren konnte.

Einige seiner Freunde hatten Nehru davon abgeraten, die Nominierung als Kongreßpräsident anzunehmen. Der rechte Flügel war so unbeweglich, daß er nicht in der Lage sein würde, etwas zu tun. Von einem Führer des rechten Flügels, von Rajendra Prasad, war Nehru auch gewarnt worden, daß es ›Schwierigkeiten‹ geben werde, sollte er versuchen, die Kongreßlinie radikal zu verändern. Die Warnung war um so deutlicher, weil sie so verschwommen gehalten war. Aber Gandhi drängte Nehru dazu, das Amt anzunehmen. Er würde freie Hand haben, doch erinnerte ihn der Mahatma daran, daß im Grunde er es sei, der den Kongreß kontrollierte. Daß Nehru das Angebot zurückweisen könnte, stand gar nicht zur Debatte. Erstens kam es von Gandhi, dem er nie etwas abschlagen konnte; zweitens würde Nehru niemals aus freien Stücken die Führungsrolle aufgeben. Jedenfalls waren sowohl Gandhi als auch Nehru entschlossen, den Kongreß vor der Spaltung zu bewahren; hierzu brauchten sie jeweils die besonderen Talente des anderen.

Ganz besonders Gandhi brauchte Nehru. Seine eigene Führung, vor allem sein *Stil* der Führung, wurde in Frage gestellt, besonders von den Jungen. Obwohl die jungen Männer Gandhis ungeheure Wirkung auf die Massen kannten, hielten sie sie für eine atavistische Wirkung, die im Grund fortschrittsfeindlich war. Deshalb identifizierten sie ihn mit den rechtsgerichteten Elementen, den Geschäftsleuten und der Bourgeoisie, die den Kongreß beherrschten. Um diese Opposition gegen Gandhi und den rechten Flügel zu kanalisieren, hatte eine Anzahl linksgerichteter Kongreßmitglieder im Gefängnis beschlossen, eine sozialistische Partei zu gründen.

Die Partei war 1934 gegründet worden, als sich Nehru selbst noch im Gefängnis befand. Seine eigenen Schriften und Reden hatten offenbar einige der jungen Gründungsmitglieder der Partei beeinflußt, aber ihr Vordenker und Führer war ein gelehrter Marxist etwa in Nehrus Alter, Narendra Deva. Das Erstaunliche an der neuen Partei war, daß sie nicht beabsichtigte, sich vom Kongreß abzuspalten. Dafür gab es gute Gründe. Der Kongreß war kein Monolith, sondern ein nationalistisches Sammelbecken, das ein breites Spektrum der Interessen in sich vereinigte. Die Sozialistische Kongreßpartei (Congress Socialist Party = CSP), wie sie sich selbst nannte, war dazu gedacht, der nationalistischen Bewegung eine alternative Führung anzubieten und der Kongreßpolitik eine revolutionärere, linke Ausrichtung zu geben. Ihr

Programm eines Sozialismus nach westlichem Muster übte offensichtlich eine große Anziehungskraft aus, denn auf der Kongreßtagung von 1934 kontrollierte die CSP ein Drittel der Delegierten.

In dieser Situation brauchte Gandhi Nehru. Obwohl er den Ideen der Sozialisten nahestand, war Nehru der Verantwortung für die Gründung der neuen Partei enthoben, da er sich zu dieser Zeit im Gefängnis befand. Nach seiner Entlassung trat er der Partei nicht bei, was einige seiner Bewunderer enttäuschte. Nehru erklärte seine Entscheidung mit dem Hinweis auf die Starrheit sozialistischen Denkens und auf das westliche Vokabular, in dem sich dieses ausdrückte. Ende 1936 sagte er in einer Botschaft an die CSP, es bestehe eine große Gefahr darin, den Sozialismus nicht den indischen Verhältnissen anzupassen. Was das Vokabular angehe, sei es oft vergebliche Mühe, »nur Worte und Phrasen zu verwenden, die uns verständlich sein mögen, den Massen Indiens aber nicht geläufig sind...«. Diese Kritik war berechtigt, aber Nehrus wirkliche Gründe für seinen Abstand gegenüber den Sozialisten waren mehr persönlicher Natur. Er wollte die nationale Führung, nicht nur die Parteiführung. Er hatte den Eindruck gewonnen, daß im selben Maße, wie die CSP ihren Einfluß innerhalb des Kongresses ausweitete, der rechte Flügel seine Reihen schloß. Er konnte seine eigene Stellung am besten aufrechterhalten, wenn er sich mit keiner der beiden Gruppen identifizierte, aber die Unterstützung Gandhis und der Sozialisten behielt. Das war genau, was Gandhi brauchte: einen Mittler, einen radikalen Mittler – und Nehru spielte die Rolle mit Vergnügen.

Aber wie verhielt sich der rechte Flügel? War er darauf eingestellt, Nehru in der ihm vom Mahatma zugedachten Rolle zu akzeptieren? Er war gewiß bereit, Nehru als Menschen anzunehmen, denn Gandhi hatte es ganz klar gemacht, daß *seine* Wahl auf Nehru fiel; aber Nehru, der Sozialist, war etwas anderes. Der rechte Flügel kontrollierte neben der Führung auch die Organisation der Bewegung, und er beabsichtigte nicht, dies aufzugeben. Das wurde Gandhi von Vallabhbhai Patel ganz klar gemacht. Die rechtsgerichteten Führer wollten jedoch nicht offen gegen Nehru aufstehen, sondern ihn ausmanövrieren. Als Nehru eine Reihe sozialistischer Resolutionen für die nächste Kongreßsitzung auf die Tagesordnung setzte, kam kein Einwand von seiten des überwiegend rechtsgerichteten Arbeitsausschusses, aber als das Allindische Kongreßkomitee zusammentrat, lehnte es die wichtigsten Resolutionen ab und veränderte andere; die Vollversammlung des Kongresses bestätigte die Änderungen.

Bei Fragen ohne größere Bedeutung ließ man Nehru gewähren. Er wünschte eine Auslandsabteilung, so daß der Kongreß mit der Welt außerhalb Indiens in Verbindung bleiben konnte? Natürlich; das schadete keiner maßgeblichen Interessengruppe. Eine Resolution, daß der Kongreß an keinem künftigen Kolonialkrieg teilnehmen werde? Gewiß; das tat niemandem weh, und es klang politisch vernünftig. Aber bei Angelegenheiten, die Positionen des rechten Flügels gefährdeten – zum Beispiel die Anbindung von Gewerkschaften und Bauernverbänden an den Kongreß –, war die Führung unnachgiebig. Eine Resolution zur Agrarreform wurde so verwässert, daß sie keine Gefahr für die Grundbesitzer darstellte. Und bei der lebenswichtigsten aller Fragen – dem Boykott der neuen Verfassung – wurde Nehru auf ganzer Linie geschlagen. Der Gesetzentwurf von 1935 wurde offiziell abgelehnt, obwohl man übereinkam, daß der Kongreß sich an den Wahlen beteiligen solle; doch die Frage, ob der Kongreß eine Funktion übernehmen solle, wurde bezeichnenderweise offengelassen.

Im großen und ganzen hatte der rechte Flügel gesiegt, indem er Methoden anwendete, wie sie insbesondere Patel liebte. Nehrus Reaktion war, daß er seinen Rücktritt erwog. Natürlich änderte er seine Meinung wieder und gab vor, er habe es im Interesse der Einheit getan. Tatsächlich hatte er dazu beigetragen, diese aufs Spiel zu setzen. Wenn Gandhi auch Nehrus Rolle definieren konnte, so konnte er doch nicht dessen Reden schreiben. Nehrus Antrittsrede als Präsident hatte einen Angriff auf den rechten Flügel enthalten, worin er kritisierte, daß dieser alle Stufen der Kongreßorganisation fest im Griff habe. Die bestehende Kongreßverfassung ermutige den autoritären Stil und solle im Interesse des Freiheitskampfes verändert werden.

Dieser Angriff wurde von der rechtsgerichteten Mehrheit nicht übermäßig übelgenommen. Schlimmer war der Enthusiasmus, den Nehrus Rede unter den Radikalen entfachte. Er hatte in einer flammenden Rede zu einer vereinigten Front aller Massenorganisationen gegen den Imperialismus aufgerufen. Er hatte die Fürsten als Stützen einer ›ausländischen Macht‹ beschimpft, deren Tage sicher gezählt seien. Was die Regierungsakte von 1935 anlage, so sei sie »ein neuer Freibrief der Sklaverei, um die Bande der imperialistischen Herrschaft zu stärken und die Ausbeutung unserer Massen zu intensivieren«. Die Rede hatte mit einer apokalyptischen Vision eines Indien geendet, das nach vielen Entbehrungen und Leiden schließlich im gelobten Land ankommt.

Selbst Gandhi, der krank und bei der Sitzungseröffnung nicht anwesend war, sorgte sich etwas über den Ton der Rede und ihre Wirkung auf die jüngeren Männer im Kongreß. Man versuchte den Eindruck zu erwecken, Gandhi habe mit Nehru gebrochen und geäußert, daß sein Lebenswerk mehr durch Nehrus Worte gelitten habe als durch die Unterdrückung seitens der britischen Regierung! Dies wurde von Gandhi öffentlich dementiert, aber es gibt Anzeichen dafür, daß er selbst das Gerücht in Umlauf gesetzt hatte, um Nehru gefügig zu machen. Wie auch immer die Wahrheit gewesen sein mag, ein völliger Bruch zwischen beiden Männern stand nicht wirklich zur Diskussion. Auch der rechte Flügel hatte nicht viel zu fürchten. Eine flammende Rede war für Nehru eine notwendige Katharsis vor der Kapitulation. Als es nach der Kongreßtagung für ihn an der Zeit war, die Mitglieder des Arbeitsausschusses zu bestimmen, wählte er zehn rechtsgerichtete Politiker und nur vier vom linken Flügel aus!

Kein Wunder, daß seine sozialistischen Bewunderer schockiert waren. Es war für sie unfaßbar, daß er – trotz der Möglichkeit, das machtvollste Instrument innerhalb des Kongresses mit Radikalen zu besetzen – sich bewußt isolierte, indem er eine permanente, seinen Ideen feindlich gesonnene Mehrheit schuf. Von Anfang an hatte Nehru den Kongreßsozialisten gegenüber eine ambivalente Haltung eingenommen. Von nun an beruhte das auf Gegenseitigkeit, wenngleich sie ihn immer noch unterstützten. Das sollte schließlich dazu führen, daß die Sozialisten nach der Unabhängigkeit den Kongreß verließen.

Nehru ignorierte den Protest seiner Freunde, wenn er auch offen zugab, daß er im Arbeitsausschuß überstimmt wurde und nichts durchsetzen konnte. Es schien ihm nicht viel auszumachen, und er stürzte sich in die Verbreitung des Kongreßevangeliums, doch in seiner eigenen sozialistischen Lesart. Er machte einige Rundreisen, auf denen er große Menschenmengen zu seinen Versammlungen anzog. Er attackierte den Kommunalismus – der immer noch den Frieden der einfachen Inder vergiftete – als das Werk der Briten und ehrgeiziger Hindu- und Moslempolitiker. Er sprach vom Schutz des Bauern vor der Ausbeutung durch feudale Grundherren und gierige Geldverleiher. Der Kampf, sagte er, müsse zwischen den verschiedenen Klassen und nicht zwischen den Religionen ausgetragen werden; zwischen armen Bauern und reichen Grundherren, zwischen Arbeitern und Kapitalisten – nicht zwischen Hindus und Moslems. Nehrus ohnehin große Popularität bei den Massen stieg mit jeder Rundreise. Die Menschenmengen, die zu seinen Versammlungen strömten, verstanden ihn noch weniger als die Mehrheit der Kongreßmitglieder, wenn er über den Sozialismus redete, aber sie wußten genau, was er meinte, wenn er Grundbesitzer und Fabrikbesitzer geißelte. Es dauerte nicht lange, und die Angegriffenen begannen aufzuhorchen, und ihre Befürchtungen wurden den rechtsgerichteten Kongreßführern zugetragen. Ende Juni 1936 boten sechs Mitglieder des Arbeitsausschusses ihren Rücktritt an. Die Namensliste wurde von einem eindrucksvollen Triumvirat angeführt: Vallabhbhai Patel, Rajendra Prasad und C. Rajagopalachari. Patel, der gescheite und gerissene Rechtsanwalt aus Gujarat, Prasad, ein orthodoxer Hindu, der an die reine Lehre der Gewaltlosigkeit glaubte, und Rajagopalachari, ein Brahmane aus Madras, ein kühler Intellektueller mit einer Begabung für beißenden Sarkasmus. In der Tragikomödie von Nehrus Leben gehörten sie zu den Eumeniden.

Die Angriffspunkte waren einfach und präzise: Nehru, der Präsident des Kongresses, predigte den Sozialismus, während der Kongreß selbst ihn abgelehnt hatte! Solch eine Politik war nicht im Interesse des Freiheitskampfes. Den Regeln nach – Regeln, die Nehru akzeptiert hatte – waren die Angriffe berechtigt, aber sie gingen Nehru unter die Haut. Er hielt dagegen, daß er im Interesse der Einheit seine Ideen so abgeschwächt wie möglich formuliert habe, und jetzt werde er angeklagt, sich in einer für den Kongreß schädlichen Weise verhalten zu haben. Ein Unterton der verletzten Unschuld schwingt in seinem Brief an Gandhi mit, in dem er diese Empfindungen äußert. Wieder einmal bot er seinen Rücktritt an und führte ins Feld, daß seine Gesundheit wegen der Opposition innerhalb des Arbeitsausschusses gelitten habe. Wie zumeist bei dem Briefwechsel zwischen Nehru und Gandhi hat er etwas Unwirkliches an sich, so als sei er schon immer zur Veröffentlichung gedacht gewesen. Nehrus Briefe sind scharf, defensiv, aber mit einer Rückzugsklausel. Gandhis Briefe sind warm, honigsüß und absolut unnachgiebig. In diesem Fall hatte Gandhi bereits bei den Führern des rechten Flügels interveniert und sie dazu gebracht, ihren Rücktritt, nicht aber ihre Kritik zurückzunehmen.

Nehru erklärte sich bereit, sein eigenes Rücktrittsangebot zurückzunehmen. Vor sich selbst und vor der Öffentlichkeit gab er als Grund an, er sehe mit dem Ausbruch des spanischen Bürgerkrieges das Herannahen eines Weltkonfliktes und angesichts dessen könne er die Kongreßbewegung nicht schwächen. Nehru, der Internationalist, der vor den naheliegenden, ihn umgebenden Problemen in die weitere und willfährigere Realität der ›Außenpolitik‹ entfloh: Das war keine gänzlich neue Rolle, aber eine, die in Zukunft häufiger angenommen wurde. In ihr konnte Nehru die engstirnigen Politiker mit ihrer seiner Meinung nach kleinlichen Sorge um begrenzte innenpolitische Fragen vergessen – läßt kleinkarierte Leute sich mit kleinkarierten Dingen befassen. Es war eine Flucht, die wohl kaum dem Freiheitskampf schadete, aber nach der Unabhängigkeit sollte Nehrus Beschäftigung mit der Außenpolitik dazu führen, daß er die Entscheidungen über innere Fragen eben jenen Kirchturmpolitikern überließ, die er so verabscheute.

Als die Provinzialwahlen näherrückten, wandte sich Nehru von den Geschicken der Welt der Kongreßkampagne zu. Mit Zustimmung Gandhis wurde ein leicht linksgerichtetes Manifest herausgegeben. Es enthielt die üblichen Kongreßforderungen nach völliger Unabhängigkeit und nach Abschaffung der Unberührbarkeit; aber es gab auch einen Aufruf an die Kleinbauern mit einem nunmehr präziser gehaltenen Versprechen einer Landreform. Er sollte große Auswirkungen haben. Doch zunächst erhob sich die Frage, wer in dem entscheidenden Jahr 1937 Kongreßpräsident werden sollte. Es war an der Zeit, daß Nehru abdankte, und er war dazu gerne bereit, weil er so all seine Kraft in die Wahlkampagne stecken konnte. Der Kandidat des rechten Flügels war Patel, und er fand innerhalb der Partei beträchtlichen Rückhalt. Gandhi favorisierte jedoch Nehru, der jetzt sicher der zweitbeliebteste Kongreßführer im Lande war. Unter Druck trat Patel wieder einmal beiseite, aber er erinnerte Nehru daran, daß er deswegen nicht gleichzeitig seine Ansichten billige. Es wurde auch klargestellt, daß die Rechte nicht beabsichtige, ihren Einfluß aufzugeben.

Als Kongreßpräsident, der sein eigener Nachfolger werden würde, absolvierte Nehru eine ungeheuere Wahlreise. In den etwa acht Monaten, die er mit Wahlreden verbrachte, legte er quer durch alle möglichen Landschaften, durch Dschungel und Wüste, Ebenen und Gebirge mehr als 80 000 Kilometer zurück. Mit allen möglichen Transportmitteln gelangte er in das entlegenste Dorf und in die Straßen der großen Städte. Etwa zehn Millionen Menschen hörten ihn reden, und Millionen anderer sahen ihn für einen kurzen Augenblick beim Vorbeifahren. Er brachte die Botschaft des Kongresses, wie er sagte, »nicht nur den rund dreißig Millionen Wählern, sondern auch den Hunderten von Millionen Nichtwählern«. Seine Themen waren leicht verständlich: kämpft für die Freiheit Indiens; macht den Kongreß zu einer schlagkräftigen Armee des indischen Volkes; organisiert euch, um die Armut, Arbeitslosigkeit, soziale und kulturelle Erniedrigung abzuschaffen. Nehru schöpfte Kraft aus den riesigen Menschenmassen. Da sie in ihm den Erben Gandhis sahen, brachten sie ihm ihre unverhohlene Bewunderung entgegen. Die Sympathie, die er schon früher den Bauern und Arbeitern entgegengebracht hatte, verstärkte sich noch angesichts des warmherzigen Empfangs durch die Massen. Er war überzeugt, daß er ein Gefühl hatte für ihre Ängste und Hoffnungen, ihre Tragik und ihre Träume. Aus der Wahlkampagne von 1936/37 ging ein anderer Nehru hervor, eine Gestalt, die der Fantasie des Volkes entsprungen war.

Als die Wahlergebnisse herauskamen, war klar, daß der Kongreß einen überwältigenden Sieg davongetragen hatte. Das Ausmaß der Kongreßstimmen überraschte jedermann, auch Nehru selbst. Die Kongreßpartei sicherte sich die absolute Mehrheit in fünf der elf Provinzen, und sie war die größte Einzelpartei in drei weiteren Provinzen. Am stärksten war sie in den Hindu-Mehrheitsprovinzen, und in den anderen bekam sie die Stimmen der Hindus. Der Rest der Stimmen verteilte sich auf eine Vielfalt religiöser und politischer Splittergruppen. In Bengalen wurde die Regierung von einer von Moslems beherrschten Koalition gebildet, und im Panjab errang die Unionspartei (Unionist Party), eine Allianz aus bäuerlichen Hindus, Sikhs und Moslems, einen überlegenen Sieg. Die Moslem-Liga schnitt sehr schlecht ab, sie bekam weniger als fünf Prozent der *Moslem*-Stimmen. Nehru war über das Ergebnis mehr als befriedigt. Es bewies, so dachte er, daß der Kommunalismus tot sei, denn der Kongreß hatte nicht nur die für Hindus reservierten Sitze errungen, sondern einen gewaltigen Anteil der Sitze, die nicht einer bestimmten Gruppierung vorbehalten waren. Er meinte, die Zugkraft des Kommunalismus habe als Folge der Kongreßkampagne bei den Massen nachgelassen. Alles, was zu seiner völligen Vernichtung noch fehle, sei der weitere Kontakt mit der Masse.

Das war eine gefährliche Annahme, die den kommunalistisch gesinnten Hindus innerhalb des Kongresses in die Hände spielte. Nehru war aus ganz persönlichen Gründen jetzt nicht dazu bereit, Versammlungen mit kommunalistischen Parteien und insbesondere mit den Moslems in Erwägung zu ziehen. Darin stimmte die Führung des rechten Flügels – wenn auch aus ganz anderen Gründen – mit ihm überein. Eine neue Arroganz, die Arroganz der durch die Wahl an die Macht Gekommenen, sollte sich bald zeigen. Aber zunächst mußte der Kongreß eine Entscheidung darüber treffen, was er als nächstes unternehmen wollte. Er hatte an den Wahlen teilgenommen, würde er jetzt die gesetzgebenden Körperschaften boykottieren?

Das war es natürlich, was Nehru und die Linken anstrebten, aber sie wurden überstimmt. Irgendwie brachte Nehru es fertig, sich damit abzufinden. Im Juli 1937 sagte er: »Die Meinung der Mehrheit des Kongresses ist heute für die Übernahme von Ämtern, aber sie ist sogar noch stärker und einmütig für die grundlegende Kongreßlinie, nach der die neue Verfassung bekämpft und abgeschafft werden muß. Wir werden keine Partner und Mitarbeiter in der Firma des Kolonialismus sein. Wir gehen in die Parlamente oder übernehmen eine Funktion..., um den Versuch zu unternehmen, eine Verwirklichung der Föderation zu verhindern; wir wollen die Verfassung wirkungslos machen und den Boden bereiten für die konstituierende Versammlung und die Unabhängigkeit..., um die Massen zu stärken und ihnen, wann immer möglich, innerhalb der engen Grenzen der Verfassung etwas Erleichterung zu bringen.«

Der Kongreß wollte jedoch nur unter bestimmten Bedingungen Funktionen übernehmen. Die Provinzgouverneure, die unter gewissen Voraussetzungen ein Vetorecht bei der Gesetzgebung hatten, müßten sich verpflichten, dies nicht zu nutzen. Der Vizekönig lehnte das ab, mit der Begründung, daß solch ein Versprechen eine Verletzung der Verfassungsartikel darstellen würde. Darauf weigerte sich der Kongreß, Ämter zu übernehmen, und es wurden Interims-Provinzverwaltungen durch die Gouverneure ernannt. Nach drei Monaten kam ein Kompromiß zustande. Der Vizekönig gab eine öffentliche Erklärung ab, in der er zur Zusammenarbeit zwischen Gouverneuren und Ministern aufrief. Gandhi geruhte das als angemessen anzusehen, und er reagierte damit, wie er sagte, auf die ehrlichen Beweggründe, die er zuerst bei Lord Irwin wahrgenommen habe. Im Grunde war folgendes passiert: Nachdem der Kongreß genau verfolgt hatte, wie die Verfassung während der drei Monate ohne seine Mitarbeit funktionierte, hatte er entdeckt, daß den Ministern ein beträchtliches Quantum tatsächlicher Macht zugefallen war. Die Mehrheit der Kongreßmitglieder war nicht willens, das Vorrecht dieser Macht wieder zu verlieren.

Der Entschluß des Kongresses, Ämter zu übernehmen, lag auf derselben Linie wie sein Verhalten gegenüber den kommunalistischen Parteien. Während der Wahlkampagne hatten der Kongreß und die Moslem-Liga in den Vereinigten Provinzen zusammengearbeitet, und man war selbstverständlich davon ausgegangen, daß eine Koalitionsregierung gebildet werden sollte. Nach dem Sieg an den Wahlurnen wollte der Kongreß nichts mehr davon wissen. »Es gibt im heutigen Indien nur zwei Kräfte«, so arrogant formulierte es Nehru im März 1937, »den britischen Imperialismus und den indischen Nationalismus, wie er durch den Kongreß repräsentiert wird.« Die Mitglieder der Moslem-Liga in den gesetzgebenden Körperschaften sollten sich dem Kongreß anschließen, und in zukünftigen Nachwahlen sollte die Liga davon Abstand nehmen, eigene Kandidaten aufzustellen: eigentlich eine Aufforderung an die Liga, sich selbst aufzulösen.

Das war zu viel für Jinnah, der jetzt als Führer der Liga in die Politik zurückgekehrt war. Nach den Enttäuschungen der vorhergehenden Jahre hatte Jinnah Indien 1932 auf Dauer verlassen und war nach London gegangen, um dort zu leben und als Rechtsanwalt zu arbeiten. Doch hatte er nie ganz die Hoffnung aufgegeben, in die indische Politik zurückzukehren. Während seines Londonaufenthalts war er vom Leben des türkischen Führers Kemal Atatürk und von den Ideen des aus dem Panjab stammenden Moslem-Poeten Mohammed Iqbal beeinflußt worden, der 1930 seine Konzeption eines Moslemstaates in Indien dargelegt hatte. Unter ihrem Einfluß und dem des Liaquat Ali Khan – eines Politikers aus den Vereinigten Provinzen, der der erste Premierminister Pakistans werden sollte – kehrte Jinnah 1935 nach Indien zurück, mit dem Ziel, die indischen Moslems beim kom-

157

menden Wahlkampf nach der neuen Verfassung zu vereinigen. Jinnah, der einst ein Befürworter der Einheit zwischen Hindus und Moslems gewesen war, dachte immer noch nicht an eine *Teilung* Indiens. Er glaubte noch an eine Partnerschaft, aber an eine Partnerschaft, die anerkannte, daß Moslems eine eigene Persönlichkeit haben und nicht nur konvertierte Hindus sind, die in den Schoß, den sie törichterweise verlassen haben, zurückkehren sollten. Jinnah suchte immer noch nach seiner *eigenen* Identität in der politischen Szene Indiens. Der Kongreß sollte ihm dazu verhelfen, sie als Moslemführer zu finden.

Nehrus Verhalten war, wenn man seinen ideologischen Standort mit einrechnet, nicht unvernünftig. Er hatte den Eindruck gewonnen, daß der Kongreß den Kommunalismus besiegt habe. Auch Jinnah war noch in erster Linie ein *indischer* Nationalist. Warum sollte er eigentlich nicht bereit sein, sich dem Kongreß in seinem Kampf um die Freiheit Indiens wieder anzuschließen? Der Briefwechsel zwischen den beiden Männern enthüllt aber etwas vom politischen Stil des späteren Nehru, der schließlich seinen Tiefpunkt im chinesisch-indischen Konflikt finden sollte. Nehru war bereit, über Streitpunkte zu *reden*, aber nicht über sie zu *verhandeln*. Es war nicht sein Ziel, einen Kompromiß zu schließen oder wenigstens die Beweggründe für die Haltung des anderen herauszufinden, sondern ihn davon zu überzeugen, daß Nehrus Standpunkt der richtige sei. Das erweckte den *Anschein* der Flexibilität, aber da er davon ausging, daß der Standpunkt des anderen verabscheuungswürdig sei, konnte er ihm auch keine ehrlichen Beweggründe zugestehen. Das war ein Mangel, der 1947 zur Teilung Indiens und 1962 zum Angriff Chinas auf die nordöstliche Grenze Indiens führen sollte.

Das Scheitern der Verhandlungen und die im allgemeinen hindufreundlichen Aktivitäten der Kongreßprovinzregierungen drängten Jinnah dazu, die Moslem-Liga als einziges Sprachrohr der moslemischen Massen zu organisieren. Er hatte gesehen, was man mit den Hindu-Bauern und -Arbeitern machen konnte, und er brachte seine eigene Kampagne unter die Leute. Seine Kampagne baute auf der Furcht auf, der Furcht vor der Hindu-Herrschaft (Hindu Raj), und ihre Sprache kam weitgehend aus dem religiösen Bereich. Sie konnte eigentlich auch kaum anders sein, da sie das einzig Gemeinsame darstellte. Die intensive Propaganda zeigte sofortige Auswirkungen. »Der Islam in Gefahr«, das war das immer wiederkehrende Schlagwort und daß der Kongreß eine Hinduorganisation sei. Der Appell an den Glauben wurde befolgt. Moslemische Politiker begannen, sich der Liga anzuschließen, auch moslemische Bauern und Arbeiter. Ende 1937 besiegte die Liga einen Kongreßkandidaten bei einer Nachwahl in den Vereinigten Provinzen. Ganz langsam begann der Kongreß jetzt zu erkennen, wozu er selbst beigetragen hatte. Verhandlungsangebote wurden abgelehnt – jetzt aber von Jinnah.

Obwohl der Kongreß durch das Anwachsen der Moslem-Liga und das neue Format Jinnahs beunruhigt war, kümmerten ihn doch viel mehr die Pfründe der Ämter und die Disziplinierung seiner Mitglieder. Der Kongreß war keine Partei im westlichen Sinne, und er arbeitete, als er Ämter übernahm, auch nicht nach den Vorstellungen der westlichen Demokratien. Er hatte als sein Ziel angegeben, daß er die Verfassung nicht erfüllen, sondern zu ihrer Zerstörung beitragen wolle. Doch war der Kongreß nach einem Parteiprogramm gewählt worden, das bestimmte Zusagen einer sozialen und wirtschaftlichen Reform enthielt. Wenn Ministerien den Dienst aufnahmen, befanden sie sich unter dem Zugzwang, diese Versprechen zu erfüllen. Das führte zu einer zwiespältigen Situation. Die Einführung *radikaler* Änderungen würde sicherlich eine oder mehrere Interessengruppen innerhalb des Kongresses abstoßen. Landreformen würden manchen verärgern; eine Industriegesetzgebung würde diejenigen indischen Geschäftsleute wütend machen, von denen die Finanzierung des Kongresses abhing. Doch wenn man gar nichts unternahm, würde man die Massen desillusionieren, die dem Kongreß ihre Unterstützung gegeben hatten. Darüber hinaus würde Untätigkeit nur die Behauptung derer zu beweisen scheinen, die davon ausgingen, daß die Inder zur Selbstverwaltung gar nicht in der Lage seien. Der Kongreß wurde aus seinem Dilemma durch den Ausbruch des Zweiten Weltkriegs befreit, der den Kongreßministerien einen ausgezeichneten Vorwand zur Abdankung gab. Doch in den verbleibenden zweieinhalb Amtsjahren begannen sich innerhalb des Kongresses ernsthafte Spannungen zu zeigen.

Der rechtsgerichteten Führung gelang es jedoch, die meisten der Kongreßabgeordneten zu kontrollieren, selbst die ganz konträr eingestellten. Die von Vallabhbhai Patel mit so viel Sorgfalt und Bedacht aufgebaute Organisation förderte die Diktatur der Parlamentarischen Kongreßkommission (Congress Parliamentary Board). Tatsächlich war die Kommission so mächtig, daß sie als eine Art Zentralregierung fungierte, die den Provinzverwaltungen ihre politische Linie vorschrieb. Die autoritäre Kontrolle, die von der Kommission ausgeübt wurde, bestätigte die Moslem-Liga in ihrer Annahme, daß der Kongreß – falls es wirklich einmal einen indischen Bundesstaat mit einer Kongreßmehrheit geben sollte – den Provinzen seinen Willen aufzwingen werde, ob sie nun eine Kongreßregierung hätten oder nicht.

Die Moslem-Liga stand mit ihrer Kritik an den Aktivitäten des ›Oberkommandos‹ des Kongresses nicht allein. Viele Kongreßabgeordnete der Linken wollten nicht länger von oben gegängelt werden, und es gab wieder Bestrebungen, dem Kongreß eine radikale Ausrichtung zu geben. Was noch wichtiger war: Die ausbleibenden Reformen führten zu einer wachsenden Mitgliederzahl der *kisan sabhas* oder Bauernligen, die Nehru angesichts

Der amerikanische Präsident Truman
begrüßt Nehru und dessen Tochter Indira.

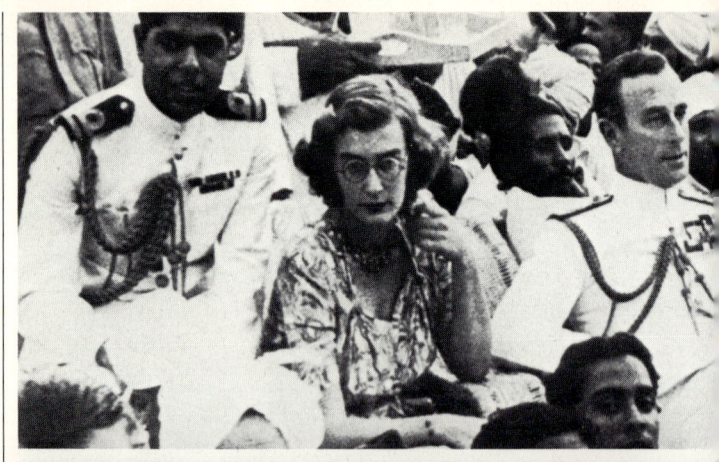

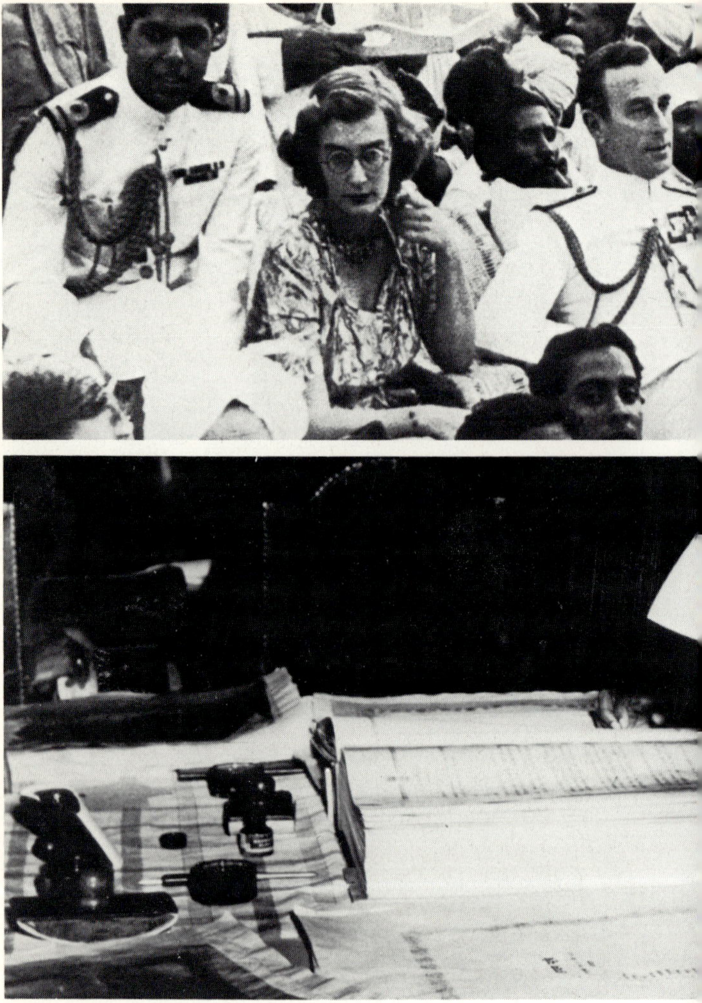

Der letzte britische Vizekönig von Indien,
Earl Mountbatten of Burma, gibt 1948 mit seiner Ehefrau
Edwina ein Abschiedsfest im Garten seines Regierungssitzes
in Neu-Dehli für die Mitglieder seines Stabs.

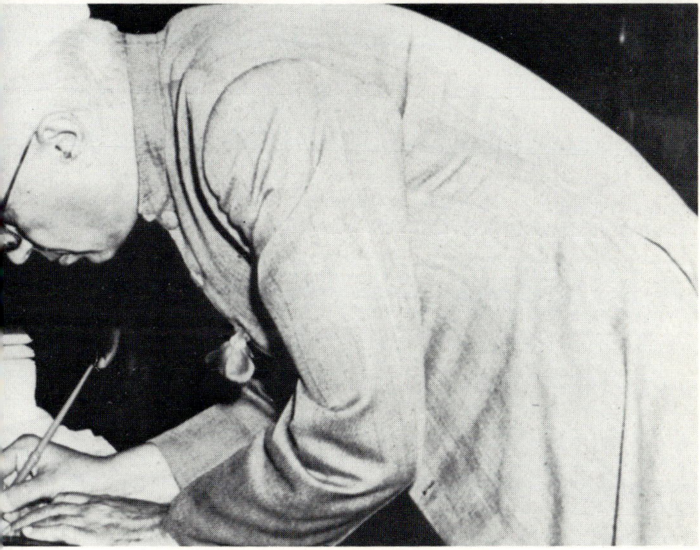

Unten:
Nehru bei der Unterzeichnung
der neuen Verfassung Indiens am
24. Januar 1950.

Ein Kämpfer für den Frieden
in der Welt: Nehru bei den Feiern zu seinem
65. Geburtstag.

der Opposition des rechten Flügels vergeblich dem Kongreß anzugliedern suchte. Die Ligen nahmen der Landreform gegenüber eine militante Haltung ein, und sie griffen die lokalen Kongreßorganisationen an. Nehru, der radikale Mittler, wurde aufgefordert, die Ligen mit der Kongreßpolitik auszusöhnen. Sein Appell, sich im Kampf um die Unabhängigkeit – ohne die es keine durchgreifenden Reformen geben *könne* – vereint hinter den Kongreß zu stellen, wurde im großen und ganzen akzeptiert. Die Kongreßregierungen führten einige Reformen ein, die bei ihrem engen Spielraum bewunderungswürdig waren, aber im allgemeinen übten sie beträchtliche Zurückhaltung.

Nehru war enttäuscht von den – wie er es in einer kritischen Bemerkung formulierte – ›konterrevolutionären‹ Tendenzen in einigen der Kongreßministerien. Als Kongreßpräsident beschwor er die Minister ständig, nicht auf die Ebene gewöhnlicher Politiker abzusinken. Diese Ermahnungen verhallten weithin ungehört – die meisten leitenden Minister gehörten dem rechten Spektrum an, und außerdem waren den Reformen schon durch den knappen Finanzrahmen enge Grenzen gesetzt. Nehru hatte zwar nicht viel Erfolg bei seinem Versuch, den Ministerien sozialistische Ideale näherzubringen, aber zumindest durfte er innerhalb des Kongresses ein Nationales Planungskomitee gründen, das sich um Indiens wirtschaftliche Probleme und Bedürfnisse kümmerte. Wieder einmal sollten die Kongreßpolitiker eine im Kern sozialistische Institution akzeptieren, der man zunächst weder unmittelbaren Wert beimaß noch sie als bedrohlich ansah, die aber später ein unveräußerliches Erbe der goldenen Zeiten des Freiheitskampfes werden sollte.

Im Frühjahr 1938 ließ Nehru auf einer neuen *tour d'horizon*, einer neuen Europareise, die Probleme Indiens hinter sich. Er war mit dem Gesetzgebungsbericht der Kongreßministerien unzufrieden. Der Kongreß und die Moslem-Liga schienen einander noch feindlicher gegenüberzustehen. Er hatte wieder einmal Differenzen mit Gandhi, diesmal wegen einer Resolution des AICC zur Verurteilung des Maharadschas von Mysore, welche der Mahatma nicht akzeptieren wollte. Nehru dachte daran, sich aus dem Arbeitsausschuß zurückzuziehen, sah dann aber davon ab, weil Subhas Bose der nächste Kongreß-präsident sein sollte und Nehru fühlte, daß dieser seine Unterstützung brauchen werde. Eine Reise nach Europa würde seinen »müden und verwirrten Geist wieder beleben«, schrieb er an Gandhi.

Nehru quälte der sich anbahnende Konflikt in Europa. Hitler war in Österreich einmarschiert. Der Faschismus war auf dem Vormarsch. War das das Vorspiel zum Krieg? Auf seiner Reise machte er in Suez Station, um den Führer der ägyptischen nationalistischen Partei, der Wafd, zu treffen. Aber sein Hauptinteresse galt Europa. In Marseille schloß sich ihm Krishna Menon an, der damalige Vorsitzende der Indien-Liga in London. Zusammen reisten sie nach Spanien weiter. Nehru hielt sich fünf Tage in Barcelona, dem Hauptstützpunkt der Republikaner, auf. Diese wurden von einem tief verankerten, heimischen Faschismus bekämpft, der seinerseits die volle Unterstützung der deutschen und italienischen Faschisten hatte. Nehru war beeindruckt vom Idealismus derer, die für all das kämpften, was ihm am teuersten war: für Demokratie und Sozialismus, für Menschenwürde und Menschenrechte.

In London und Paris sprach Nehru auf Versammlungen über die spanische Republik. Die Sache der Freiheit Indiens verknüpfte er in seinen Reden mit derjenigen der Antifaschisten auf der ganzen Welt. Er besuchte die Tschechoslowakei und war entsetzt, als dieses Land durch das Münchener Abkommen zerstückelt wurde; »noch ein Mord an einem Volk« war seine Beschreibung. Jetzt war er sicher, daß Großbritannien eine pro-faschistische Regierung hatte. Der Imperialismus und der Faschismus konnten nur Verbündete sein, und doch war seine Haltung nicht ganz eindeutig. Er erkannte, daß es zwischen Großbritannien und Deutschland zum Krieg kommen konnte – ein Widerspruch, hätte man meinen können. Aber er hatte wirklich den Eindruck, daß es zwei Ausformungen des Faschismus seien, die einander bekämpften, und er stellte in einem Leserbrief an den *Manchester Guardian* deutlich heraus, daß das indische Volk sich nach dem Diktat der britischen Regierung nicht in einen Weltkrieg hineinziehen lassen werde. Dieser Brief enthüllt den Zwiespalt des Nationalisten, der sich für sein Land Hoffnungen macht bei einem Krieg zwischen rivalisierenden imperialistischen Mächten, gleichzeitig aber eine von beiden vorzieht.

Als Nehru im November 1938 nach Indien zurückkehrte, kam er von einer Krise in die nächste, diesmal aber von schmerzhaft persönlicher Art. Subhas Bose hatte sich schon von Anfang an entschieden gegen Gandhis Rolle in der nationalistischen Bewegung ausgesprochen. Obwohl Bose nicht Nehrus große Wirkung auf die Massen hatte, war Bose bei der linksgerichteten Jugend, insbesondere in Bengalen, beliebter als Nehru. Bose hatte seine eigenen Vorstellungen von der Zukunft Indiens und der Freiheitsbewegung. Sein Aktivismus war von den Briten mit Verfolgung honoriert worden, und er war gezwungen, einige Jahre außerhalb Indiens zu verbringen. Als er im April 1936 zurückkehrte – er hatte den Briten sein Kommen angekündigt –, wurde er bei seiner Ankunft in Bombay sofort verhaftet. Bose war jetzt im Ausland genau so bekannt wie Nehru und Gandhi, ja er war, jedenfalls oberflächlich betrachtet, der anziehendste indische Politiker. Durch seine Schriften und seine Reden war auch Bose eine nationale Gestalt geworden.

In diesem Stadium beschloß Gandhi, dieselbe Taktik auf ihn anzuwenden wie vorher bei Nehru. Gib Bose das höchste Amt in der Bewegung, und laß es seinen revolutionären Eifer dämpfen. Es könnte vielleicht auch die linksgerichteten Strömungen außerhalb des Kongresses,

welche Bose Nehru vorzogen, in die orthodoxe Kongreßorganisation eingliedern. Obwohl Bose wußte, wie wichtig die Einheit des Kongresses war, war er nicht bereit,
seine Grundsätze dafür zu opfern. Er übernahm die Nominierung als Kongreßpräsident als Tribut für die Ideen,
die er so entschieden vertrat, und er war entschlossen,
seine Amtszeit dafür zu verwenden, den Kongreß vom
›unveräußerlichen Besitz‹ Gandhis zu befreien. Gandhi
war sich dessen voll bewußt. Anders als Nehru stellte
Bose eine wirkliche Gefahr dar, nicht nur für die Einheit
des Kongresses, sondern auch für die beherrschende
Stellung des Mahatma.

Bose verhielt sich anfangs sehr geschickt. Seine Antrittsrede als Präsident enthielt keine Kritik an dem Mahatma, keinen Ruf nach einer Reformierung des Kongresses. Aber er freue sich auf die Zeit, wenn der Kongreß die Unabhängigkeit erlangt haben werde, und
darauf müsse der Kongreß jetzt hinarbeiten. Erst im Zentrum der Geschehnisse entdeckte Bose, daß er als Präsident wohl repräsentieren, aber keine Macht ausüben
konnte. Die alte Garde hatte das Heft fest in der Hand
und war offenbar nicht zu Veränderungen zu bewegen.
Bose hatte Nehrus Unterstützung, aber er erkannte bald,
daß auch Nehru ohne wirkliche Macht war. Bose war zu
lange von Indien weg gewesen. In seiner Enttäuschung
fühlte er sich isoliert und nutzlos. Es war Gandhi gelungen, diesen Tiger von Bengalen seiner Kraft zu berauben.
Ende 1938 kam Bose jedoch zu der Überzeugung, daß es
in Europa bald zum Krieg kommen werde. Er hatte
immer in Betracht gezogen, daß es beim Kriegseintritt
Großbritanniens die Pflicht der indischen Nationalisten
sei, sich dessen anderweitige Ablenkung zunutze zu
machen. Bose kam zu dem Ergebnis, daß er eine zweite
Periode als Präsident benötige.

Gandhi war nicht bereit, so etwas zu erwägen. Er hatte
einen direkten Angriff auf seine Autorität vermieden,
und jetzt war es an der Zeit, Bose fallenzulassen. Gandhi

164

bat Nehru, wieder Präsident zu werden. Nehru lehnte ab und schlug Maulana Azad vor. Bose machte jedoch deutlich, daß er sich zur Wahl stellen werde, und Azad zog sich zurück. Der rechte Flügel, der von Patel angeführt wurde, stellte nun einen anderen Kandidaten auf und gab eine Stellungnahme ab, nach der Boses Entschluß, sich zur Wahl zu stellen, als eine Gefährdung der Einheit des Kongresses angeprangert wurde. Bose lehnte es ab, seine Kandidatur zurückzuziehen. Nehru mischte sich nun mit einer versöhnenden Stellungnahme ein, die nur beide Seiten gegeneinander aufbrachte. Gandhi, der sich nicht direkt an der Kontroverse beteiligt hatte, obwohl er hinter den Kulissen sehr tätig gewesen war, stellte sich offen gegen Bose, und zwar in einem Artikel vom 28. Januar 1939 in seiner Zeitung *Harijan*. Er schrieb: »Beim gegenwärtigen Zustand des Kongresses sehe ich für die Zukunft des Landes nichts als Anarchie und rotes Chaos.«

Zur Überraschung des rechten Flügels gewann Bose die Wahl mit einer Mehrheit von über 200 Stimmen. Gandhi sah das Ergebnis als persönliche Niederlage an. Bose war kompromißbereit, Gandhi hielt seine Gegnerschaft aufrecht. Bald ergab sich ein Anlaß, bei dem bis auf drei Mitglieder der gesamte Arbeitsausschuß zurücktrat; übrig blieben nur Bose, sein Bruder Sarat und Nehru. Wieder versuchte Nehru zu vermitteln, aber diesmal weigerte sich Bose, darauf einzugehen. Obwohl Nehru nicht offiziell aus dem Arbeitsausschuß zurücktrat, ließ er doch wissen, daß er für einen neuen nicht zur Verfügung stünde. Er schien sich aber, wie versteckt auch immer, der rechtsgerichteten Opposition angeschlossen zu haben.

Im Grunde brauchten die Rechten und der Mahatma Nehru nicht mehr. Sie wollten keinen Mittler, besonders dann nicht, wenn seine Mission Aussicht auf Erfolg hatte. Bose mußte ausgeschaltet werden, und Nehrus Dazwischentreten störte nur.

Bose war in äußerster Gefahr. Wenn der Kongreß sich zwischen ihm und Gandhi entscheiden müßte, war klar, wer der Verlierer sein würde. Boses Haltung gegenüber Nehru blieb freundlich, aber kritisch. Bose fragte Nehru immer noch, was er tun solle, aber dessen Rat war wenig hilfreich. Er versuchte, sich Gandhi zu nähern, aber Gandhi hatte nicht die Absicht, mit ihm zusammenzuarbeiten, obwohl sich Bose anläßlich einer Unterredung mit Gandhi versöhnlich zeigte, weil er – wenn auch ziemlich spät – erkannt hatte, daß es ohne den Mahatma keine nationale Bewegung mit wirklichem Rückhalt in der Bevölkerung geben werde. Es blieb dem rebellischen Präsidenten nichts anderes übrig, als sich in seinen Rücktritt zu fügen. Nehru war wieder um einen Kompromiß bemüht. Er solle den Arbeitsausschuß einberufen und im Fall von freien Sitzen seine eigenen Leute hereinnehmen – das war Nehrus Rat. Bose lehnte ab und bestätigte seinen Rücktritt. Die schlimmste Herausforderung, der sich Gandhi bis jetzt zu stellen hatte, war zu Ende.

Die endgültigen Demütigungen sollten aber erst noch kommen. Die Gruppe um Bose organisierte einen Vorwärts-Block (Forward Bloc) innerhalb des Kongresses im Bestreben, alle linksgerichteten Gruppierungen zu vereinigen. Die Congress Socialist Party zögerte, sich anzuschließen. Im Juli 1939 rief Bose zu landesweiten Demonstrationen gegen eine Direktive des Allindischen Kongreßkomitees auf, das sich selbst mehr Macht über die Provinzorganisationen des Kongresses verschaffen wollte. Im Gegenzug wurde Bose als Präsident des Provinzial-Kongreßkomitees von Bengalen abgesetzt, und man sprach ihm für drei Jahre das Recht ab, in ein Amt gewählt zu werden. Das war das Ende des Politikers Bose. Anfang 1941 sollte er Indien verlassen, um mit militanteren Mitteln, als sie der Kongreß zu bieten hatte, für die Freiheit Indiens zu kämpfen.

Für einen ehrgeizigen Rebellen war die Behandlung, die Subhas Bose erfuhr, eine Lektion über das praktisch

Machbare. Hier gab es einen populären Führer, der demokratisch gewählt und Gandhis eigenem Kandidaten vorgezogen worden war. Diejenigen, welche für ihn gestimmt hatten, hatten seine Ansichten gekannt. Doch war ihm sein Mandat als Präsident durch eine Intrige verweigert worden, eine Intrige, die sich nicht nur gegen Bose richtete, sondern auch gegen die Demokratie, die ihn gewählt hatte. Die Botschaft war klar: Stellt Euch nicht gegen den Mahatma. Nehru erkannte die Lehre, wie die meisten. Er war über seine eigene Rolle in der Affäre nicht eben glücklich. Es gibt keinen schlüssigen Beweis dafür, daß Nehru in Bose einen Rivalen um die Führung der Kongreßsozialisten sah. Nehru wollte sich nicht mit einer bestimmten Gruppierung identifizieren, so daß er es kaum einem anderen übelnehmen konnte, der dies seinerseits tun wollte. Nehru zog einen privaten Feldzug einer Gruppenoffensive vor. Trotzdem scheint er gefühlt zu haben, daß er sich unter Umständen hätte anders verhalten können. Glücklicherweise gab es eine Gelegenheit, etwa drohenden Gewissensbissen zu entgehen. Er sollte nach Nationalchina reisen und einen offiziellen Besuch als Repräsentant des Kongresses abstatten. Die Einladung lag schon eine Weile zurück, und jetzt, da der Krieg in Europa bevorstand, schien die rechte Zeit, jemanden hinzuschicken. Es lag auf der Hand, daß die Wahl auf Nehru fiel.

Am 20. August fuhr Nehru von Indien nach China. Er gedachte vier Wochen zu bleiben. Der Ausbruch des Krieges in Europa verkürzte die tatsächliche Dauer seines Aufenthalts auf vierzehn Tage.

13
Die verrückte Welt des Krieges

Nehru hatte voller Angst und böser Vorahnungen beobachtet, wie Europa in den Konflikt hineinschlitterte. Er
war ein strikter Antifaschist, und der Gedanke, daß der
Faschismus siegen könnte, war ihm furchtbar; doch der
Krieg würde zwischen zwei Ausprägungen des Imperialismus ausgetragen werden, und eine davon herrschte
über Indien. Er hatte bereits deutlich gemacht, daß
Indien nicht bereit wäre, sich an solch einem Krieg zu beteiligen, weil es damit das Empire verteidigt hätte. Während der ganzen Verhandlungen mit den Briten, die noch
folgen sollten, hoffte Nehru beständig auf eine Lösung,
die es dem Kongreß gestatten würde, die Kriegsanstrengungen gegen den Faschismus zu unterstützen. Andere
Kongreßpolitiker hatten nicht dieselben quälenden Zweifel — und nicht dieselbe Weltsicht. Sie wußten nur wenig
von der internationalen Politik, und sie kümmerte sie
auch gar nicht. Ihr eingeengtes Gesichtsfeld nahm nur
die Straße zur Freiheit Indiens wahr, ein starkes Engagement für einen Krieg im fernen Europa schien nur eine
gefährliche Ablenkung zu sein. Ihre Ignoranz war uner-
meßlich und aggressiv. Was hatten sie mit Nehrus Ängsten zu schaffen? Andere begrüßten den Krieg, da er sich
zu Indiens Vorteil ausnutzen ließe. Subhas Bose betrachtete Großbritanniens Schwierigkeiten in Europa als günstige Gelegenheit für Indien, dem sich lockernden Griff
des Eroberers die Unabhängigkeit zu entreißen.
  Für den Kongreß ergab sich die Notwendigkeit, seine
Position festzulegen, am 3. September 1939, als der Vize-

könig – wie es zweifellos sein verfassungsmäßiges Recht war – Indiens Eintritt in den Krieg gegen Deutschland erklärte und eine Reihe von Erlässen herausgab, die ihm selbst besondere Kriegsvollmachten verliehen. Sein Vorgehen unterstrich die Tatsache, daß Indien – wie weit es durch die Gesetzesvorlage von 1935 auch auf dem Weg in Richtung einer Selbstbestimmung gebracht worden war – doch immer noch von den Briten beherrscht wurde und daß, wenn es um Leben und Tod ging, die Inder nicht einmal gefragt werden mußten.

Der Arbeitsausschuß des Kongresses trat am 8. September in Wardha in den Zentralprovinzen zusammen. Zwei Tage später kam Nehru überstürzt aus China zurück. Über den weiteren Weg war man sich nicht einig. Bose, der zu dem Treffen eingeladen worden war, forderte sofortigen und umfassenden zivilen Ungehorsam. Aber er stand mit seiner Kampfeslust allein. Die meisten Mitglieder wünschten, daß die Provinzialregierungen im Amt verbleiben sollten, und das konnte nur durch eine Art Handel mit den Briten bewerkstelligt werden. Nehru, der nach irgendeinem vernünftigen Rezept suchte, das dem Kongreß die Unterstützung des Krieges ermöglichen würde, fand sich auf der Seite der rechtsgerichteten Politiker. Aber selbst sie dachten nicht an eine uneingeschränkte Unterstützung. Gandhi befürwortete nur Indiens moralische, aber nicht eine aktive, gewaltsame Verwicklung in den Krieg. Nehru hielt dagegen, daß man den Faschismus nicht mit schönen Reden bekämpfen könne.

Aber als erstes mußte man bei den Engländern vorfühlen. Nehru entwarf eine ›Kriegsziel-Resolution‹, die die Briten aufforderte, ihre Kriegsziele zu nennen. Wenn es etwa Kolonialbesitz und Privilegien seien, dann wollte der Kongreß nichts mit dem Konflikt zu tun haben. Wenn es andererseits um die Demokratie gehe, und zwar *Demokratie für alle,* dann werde der Kongreß mit ihnen zusammenarbeiten. Der Kongreß war nicht der einzige, der Garantien von den Briten verlangte. Die Moslem-Liga setzte die Regierung höflich davon in Kenntnis, daß sie – wenn sie auch die Nazi-Aggression verdammte – eine Versicherung verlangen werde, daß keinerlei Entscheidung über Indien getroffen werde ohne ihre Einwilligung. Kategorisch hielt sie fest: »Die Moslem-Liga ist die einzige Organisation, die für die Moslems in Indien sprechen kann.«

Das war im Grunde die Kongreßforderung nach sofortiger Freiheit; dementsprechend war die Antwort der Regierung kühl und unnachgiebig. Sie war lediglich bereit zu versprechen, daß sie *nach dem Kriegsende* bereit sei, »das Programm der Akte (von 1935) für Änderungen gemäß den Wünschen der Inder offenzuhalten«. Aber die Briten wollten eine Geste des guten Willens zeigen: Sie würden eine Art Beratungsgremium einrichten, das den Vizekönig und die Vertreter verschiedener politischer Gruppierungen Indiens einschließe. Das war zu wenig, um bei auch nur einem Kongreßpolitiker Anklang zu finden, nicht einmal bei Gandhi. Die Zusage, nach dem Krieg den Dominion-Status zu diskutieren und ein Beratungsgremium einzurichten, das mit anderen geteilt werden mußte, das alles war völlig unannehmbar. Der Arbeitsausschuß forderte die Kongreßregierungen zur Abdankung auf. Nur zögernd kamen sie der Aufforderung nach, aber bis zum 15. November hatten alle ihr Amt niedergelegt. Die von anderen geführten Ministerien blieben bestehen.

Trotz dieser Kongreßmaßnahme gab es noch weitere Versuche, zu einem Kompromiß zu gelangen, jedoch von britischer Seite bestand kein Wunsch nach einer Lösung. Der Vizekönig, Lord Linlithgow, hatte eine fast viktorianische Einstellung zur Herrschaft und hegte nicht den Wunsch, zu sehen, wie die Inder sich selbst regierten. Für Konzessionen schien es auch keine dringende Veranlassung zu geben. Der Krieg in Europa war nach dem Angriff auf Polen zum Stillstand gekommen. Großbritannien blieb stark, und in Asien gab es sicherlich keine offene Bedrohung. Trotzdem war der Vizekönig nicht müßig. Ihm war der Kongreß zutiefst zuwider, er betrachtete ihn als eine »Bewegung des Hindu-Rowdytums«. Als Linlithgow von einem Treffen zwischen Nehru und Jinnah erfuhr, das den Eindruck erweckte, eine Verständigung zwischen dem Kongreß und der Liga sei im Bereich des Möglichen, ging er daran, sich Jinnah zuzuwenden. Eine Folge davon war, daß die Liga am 22. Dezember zu einem ›Tag der Befreiung und des Dankes‹ aufrief, um den Rücktritt der Kongreßregierungen zu feiern.

Der Kongreß trat im März 1940 in Ramghur in Bihar in einer Atmosphäre der Frustration zusammen, in die sich der Wunsch zum Handeln mischte. Wieder einmal war es Gandhis Kongreß. Obwohl er kein offizielles Mitglied war, war er der anerkannte Führer, hinter den sich jeder stellte, wenn es zum Schwur kam. Obwohl Gandhi meinte, »mein ganzes Sein ist Ausgleich«, rief er zum zivilen Ungehorsam auf. Aber es würde einen Aufschub geben müssen, da die Organisation für eine gewaltfreie Kampagne noch nicht gerüstet war. Der Kongreß war einverstanden. Gandhi erhielt unbedingte Zustimmung. Es war fast wie in den alten Zeiten. Innerhalb des Kongresses wurde keine Kritik laut. Sogar Nehru schwieg und beteiligte sich nicht an den Vorgängen. Subhas Bose, der zu einer ›Anti-Kompromiß-Konferenz‹ parallel zur Kongreßtagung aufgerufen hatte, forderte ebenfalls Taten, aber sofort und »ohne Aufschub oder Pause oder irgendwelche Ablenkungsmanöver wie 1932«. Doch die Initiative blieb wieder einmal einzig und allein Gandhi vorbehalten.

Der Mahatma tat gar nichts. Offenbar schwiegen die Inneren Stimmen. Aber während Gandhi zuwartete, erwachte der Krieg in Europa zu zerstörerischem Leben. Im April war der Einmarsch in Dänemark und Norwegen, dann in Holland und Belgien. Als die Deutschen in

Frankreich einfielen, wurden die britischen Streitkräfte ins Meer abgedrängt; sie entkamen Anfang Juni 1940 in einer Armada kleiner Boote von den Stränden vor Dünkirchen. Viele meinten, die Deutschen müßten wohl unbesiegbar sein und die Invasion Großbritanniens stünde unmittelbar bevor. Was würde dann aus Indien werden? Würden die Deutschen die Macht übernehmen? Was sollte man tun? Seit Beginn der deutschen Offensive war sich die Regierung in London der Gefahren bewußt, und der Vizekönig hatte die Anweisung, alles nur Mögliche zu tun, um die Inder mit in die Kriegsanstrengungen einzubinden. Das schloß offensichtlich den Kongreß mit ein. Linlithgow war jedoch nicht geneigt, einen Schritt in diese Richtung zu unternehmen. Im Mai wurde er in seiner Unbeweglichkeit dadurch bestärkt, daß Winston Churchill, jener Erzfeind der Freiheit Indiens, zum Premierminister berufen wurde.

Die Ereignisse in Europa waren für die Kongreßführung ein Schock. Sofort entstand Uneinigkeit. Nehru war absolut dagegen, Großbritannien in der Stunde der Gefahr in den Rücken zu fallen. Ziviler Ungehorsam zum jetzigen Zeitpunkt würde so aussehen, als werde man Verbündeter der Nazis. Auch Gandhi wollte die Briten nicht in Schwierigkeiten bringen, wenn sie um ihr Leben kämpften. Er war sich auch sehr wohl darüber im klaren, daß es für den Fall der Übernahme Indiens durch die Deutschen keine Möglichkeit eines gewaltlosen Kampfes um die Freiheit Indiens geben werde. Die Revolutionäre würden die nationalistische Bewegung dominieren, und für ihn selbst wäre da kein Platz. Maulana Azad, der damalige Kongreßpräsident, teilte weder Gandhis noch Nehrus Meinung. Die Engländer hätten sich dadurch, daß sie die bescheidenen Forderungen des Kongresses ablehnten, die Nicht-Zusammenarbeit selbst zuzuschreiben. Warum sollte der Kongreß, nachdem er den Krieg als imperialistisch abqualifiziert hatte, jetzt seine Meinung ändern?

Der Arbeitsausschuß trat zu einer Notsitzung zusammen. Eine Mehrheit war für Verhandlungen mit den Briten. Das Angebot lautete wieder einmal auf Zusammenarbeit, diesmal aber auf *völlige* Zusammenarbeit. Da wären nur zwei Bedingungen: die Unabhängigkeitserklärung Indiens nach dem Krieg und eine sofortige nationale Allparteien-Regierung zum Zeichen dieses Versprechens. Die Streitkräfte würden weiterhin unter britischem Oberbefehl stehen, und die Stellung des Vizekönigs bliebe unangetastet, doch würde man von ihm erwarten, daß er sein Veto nur im äußersten Notfalle gebrauche. Das Angebot war ganz aufrichtig gemeint, dahinter stand echte Angst. Jahrelang hatte sich der Kongreß auf seinen Kampf gegen die Briten konzentriert. Es war eine Bewegung mit beschränkten Zielen und beschränkten Geistern. Nur wenige, wie Nehru, erkannten, daß Indien nicht von der Außenwelt isoliert dastand und daß die Vorgänge draußen Indien selbst auch betrafen. Das Angebot zur Zusammenarbeit wurde nicht abgegeben, um den Briten bei ihrem Kampf gegen die Deutschen zu helfen, sondern um Indien vor einem Angriff zu bewahren. Wie es Nehru, der ein Gespür für die Stimmung innerhalb des Kongresses hatte, im Juli formulierte: »Während Indien dem Gedanken eines Triumphes des Nazismus völlig ablehnend gegenübersteht, hat es keinen Sinn, es zu bitten, einem wankenden Imperialismus zu Hilfe zu kommen.«

Das Angebot des Kongresses offenbarte auch einen Bruch mit Gandhi. Schon 1938 hatte er versucht, den Kongreß für den Plan zu gewinnen, daß Indien bei Erlangung der Freiheit keine Armee mehr haben solle. Es gab einige Einwände, aber die Sache war ohne Entscheidung beiseite gelegt worden. Nun war es notwendig, die Kongreßhaltung präzise zu umreißen. Unter dem Einfluß von Nehru, Rajagopalachari und Azad akzeptierte der Arbeitsausschuß die gewaltlosen Methoden zwar als geeignet für den Kampf im *Inneren* Indiens, er lehnte sie aber ab als Mittel zur nationalen Verteidigung. Diese Resolution wurde im Juli auf einer Tagung des Allindischen Kongreßkomitees angenommen. Vier Mitglieder des Arbeitsausschusses enthielten sich der Stimme, und Abdul Ghaffar Khan, der ›Grenz-Gandhi‹, trat aus Protest gegen die Abkehr von ›Gewaltlosigkeit‹ zurück. Obwohl Nehru versuchte, diesen Schlag für Gandhi zu mildern, gab es keinen Zweifel, daß sich der Kongreß zum ersten Mal seit 1920 entschieden gegen den Mahatma gestellt hatte.

Die Resolution zeitigte eine sofortige Wirkung beim linken Kongreßflügel. Viele seiner führenden Politiker waren bereits in Haft, und sie blickten auf Nehru zur Verteidigung der Position der Radikalen. Einer der führenden Kongreßsozialisten wandte sich brieflich an Nehru und beschwor ihn, sich an die Spitze der Opposition gegen das Angebot der Zusammenarbeit mit den Briten zu stellen. Wieder einmal hatten sie ihren Mann falsch eingeschätzt. Aus dieser Episode läßt sich entnehmen, wie die Sozialisten gegenüber Nehru zunehmend desillusioniert wurden, was schließlich dazu führte, daß sie den Kongreß unmittelbar nach der Unabhängigkeit verließen. Viele Sozialisten mißtrauten Nehru schon geraume Zeit, und jetzt sah es so aus, als habe er sie zu guter Letzt zugunsten einer auch noch so begrenzten Zusammenarbeit mit den Briten im Stich gelassen. Seine Argumente überzeugten sie nicht.

Der Kongreß hatte sein Angebot abgegeben, und jetzt war es an den Briten, darauf zu reagieren. Es gab aber noch andere Parteien, die ein Interesse daran hatten, welche Art von Kompromiß zustande kam. Sogar der Kongreß hatte erkannt, daß eine vereinte Front einigen Unterschied machen würde. Der Kongreßpräsident war auf Jinnah zugegangen, wurde aber roh zurückgewiesen: »Kannst du nicht begreifen, daß du zu einem Vorzeige-Moslem gemacht wirst, damit es so aussehen soll, als vertrete der Kongreß die Nation...? Der Kongreß ist eine *Hindu*-Organisation.« Jinnah nahm es Azad, einem

Moslem, besonders übel, daß er Kongreßpräsident war, weil er der Auffassung war, alle Moslems sollten Mitglieder der Moslem-Liga sein. Im März war Jinnah noch weiter gegangen und hatte eine Resolution verfaßt, die später als ›Pakistan-Resolution‹ bekannt werden sollte. »Die Moslems«, hatte er gesagt, »sind eine Nation, jeder Definition nach, und sie müssen ein Heimatland und ihren eigenen Staat haben.« Nehru hatte diese Ambitionen als »bedeutungslos und absurd« abgetan. Wieso sollte also Jinnah mit dem Kongreß zusammenarbeiten?

Die Briten ließen sich Zeit mit einer Antwort auf das Angebot des Kongresses. Der Vizekönig konsultierte Jinnah und erfuhr, daß die Moslem-Liga erst dann zustimmen werde, einer ›nationalen‹ Regierung anzugehören, wenn bestimmte Bedingungen vorher erfüllt seien. Erstens dürften die Briten keinerlei Schritte zur Annahme einer Verfassung unternehmen, sei sie auf Zeit oder endgültig gedacht, »ohne das vorherige Einverständnis Moslem-Indiens«. Zweitens stünde ›Moslem-Indien‹ in jeglicher Kriegsadministration »ein gleicher Anteil an Macht und Kontrolle über die Zentral- und Provinzregierungen zu«. Die Positionen des Kongresses und der Liga waren offensichtlich unvereinbar. Die Antwort der Briten an den Kongreß kam im August. Was die Unabhängigkeit betreffe, so wollten sie nur so viel zusagen, daß nach dem Krieg ein repräsentatives Gremium geschaffen werde, welches über eine neue Verfassung zu beschließen hätte. In der Zwischenzeit seien sie dazu bereit, eine Gruppe ›repräsentativer‹ Inder zur Teilnahme am Exekutivrat des Vizekönigs einzuladen und einen Kriegsrat (War Advisory Board) mit indischen Mitgliedern einzurichten.

Das britische Angebot unterschied sich nur minimal von dem im Oktober 1939 unterbreiteten. Aber es gab eine Klausel, die der Moslem-Liga offenbar das Vetorecht einräumte, das sie verlangt hatte. Die Briten wollten keine Übertragung der Verantwortung auf ein Regierungssystem, »dessen Machtbefugnis von weiten und mächtigen Teilen in Indiens nationalem Leben geleugnet wird. *Noch wollten sie dazu beitragen, daß solche Teile zur Unterordnung unter solch eine Regierung gezwungen werden.*« Das Angebot war einfallslos – und unnachgiebig. Als das AICC am 15. September in Bombay zusammentraf, waren die Delegierten in einigermaßen gedrückter Stimmung. Die Panik des früheren Treffens schien jetzt übertrieben. Deutschland war nicht in Großbritannien einmarschiert, noch hatten die Engländer unter den schweren Luftangriffen aufgegeben. Die Unbeweglichkeit des August-Angebots der Regierung spiegelte vielleicht den Optimismus der Briten wider. Es schien dem Kongreß nun nichts anderes übrig zu bleiben, als sich wieder an Gandhi zu wenden. Nehru und die anderen Ausschußmitglieder traten in den Hintergrund, und der Mahatma erschien wieder auf der Bühne.

Wie immer hatte Gandhi keine Pläne. Er zögerte wirklich sehr lange, etwas Entscheidendes zu unternehmen. Dafür gab es zwei gewichtige Gründe. Noch hoffte er auf einen Kompromiß mit den Briten, und er war nicht davon überzeugt, daß eine Kampagne des zivilen Ungehorsams wirken würde. Es gab kein Thema, das die Massen aufrütteln würde. Den Kongreßpolitikern mochte die Unabhängigkeit wichtig sein, einigen von ihnen sogar der Antifaschismus, aber das waren Dinge, die einfache Leute nicht interessierten. Obwohl es nach Ausbruch des Krieges in Europa einige Engpässe bei Konsumgütern und einen Anstieg der Lebenshaltungskosten gegeben hatte, berührte dies in erster Linie nur die Minderheit der Mittelschicht. Der indische Bauer, der ständig mit der Armut und dem Hunger zu kämpfen hatte, empfand wenig Unterschied in der Art seines Überlebenskampfes.

In seinem Bestreben, dem Vorwurf der Tatenlosigkeit zu entgehen, wandte sich Gandhi Ende September an den Vizekönig, mit der Forderung nach Redefreiheit für die Kritik am Kriege, denn solche Kritik war per Dekret verboten. Wenn dieser Forderung entsprochen werde, gäbe es, schrieb Gandhi, keinen Grund für zivilen Ungehorsam. Der Vizekönig weigerte sich – Indien befände sich im Kriege, und einer dagegen gerichteten Opposition müßten Grenzen gesetzt werden. Jetzt hatte der Mahatma keine andere Wahl mehr, er mußte den zivilen Ungehorsam in Gang setzen. Daraufhin wählte er die allerunwirksamste Spielart. Es solle keine Massen-Satyagraha geben, sondern nur Einzelpersonen sollten das Gesetz übertreten. Nehru fand Gandhis Plan sinnlos, er sah in ihm ein Zeichen der Schwäche. Er war davon überzeugt, daß Gandhi unrecht hatte, aber er ließ sich durch seine Ergebenheit dem Mahatma gegenüber umstimmen.

Der erste Protestierende war Vinoba Bhave, ein Jünger Gandhis, der versucht hatte, sich selbst zu einem Abbild des Meisters zu machen. Er gab eine einfache Stellungnahme ab, die Gandhi verfaßt hatte: »Es ist unrecht, die britische Kriegsanstrengung mit Menschen oder Geld zu unterstützen. Die einzige würdige Anstrengung besteht darin, jeglichem Krieg mit gewaltfreien Mitteln zu begegnen.« Der Vorfall erregte nicht das geringste Aufsehen. Er wurde in den zensierten Zeitungen nicht erwähnt. Für die meisten Inder hatte es ihn überhaupt nicht gegeben.

Der nächste, der diese eher nutzlose Geste machte, sollte Nehru sein, aber die Regierung handelte schneller. Es gab einige, nicht ganz unbegründete Befürchtungen, daß es in den Vereinigten Provinzen zu Unruhen bei der Landbevölkerung kommen könnte, und Nehru hatte eine Reihe von Reden gehalten, die als aufrührerisch angesehen wurden. Der Regierung, die Nehru immer noch als gefährlichen Revolutionär anzusehen beliebte, war von der Geheimpolizei geraten worden, ihn ins Gefängnis zu stecken. Nehru wurde der Aufwiegelei angeklagt und zu vier Jahren verschärfter Haft verurteilt. Dieses extrem hohe Strafmaß entsetzte viele Inder. Die Regierung unternahm nichts dagegen, daß die Nachricht von der Inhaftierung in den Zeitungen erschien; man hoffte offenbar, daß sie anderen zur Warnung dienen werde. Statt dessen rief Nehrus Verurteilung bei Indern ganz unterschiedlicher Geisteshaltung Empörung und Protest hervor. Eine Zeitlang schien dadurch sogar die Kampagne des zivilen Ungehorsams beflügelt zu werden. Im ganzen Lande wurden Protestversammlungen abgehalten, aber der Kongreß unternahm keinen Versuch, aus dem dort gezeigten Unmut Kapital zu schlagen.

Die Satyagraha einzelner wurde fortgesetzt, ebenso die Verhaftungen, wenngleich die Urteile milde waren. Um die Sache etwas dramatischer zu machen, informierte Gandhi den Vizekönig, daß Mitglieder des Arbeitsausschusses, des AICC und der gesetzgebenden Körperschaften gruppenweise handeln würden. Bis Ende Januar 1941 waren nahezu dreitausend Protestierende im Gefängnis. Es gab wenig Erregung wegen der Arreste, obwohl die Regierung jetzt die Zensur auf die Post ausweitete. Abgesehen von einem Waffenstillstand zu Weihnachten 1940 – damit die Engländer *ihr* Glaubensfest feiern konnten, wie Gandhi sagte – lief die Kampagne weiter, während das Krachen der Gefängnistore durch die Zensur stumm gemacht wurde. Alles schien ziemlich sinnlos zu sein, und innerhalb des Kongresses wuchsen die Kritik und der Wunsch nach dem Abbruch der Kampagne. Gandhi wollte nichts davon wissen. Er bestand darauf, daß »sein moralischer Protest ein Zeichen für die Sehnsucht einer politischen Vereinigung« sei, »die Freiheit von 350 Millionen Menschen zu erlangen«.

Bis zum Frühsommer 1941 war die Kampagne sozusagen von alleine eingeschlafen. Im politischen Leben Indiens schien es eine Flaute zu geben. Aber es tat sich doch etwas. Die Minderheitenparteien waren noch aktiv. Die noch amtierenden Ministerien der Moslem-Liga waren nicht sonderlich hilfreich, hauptsächlich aus der Überzeugung, daß die Regierung nichts gegen sie unternehmen werde. Gemäßigte Inder versuchten immer noch, eine Versöhnung unter den streitenden Parteien zustande zu bringen, aber niemand traute ihnen, nicht einmal die Briten. Die Regierung in London wiederholte zum soundsovielten Male ihre Zusage, Indien nach dem Kriege vollen Dominion-Status zu gewähren – unter der stillschweigenden Voraussetzung, daß dies nur für ein vereintes Indien gelte. Der damalige Staatssekretär für Indien, L. S. Amery, erinnerte die indischen Nationalisten daran, daß sie »an erster Stelle Indien verpflichtet« seien. Dieser ungebetene Ratschlag provozierte Gandhi zu der Aufforderung, die Briten sollten Indien verlassen und es dem Kongreß und der Moslem-Liga überlassen, ihre Probleme untereinander zu regeln. »Es mag sein«, fuhr er fort, »*daß wir vielleicht Kämpfe untereinander austragen müssen*, ehe wir dieses glückliche Stadium erreichen. Aber wenn wir übereinkommen, daß wir nicht die Hilfe irgendeiner auswärtigen Macht in Anspruch nehmen wollen, wird der Konflikt vielleicht vierzehn Tage dauern.« Mit ›Kampf‹ meinte Gandhi wahrscheinlich nur ›Wortgefechte‹, aber auch so schien es eine recht naive Vorstellung zu sein. Natürlich erhielt er keine Antwort aus London.

In Indien mehrten sich die Anzeichen dafür, daß die Moslem-Liga bei ihrer Taktik durch hochrangige Mitglieder der britischen Verwaltung beraten wurde. Die Bestimmungen des August-Angebots, das nicht zurückgenommen worden war, wurden nur sehr schleppend ausgeführt, und erst im Juli 1944 wurden Inder in den Exekutivrat des Vizekönigs berufen. Als die Namen bekanntgegeben wurden, stellte sich heraus, daß es Männer von Format und mit Erfahrung waren, die aber durchaus nicht als repräsentativ für die Hauptströmungen des indischen Nationalismus gelten konnten. Aus der Sicht der Nationalisten konnten diese Männer – so verdient sie selbst auch sein mochten – nichts anderes sein als Marionetten. Ein paar Wochen später erhielt jedes noch verbliebene Vertrauen in die Ehrlichkeit britischer Absichten einen weiteren Schlag. Die Regierungen

Großbritanniens und Amerikas, vertreten durch Winston Churchill und Präsident Roosevelt, gaben eine Stellungnahme über ihr Konzept der Nachkriegswelt heraus. Diese ›Atlantik-Charta‹ wurde Bestandteil der Kriegsziele der Alliierten. Als der Text der Charta veröffentlicht wurde, begrüßten die Inder die Klausel, in der es hieß, beide Unterzeichneten respektierten »das Recht *aller Völker,* die Regierung zu wählen, unter der sie leben. Und sie wünschen Souveränität und Autonomie bei all jenen wiederhergestellt zu sehen, denen sie gewaltsam geraubt worden sind.« Die Inder verloren bald ihre Illusionen, denn Churchill beeilte sich klarzustellen, daß diese Klausel sich nur auf europäische Nationen beziehe, und Indien sei »ein ganz anders gelagerter Fall«.

Diese Einschränkung erinnerte manche Inder daran, wie die von Präsident Wilson im Ersten Weltkrieg formulierte Doktrin von der Selbstbestimmung auch nicht auf Kolonialvölker angewendet worden war. Es schien so, als hätte sich in der Zwischenzeit nichts geändert. Ein Versuch Amerys, Großbritanniens Angebot einer gewählten Verfassunggebenden Versammlung nach dem Kriege mit den Grundsätzen der Charta auf einen Nenner zu bringen, war nicht überzeugend. Selbst jene Inder, die nie aufgehört hatten, an die Aufrichtigkeit der britischen Versprechen zu glauben, bekamen langsam Zweifel.

Die Zwecklosigkeit von Gandhis Satyagraha-Kampagne führte zu Bitterkeit und Verwirrung in den Kongreßreihen. Was vielleicht noch schwerer wog: Der Kongreß hatte den Kontakt zum Volk verloren. Rekruten strömten in die Britisch-Indische Armee. Indische Fabriken arbeiteten Tag und Nacht in der Kriegsproduktion für den Mittleren Osten und die Fronten in Afrika. Indische Arbeiter erhielten höhere Löhne als je zuvor. Weder der Arbeiter noch der Fabrikbesitzer – so nationalistisch gesinnt er auch einst gewesen sein mochte – wollten diese Art Wohlstand aufgeben. Ein indischer Politiker, der erkannte, daß die Freiheit Indiens mit einiger Hoffnung auf

Erfolg nicht mehr *innerhalb* Indiens erkämpft werden konnte, machte sich im Ausland auf die Suche nach Verbündeten. Subhas Bose, der aus dem Gefängnis freigekommen war, nachdem er gedroht hatte, bis zum Tode zu fasten, entkam im Januar 1941 aus dem Hausarrest, und nachdem es ihm nicht gelungen war, die Russen für seine Pläne zu gewinnen, kam er schließlich im März in Berlin an. Aber selbst über den Rundfunk, wo seine Stimme die Inder zum Aufstand und zur Unterstützung derjenigen, die ihnen helfen wollten, aufrief, wurde er nur von wenigen gehört; und wo war denn überhaupt die Hilfe, von der er redete? Sie war näher, als man glaubte.

Am 4. Dezember 1941 ließ die Regierung unerwartet alle inhaftierten Kongreßmitglieder frei, einschließlich Nehrus. Drei Tage später griffen die Japaner den amerikanischen Flottenstützpunkt Pearl Harbour an. Am selben Tag bombardierte die japanische Luftwaffe die amerikanische Insel Guam, militärische Einrichtungen auf den Philippinen und den britischen Flottenstützpunkt von Singapur.

Die Schnelligkeit und Kraft der japanischen Offensive machte die Sache dringlich. Im Kongreß entstand wieder die alte Panik, diesmal noch viel stärker. Die Lehre von der Gewaltlosigkeit wurde wieder beiseite gelassen. Nehru äußerte offen seine Meinung, daß Bomben mit den Methoden der Gewaltlosigkeit nicht bekämpft werden könnten. Die Forderung nach irgendeiner Art Zusammenarbeit mit den Briten zur Verteidigung Indiens wurde immer lauter, und Gandhi bat, aus der Kongreßführung entlassen zu werden. Dem wurde am 16. Januar entsprochen, als das AICC den Briten ein weiteres bedingtes Hilfsangebot machte. Nicht alle Mitglieder des Arbeitsausschusses waren damit einverstanden. Prasad und Patel drohten mit dem Rücktritt, und es war nur Gandhis Einflußnahme zuzuschreiben, daß sie es nicht taten. Obwohl Nehru die Resolution zur Zusammenarbeit befürwortet hatte, glaubte er nicht wirklich an ihre Chance, von den Briten akzeptiert zu werden. Doch war auch er der Meinung, daß man ein Angebot abgeben mußte.

Gerüchte machten die Runde, daß sich die Meinungsverschiedenheiten zwischen Gandhi und Nehru bezüglich der politischen Linie zu einer Trennung der Wege verhärtet hätten. Nehru bestritt das, und was noch aussagekräftiger war, Gandhi auch. Der Mahatma ging noch weiter und sagte in aller Öffentlichkeit, was die meisten Kongreßabgeordneten schon erwartet hatten: »Jawaharlal wird mein Nachfolger sein.« Ihr Verhältnis zueinander wäre, wie er sagte, »eine Einheit der Herzen«. Er wisse, fuhr Gandhi fort, »wenn ich gegangen bin, wird er meine Sprache sprechen« – eine höchst unwahrscheinliche Prophezeiung, die vielleicht mehr ein Ausdruck seiner Hoffnung war. Diese Bestätigung der Stellung Nehrus war nicht allen willkommen, aber die Opposition wurde nicht offen gezeigt, solange Gandhi lebte. Zum damaligen Zeitpunkt war es ohne Belang, denn im Falle einer Invasion durch die Japaner würden wahrscheinlich alle beide abgesetzt werden.

Gewiß hatte Gandhi diese Möglichkeit im Sinn, und es ist unwahrscheinlich, daß Nehru die Folgen einer erfolgreichen japanischen Invasion nicht bedacht haben sollte. Mitte Februar fiel die ›uneinnehmbare‹ Festung Singapur, und in Burma befanden sich die Briten auf dem Rückzug. Was da geschah, war kaum zu glauben. Das britische Empire, das dem indischen Nationalismus so unnachgiebig gegenüberstand, bröckelte vor den Angriffen der Japaner ab. Vielen kam es so vor, als ob Subhas Bose doch recht gehabt hätte: Die Gewaltlosigkeit hatte nur den Marsch in die Freiheit aufgehalten. Doch irgendwie wurde die drohende Übernahme durch die Japaner nicht ernstgenommen. Die Moslem-Liga war mehr damit beschäftigt, den Kongreß zu bekämpfen. Die extrem kommunalistische Hinduorganisation Mahasabha forderte die Moslems auf, herauszukommen und den Kampf auf der Straße auszutragen. Während die Japaner vorwärts marschierten, brüllten sich die Politiker an. Indien war, mit Nehru zu sprechen, »gefangen in der verrückten Welt des Krieges und der Politik, des Faschismus und des Imperialismus«.

14
»Tat oder Tod«

Am 8. März 1942 besetzten japanische Truppen Rangun, die Hauptstadt Britisch-Burmas. Vier Tage später kündigte Winston Churchill im Unterhaus an, daß ein sozialistisches Mitglied des Kriegskabinetts, Sir Stafford Cripps, nach Indien reisen werde, »um sich an Ort und Stelle durch persönliche Konsultation davon zu überzeugen, daß die Beschlüsse, auf die wir uns geeinigt haben und die nach unserer Überzeugung eine gerechte und dauerhafte Lösung darstellen, ihren Zweck erreichen«. Churchill sagte, es sei der Wunsch der britischen Regierung, »alle Kräfte des indischen Lebens zu sammeln, um das Land vor einer drohenden Invasion zu schützen«. Es gab viele, Churchill und die indische Regierung eingeschlossen, die es vorgezogen hätten, die nationalistischen Führer für die Dauer des Krieges hinter Schloß und Riegel zu halten, doch hatte man in Whitehall böse Zweifel, ob es den indischen Behörden, mit den Japanern vor der Tür, gelingen werde, einen inneren Aufstand als Folge solcher Verhaftungen niederzuwerfen. Zweifellos gab es Extremisten, die darauf brannten, als Fünfte Kolonne der Japaner zu fungieren. Churchill sah im Versuch einer Versöhnung die Möglichkeit eines Waffenstillstandes, wodurch den Briten für die Verteidigung Indiens der Rücken freigehalten worden wäre.

Es gab auch innenpolitische Gründe, um Cripps nach Indien zu schicken. Das englische Kriegskabinett war eine Koalition. Die Labour Party befürwortete noch immer die Freiheit für Indien, im Gegensatz zu dem, was sie als Regierungspartei vertreten hatte. Die Labour-Minister im Kabinett waren daher nicht bereit, die Unterdrückung des Kongresses mitzutragen. Sie hatten auch Grund zu der Annahme, daß der Kongreß ein vernünftiges Angebot annehmen werde. Churchill wurde auch von Präsident Roosevelt stark unter Druck gesetzt. Im Interesse der Kabinettssolidarität und des Bündnisses mit Amerika war eine Geste des guten Willens erforderlich.

Die ›Draft Declaration‹, die Cripps mit nach Indien brachte, wiederholte die Bedingungen des August-Angebots von 1940, ging aber in einer Reihe von Punkten darüber hinaus. Indien sollte das Recht erhalten, das Commonwealth zu verlassen, wenn es dies wollte. Das implizierte, daß der Dominion-Status gleichbedeutend mit Unabhängigkeit war. Unmittelbar nach Kriegsende sollte eine gewählte Verfassunggebende Versammlung ohne Einmischung der Briten über eine Verfassung entscheiden. Die Briten würden jede beschlossene Verfassung akzeptieren, mit einem einzigen Vorbehalt: Jede Provinz sollte das Recht haben, dem Dominion fernzubleiben. Es gab noch verschiedene andere Klauseln, in denen es um Dinge ging wie die Garantie ›britischer Verpflichtungen‹. Einschneidende Veränderungen sollte es für die Dauer des Krieges nicht geben. Doch konnte eine Art Interimsregierung eingerichtet werden, an der mitzuwirken »die Führer der wichtigsten Teile des indischen Volkes« eingeladen werden sollten.

Cripps als Vermittler zu bestellen war eine kluge Wahl. Er war ein Sozialist der Oberschicht und ein Freund des anderen Oberschichtsozialisten Jawaharlal Nehru. Er hatte häufig und offenbar aufrichtig vom Recht der Inder gesprochen, ihre eigene Regierungsform zu wählen. Cripps war auch von einem geradezu indischen Puritanismus, der ihn, in Verbindung mit der Tatsache, daß er Vegetarier war, bei Gandhi wohlgelitten machte. Cripps war überzeugt, eine Lösung der Indienfrage erreichen zu können. Was ihn jedoch beeinträchtigte, waren einerseits seine Instruktionen, in denen Versprechen gegeben wurden, die erst nach Kriegsende gehalten werden sollten, und andererseits der Makel, einem Kabinett anzugehören, an dessen Spitze Winston Churchill stand, der konsequente Feind der Freiheit Indiens.

Cripps begann seine Gespräche am 25. März 1942 in Neu-Delhi. Er traf mit Vertretern praktisch aller Gruppierungen des politischen Lebens Indiens zusammen. Nur eine einzige Partei war bei den Diskussionen nicht zugegen, obwohl sie allen Anwesenden vor Augen stand: die japanische Armee. Während Cripps redete, bombardierten japanische Flugzeuge indische Städte. Es wurden zwar zahllose Möglichkeiten durchgespielt, doch bestand nicht wirklich der Wunsch nach Einigung. Die Moslem-Liga begrüßte die indirekte Anerkennung Pakistans, die in dem Recht der Provinzen, dem neuen Dominion fernzubleiben, enthalten war, während die Erklärung für Jinnah zu vage war. Dieselbe Klausel störte nicht nur den Kongreß, sondern auch die kommunalistische Hindu-Mahasabha und die Sikhs des Panjab, die befürchteten, die dortige moslemische Mehrheit werde gegen den Beitritt stimmen. Die Unberührbaren vermißten eine Garantie, daß sie vor den Kastenhindus geschützt würden. Der Kongreß bemängelte ferner, daß die Fürsten in der Verfassunggebenden Versammlung vertreten sein sollten. Es stellte sich auch heraus, daß Cripps seine Befugnisse insofern überschritten hatte, als er eine Art ›nationaler Regierung‹ in Aussicht stellte. Demgegenüber hatte die britische Regierung in London nur an eine Vergrößerung des Exekutivrats des Vizekönigs gedacht.

All das waren aber nur Scheingründe für die Ablehnung des Angebots. Die indischen Nationalisten waren nicht bereit, Versprechungen zu akzeptieren, die erst in ferner und eher düsterer Zukunft eingelöst werden sollten. Angesichts der Möglichkeit einer erfolgreichen japanischen Invasion war es offensichtlich zwecklos, mit den Briten zu verhandeln. Zu den wenigen, die dieser Argumentation nicht folgten, gehörte Nehru. Er hoffte auf ein Übereinkommen und hielt es eine Zeitlang auch für möglich. Cripps scheint stark darauf gebaut zu haben, daß Nehru den Kongreß mitziehen würde, doch hatte er nicht erkannt, wie isoliert Nehru in Wirklichkeit war. Die Meinung der Mehrheit brachte Gandhi zum Ausdruck, von dem die vielleicht apokryphe Bemerkung überliefert wird: »Warum soll man einen nachdatierten Scheck einer Bank akzeptieren, die offensichtlich am Ende ist?« Viel besser spare man seine Kräfte für Verhandlungen.

Die Gespräche gingen zwar weiter, aber die vorgebrachten Gegenvorschläge und Argumente waren im Grunde nicht ernstgemeint. Die überwältigende Mehrheit des Kongresses – und vom Kongreß hing Erfolg oder Scheitern Cripps' ab – war durchaus bereit, die Freiheit Indiens mit Hilfe der ersten asiatischen Macht zu erlangen, die dem westlichen Imperialismus einen Schlag versetzte. Japans Aktionen in China waren zweifellos unerfreulich, aber das kümmerte lediglich ein paar Intellektuelle wie Nehru. Die übrigen reagierten positiv auf die japanische Parole ›Asien den Asiaten‹ und setzten ihre Führer unter Druck. Unter diesen Umständen war überhaupt nicht daran zu denken, daß man von den Engländern weniger akzeptierte als das, was man nach Meinung der Mehrheit von den Japanern erlangen konnte.

Es wurden einige Versuche unternommen, die Gespräche in Gang zu halten. Der persönliche Beauftragte von Präsident Roosevelt, Oberst Johnson, hatte Gespräche mit Nehru und anderen. Doch wurde seine Einmischung von der britischen wie von der indischen Regierung übel aufgenommen. Der Kongreß erhob die Forderung, die Streitkräfte einem indischen Mitglied des Exekutivrats zu unterstellen – ein Vorschlag, der unbedingt auf den energischen Widerstand der Regierung von Indien stoßen mußte. Als der Vizekönig von dem Vorschlag erfuhr, telegrafierte er, ohne Cripps zu informieren, seine Mißbilligung nach London. Am 7. April erhielt Cripps ein

Geheimtelegramm aus London, und von diesem Augenblick an änderte sich sein Verhalten. Auch der Kongreß trat anders auf. Nach einer telefonischen Intervention des Mahatma lehnte der Arbeitsausschuß die Vorschläge offiziell ab. Am 12. April reiste Cripps nach London zurück und hinterließ nichts als Verwirrung und Verbitterung.

Nehru selbst hatte während der Verhandlungen nichts als Enttäuschung empfunden. Er wünschte ein Übereinkommen und verwandte viel Zeit darauf, seine Kollegen zu bewegen, sich nicht auf jene Vorschläge zu konzentrieren, die erst nach dem Krieg in die Tat umgesetzt werden konnten, sondern einen Kompromiß zu suchen, der es dem Kongreß erlaubte, bei der Verteidigung Indiens gegen die Japaner mitzuwirken. Es gelang ihm jedoch nicht, den Pessimismus und die Furcht der Mitglieder des Arbeitsausschusses zu überwinden. Besonders brisant war die Rolle Gandhis. Ihm war es allein darum zu tun, selbst bei der Verteidigung der Heimat jede Gewaltanwendung zu vermeiden. Der Pazifismus des Mahatma kam den Eigeninteressen der Mehrheit entgegen. Aber Nehru gab nicht auf. Er schrieb an Präsident Roosevelt, die Inder würden ihr Äußerstes tun, sich nicht der japanischen Aggression zu beugen. Sie könnten zwar nicht die Kriegsanstrengungen der Engländer unterstützen, würden aber ihren eigenen Widerstand organisieren. Nehrus Lösung war der Partisanenkampf gegen den Eindringling. Hierzu äußerte sich Gandhi in seiner Zeitung *Harijan* ablehnend: »Ich bedaure, daß er (Nehru) eine Vorliebe für den Partisanenkampf entwickelt hat. Ich zweifle aber nicht daran, daß dies ein Strohfeuer bleiben wird.« Wie üblich hatte Gandhi recht.

Nach Cripps' Abreise griffen die nationalistischen Führer, die darauf bedacht waren, ihre wirklichen Gründe für die Ablehnung des britischen Angebots zu verschleiern, zu heftigen Attacken gegen das Angebot selbst und gegen Cripps. Jinnah lehnte die ›Nichtbeitritts‹-Vorschläge ab, weil sie das Recht auf moslemische

Selbstbestimmung nicht festschreiben. Auch über den Kongreß zog er her. Wenn die Briten die sofortige Selbstverwaltung gewährt hätten, wäre es »ein faschistischer Großrat gewesen, und die Moslems und andere Minderheiten wären dem Kongreß völlig ausgeliefert«. Der Kongreß wählte sich Cripps zur Zielscheibe. Er sei, so behauptete eine Kongreßzeitung, ein Agent der britischen Reaktion, und seine Mission sei »das Ergebnis amerikanischen Drucks« gewesen. »Sie war ein abgekartetes Spiel, um die Weltmeinung zu beeinflussen und dem indischen Volk die Schuld am einkalkulierten Scheitern der Verhandlungen zuzuschieben.« Selbst Nehru fand es »über die Maßen traurig, daß ein Mann wie Sir Stafford Cripps sich dazu hergab, den Advocatus Diaboli zu spielen«.

Ende April trat in Allahabad das Allindische Kongreßkomitee zusammen. Rajagopalachari war darauf bedacht, daß seine Kollegen die Gefahren erkannten, die der Einheit Indiens aus ihrem Auftreten gegenüber der Moslem-Liga erwuchsen, und verfaßte eine Resolution, in der der Anspruch der Liga auf Pakistan akzeptiert und die sofortige Bildung einer Koalitionsregierung zur Weiterführung des Krieges gefordert wurden.Die Resolution wurde als verräterisch entschieden zurückgewiesen. Statt dessen verabschiedete das Komitee eine Resolution, die von Gandhi praktisch diktiert worden war und die zum Widerstand gegen die Japaner aufrief, aber nur in Form einer gewaltlosen Nicht-Zusammenarbeit. »Wir dürfen das Knie nicht vor dem Aggressor beugen und seinen Befehlen nicht gehorchen. Wir dürfen nicht um seine Gunst buhlen und seinen Verlockungen nicht erliegen.« Die Verteidigungsanstrengungen der Regierung seien weder zu unterstützen noch zu behindern. Der Kongreß werde seine eigene Politik der verbrannten Erde führen.

Die Vergeblichkeit dieser Resolution wurde noch durch die Tatsache verstärkt, daß der erste Entwurf von Nehru stammte. Wieder einmal hatte er sich dem Willen des Mahatma gebeugt. Von der bedingten Zusammenarbeit mit den Briten bei der Verteidigung Indiens über den romantischen Unsinn eines Partisanenkampfes gegen die Japaner war Nehru nunmehr dazu übergegangen, eine Politik zu akzeptieren, von der er wissen mußte, daß sie undurchführbar war. Viele der Kongreßpolitiker trafen Vorbereitungen zum Empfang der Japaner. Eine polizeiliche Durchsuchung der AICC-Büros in Nehrus alter Wohnung in Allahabad förderte Notizen von Gandhis eigener Hand zutage: Sie waren der Entwurf einer Resolution, die den Japanern versicherte, daß Indien keine Feindschaft gegen sie hege; ferner hieß es: »Wenn Indien frei wäre, würde es als erstes mit Japan verhandeln.« Nehru scheint dagegen protestiert, dann aber nachgegeben zu haben. Die Echtheit dieser Dokumente ist bestritten worden, doch besteht kein Grund, die darin zum Ausdruck kommende Gefühlshaltung anzuzweifeln.

Rajagopalachari hatte bereits die Bewohner seiner eigenen Provinz Madras zur Selbstverteidigung aufgefordert, falls die Japaner, deren Kriegsschiffe vor der Küste lagen, zu landen versuchten. Nun trat er aus dem Kongreß aus, aber nur sieben seiner Kollegen schlossen sich ihm an. Nehru war jetzt völlig isoliert, aber unfähig, den Bruch zu vollziehen, der vielleicht sein Gewissen beruhigt hätte. Um sich von seinen bösen Vorahnungen zu befreien, machte er Anfang Mai Urlaub im Kulu-Tal am Fuße des Himalaja. Wie er später offenbarte, dachte er dort über die Folgen einer japanischen Invasion nach und über das Leid, das sie den Flüchtlingen aus Burma bereits gebracht hatte. Er befürwortete keineswegs die Regierungspolitik der verbrannten Erde, obwohl er durchaus bereit gewesen war, die Politik des Kongresses zu akzeptieren. Offenbar hatte er sogar erkannt, daß der Partisanenkampf einer unbewaffneten Bevölkerung ein Unding war. Doch erstaunlicherweise ging er davon aus, daß eine Besetzung des Landes auch ihr Gutes hätte, weil sie einen nationalen Widerstandsgeist wecken würde. Der Kongreß hatte versucht, Lebensmittelkomitees und Selbstverteidigungseinheiten in Städten und Dörfern zu organisieren, doch wußte Nehru, daß sie ohne die Mitwirkung der Regierung, die keinerlei Hilfe gewähren wollte, erfolglos bleiben mußten.

Diese Gedankenspiele – mehr war es ja nicht – enthüllte Nehru in dem Buch, das er während seines nächsten Gefängnisaufenthaltes schreiben sollte, *The Discovery of India*. Es ist darin viel von Nehru selbst enthalten, denn alle seine Bücher sind autobiographisch: das unschuldige Staunen, der romantische Idealismus, die grundlegende Naivität und noch etwas ganz anderes; denn es hat etwas Gefühlloses, wenn er den Krieg begrüßt, weil er eine persönliche Erfahrung für Millionen Menschen sei und sie aus der »Grabesruhe, die Großbritannien über uns gebreitet hat«, herausholen könne. Nicht ohne Befriedigung zitiert er: »Nur wo es Gräber gibt, sind Auferstehungen.«

Während Nehrus Abwesenheit schritt Gandhi zur Tat. Er richtete eine provozierende Kampfansage an die Briten. Eine dramatische Geste war angezeigt. Immer mehr Inder hörten Subhas Boses Radiosendungen aus Deutschland. Die japanische Propaganda verfehlte nicht ihre Wirkung auf die Intelligenz. Es herrschte eine gespannte Atmosphäre, und bei manchen Indern wuchs der Wunsch, sich durch revolutionären Kampf die Freiheit zu erzwingen. Daß Bose im Gefolge der japanischen Armee nach Indien zurückkehren könnte, mochte der Mahatma sich lieber nicht ausmalen. Gandhis Kampfansage war einfach: Laßt die Engländer ziehen, und »laßt Indien in Gottes Hand«. Habt keine Angst vor dem kommunalistischen Problem; die Engländer haben es geschaffen, und es wird verschwinden, wenn die Engländer fort sind. Anarchie oder gegenseitiger Vernichtungskrieg mochten vielleicht ›eine Zeitlang‹ die Folge sein, aber daraus werde sich »das wahre Indien erheben anstelle des falschen, das wir sehen«.

Die von Gandhi geprägte Parole hieß »Quit India« (Verlaßt Indien). Damit hatte der Mahatma offenbar wieder einmal einen empfindlichen Nerv getroffen, und in ganz Indien schlossen sich Tausende seinem Ruf an. Nehru, der eilends aus der Ruhe der hohen Berge zurückkehrte, war entsetzt. Wenn die Briten nicht darauf reagierten, und es war höchst unwahrscheinlich, daß sie das tun würden, würde der Kongreß mit einer Kampagne des zivilen Ungehorsams nachziehen müssen, und das konnte nur im Interesse der Japaner sein. In Wardha, wohin Gandhi sich zurückgezogen hatte, stritten Nehru und der Mahatma über die Entscheidung, und Nehru erreichte einige Zugeständnisse. Alliierte Streitkräfte, das gestand Gandhi zu, dürften in Indien bleiben »zu dem alleinigen Zweck, einen japanischen Angriff zurückzuschlagen und den Chinesen zu helfen«. Er war sogar gewillt, »Indiens Botschafter« zu den Achsenmächten zu entsenden, nicht um Frieden zu erbitten, sondern um ihnen »die Sinnlosigkeit des Krieges« klarzumachen. Doch blieb Gandhi unerschütterlich, was die unausweichlichen Folgen einer Ablehnung des ›Quit India‹-Aufrufs anlangte.

Nehru versuchte, den Mahatma zu überreden, seine Entscheidung nicht vor den Arbeitsausschuß zu bringen. Als der Ausschuß Anfang Juli zusammentrat, ohne daß eine Reaktion der Briten erfolgt war, war Gandhi eisern. Es schien ihn nicht einmal zu kümmern, daß Gewaltlosigkeit, wie das früher auch immer gewesen war, in Gewalttätigkeit ausarten konnte. Er sagte: »Wenn es trotz der Vorkehrungen Unruhen gibt, kann man es nicht ändern.« Nehru stand nicht allein, aber wieder einmal wirkte Gandhis Erpressung: Er werde den Kongreß verlassen und eine neue Organisation gründen, falls seine Resolution abgelehnt würde. Natürlich wurde sie nicht abgelehnt.

Der Aufruf ›Quit India‹ wurde nun zur offiziellen Politik des Kongresses und auf einer Tagung des Allindischen Kongreßkomitees am 7. August in Bombay bestä-

Faisal al-Saud,
Kronprinz und Premierminister von Saudi-Arabien,
besucht 1955 Indien.

Die Commonwealth-Familie:
Königin Elisabeth mit den Ministern
des britischen Commonwealth bei der
Londoner Konferenz 1955.

Von links nach rechts:
Godfrey Huggins, Mohammed Ali, Robert Menzies, Charles Swart,
Winston Churchill, Sidney Holland, Louis St. Laurent,
Pandit Jawaharlal Nehru und John Kotelawala.

Nehru besucht den
Dailai Lama in dessen indischem Exil
1959.

tigt. Bis zum letzten Augenblick hatte sich Nehru ge-
wehrt, vor der Tagung aber nachgegeben, so daß der Arbeitsausschuß eine einheitliche, hinter dem Mahatma
stehende Front bot. Das AICC bekräftigte die Resolution
und stellte den Briten ein Ultimatum. Falls es zurückgewiesen würde und Gandhi einverstanden wäre, würde
der Ausschuß »den Beginn eines gewaltlosen Massen-
kampfes auf breitester Ebene« billigen. Die Entscheidung
lag bei Gandhi, und er war sich sicher, wie sie lauten
würde. Er hatte die Aktion des Ausschusses in einer Rede
begrüßt, die Nehru, wie er viele Jahre später privat einge-
stand, traurig und erschrocken gemacht hatte. »Die
Stimme in mir sagt mir, daß ich gegen die ganze Welt
werde kämpfen müssen und daß ich allein stehe! ...
Selbst wenn ganz Indien mich zu überzeugen versucht,
daß ich im Unrecht bin, selbst dann werde ich weiterma-
chen – nicht allein um Indiens willen, sondern um der
ganzen Welt willen. ... Ich kann nicht länger auf die Freiheit Indiens warten. Ich kann nicht warten, bis Mr.
Jinnah bekehrt ist. ... Wenn ich noch länger warte, wird
Gott mich strafen. Das ist der letzte Kampf meines
Lebens.«

Gegen Ende der Tagung gab Gandhi seinen Segen:
»Hier ist ein Mantra (eine magische Formel), ein kurzes,
das ich euch gebe. Ihr dürft es in euer Herz einpflanzen,
und jeder Atemzug von euch soll ihm Ausdruck verleihen. Das Mantra heißt ›Tat oder Tod‹. Wir werden Indien
befreien, oder wir werden bei dem Versuch sterben.« Es
war unmißverständlich, was er meinte – »Dies ist eine
Rebellion« –, aber nicht so klar war seine Strategie.
Selbstverständlich war das für seinen politischen Stil typisch. Es gab keine konkreten Pläne, und möglicherweise
hatte er gar nicht die Absicht, sogleich eine Kampagne zu
starten. Aber höchstwahrscheinlich war er wieder einmal
in der Gewalt seiner Inneren Stimmen. Die kalte Wut, mit
der Gandhi sprach, war für alle Anwesenden spürbar,
auch für die Polizeispitzel. Möglicherweise ging Gandhi

davon aus, daß seine Worte von der Regierung als Provokation aufgefaßt würden; denn er machte keinen wirklichen Unterschied zwischen Gewaltlosigkeit und Gewalt. In seiner Ekstase, die einer der Anwesenden als ›erschreckend‹ bezeichnete, schien er zu hoffen, daß er getötet würde und daß sein Tod eine nationale Erhebung auslösen würde.

Was auch immer Gandhi erhofft haben mag, die Regierung konnte kaum untätig zusehen angesichts dieses Appells, der sich zweifellos nicht wie zuvor nur an ein paar Satyagrahis richtete, sondern der Aufruf an das indische Volk war, sich zur Rebellion zu erheben. Am Tag nach dieser Rede, dem 9. August 1942, wurden auf einen Schlag der gesamte Arbeitsausschuß und eine Reihe weiterer Kongreßpolitiker verhaftet. Gandhi wurde in einen Palast des Aga Khan bei Poona gebracht, Nehru und die anderen kamen in das Fort Ahmadnagar, das etwa dreihundert Kilometer von Bombay entfernt war. Es war Nehrus neunter Gefängnisaufenthalt und sein längster, denn er wurde erst wieder im Juni 1945 freigelassen.

Drei Wochen lang waren die Gefangenen völlig von der Außenwelt abgeschnitten. Als die Zensurbehörde schließlich nach und nach Neuigkeiten durchließ, handelten sie von einem landesweiten Aufstand und seiner blutigen Unterdrückung.

Die Verhaftung der Kongreßführer löste eine unmittelbare Reaktion an der Basis aus. Es gab keinen Plan zur Koordinierung der Aktionen; alle Demonstrationen waren spontan. Das Leben in den Städten kam durch Geschäftsschließungen und Streiks zum Erliegen. Riesige Menschenmengen marschierten durch die Straßen, sangen nationalistische Lieder und forderten die Freilassung ihrer Führer. Anfangs verliefen die Demonstrationen friedlich, aber es gab gewisse Elemente – extreme Kommunalisten, Kriminelle und Berufsrevolutionäre –, die im Ausbruch des Volkszorns die Gelegenheit sahen, auf die sie gehofft hatten. Auch die Regierung war gereizt, desgleichen die Polizei. Es wurde in Menschenmengen geschossen, und es gab viele Verletzte.

Da sich die Regierung mit einer regelrechten Rebellion konfrontiert glaubte, verhängte sie Ausgangssperren und verbot Versammlungen von mehr als fünf Personen. Der Kongreß wurde zur verbotenen Organisation erklärt, sein Vermögen eingezogen, alle schriftlichen Unterlagen beschlagnahmt. Massenverhaftungen folgten, und viele Kongreßpolitiker der zweiten Garnitur gingen in den Untergrund. Nach der Zerschlagung der Kongreßorganisation und der Verhaftung ihrer maßgebenden Führer übernahmen neue Männer die Leitung der Kampagne. Einige von ihnen, die Gandhis Gedanken verpflichtet waren, versuchten verzweifelt, die Kampagne gewaltfrei zu halten. Aber Mäßigung hatte keine Chance in einem Klima blutiger Unterdrückung und bei den Umtrieben von Kommunalisten und Kriminellen, die sich nicht scheuten, religiöse Emotionen anzuheizen, um plündern und vergewaltigen zu können.

In das Führungsvakuum traten die Revolutionäre. Unter ihnen waren jüngere Parteiführer der Congress Socialist Party, die in den Untergrund gingen und Sabotageakte organisierten. Obwohl sie weiterhin ihre Loyalität dem Kongreß gegenüber bezeugten, bedeuteten ihre Aktivitäten eine Abkehr vom Wege Gandhis. Jahre hindurch waren die Kongreßsozialisten durch Nehru neutralisiert worden, dessen Sozialismus so viel anziehender wirkte als ihrer. Die Enttäuschungen der jungen Männer entluden sich jetzt, und sie machten sich an den Aufbau einer Organisation, die nicht nur der der Briten, sondern auch der des Kongresses glich. Wo sie vorher im Schatten Gandhis, Nehrus und des rechten Flügels gestanden hatten, schienen sie jetzt eine wirkliche Führungsalternative darzustellen, die die Massen auf ihre Seite ziehen konnte, während die anderen im Gefängnis saßen.

Eine Welle von Sabotageakten und krimineller Gewalt überschwemmte das Land. Bis Mitte September waren zweihundertfünfzig Bahnhöfe zerstört oder schwer beschädigt und fünfhundertfünfzig Postämter überfallen worden. Ein großer Teil des Eisenbahnnetzes war außer Betrieb, und die Verbindungswege wurden so unterbrochen, daß die Armee an der indischen Nordostgrenze ihre Hauptnachschublinien verlor. Polizeistationen und Verwaltungsgebäude wurden in Brand gesteckt, und indische Mitglieder der Verwaltung wurden mit dem Tod bedroht, falls sie sich den Rebellen nicht anschlossen. Von denen, die sich weigerten, wurde eine Anzahl ermordet. Die Regierung mobilisierte alle ihr zur Verfügung stehenden Kräfte. Britische Truppen wurden angefordert, und bei mindestens fünf Gelegenheiten wurden Flugzeuge eingesetzt, die mit Maschinengewehren in die Menge feuerten und Bomben abwarfen. In einigen Teilen des Landes ließen die Behörden sogar das schreckliche Schauspiel des öffentlichen Hängens wiederaufleben.

Obwohl es zweifellos eine ernstzunehmende Rebellion war, handelte es sich nicht um einen Aufruhr der Massen. Zu viele Menschen im Lande hielten sich abseits. Die Bauernschaft blieb auf den Feldern, Geschäftsleute und die gebildete Mittelschicht unterstützten weiterhin die Regierung. Bei den Streitkräften gab es keine Anzeichen von Verdrossenheit. Die erste Welle von Sabotage- und Gewaltakten auf breiter Ebene war bis Ende August unter Kontrolle. Die zweite Welle vereinzelter, aber immer noch ernstzunehmender Ausbrüche war Ende des Jahres eigentlich vorüber. Daß es dem Kongreß nicht gelungen war, die Briten aus dem Sattel zu heben, wurde von den Konservativen in England begrüßt. Es bestätigte nur das, was sie die ganze Zeit schon gesagt hatten: Der Kongreß repräsentierte nicht die Masse des indischen Volkes. Im September behauptete Winston Churchill vor dem Unterhaus, daß die Rebellion wenigstens eines klar herausgestellt habe, nämlich den »nichtrepräsentativen Charakter« des Kongresses und seine »Unfähigkeit, den normalen Frieden Indiens in Verwirrung zu stürzen«. Wenn man bedenkt, wieviel Schaden angerichtet worden war und daß in gewissen Landesteilen die britische Herrschaft aufgehört hatte und zum Zeitpunkt seiner Rede noch nicht wiederhergestellt worden war, so entsprachen Churchills Bemerkungen nicht ganz der Wahrheit.

Nehru beklagte in seinem Gefängnis zwar laut die Brutalität der Regierung, doch die der Rebellen stritt er ab oder entschuldigte sie. Aber er erkannte weder zum damaligen Zeitpunkt, noch sah er später ein, daß dem Kongreß ein schwerwiegender Fehler unterlaufen war. Abgesehen von dem Schrecken und dem Leid, das die ›Quit India‹-Resolution über so viele Menschen gebracht hatte, während ihre geistigen Urheber bequem im Gefängnis saßen, hatte sie auch ein Vakuum im politischen Leben Indiens hinterlassen, das von Kräften der Zwietracht gefüllt werden sollte. Als wirklich die Zeit für Großbritannien gekommen war, Indien zu verlassen, waren es nicht mehr nur zwei Parteien – die Engländer und der Kongreß –, die sich über die Bedingungen einig werden mußten.

15
Erbfolgekriege

Für die alternden nationalistischen Führer, die gemeinsam im Fort von Ahmadnagar gefangengehalten wurden, war das Leben nicht unbequem, aber Nachrichten
von der Außenwelt kamen nur spärlich herein. Große
Dinge taten sich in Indien und anderswo, aber ihre wirkliche Bedeutung drang nicht durch die Gefängnismau-
ern. Nehru und seine elf Kollegen vom Arbeitsausschuß
teilten eine Reihe miteinander verbundener Räume in
einer Baracke, die – getrennt vom Hauptgebäude – auf
einen verlassenen Garten hinausging. Sie hatten eine
eigene Küche und Gefängnisdiener. Patel war für die
Küche zuständig; Nehru und die anderen arbeiteten im
Garten. Für gewöhnlich trafen sich alle beim Frühstück,
vor dem Nehru immer schon seine Yogaübungen gemacht hatte. Danach arbeitete Nehru an seinen Büchern
und Schriften, abgesehen von einer kurzen Mittagspau-
se, bis etwa 15 Uhr. Dann gab es Gartenarbeit und eine
Diskussion politischer oder kultureller Fragen. Abends
arbeitete er nach einem Badmintonspiel wieder weiter an
seinen Büchern.

Diese Männer, die eine so lange Zeit ihrer politischen
Laufbahn miteinander verbracht hatten, repräsentierten
viele verschiedene Anschauungen. Nun, da sie zusammen lebten, traten diese Unterschiede nicht nur klarer,
sondern auch schärfer zutage. Einer der Gefangenen, Dr.
Pattabhi Sittaramayya, erinnerte sich nach seiner Entlassung, daß Patel und Azad bei den Diskussionen immer
auf verschiedenen Seiten standen. Azad wurde von

Nehru und den anderen Moslems unterstützt, während Patel die überzeugten Gandhi-Anhänger Profullah Ghose und Shankerrao Deo, aber auch Acharya Kripalani hinter sich hatte. Ghose und Kripalani sollten nach der Unabhängigkeit den Kongreß verlassen und sich den Sozialisten anschließen. Es deuteten sich jetzt schon die Spannungen und Streitpunkte an, die sowohl die Verhandlungen um die Freiheit als auch die Verwirklichung der Freiheit selbst beeinflussen sollten.

Wie auch immer, in der abstumpfenden Atmosphäre des Gefängnislebens schien die Freiheit so fern wie je. Am 11. Februar 1943 lasen sie in ihrer Zeitung, daß Gandhi in Poona ein einundzwanzigtägiges Fasten begonnen hatte. Keiner schien zu wissen, warum der Mahatma eigentlich diese Form der Erpressung gewählt hatte, denn er sagte es niemandem. Sowohl die Regierung als auch die Gefangenen in Ahmadnagar gingen davon aus, daß es ein Versuch war, seine Freilassung zu erwirken. Die Regierung reagierte nicht darauf, obwohl einige indische Mitglieder des Exekutivrates des Vizekönigs zurücktraten, da sie nicht bei einer Sache mitmachen wollten, die möglicherweise zum Tode Gandhis führen konnte. Die Regierung schickte Ärzte nach Poona, die dafür sorgen sollten, daß er am Leben blieb. Nehru sah in dem Fasten ein weiteres Beispiel für eine sinnlose Geste.

1943 war ein ereignisreiches Jahr für Indien. Im Juni kam Subhas Bose nach einer langen Reise per U-Boot und per Flugzeug in Japan an. Im Oktober proklamierte er in Singapur eine ›Provisorische Regierung des Freien Indiens‹ und traf Vorbereitungen für die Befreiung seines Landes mit Hilfe der Japaner. Im gleichen Monat übernahm ein neuer Mann das Amt des Vizekönigs. Lord Wavell, ein ausgezeichneter Soldat, war geschickt worden, um die Arbeit der Regierung Indiens auf den Krieg mit Japan zu konzentrieren. Die britische Regierung hatte kein Interesse mehr an einer politischen Lösung in Indien. Alles war leidlich ruhig, und es bestand keine Veranlassung, schlafende Hunde zu wecken. Immerhin wiederholte Wavell das englische Angebot von 1942. Aber die wichtigen Ereignisse waren nicht auf Politik und Krieg beschränkt. 1943 brach in Bengalen eine schreckliche Hungersnot aus – die schlimmste in der Geschichte Indiens.

Das Ausbleiben der Reisimporte aus Thailand und dem von den Japanern besetzten Burma nach Indien und der Ausbruch der Schwarzfäule führten zu ernsten Versorgungsschwierigkeiten. Hamstern war an der Tagesordnung, und Schiebergeschäfte waren die natürliche Folge. Bengalen war besonders hart betroffen. Es war damals das Hauptreisanbaugebiet Indiens, und es mußte nun versuchen, andere, sonst durch Importe versorgte Gebiete mitzuversorgen. Folglich gab es in Bengalen keine Vorratslager der Regierung, als die Ernte ausblieb. Die Hungersnot kam durch menschliches Versagen zustande. Der Krieg und die Unfähigkeit der Verwaltung, dazu die Habgier indischer Händler und Politiker – all das zusammen verschlimmerte die Lage. Die Zentralregierung mochte nicht eingreifen, obwohl offenkundig war, daß die bengalische Regierung – eine Administration der Moslem-Liga – nicht nur korrupt, sondern auch unfähig war. Der Vizekönig, Lord Linlithgow, hielt es trotz haarsträubender Berichte nicht einmal für notwendig, Kalkutta zu besuchen, um sich selbst ein Bild zu machen; erst nach Wavells Ankunft wurde etwas getan. Der neue Vizekönig begab sich sofort an Ort und Stelle, britische Truppen wurden eingesetzt, um die Verteilung von Nahrungsmitteln zu kontrollieren und um medizinische Hilfe zu leisten. Aber für wenigstens eineinhalb Millionen Menschen kam jede Hilfe zu spät.

Daß es das von der Moslem-Liga geführte Ministerium in Bengalen nicht geschafft hatte, mit der Hungersnot fertig zu werden, schadete dem Prestige der Liga und bewirkte, daß die Anhängerschaft der Liga in Bengalen immer weiter zurückging. Nach der Verhaftung der Kongreßführer hatte sich Jinnah sofort darangemacht, die moslemischen Wähler und moslemische Politiker für die Moslem-Liga zu gewinnen. Im September 1942 entließen die Engländer den nicht zur Moslem-Liga gehörenden Premierminister von Sindh mit der Begründung, daß er antibritisch und für den Kongreß eingestellt sei. Der britische Gouverneur gestattete es einem Mitglied der Moslem-Liga, eine Regierung zu bilden. In Assam wurde auf Betreiben des Gouverneurs ein weiteres Ligaministerium gebildet. In keiner der beiden Provinzen hatte die Liga die Mehrheit der gewählten Sitze. Im April 1943 nahm in Bengalen eine Ligaregierung die Amtsgeschäfte auf, und im nächsten Monat eine in der Nordwestlichen Grenzprovinz. All das war möglich geworden, nachdem Kongreßanhänger in den Gesetzgebungsorganen der Provinzen verhaftet worden waren. Nur im Panjab, wo die Moslems an einer Koalitionsregierung beteiligt waren, gelang es Jinnah nicht, die Verwaltung zu übernehmen.

Jinnahs Unternehmung war mehr Schein als Sein. Ohne Wahlen konnte er nicht behaupten, daß er die Moslems alle hinter sich gebracht habe, und viele Moslempolitiker lehnten es immer noch ab, sich der Liga anzuschließen. Jinnahs öffentliche Auftritte, die trotz des Kriegsrechts von den Engländern geduldet wurden, fanden immer weniger Zuhörer. Jinnah zog sich nach Kaschmir zurück, um sein weiteres Vorgehen zu überdenken. In dieser Situation kamen ihm die Engländer und Gandhi zu Hilfe.

Im Mai 1944 ließ die Regierung Gandhi wegen seines schlechten Gesundheitszustandes frei. Die Regierung war jetzt der Überzeugung, daß Gandhi nicht mehr zur Revolte aufrufen würde, und sie hatte jedenfalls nicht vor, die anderen Kongreßführer freizulassen. Rajagopalachari, der wegen seines Kongreßaustritts nicht von der Razzia gegen die Kongreßführer betroffen war, hatte Gandhi während seines Fastens in Poona besuchen dürfen. Dort hatte er den Mahatma dazu überredet, einen Vorstoß bei der Moslem-Liga zu billigen. Der Vorschlag ging dahin, daß der Kongreß und die Liga auf dem Weg zur Unabhängigkeit und zu einer provisorischen nationalen Regierung zusammenarbeiten sollten. Nach dem Kriege könnten in den Gebieten mit moslemischer Mehrheit Volksabstimmungen abgehalten werden, um herauszufinden, ob sie eine Art Abtrennung vom übrigen Indien wünschten. Wenn die Antwort ›ja‹ lautete, würden autonome Moslemstaaten gebildet werden, die dann Teile einer losen Föderation mit einer Zentralregierung werden würden, welche für Bereiche wie Verteidigung, Außenpolitik, Handel und Verkehr zuständig wäre.

Nach seiner Freilassung wurde Gandhi von Rajagopalachari zu einem Treffen mit Jinnah überredet, bei dem der Vorschlag erörtert werden sollte. Darüber war Jinnah hocherfreut, denn dieser Vorschlag erkannte nicht nur Pakistan dem Prinzip nach an, das Treffen mit Gandhi betonte auch Jinnahs Gleichwertigkeit. Noch vor dem Treffen äußerte sich Jinnah abträglich über den Plan Rajagopalacharis. Er biete »einen Schatten und eine leere Hülse, ein verstümmeltes, mottenzerfressenes Pakistan«. Es ist erstaunlich, daß Gandhi danach immer noch bereit war, Jinnah zu treffen, aber das Treffen fand tatsächlich im September im Hause Jinnahs in Bombay statt. Es bestand keine Möglichkeit einer Einigung. Jinnah verlangte die eindeutige Anerkennung der Berechtigung Pakistans. Die wollte Gandhi nicht gewähren. Das Treffen war ein grober Fehler, denn jetzt schien der Kongreß zu irgendeiner Form der Teilung verpflichtet zu sein, und als die kompromißloseren Führer aus dem Gefängnis entlassen wurden, konnte man sie ständig daran erinnern. Daß Gandhi so dumm gewesen war, sich mit Jinnah zu treffen, rief auch die hinduistischen Extremisten auf den Plan. Der Führer der Hindu-Mahasabha protestierte: »Die indischen Provinzen sind nicht Privatbesitz des lieben Gandhiji oder des lieben Rajaji, so daß sie sie jedem, den sie mögen, zum Geschenk machen können.«

Gegen Ende des Jahres 1944 wurde es immer deutlicher, daß der Krieg in Europa nicht mehr lange dauern würde. Auf die alliierte Landung in Europa war ihr Siegeszug in Deutschland gefolgt, und obwohl noch schwere Kämpfe erwartet wurden, war das Ergebnis nicht mehr zweifelhaft. Das Kriegsende in Europa würde eine Verlagerung des Schwerpunktes auf den Kampf gegen Japan bedeuten, das sich in Burma und überall auf dem langsamen Rückzug befand. In Indien hatten sich die meisten Nationalisten mit der Tatsache abgefunden, daß Großbritannien wahrscheinlich noch stärker als vorher aus dem Krieg hervorgehen werde und folglich noch weniger geneigt sein werde, Großzügigkeit gegenüber Freiheitsbegehren zu zeigen. Unter den Nationalisten glaubte nur Jinnah daran, daß die Briten ihr Wort halten würden. Dieser Glaube bewirkte seine Ablehnung von Gandhis Angebot.

Das bevorstehende Kriegsende in Europa und die einhellige Meinung aller Militärs, daß es noch wenigstens ein Jahr erfordern werde, die Japaner zu besiegen, überzeugten Wavell davon, daß die Zeit reif sei, die politische Frage Indiens neu anzugehen. Das Land war scheinbar ruhig, aber nur an der Oberfläche. Darunter lagen potentiell explosive Kräfte, die zweifellos auftauchen würden, sobald der Kampf gegen Japan beendet wäre. Wenn der Krieg sich auch weit entfernt von den meisten Indern abspielte, hatte er doch tiefgreifende soziale und wirtschaftliche Folgen. Ein Bevölkerungsteil war selbstverständlich ganz direkt betroffen – nämlich die Freiwilligen der indischen Armee. Nahezu zwei Millionen waren hauptsächlich aus den Dörfern rekrutiert worden. Man hatte ihnen moderne Techniken und militärische Disziplin beigebracht, und irgendwie waren sie aus der Welt der Überlieferung in die Moderne katapultiert worden. Bei Kriegsende würden die meisten von ihnen entlassen werden müssen, und sie würden zumindest mit einem Gefühl der Enttäuschung in ihre Dörfer zurückkehren.

Der Krieg hatte auch der indischen Mittelschicht Möglichkeiten eröffnet, die ihr vorher verweigert worden waren. Eine große Anzahl Inder wurde nun zum Offizierskorps und zu höheren Beamtenposten zugelassen. Eine noch nicht dagewesene industrielle Expansion eröffnete für Inder den Zugang zu technischen Leitungsfunktionen und zur Managerebene. Gesellschaftliche Anerkennung und Übernahme von Verantwortung waren zwei der fundamentalen nationalistischen Forderungen, und aufgrund des Krieges mußte ihnen zu einem gewissen Maße entsprochen werden. Ein wichtiger Bruchteil der Bevölkerung bekam allmählich nicht nur ein Gefühl für die eigene nationale Identität, sondern entwickelte auch Selbstachtung und das Vertrauen, daß man sehr wohl in der Lage wäre, für sich selbst zu sorgen. Die Kriegsjahre hindurch hörte die nationalistische Forderung nach Unabhängigkeit auf, das Ideal der Berufspolitiker zu sein, und sie wurde statt dessen die Überzeugung derer, die sie − wenn es so weit war − in die Tat umsetzen mußten.

Die Ausweitung der Kriegswirtschaft hatte sowohl soziale als auch wirtschaftliche Folgen. Der Bedarf an Arbeitskräften holte Menschen aus den Dörfern in die Städte. Sogar Frauen, die traditionsgemäß von unabhängigen Tätigkeiten ausgeschlossen gewesen waren, nahmen Stellungen in Büros und im Frauenkorps der Armee an. Seit Anfang 1943 hatte es einen rapiden Preisanstieg gegeben, der bis 1945 zu einer gefährlichen Inflation geführt hatte. Die Lebensmittelpreise schnellten in die Höhe, und alle Schichten der Bevölkerung fanden sich − obwohl es Arbeitsmöglichkeiten gab − in einer Situation sinkender Kaufkraft trotz steigender Einkommen.

Alle diese Faktoren waren der Regierung bekannt, und sie waren Bestandteil des Berichtes, den Wavell dem britischen Kabinett in London vorlegte, als er im März 1945 dort ankam. Daß die Zeit für Zugeständnisse reif war, wurde von der Koalitionsregierung akzeptiert. Aber ehe etwas unternommen werden konnte, kapitulierte Deutschland, und die Koalitionsregierung trat zurück. Allgemeine Wahlen wurden angekündigt, aber in der Zwischenzeit amtierte ein Übergangskabinett von Konservativen, angeführt von dem Kriegspremier, Winston Churchill. Churchill war damit einverstanden, daß Wavell nach Indien zurückkehrte und die Meinung der Nationalisten sondierte. Damit sie ihm dabei helfen konnten, sollten die Mitglieder des Arbeitsausschusses des Kongresses freigelassen werden.

Am 14. Juni 1945 kehrte Wavell nach Indien zurück und gab die neuen Vorschläge bekannt. Es waren im wesentlichen diejenigen von 1942 mit dem Zusatz, daß der Exekutivrat des Vizekönigs gänzlich aus Indern bestehen würde, abgesehen vom Vizekönig selbst und dem Oberbefehlshaber. Der Vizekönig würde seine Sondervollmachten nicht über Gebühr wahrnehmen. Für die Moslem-Liga gab es eine besondere Attraktion: Kastenhindus und Moslems sollten in dem Rat zu gleichen Teilen repräsentiert sein. Das war keine Sitzverteilung zwischen zwei *politischen* Gruppierungen, dem Kongreß und der Moslem-Liga, sondern zwischen zwei *religiösen* Systemen. Im Grunde war es die Anerkennung, daß es in Indien ›zwei Nationen‹ gebe, wie Jinnah behauptete. Nachdem er die Vorschläge dargelegt hatte, lud Wavell repräsentative führende Politiker dazu ein, mit ihm auf einer Konferenz zusammenzutreffen, die am 25. Juni in der Hill-Station von Simla abgehalten werden sollte.

Vor ihrer Entlassung waren alle Mitglieder des Arbeitsausschusses in Gefängnisse in ihren Heimatprovinzen verlegt worden. Nehru wurde am 15. Juni in Almora freigelassen, der ziemlich abgelegenen Hill-Station in den Vereinigten Provinzen. Er eilte erst nach Allahabad, um seine Familie wiederzusehen, und dann nach Bombay zu einer Zusammenkunft des Arbeitsausschusses, auf der entschieden werden sollte, ob man die Einladung des Vizekönigs annahm oder nicht. Es war schon jetzt ganz klar, daß Jinnah für sich das Recht beanspruchen würde, alle moslemischen Mitglieder des Exekutivrats zu bestimmen, und das wurde von vornherein abgelehnt. Der Kongreß würde jedoch an der Konferenz teilnehmen. Es gab nur ein Problem dabei: Als die Einladung eintraf, war sie an Gandhi adressiert, der der Form nach noch kein Mitglied war. Der moslemische Kongreßpräsident, Maulana Azad, war anzüglicherweise ignoriert worden. Gandhi ließ den Vizekönig wissen, daß er persönlich den Kongreß nicht repräsentieren könne, daß er aber, falls der Vizekönig darauf bestehe, als Beobachter teilnehmen werde. Die Einladung müsse an Azad ergehen. Die Einladung, die offenbar mit Absicht zurückgehalten worden war, wurde ordnungsgemäß zugestellt.

Obwohl die einundzwanzig Delegierten auf der Konferenz jede denkbare Interessengruppe vertraten, angefangen bei den Europäern, denen als Minderheit Sitze in der Zentralversammlung reserviert waren, bis zu den Unberührbaren, die 15 Prozent der Bevölkerung ausmachten – die eigentlichen Protagonisten waren der Kongreß und die Liga. Jinnah beharrte darauf, daß die Liga *alle* Moslems repräsentiere und deshalb für *alle* Moslemsitze die Kandidaten nominieren müsse. Nachdem der Kongreß für sich beanspruchte, keine Hinduorganisation, sondern eine weltliche Organisation zu sein, forderte er das Recht, selbst Moslemkandidaten aufzustellen. Jinnah wollte mit Azad, den er einen ›symbolischen Affront‹ nannte, nicht einmal sprechen, und Versuche, ihn umzustimmen, blieben erfolglos. Wavell versuchte zu vermitteln und forderte beide Parteien auf, Listen möglicher Kandidaten vorzulegen. Jinnah verlangte eine Zusicherung, daß die fünf von der Liga nominierten Kandidaten alle akzeptiert würden, aber Wavell ließ sich nicht darauf festlegen. Bis zum 7. Juli hatten mit Ausnahme der Liga alle Parteien ihre Kandidatenlisten abgegeben. Eine Woche lang versuchte der Vizekönig, Jinnah zur Zusammenarbeit zu bewegen, aber der Führer der Liga war unnachgiebig. Deshalb beendete Wavell am 14. Juli die Konferenz. Jinnah hatte vielleicht den wichtigsten Punktegewinn erreicht – er war jetzt in der Lage, Änderungen zu vereiteln durch seine bloße Weigerung der Zusammenarbeit.

War Jinnahs Kompromißlosigkeit bloße Niedertracht, wie viele Kongreßpolitiker einschließlich Nehrus meinten? Sicherlich wäre die Behauptung, daß die Moslem-Liga *alle* Moslems repräsentiere, zu dieser Zeit schwer zu beweisen gewesen. Wenn es der Liga auch nach der Festnahme der Kongreßgesetzgeber gelungen war, einige der Provinzialregierungen unter ihre Kontrolle zu bringen, war ihre Position doch immer schwächer geworden. In den ersten Monaten des Jahres 1945 hatte die Regierung viele Kongreßmitglieder aus der gesetzgebenden Versammlung freigelassen. Das hatte zur Ablösung der Ligaministerien in Assam, Bengalen, Sindh und der Nordwestlichen Grenzprovinz geführt. Jinnah hoffte, indem er die Regierung Indiens dazu zwang, die Liga als den einzigen Repräsentanten der indischen Moslems anzuerkennen, ihre Stellung wenigstens bei den Wählern wieder zu festigen. Es gibt Anhaltspunkte dafür, daß Jinnah dabei von der Churchill-Regierung in London und durch wenigstens ein Mitglied aus Wavells Exekutivrat ermutigt wurde.

Nehru nahm an der Konferenz teil, spielte aber keine entscheidende Rolle. Nachdem das Treffen beendet war, fuhr er zu einem Urlaub nach Kaschmir. Während er sich dort in den Bergen, die er so liebte, erholte, kam in Großbritannien durch einen überwältigenden Wahlsieg eine Labour-Regierung an die Macht. Würde die Labour Party nun ihre oft wiederholte Zusage, daß sie Indien die Freiheit geben werde, einlösen? Wenigstens der reaktionäre Churchill war von den britischen Wählern abgelehnt worden. Die neue Regierung beeilte sich, ihre Haltung offenzulegen. Am 15. August, als der Krieg gegen Japan nach dem Abwurf zweier Atombomben zu Ende ging, wurde das neue britische Parlament mit der Thronrede eröffnet, in der die zukünftige Regierungspolitik dargelegt wurde. Die Rede enthielt folgende Worte: »In Übereinstimmung mit den Versprechen, die meinen Völkern Indiens bereits gegeben worden sind, wird meine Regierung alles daransetzen, unter Einbeziehung der indischen Meinungsführer die baldige Verwirklichung der vollen Selbstverwaltung in Indien zu fördern.« Die Worte waren willkommen, aber nicht ganz beruhigend. ›Volle Selbstverwaltung‹ klang nicht so wie ›Unabhängigkeit‹. Ein paar Tage später wurde Wavell zu Konsultationen nach London gerufen, und als Zeichen des guten Willens der neuen Regierung wurde angekündigt, daß im Winter sowohl für die Zentralversammlung als auch für die Provinzialparlamente Wahlen abgehalten werden würden.

Als Wavell einen Monat später nach Indien zurückkehrte, wurde offenbar, daß die Labour-Regierung, die so schnell eine Absichtserklärung abgegeben hatte, sich noch keine konkreten Gedanken über die Lösung des Problems gemacht hatte. Natürlich waren ihr die Wünsche ihrer eigenen Wähler wichtiger, und die hatten durch ihre Stimmabgabe gezeigt, daß sie vom Krieg genug hatten. Etwas war den Labour-Führern jedenfalls klar: Sie konnten nicht erwarten, Indien gewaltsam zu unterdrücken. Das britische Volk wollte, daß Ehemänner und Söhne vom Militär entlassen und nach Hause geschickt würden und nicht, daß sie Kolonialkriege führten.

Bei seiner Rückkehr gab Wavell eine weitere Stellungnahme ab. Auch sie war nicht sehr beruhigend. Die Labour-Regierung schien immer noch davon auszugehen, daß die Simla-Vorschläge eine angemessene Diskussionsgrundlage darstellten. Nach den Wahlen sollte eine verfassunggebende Körperschaft eingerichtet wer-

208

den, und der Exekutivrat des Vizekönigs sollte umorganisiert werden. In seiner Stellungnahme gebrauchte der Vizekönig nicht das Wort ›Unabhängigkeit‹, sondern wieder einmal nur ›volle Selbstverwaltung‹, und es war offensichtlich, daß immer noch der Dominion-Status das Ziel der britischen Regierung war. Mit einigem Recht betrachtete der Kongreß die Ankündigung als »vage, unangemessen und unbefriedigend«. Am meisten enttäuschend war daran, daß keine *sofortigen* Konzessionen erwähnt wurden. Warum sollten denn die alten Provinzialregierungen, die 1939 zurückgetreten waren, nicht in der Interimsperiode vor den Wahlen die Geschäfte führen? Und das Stimmrecht konnte doch sicher auf mehr als die 10 Prozent der Bevölkerung, die durch die Akte von 1935 zu Wahlberechtigten gemacht worden waren, ausgedehnt werden. Es war so, als wenn die Labour-Regierung nicht nur dieselben alten Lösungen anbot‹, sondern auch dieselben alten Gründe der Ablehnung.

Doch waren dessenungeachtet alle Parteien entschlossen, an den Wahlen teilzunehmen und damit ihre Popularität unter Beweis zu stellen. Die letzten Wahlen zur Zentralversammlung waren 1934 und für die Provinzialgesetzgebung 1937 abgehalten worden. Die Zusammensetzung dieser Körperschaften gab nicht den Wählerwillen wieder. Jinnah war überzeugt davon, die moslemischen Wähler auf die Seite der Liga gezogen zu haben, und wollte unbedingt zeigen, daß das stimmte. Der Kongreß wiederum war entschlossen aufzuzeigen, daß er eine religionsübergreifende Partei war. Viele Kongreßführer hatten das Gefühl, daß bei den Wahlen nicht mehr herauskommen werde und daß sie für die Briten nur ein Mittel zum Zeitgewinn darstellten.

Das Wahlmanifest des Kongresses war die übliche Ansammlung von Appellen an ein weites Spektrum von Interessen, wobei die Konflikte durch eine verschwommene Sprache gut verschleiert wurden. Ein Rest des Rajagopalachari-Vorschlages blieb aber erhalten, nämlich das

Versprechen eines föderativen Aufbaus mit Autonomie der darin enthaltenen Teile. Schließlich bekräftigte der Kongreß seinen Glauben an die Prinzipien der ›Quit-India‹-Resolution von 1942. Aber, so versicherte der Kongreß seinen potentiellen Wählern, das entscheidende Thema wären nicht die Versprechungen im Manifest. Der Kongreß beteilige sich nur an den Wahlen, »um zu zeigen, daß das unabdingbare Resultat ... darin bestehen müsse, die überwältigende Meinungssolidarität unter den Wählern zum Thema Unabhängigkeit zu demonstrieren«. Die Ansprüche aller anderen Parteien wurden beiseitegefegt, indem es in der Stellungnahme weiter hieß: »Deshalb zählen bei dieser Wahl weder kleinliche Einzelfragen noch Einzelpersönlichkeiten, noch sektiererische Aufrufe – nur das eine zählt: die Freiheit und Unabhängigkeit unseres Vaterlandes, aus dem alle anderen Freiheiten unserem Volke zufließen werden.«

Mit solchen Gefühlen hatte Jinnah keine Last, denn er machte sich daran, für ganz andere Ziele zu streiten: Daß nämlich ein vereintes Indien von einer Hindumajorität beherrscht werden würde und daß die Moslems nur in ihrem eigenen Heimatland, das heißt in Pakistan, geschützt werden könnten. Die Stellungnahme des Kongresses verbarg auch nur unvollkommen die vorhandenen Meinungsverschiedenheiten innerhalb der Kongreßführung. Ironischerweise, aber nicht unerwartet, gingen die Meinungen bezüglich der verschiedenen Religionsgruppen auseinander. Der Präsident Azad, ein Moslem, sagte, daß der Kongreß das Prinzip der Selbstbestimmung »unter gewissen Umständen sogar bis zur Teilung« akzeptiere, obwohl er persönlich nicht der Meinung sei, daß die Teilung Indiens letztendlich zum Vorteil der Moslemgemeinde dienen werde. Obwohl Azad zweifellos ein vernünftiger Mann war, war er ständigen Attacken der Zeitungen der Moslem-Liga ausgesetzt. Hinduistisch gesinnten Kongreßpolitikern wie Patel war Azad zu milde gegenüber den Moslems. Patel wollte Indien nicht aus religiösen Gründen teilen lassen, und er sagte das auch öffentlich. Nehru hielt sich aus dem Streit heraus, deutete aber an, daß er kein Fürsprecher irgendeines Kompromisses mit der Moslem-Liga sei. Wer daran interessiert war, den genauen Standort des Kongresses zu erfahren, hätte aus den verwirrenden Stellungnahmen, die von Kongreßsprechern abgegeben wurden, nichts entnehmen können. Die Freiheit müsse einem geeinten Indien gegeben werden, sagten sie, obwohl der Kongreß natürlich »nicht daran denken kann, die Menschen dazu zu zwingen«!

Weder der Kongreß noch die Liga schienen in der Lage zu sein, die Masse des indischen Volkes aus seiner Gleichgültigkeit gegenüber der Politik herauszureißen. Mit schöner Regelmäßigkeit hatte sich wieder einmal Apathie über das Land gelegt, und es waren keine wirklich zündenden und dramatischen Themen zur Hand, um sie zu durchbrechen. Wie schon so oft kam die Regierung zu Hilfe. Die Briten waren zunehmend besorgt, welche Auswirkungen die Propaganda auf indische Soldaten haben werde, welche von Heimkehrern aus Subhas Boses Indian National Army (INA) ausgestreut wurde. Die INA hatte nicht viel gegen die Briten ausgerichtet, aber eine romantische Aura umgab sie und ihren Führer. Bose war am 18. August 1945 auf dem Weg nach Japan an den Folgen eines Flugzeugabsturzes in Formosa gestorben. Seine letzten Worte waren: »Sagt meinen Landsleuten, Indien wird bald frei sein.« Boses Tod war jetzt allgemein bekannt, und seine Taten nahmen den Hochglanz des Heldentums und des Märtyrertums an.

Die meisten Mitglieder der INA waren aus Kriegsgefangenen in Malaya rekrutiert worden. Die Regierung meinte, gegen sie vorgehen zu müssen, und sei es auch nur, um die Moral der Soldaten der britisch-indischen Armee hochzuhalten. Im August 1945 hatte Nehru angeregt, die INA nicht als gewöhnliche Rebellen zu behandeln. Jede Art Strafe, die man ihnen gibt, sagte er, »wäre in Wirklichkeit eine Strafe für ganz Indien und alle Inder, und eine tiefe Wunde würde in Millionen von Herzen geschlagen«. Trotzdem nahm der Kongreß Bose und seiner INA gegenüber eine halbherzige Haltung ein. Er war nicht daran interessiert, ihre Heldentaten zu verbreiten. Schließlich hatten Bose und die INA wirklich für Indiens Freiheit gekämpft, während die Kongreßführer nur ins Gefängnis gewandert waren.

Die Regierung entschied, daß die einfachen Soldaten der INA, »die dem Druck nachgegeben hatten und so fehlgeleitet worden waren, daß sie sich den vom Feind aufgestellten Truppen anschlossen«, milde behandelt würden. Aber die Anführer und diejenigen, die sich Greueltaten hatten zuschulden kommen lassen, müßten vor das Kriegsgericht gestellt werden. Anfangs war die Reaktion des Kongresses positiv, aber als aus dem ganzen Land Berichte von Kongreßmitgliedern eingingen, die enthüllten, welch ungeheures Interesse die Menschen der sagenumwobenen INA entgegenbrachten, beschloß das Allindische Kongreßkomitee, die bevorstehenden Gerichtsverhandlungen zu seinen eigenen Zwecken zu nutzen. Mitte September entschied das AICC, »daß es tragisch wäre, wenn diese Offiziere ... dafür bestraft würden, daß sie sich – *wie irregeleitet auch immer* – für die Freiheit Indiens eingesetzt hatten«, und forderte ihre Freilassung. Zwei Tage später setzte der Kongreß einen Verteidigungsausschuß ein, der den Angeklagten beistehen sollte.

Die Regierung war weiterhin fest entschlossen, einen Schauprozeß abzuhalten. Im November 1945 wurden im Roten Fort in Delhi, dem früheren Palast der Mogulkaiser, drei ehemalige Offiziere der indischen Armee, die in der INA hohe Ränge bekleidet hatten, der Kriegführung gegen den König-Kaiser angeklagt, das heißt, sie wurden der Rebellion und in einem Falle der Anordnung von Exekutionen beschuldigt. Hinter der Auswahl der Angeklagten scheint aber keine bestimmte Absicht gestanden zu haben, denn einer war Moslem, ein zweiter Sikh und der dritte ein Hindu. Es war, als ob die Regierung alle drei Religionsgemeinschaften gegen sich aufbringen wollte. Siebzehn Rechtsanwälte – unter ihnen die fähigsten Juristen des Landes – traten als Verteidiger auf. Unter ihnen war auch Nehru.

Nehrus Beweggründe, nach fast dreißig Jahren wieder seine Rechtsanwaltsrobe anzulegen, waren wohl in erster Linie von der politischen Notwendigkeit diktiert. Wenn er sich ferngehalten hätte, hätte er sich von einer Frage großen öffentlichen Interesses ausgeschlossen, und das hätte sicher seiner Popularität geschadet. Er konnte Greueltaten nicht vergeben, aber er zog es vor, die Verfolgung nicht als Rechtsfrage zu betrachten, sondern eher als »Kraftprobe zwischen dem Willen des indischen Volkes und dem Willen derer, die in Indien an der Macht sind«. Die Vorgänge im Roten Fort »inszenierten das Schauspiel des alten Kampfes ... England gegen Indien«.

Trotz komplizierter Rechtsdiskussionen wurden die Angeklagten schuldig gesprochen und dazu verurteilt, unehrenhaft entlassen und lebenslang auf Strafinseln verbannt zu werden. Doch auf heftigen Druck hin zog der Oberbefehlshaber die Verbannungsurteile zurück, bestätigte aber die anderen Strafen. Die Zurücknahme wurde von vielen als Freispruch unter Druck angesehen. Einige Tage vor der Bekanntgabe der Entscheidung des Oberbefehlshabers war angekündigt worden, daß nur noch Greueltaten verfolgt werden würden. Der Kongreß triumphierte. Die INA-Offiziere bereisten das Land wie heimgekehrte Helden. Die alten antibritischen Gefühle der großen Tage der Bewegung des zivilen Ungehorsams waren erfolgreich wiedererweckt worden. Während des Prozesses gab es gewalttätige Sympathiekundgebungen für die Angeklagten in Madras, Bombay und Kalkutta. Die Polizei war gezwungen, in die Menge zu feuern, und in Kalkutta dauerten die Unruhen drei Tage lang, bis sie unter Kontrolle gebracht werden konnten.

Es gab aber noch schlimmere Auswirkungen. Die Regierung hatte gehofft, durch die Prozesse die Moral der indischen Armee stärken zu können. Der gegenteilige Erfolg trat ein. Wenn Subhas Bose und die Männer der INA im Recht gewesen waren – und das ganze Land schien davon auszugehen –, dann hatten die Soldaten der indischen Armee ihr Land verraten, indem sie die Briten unterstützten. Langsam kam die Regierung zu der Einsicht, daß die indische Armee, die immer über der Politik gestanden hatte, jetzt nicht mehr verläßlich war. Die indische Armee war nicht nur das Rückgrat der britischen Herrschaft gewesen, sondern auch letztlich der Garant des inneren Friedens. Durch die rasche Demobilisierung britischer Truppen konnte die Regierung nicht mehr so leicht die Kontrolle behalten und Entscheidungen durchsetzen. Bald würde es für die Briten nur noch die Möglichkeiten des Schlichters und nicht mehr die der Stärke geben.

Daß es der Kongreßpropaganda gelungen war, die Begeisterung der Massen zu wecken, erschreckte auch Jinnah und die Liga. Die Gefahr einer Hinduherrschaft schien jetzt größer und näher als je zuvor. In der Wahlkampagne ging deshalb der Kampf nicht nur um die Unabhängigkeit, sondern um die Frage, ob Indien geteilt werden sollte oder nicht. Die INA-Prozesse wurden vom Kongreß dazu benutzt, das Recht zum Widerstand gegen die Fremdherrschaft zu glorifizieren, und Nehru selbst rief die Menschen dazu auf, sich auf eine ›Massenschlacht für die Freiheit‹ vorzubereiten. Diese und viele andere Brandreden überzeugten die Moslems davon, daß der Kongreß in Kampfesstimmung war. Namentlich die direkten Anspielungen auf die Frage der Religionsgemeinschaften waren besonders provokativ. Die Kongreßführer forderten wieder einmal die Briten auf, zu verschwinden und ihnen selbst die Lösung des Problems zu überlassen. ›Bürgerkrieg wenn nötig‹ war der Tenor vieler öffentlicher Stellungnahmen. Sinngemäß bedeutete das:

Wenn Jinnah ein Pakistan wünschte, mußte er darum kämpfen.

In dieser Atmosphäre wachsender Bereitschaft zur Gewalttätigkeit fanden die Wahlen statt. Sie brachten die Polarisierung, die viele erhofft und viele gefürchtet hatten. Die Liga gewann alle für Moslems reservierten Sitze in der Zentralversammlung mit 86 Prozent der Moslemstimmen. In den Provinzen, wo sie 1937 von 492 den Moslems vorbehaltenen Sitzen nur 108 erringen konnte, gewann sie jetzt 428 mit 76 Prozent der moslemischen Stimmen, obwohl in zwei der Provinzen – in Assam und in der Nordwestlichen Grenzprovinz –, die von Jinnah als Teile des geplanten Pakistan beansprucht wurden, der Kongreß und die von ihm unterstützten ›Redshirts‹ jeweils die absolute Mehrheit errangen. In den verbleibenden drei Provinzen, die den neuen Moslemstaat ausmachen sollten, war die Liga die stärkste Einzelpartei, hatte aber nicht die absolute Mehrheit. Der Kongreß konnte in acht der elf Provinzen Ministerien einrichten, die Liga in Bengalen und Sindh und die Koalition der Unionist Party mit Hilfe des Kongresses im Panjab. Oberflächlich betrachtet könnte man den Eindruck gewinnen, daß die Liga im Herzstück ihres erwählten Territoriums gescheitert wäre, aber dem war nicht so. Die Zahl der Sitze, die den Moslems nach der Akte von 1935 zugestanden wurden, entsprach nicht mehr dem Anteil der moslemischen Bevölkerung, die in den dazwischenliegenden Jahren beträchtlich angewachsen war. Im übrigen war es die *Menge* der Stimmen für die Liga, die zählte. Das zeigte, daß Jinnahs Anspruch, die einzige Stimme des moslemischen Indiens zu sein, fest begründet war und daß der Kampf um die Nachfolge in der britischen Macht zwischen dem Kongreß und der Liga ausgetragen werden würde.

Die allgemeine Spannung hatte natürlich während der Wahlkampagne zugenommen. Die Labour-Regierung, die nun wegen des möglichen Zusammenbruchs von

Gesetz und Ordnung besorgt war, schickte eine mit nur wenigen Befugnissen ausgestattete Parlamentarierdelegation, um die Inder von der Aufrichtigkeit der Regierung zu überzeugen. Diese Ankündigung wurde allenthalben mit Gleichgültigkeit aufgenommen. Eine fantasievolle Geste war vonnöten, und alles, was der Labour-Regierung einfiel, war, eine zweitklassige Mission des guten Willens loszuschicken. Der Grund für diese schwache Reaktion lag darin, daß das Kabinett den Berichten der Regierung Indiens nicht glauben wollte, da sie deren Mitgliedern nicht traute. Ideologische Blindheit hinderte die Labour-Minister daran zu erkennen, daß die Berichte aus Indien relativ ungefärbt waren, obwohl es tatsächlich parteiische Elemente in der Verwaltung gab. Bald wurden jedoch den Labour-Führern die wirklichen Gefahren der Situation auf dramatische Weise vor Augen geführt.

Anfang 1946 gab es eine Reihe von Meutereien bei den Streitkräften. Die erste war besonders niederschmetternd, da sie bei den britischen Regimentern stattfand. Mitte Januar meuterten Bodentruppen und Versorgungseinheiten am Dum-Dum-Flugplatz bei Kalkutta und bei anderen RAF-Stationen in Indien wegen Verzögerungen bei der Repatriierung und Demobilisierung. Als ihnen durch einen britischen Parlamentsabgesandten Zusicherungen gemacht wurden, nahmen die Männer ihren Dienst wieder auf. Es war noch nicht zu Gewalttätigkeiten gekommen, aber der örtliche Kommandeur hatte Truppen und Artillerie in das Gebiet verlegt. Die Meuterei machte der Regierung wenigstens klar, daß es unklug wäre, sich bei so unerfreulichen Aufgaben wie der Kontrollierung eines Aufstandes auf Wehrpflichtige zu verlassen.

Der Meuterei der RAF folgte eine in der Royal Indian Air Force. Auch diese war friedlich; als aber im Februar Einheiten der Royal Indian Navy in Bombay und in anderen Häfen in den Ausstand traten, unterstützten sie ihre

Forderungen mit Waffengewalt. Etwa dreitausend indische Matrosen gingen in Bombay auf die Straße; sie führten in den Fahrzeugen Kongreß- und Ligafahnen mit sich, und es kam zu bewaffneten Zusammenstößen zwischen den Meuternden und den Truppen. Die Matrosen waren von Kommunisten und linksgerichteten Agitatoren zur Meuterei angestachelt worden. Obwohl der Kongreß mit den Männern sympathisierte, war das eine Herausforderung an die Autorität des Kongresses. Patel eilte nach Bombay und brachte es fertig, die Matrosen zur Aufgabe zu überreden, nachdem er ihnen versprochen hatte, daß es keine Repressalien geben werde. Patel hatte Nehrus volle Unterstützung, denn dieser hatte langsam die Erkenntnis gewonnen, daß angesichts einer nahenden, irgendwie gearteten verantwortlichen Zentralregierung solcherlei Dinge in der Armee nicht geduldet werden konnten. Er begann auch zu befürchten – und das nicht ohne Grund –, daß seine eigenen zündenden Reden und die seiner Kollegen zu Gesetzlosigkeiten ermutigten. Ein weiterer Beweis bot sich, als nach Beendigung der Meuterei in Bombay die Stadt weitere vier Tage von Tumulten erschüttert wurde. Der Meuterei in Bombay folgten andere in Kalkutta, Madras und schlimmere noch in Karatschi, wo der Befehlshaber der Armee das Artilleriefeuer auf die Schiffe eröffnen ließ, wodurch es eine große Anzahl von Opfern gab.

Die Meuterei von Bombay hatte zweifellos ihre Wirkung in London, denn einen Tag nach dem Ausbruch kündigte Clement Attlee, der britische Premierminister, an, daß eine Delegation hochrangiger britischer Kabinettsminister nach Indien reisen werde, um dort führende Politiker zu treffen und zu versuchen, eine Lösung für die Frage der Zukunft Indiens zu finden. Der Delegation würden angehören Lord Pethick-Lawrence, der Staatssekretär für Indien, Sir Stafford Cripps, der Handelsminister, und A. V. Alexander, der Oberbefehlshaber der Marine. Um den Eindruck zu verstärken, daß es diesen

Männern so ernst war wie der Regierung, die sie geschickt hatte, kündigte Attlee an, daß es Ziel der Delegation sei, ein verfassunggebendes Organ und einen repräsentativen Exekutivrat des Vizekönigs einzuberufen. Sie würden bezüglich der Verfassung keine britischen Vorschläge mit nach Indien bringen – die Inder sollten ohne Einmischung selbst entscheiden. Es gab keine Erwähnung des Dominion-Status. Wenn die Inder im Commonwealth verbleiben wollten, sollte das allein ihre Entscheidung sein.

Ehe die Delegation England aber verließ, beschloß sie, alles mögliche zu tun, um die Pakistanfrage zu umgehen. Attlees Worte konnten tatsächlich als eine Brüskierung der Moslem-Liga aufgefaßt werden. Er sagte: »Wir denken an die Rechte der Minderheiten, und Minderheiten sollten frei von Furcht leben können. *Andererseits können wir einer Minderheit nicht gestatten, mit ihrem Veto den Fortschritt der Mehrheit aufzuhalten.*« Jinnah reagierte darauf mit der Bemerkung: »Es geht darum, um mit einem Gleichnis zu sprechen, daß die Spinne zur Fliege sagt: ›Tritt in meinen Salon‹, und wenn die Fliege sich weigert, heißt es, ein Veto sei eingelegt worden und die Fliege sei unversöhnlich.« Dies war kaum ein gutes Vorzeichen für den Erfolg der Delegation. Der Kongreß war natürlich hocherfreut.

Der Delegation wurde sehr bald klar, wie naiv ihre Vorstellungen gewesen waren. Ihre Mitglieder führten viele Gespräche mit indischen Politikern, und alle bestätigten, daß es kaum möglich sein werde, die Pakistan-Frage auszuklammern. Jinnah blieb hart. Er werde keine Verhandlungen führen, die nicht den moslemischen Ansprüchen genügten. Auf der anderen Seite war der Kongreß nicht willens, einer Lösung zuzustimmen, die den Weg zur Teilung freigab. Kongreßführer rieten der Delegation wieder einmal, daß es für Großbritannien am besten wäre, sich zurückzuziehen und Indien die Lösung seiner eigenen Probleme zu überlassen.

Jetzt wurde der Delegation langsam klar, daß Jinnah und die Moslem-Liga den Schlüssel zu jedwedem Fortschritt in der Hand hielten. Bestanden sie wirklich auf allen Gebieten, die sie früher für Pakistan gefordert hatten? Bekämen sie diese zugestanden, würde das bedeuten, daß der neue Staat große Gebiete einschlösse, in denen die Moslems tatsächlich in der Minderheit waren. Die andere Alternative – die Gebiete mit Moslemmehrheit, etwa in Bengalen oder dem Panjab, abzutrennen – würde nur andere Probleme schaffen, denn in beiden Provinzen gab es eine gemeinsame Sprache und eine gemeinsame kulturelle Tradition für Moslems und Hindus gleichermaßen. Den Panjab zu teilen würde auch bedeuten, daß man die Heimat von etwa vier Millionen Sikhs entzweischnitt, was diese sicherlich nicht widerstandslos hinnehmen würden. Überdies würde der neue Staat selbst aus zwei verschiedenen Teilen bestehen, gefährliche Grenzen haben, und zwischen seinen Teilen würden 1300 Kilometer von Indien liegen. Bei nüchterner Betrachtung war es Wahnsinn. Der Kongreß verlangte, daß Großbritannien ›quit India‹ solle, während die Moslem-Liga darauf bestand, daß es ›teilen und verlassen‹ solle, daß die Briten das Land erst verlassen sollten, wenn sie die Teilung durchgeführt hätten, wenn nötig mit Gewalt.

Unter diesen widrigen Umständen blieb es der Delegation überlassen, einen gangbaren Kompromiß zu finden. Ein Vorschlag kam von Maulana Azad, dem noch amtierenden Kongreßpräsidenten. Er schlug dieselbe Lösung vor, die Gandhi 1944 vorgebracht hatte. Die Provinzen sollten volle Autonomie erhalten innerhalb einer losen Föderation, deren Zentralregierung nur für die Verteidigung, für Außenpolitik und Handel und Verkehr zuständig wäre, doch sollten die Provinzen der Zentralregierung Zuständigkeiten abtreten können, um eine übergreifende wirtschaftliche und administrative Planung zu ermöglichen. Die Delegation war der Ansicht – oder genauer, Cripps war der Ansicht –, daß der letzte Teil des

Vorschlags, die Abtretung von Zuständigkeiten an die Zentralregierung, aus rein praktischen Gründen nicht zu verwirklichen war.

In diesem Stadium fuhr die Delegation für einen kurzen Urlaub nach Kaschmir und drückte die Hoffnung aus, daß während ihrer Abwesenheit die beiden Parteien vielleicht selbst zu einer Verständigung gelangen könnten. Als die Delegation bei ihrer Rückkehr sah, daß keine derartige Verständigung erreicht worden war, nahm sie wieder die Gespräche mit Kongreß- und Ligaführern auf.

Das Resultat war ein neuer Plan, der sich nur wenig von dem Vorschlag Azads unterschied; es gäbe eine Zentralregierung, die für Verteidigung, Außenpolitik und Handel und Verkehr zuständig wäre, und die Provinzen sollten in zwei Gruppen aufgeteilt werden, die eine hauptsächlich für Hindus und die andere für Moslems. Die Delegation lud den Kongreß und die Liga ein, jeweils vier Vermittler zu schicken, welche die Möglichkeiten einer Einigung auf dieser Basis eruieren sollten. Das geschah, und die Konferenz fand am 5. Mai 1946 in Simla statt. Die Abgesandten – Nehru, Patel, Azad und Abdul Ghaffar Khan für den Kongreß und Jinnah, Liaquat Ali Khan und zwei andere für die Liga – wurden von der Delegation mit einer Menge Daten eingedeckt, die einen Überblick geben sollten, wie ein solches Arrangement im Detail funktionieren könnte.

Überraschenderweise schien es so, als begegneten sowohl der Kongreß als auch die Liga den Vorschlägen mit noch nie dagewesenem Ernst. In Wirklichkeit hatten sie kein Interesse, einander näherzukommen. Jeder Vorschlag in Richtung auf eine starke Zentralregierung war der Liga verhaßt und für den Kongreß eine selbstverständliche Voraussetzung. Später versuchte die Delegation zu behaupten, daß beide Parteien »zu beträchtlichen Zugeständnissen bereit« gewesen seien, aber sie machte damit sich selbst und anderen nur etwas vor. Der Kongreß war offenbar mit Provinzgruppierungen einverstanden, aber nur mit einem starken Zentrum. Die Liga war bereit, sich mit einer Zentralregierung abzufinden, aber nur, wenn diese nicht zu stark war. In Wirklichkeit gab überhaupt keiner nach. Widerstrebend mußte die Delegation eingestehen, daß die Simla-Konferenz gescheitert war.

Die Delegation war jedoch noch nicht am Ende ihrer Möglichkeiten. Mit Billigung der britischen Regierung brachte sie ihre eigene Sofortlösung vor. Die Stellungnahme bestand aus einem Absatz, der lautete: »Wir sehen uns außerstande, der britischen Regierung zu raten, daß die Macht, welche gegenwärtig in britischen Händen liegt, auf zwei gänzlich getrennte souveräne Staaten übertragen werden sollte.« Statt dessen schlug sie eine indische Union vor, ganz wie gehabt, mit Autonomie für die Provinzen, die »frei sein sollten, Gruppen bilden zu dürfen«. Ein neuer Vorschlag ging dahin, daß man die Arrangements alle zehn Jahre neu überdenken könne, aber das Hauptverdienst der Vorschläge lag darin, daß sie einen Weg aufzeigten, wie ein verfassunggebendes Organ geschaffen werden könnte. Die Delegation befürwortete auch die sofortige Bildung einer Interimsregierung. Im Grunde war das, was sie jetzt anboten, keine Lösung, sondern der Weg dazu. Die Stellungnahme endete mit der Behauptung, daß der Plan Indien einen Weg zur Erlangung der Unabhängigkeit aufzeige, »in kürzester Zeit und mit der geringsten Gefahr innerer Unruhen und Konflikte«. Andernfalls, hieß es, bestünde »eine große Gefahr, daß es zu Gewalttätigkeit, Chaos und sogar zum Bürgerkrieg« kommen werde.

Der Versuch der Delegation, Taten an die Stelle von Worten zu setzen, wurde – das stellte sie angenehm überrascht fest – vom Kongreß wie von der Liga positiv aufgenommen. Gandhi lobte den Plan mit unangemessener Überschwenglichkeit, er enthalte »einen Keim, der dieses Land des Kummers verwandelt in eines ohne Kummer und Leid«.

Wie nicht anders zu erwarten, interpretierten beide Seiten die Vorschläge nach ihrem Geschmack. Der Kongreß sagte, die Klausel über die Gruppierungen bedeute, daß jede Provinz die Wahl habe, ob sie sich der passenden Gruppe anschließen wolle oder nicht. Die Liga wiederum ging davon aus, daß die Klausel bedeute, die Gruppierungen seien vorgeschrieben. Die Analyse der einzelnen Wörter zeigte beispielhaft, wie verschieden Engländer und Inder die englische Sprache behandelten – die Briten mit der charakteristischen Lockerheit und die Inder mit der Genauigkeit des Wörterbuchs. »Die Freiheit, Gruppen zu bilden« impliziere – so sagten die Rechtsanwälte des Kongresses – die Freiheit, keine Gruppen zu bilden. Die Delegation sagte, das habe sie nicht gemeint; es sei die Absicht der Delegation, die Gruppenbildung vorzuschreiben.

Trotzdem schien die Delegation einen wirklichen Durchbruch geschafft zu haben. Die Moslem-Liga akzeptierte die Vorschläge unter der Voraussetzung, daß die Gruppierung vorgeschrieben sei, und der Kongreß kündigte an, er sei bereit, an der Aufstellung einer Verfassunggebenden Versammlung mitzuarbeiten. Beide Parteien sagten zu, versuchsweise bei einer Interimsregierung mitwirken zu wollen. Unglücklicherweise sollte dieser glückliche Zustand nicht von Dauer sein.

Der Streit verlagerte sich jetzt auf die Zusammensetzung der Interimsregierung. Man war sich weiterhin uneinig über die Sitzeverteilung unter den verschiedenen Parteien. Wavell hatte versucht, eine Einigung herbeizuführen auf der Basis einer gleichen Anzahl von Sitzen für Moslems und Hindus und der Minderheitenvertretung. Sein Vorschlag war: fünf Kongreßvertreter und fünf von der Liga und zwei von den Minderheiten. Der Kongreß war nicht bereit, die Parität zu akzeptieren. Als nächstes schlug Wavell einen genialen Kompromiß vor: dreizehn Sitze; sechs für den Kongreß, mit der Maßgabe, daß einen davon ein Vertreter der Unberührbaren erhalte, fünf für die Liga und zwei für die Minderheiten. Die Parität bliebe gewahrt, aber der Kongreß erhielte einen Sitz mehr. Jinnah antwortete, er betrachte das Angebot von fünf:fünf:zwei als endgültig. Wavell lehnte das ab, und Jinnah erbot sich, die neue Formel seiner Führung vorzulegen, aber erst *nach* ihrer Annahme durch den Kongreß. Dazu war der Kongreß nicht bereit.

Die Delegation und der Vizekönig veröffentlichten nun ihre eigenen Vorschläge, die nicht wesentlich von Wavells früherem Angebot abwichen: sechs Hindu-Kongreßmitglieder, einschließlich eines Unberührbaren, fünf von der Liga, ein Sikh, ein indischer Christ und ein Parse. Die Reaktionen des Kongresses wie auch der Liga liefen nach dem bereits vertrauten Muster ab, aber als bekannt wurde, daß der Kongreß vorschlug, einen *Moslem* auf einen seiner Sitze zu berufen, die doch für Hindus reserviert waren, schäumte die Liga vor Wut. Jinnah bestand sofort darauf, daß nur die Liga das Recht habe, Moslems zu nominieren.

Während dieser Ereignisse war Nehru nicht in Delhi gewesen. Er war nach Kaschmir gefahren, um dort bei der Gerichtsverhandlung gegen einen alten Freund, Scheich Abdullah, zu helfen. Dieser war von der Regierung des Staates des Verrats beschuldigt und inhaftiert worden. Der Maharadscha von Kaschmir hatte Nehru die Einreise verweigert, und als er sich dem Befehl widersetzte, wurde er festgehalten. Nehru wurde damals und auch noch später zum Vorwurf gemacht, daß ihm Scheich Abdullah wichtiger war als die Diskussionen in Delhi. Er wollte im Grunde gar nicht zurückkommen und tat es nur auf Drängen Gandhis, der ihm versichert hatte, der Mahatma würde, wenn nötig, selbst nach Kaschmir reisen.

Zwischen dem 20. und dem 25. Juni tagte der Arbeitsausschuß des Kongresses nahezu ununterbrochen. Gandhi war für die absolute Ablehnung des Planes und drohte, sich zurückzuziehen, falls seine Kollegen nicht seiner Meinung wären. Der Arbeitsausschuß lehnte die Vorschläge zu einer Interimsregierung ab, betonte aber, daß er die Pläne für eine Verfassunggebende Versammlung weiter verfolgen wolle.

Am selben Tag, an dem der Arbeitsausschuß dem Vizekönig seine Entscheidung übermittelte, wurde Jinnah zu einem Treffen mit dem Vizekönig und Mitgliedern der Delegation gerufen. Man teilte ihm die Entscheidung des Kongresses mit und informierte ihn, daß deswegen der ganze Plan zusammengebrochen sei; jedoch sei der Vizekönig bereit, nach einer kurzen Unterbrechung die Verhandlungen wieder aufzunehmen. In der Zwischenzeit würden Neuwahlen für die Verfassunggebende Versammlung abgehalten werden, und vermutlich sei es besser, dies erst zu erledigen. Jinnah begab sich nach der Besprechung sofort auf direktem Wege zu einem Treffen des höchsten Entscheidungsgremiums der Liga. Seiner Meinung nach, erklärte er dessen Mitgliedern, wäre der Vizekönig dazu verpflichtet, eine Interimsregierung zu bilden, selbst wenn sie den Kongreß ausschlösse. Jinnah beschuldigte nun den Vizekönig und die Delegation des Vertrauensbruches und verlangte die Verschiebung der Wahlen zur Verfassunggebenden Versammlung. Die kurze Antwort des Vizekönigs lautete: »Wir schlagen nicht vor, sie zu verschieben.« Er bestimmte auch ein Übergangskabinett, das so lange amtieren sollte, bis sich die nationalistischen Führer über die Zusammensetzung einer neuen Regierung geeinigt hätten.

Die Kabinettsdelegation verließ Indien am 29. Juni unter dem Eindruck, daß trotz allem wenigstens eine Verfassunggebende Versammlung zustandekommen werde. Sie nahm die Atmosphäre der Unwirklichkeit, in der sie in Indien gearbeitet hatte, mit zurück nach England, denn sowohl Cripps wie auch Pethick-Lawrence behaupteten im Parlament, daß die Delegation ein Erfolg gewesen sei. Doch abgesehen von der sehr unsicheren Akzeptanz einer Verfassunggebenden Versammlung hatte die Delegation keine Änderung in der Einstellung der beiden großen Parteien bewirken können. Was Azad auch sagen mochte, der Kongreß war nicht bereit, einen Zentimeter von seiner Position abzurücken, daß die Macht erst einem vereinten Indien übertragen werden dürfe, und die Liga war immer noch entschlossen, dies niemals geschehen zu lassen.

Eine Sache schien aber wenigstens jetzt unstrittig zu sein. Die Briten wollten Indien wirklich verlassen. Selbst das schuf neue Probleme, denn jetzt gab es für den Kongreß und die Liga keine Veranlassung mehr, einen Kompromiß anzustreben. Man mußte keinen Krieg mehr gegen Großbritannien um die Unabhängigkeit führen, nur noch Nachfolgekriege, den Kampf um das Erbe.

Das Abrutschen in Richtung Anarchie nahm jetzt seinen Anfang, und es sollte eine Anarchie sein, in der meistens die Unschuldigen die Opfer waren. Während die Politiker aufrührerische Reden hielten und mit Gewalt drohten, setzten andere die Gewalt in die Tat um. In ganz Indien schauten sich einfache Leute angstvoll um und betrachteten voller Mißtrauen die einer anderen Religion angehörenden Nachbarn und fragten sich, wer wohl zuerst zuschlagen werde. Alle möglichen Leute rechneten mit dem Schlimmsten; einige planten es sogar. Extremistische Moslems und Hindus voller Arroganz; Sikhs, die an die Zeit dachten, als sie ein Jahrhundert früher ihren eigenen Staat hatten; die indischen Fürsten, die sich fragten, ob sie nicht zu guter Letzt doch noch die Machtlosigkeit abschütteln könnten, die ihnen die britische Herrschaft aufgezwungen hatte; linksgerichtete Agitatoren frisch aus Moskau; und Kriminelle, die aufs Plündern aus waren – sie alle warteten auf die große Gelegenheit, die ihrer Meinung nach nahe war. Sie sollte schneller kommen, als irgend jemand vermutet hatte.

Die Wahlen für die Verfassunggebende Versammlung fanden statt, und der Kongreß und die Moslem-Liga stellten sich noch triumphierender zur Schau als bei der vorherigen Wahl. Die Liga gewann 73 Sitze – das waren bis auf fünf alle für Moslems reservierten Sitze –, und der Kongreß gewann 205. Ironischerweise waren beide Parteien mit dem Ergebnis hochzufrieden. Keine von beiden war aber in der Lage, die Versammlung selbst mit Leben zu erfüllen. Nehru hatte schon am 10. Juli gesagt: »Wir (der Kongreß) werden so lange in dieser Versammlung bleiben, wie wir glauben, daß es gut ist für Indien. ... *Wir sind nicht an eine einzelne Sache gebunden.*« Er hatte im weiteren Verlauf Vorstellungen einer bedeutend mächtigeren Zentralregierung dargelegt als die von der Delegation vorgeschlagene, und er fügte noch hinzu, daß es seiner Auffassung nach überhaupt keine Gruppenbildung der Provinzen geben werde. Er entzog praktisch dem Plan der Delegation, der so vielversprechend entwickelt worden war, um Jinnah und die Liga zu besänftigen, die ganze Grundlage. Nehru stand natürlich unter dem starken Druck der Vertreter solcher Provinzen wie Assam, wo die Hindumehrheit wahrscheinlich gezwungen wäre, sich einer Gruppe mit Moslemmehrheit anzuschließen. Er wurde auch vom linken Kongreßflügel angegriffen, der zu glauben schien, daß sich seit 1942 nichts geändert habe und daß der wirkliche Feind immer noch Großbritannien sei. Nehru wiederholte einfach seine Meinung, daß die Briten bald das Land verlassen würden und der Kongreß dann die Moslem-Liga loswerden könnte.

Jinnah klangen Nehrus Worte noch deutlich in den Ohren, als er sich mit dem Ligarat traf. Er hatte von der britischen Regierung bereits eine Zusicherung verlangt, daß die Verfassunggebende Versammlung gezwungen wäre, den von der Delegation vorgeschriebenen Weg einzuschlagen, und er hatte vom Unterhaus einige freundliche Zusicherungen erhalten. Doch Jinnah war jetzt bereit für eine Kraftprobe – kein weiteres Gerede von Kompromissen, kein Vertrauen mehr in die Worte der ›verräterischen‹ Briten. »Ich denke, wir haben alle Argumente ausgeschöpft«, sagte er. »Es hat keinen Sinn, nach einer anderen Hilfsquelle Ausschau zu halten. Wir können vor kein anderes Tribunal ziehen. Das einzige Tribunal ist die Moslemnation.«

Die Liga zog ihre Zustimmung zum Plan der Kabinettsdelegation über die Verfassunggebende Versammlung wieder zurück. Jinnah schilderte mit bewegten Worten, welche Mühe er sich gegeben habe, einen Kompromiß zu erreichen. Die Briten hätten ihn getäuscht; sie hätten angesichts der Drohungen des Kongresses, daß es zu einer erneuten gewalttätigen Auseinandersetzung kommen könne, einen Rückzieher gemacht; der Kongreß plane, die Versammlung durch seine ›primitive Übermacht‹ zu dominieren. Folglich müßten die Moslems für sich selbst kämpfen. »Sollen wir allein«, deklamierte er, »von Vernunft, Gerechtigkeit, Ehrlichkeit und Fairneß geleitet werden, wenn es auf der anderen Seite beim Kongreß üble Machenschaften gibt? ... Das moslemische Indien ist heute so aufgewühlt wie nie zuvor; und nie zuvor hat es so bitter empfunden ... Jetzt gibt es keinen Spielraum mehr für Kompromisse. Laßt uns voranmarschieren.« Jinnah behauptete, daß die Liga in ihrer Geschichte »noch nie etwas gegen die Verfassung getan« habe. »Aber jetzt wird uns diese Haltung aufgezwungen. Am heutigen Tag verabschieden wir uns von der Verfassungstreue.«

Die Moslem-Liga erklärte den 16. August zum Tag der direkten Aktion (Direct Action Day). Ligasprechern zufolge sollte es eine ruhige Darstellung der Ligaposition sein. Die Briten versuchten, die nationalistischen Bewegungen zu unterdrücken, argumentierte Jinnah. »Auch ich«, sagte er, »werde Ärger machen.« Die Drohung machte Eindruck auf den Kongreß, aber doch nicht so viel, daß es ihn zu konstruktiver Arbeit angeregt hätte. Auf Drängen des Vizekönigs begab sich Nehru nach Bombay, um mit Jinnah zu konferieren, aber ihre Vorurteile waren eine wirksame Isolation gegen jede Möglichkeit der Kontaktaufnahme. Sie trafen sich am Tag der direkten Aktion, obgleich direkte Aktion in Bombay – mit seinen paar Moslems – wenig mehr bedeutete als das Hissen schwarzer Fahnen.

Ganz anders war die Lage in Bengalen. An der Spitze der Moslem-Liga-Administration stand dort die extravagante Gestalt des H. S. Suhrawardy, von dem man damals annahm, daß er nach dem Abzug der Briten Bengalen zu einem unabhängigen Staat machen wolle. Niemand nahm ihn wirklich ernst. Suhrawardy beschloß, den Tag der direkten Aktion in Kalkutta dazu zu benutzen, seine eigene Popularität und Macht unter Beweis zu stellen. Seine Privatarmee von Schlägertrupps organisierte eine Demonstration, die außer Kontrolle geriet. Blutige Unruhen brachen aus. Moslems gingen auf Hindus los und Hindus auf Moslems. Vier Tage lang war diese Riesenstadt mit ihren zweieinhalb Millionen Menschen Tortur und Mord überlassen. Kriminelle Elemente machten sich die gespannte Lage zunutze, um Läden und Lagerhäuser zu plündern. Offizielle Quellen gaben später die sehr vorsichtig geschätzte Zahl von viertausend Toten und zehntausend Verletzten an. Der britische Gouverneur, ein von der Labour-Regierung in London eingesetzter ehemaliger Eisenbahner, war der Krise offenbar nicht gewachsen, und erst am zweiten Tag rief er britische Truppen zu Hilfe.

Gegen Ende jenes bitteren Augusts beauftragte Attlee den Vizekönig, Lord Wavell, an die Bildung einer Interimsregierung zu gehen. Am 2. September nahm sie die Amtsgeschäfte auf. Sie bestand aus zwölf Mitgliedern, von denen acht dem Kongreß angehörten. Drei Mitglieder waren Moslems, aber keiner von ihnen repräsentierte die Moslem-Liga. Die Liga befahl jedem Moslem in Indien, von Jinnah selbst bis zum »geringsten und angstvollsten kleinen Mann in seiner Hütte, eine schwarze Fahne vom Dach seines Hauses wehen zu lassen als stummes Zeichen der Verachtung für die Hinduregierung«. Genau das war eingetreten, wogegen Jinnah gekämpft hatte. Es *gab* eine vom Kongreß dominierte Zentralregierung, und sie wurde vom größten Gegner der Liga angeführt, von Jawaharlal Nehru.

Das war durch ein weiteres Manöver des Mahatmas zugunsten seines Günstlings zustande gekommen. Während der Verhandlungen mit der Kabinettsdelegation hatte der Kongreß zum ersten Mal seit 1940 einen neuen Präsidenten gewählt. Bei früheren Gelegenheiten hatte das Präsidentenamt gesellschaftlichen Rang, aber keine Macht mit sich gebracht, denn die wirklichen Entscheidungen innerhalb des Kongresses traf teils der rechte Flügel, der die Organisation beherrschte, beziehungsweise Gandhi, der – ob er nun offiziell Mitglied des Kongresses war oder nicht – die Stellung eines Superpräsidenten einnahm. 1946 hatte sich die Situation jedoch angesichts der nahenden Interimsregierung gewandelt. Der Kongreßpräsident würde zweifellos erwarten, daß er die Kongreßabgeordneten anführen werde, und da der Kongreß die größte Partei war, würde er wahrscheinlich an der Spitze der Interimsadministration stehen, also (wenn auch nicht dem Namen nach, so doch im Grunde) Premierminister sein. Daher war die Wahl von beträchtlicher Bedeutung für die verschiedenen Gruppierungen innerhalb des Kongresses.

1946 gab es drei Kandidaten: Patel, Kripalani und Nehru. Die meisten unterstützten Patel, dem das Amt zugunsten Nehrus schon zweimal vorenthalten worden war. Gandhi war jedoch wieder einmal dazu entschlossen, Nehru wählen zu lassen. Er war wohl davon überzeugt, daß Nehru für die Labour-Regierung in London eher zu akzeptieren wäre als Patel. Deshalb überredete Gandhi Patel und Kripalani, ihre Kandidatur zurückzuziehen, wodurch Nehru als einziger Kandidat übrig blieb. Wenn Patel auch die Entscheidung des Mahatma akzeptierte, so tat er dies doch nur ungern, und seine Absetzung verstärkte seine Aversion gegen Nehru. Der Konflikt zwischen beiden Männern sollte, je näher die Unabhängigkeit rückte, immer schärfer werden. Beide Männer traten in die Interimsregierung ein, Nehru als Vizepräsident des Exekutivrates des Vizekönigs, wie sie immer noch genannt wurde, und als zuständiges Mitglied für Außenpolitik und Commonwealth-Angelegenheiten. Patel wurden die inneren Angelegenheiten zugewiesen.

Da die Moslem-Liga befürchtete, daß die neue Regierung Entscheidungen treffen würde, die ihre eigene Stellung beeinträchtigen könnten, änderte sie ihren vorherigen Standpunkt in das Gegenteil: Sie sei jetzt bereit, sich der Interimsadministration anzuschließen. Am 13. Oktober 1946 schrieb Jinnah dem Vizekönig, daß die Liga sich entschlossen habe, fünf Mitglieder zu nominieren. Nur einer unter ihnen, Liaquat Ali Khan, war eine wichtige Persönlichkeit in der Liga. Ein weiterer war kein Moslem, sondern ein Vertreter der Scheduled Castes Federation, der Organisation, welche die Unberührbaren vertrat.

Die Entscheidung der Liga, der Interimsregierung beizutreten, fiel vor einem Hintergrund fortgesetzter Gewalttätigkeit zwischen den verschiedenen Volksgruppen, was den Entschluß möglicherweise beeinflußt hat; denn es schien tatsächlich eine Art Bürgerkrieg ausgebrochen zu sein, und zwar ein Bürgerkrieg, über den die Liga die Kontrolle verloren hatte. Kalkutta war nach dem großen Abschlachten ein Unruheherd geblieben, und es hatte noch viele Ausbrüche von Gewalttätigkeit in der Stadt gegeben. In Dakka, einer für seine Volksunruhen berüchtigten Stadt Ostbengalens, hatte es zahlreiche Zusammenstöße zwischen Hindus und Moslems gegeben. Etwa seit dem 10. Oktober gingen Berichte darüber ein, daß die Moslemmehrheit in den auch in Bengalen gelegenen Bezirken von Noakhali und Tippera einen planmäßigen Krieg gegen Hindus führte. Flüchtlinge, die aus diesen beiden Bezirken entkommen waren, brachten gräßliche Erzählungen mit von Mord, Vergewaltigung und Brandschatzung. Hindufrauen würden entführt, sagten sie, und gewaltsam zur Ehe gezwungen; es gäbe Zwangsbekehrungen unter Todesdrohung. In den umgebenden Bezirken breite sich Panik aus, und viele Hindus, die weit von den Unruheherden entfernt wohnten, würden fluchtartig ihre Häuser verlassen, aus Angst vor einem bevorstehenden Angriff ihrer moslemischen Nachbarn. Hinduzeitungen waren voll von Greuelgeschichten, und die moslemische Presse rächte sich mit der Beschuldigung, daß alles übertrieben und Panikmache sei, mit der einzigen Absicht, die Regierung der Moslem-Liga in Bengalen zu diskreditieren.

Diesmal reagierten die Briten schnell, obwohl Noakhali und Tippera weit weg lagen und schwierig zu erreichen waren. Truppen und bewaffnete Polizei zogen schnell auf. Die RAF warf Flugblätter, Nahrungs- und Arzneimittel ab, und Flüchtlingslager wurden eingerichtet. Bis zum Monatsende hatten sich die Unruhen wieder gelegt. Obwohl Gandhi und eine Reihe von Liga- und Kongreßmitgliedern, einschließlich Nehrus, das von den Volksunruhen betroffene Gebiet besuchten und mithalfen, einige der Menschen wieder zu beruhigen, gab es auch Aktivitäten anderer, deren Intentionen in eine ganz andere Richtung gingen. Wieder einmal waren extremistische Agitatoren am Werk und auch kriminelle Elemente. Das große Morden, das seinen Höhepunkt in der ersten Novemberwoche erreichte, führte zum Tod von etwa sechstausend Hindus. Darüber hinaus waren viele Tausende gezwungen worden, ihre Häuser zu verlassen.

Die Konflikte waren auch innerhalb der neu konstituierten Interimsregierung tiefgreifend. Die Liga war nicht der Regierung beigetreten, um mit dem Kongreß zusammenzuarbeiten, sondern um zu beweisen, daß eine Zusammenarbeit unmöglich sei. Doch das war noch nicht alles. Dadurch, daß die Liga mit solcher Eile der Regierung beigetreten war, hatte es keine Diskussion über den weiteren Ligabeschluß, nämlich den Boykott der Verfassunggebenden Versammlung, gegeben. Diese sollte am 9. Dezember zusammentreten, aber als das Datum bekanntgegeben wurde, gab Jinnah eine Stellungnahme ab, in der er sie als groben Fehler bezeichnete und verkündete, daß kein Vertreter der Liga an der Eröffnungssitzung teilnehmen werde. Die einzige Möglichkeit, den toten Punkt zu überwinden, sah der Vizekönig darin, die nationalistischen Führer zu Diskussionen mit dem Premierminister nach London zu rufen. Als die Einladung herausgegangen war, zögerten die Kongreßpolitiker, sie anzunehmen, denn es war schon der 27. November, und die Gespräche konnten als Vorwand für eine Verschiebung der ersten Zusammenkunft der Verfassunggebenden Versammlung dienen. Nehru ließ London diese Zweifel wissen und schlug statt dessen ein Treffen in Delhi vor. Der Staatssekretär antwortete mit der Versicherung, daß es das Ziel der Konferenz sei, die pünktliche Eröffnung der Verfassunggebenden Versammlung zu *gewährleisten*, und daß die Briten nicht die Absicht hätten, den Plan der Delegation abzuändern.

Jinnah, der diese Kontakte mit wachsendem Ärger verfolgt hatte, telegraphierte an Attlee: »Wenn uns nicht freisteht, die ganze Situation (das heißt die Grundlage des Delegationsplans) zu diskutieren, hat es keinen Sinn für mich, nach London zu fahren.« In seiner Antwort versicherte Attlee ihm, daß seine Absage »auf einem Mißverständnis meines Telegramms an Nehru beruhen muß. Einer vollen Berücksichtigung aller Standpunkte steht nichts im Wege.« Da ist sie wieder, die ungenaue Sprache, die so typisch ist für die britische Seite, und zwei sich gegenseitig ausschließende Versprechungen scheinen gegeben worden zu sein. Jinnah war mit der ihm gegebenen zufrieden, und am 1. Dezember reisten Wavell, Nehru, Jinnah, Liaquat Ali und Baldev Singh (der die Sikhs vertrat) per Flugzeug nach London.

Die Gespräche dauerten nur vier Tage, und am 6. Dezember gab die britische Regierung eine Stellungnahme heraus, die es ganz klar machte, daß keine Einigung erreicht worden war. Sie erklärte den Mangel an Resultaten damit, daß sie behauptete, keine erwartet zu haben, »da die indischen Repräsentanten ihre Kollegen konsultieren müssen, ehe eine abschließende Entscheidung getroffen werden kann«. Die Gespräche hatten sich hauptsächlich um die Interpretation des Delegationsplans gedreht und im besonderen um die Klausel bezüglich der Gruppenbildung. Die Delegation war, wenn sie es auch nicht ausdrücklich gesagt hatte, davon ausgegangen, daß die Verfassunggebende Versammlung mit einem einfachen Mehrheitsentscheid über Gruppenbildungen entscheiden würde, daß aber jede Provinz, die sich durch das Mehrheitsvotum in eine Gruppe gezwungen fühlte, zu der sie nicht gehören wollte, dadurch geschützt wäre, daß man ihr gestattete, nach der ersten allgemeinen Wahl unter der neuen Verfassung sich von der Gruppe wieder zu lösen aufgrund einer einfachen Mehrheit in der eigenen Provinzialgesetzgebung. Diese Deutung war für den Kongreß nicht annehmbar gewesen, denn er wollte jede Provinz selbst entscheiden lassen, sich einer Gruppierung anzuschließen. Aber der Kongreß modifizierte seine Haltung und sagte, er sei bereit, den Spruch eines indischen Bundesgerichts mit seiner Interpretation der Gruppierungsklausel zu akzeptieren. Die britische Regierung machte jedoch deutlich, daß – soweit es sie betraf – die offizielle Interpretation die der britischen Regierung sei und daß sie »von allen Parteien in der Verfassunggebenden Versammlung akzeptiert werden muß«. Die Regierung drängte den Kongreß, diese Linie anzuerkennen, um es der Liga zu ermöglichen, den Boykott noch einmal zu überdenken. Wenn das nicht gewünscht würde, sollte die Angelegenheit so bald als möglich dem Bundesgericht vorgelegt werden.

Die Liga triumphierte natürlich über die Bestätigung ihrer Ansichten, wies aber sogleich jeden Vorschlag einer Befragung des Bundesgerichts zurück. Die größte Genugtuung verschaffte der Liga jedoch der letzte Abschnitt in der Stellungnahme der britischen Regierung.

Jegliche Aussicht auf einen Erfolg der Verfassunggebenden Versammlung beruht auf der Basis eines gemeinsamen Vorgehens. Sollte eine Verfassung durch eine Verfassunggebende Versammlung abgefaßt werden, in der ein großer Teil der indischen Bevölkerung nicht vertreten war, könnte die Regierung Seiner Majestät natürlich nicht daran denken – wie auch der Kongreß geäußert hatte, daß er nicht daran dächte –, *eine solche Verfassung einem abgeneigten Landesteil aufzuzwingen.*

Auf den letzten Satz kommt es an, denn er scheint zu implizieren, daß die britische Regierung jetzt dachte, sie müsse in irgendeiner Form die Pakistan-Lösung durchführen. Die Stellungnahme behauptete nicht, daß eine Verfassung, die ohne die Liga zustande gekommen war, nichtig sei; es hieß, daß sie ›abgeneigten Landesteilen‹ von den Briten nicht aufgezwungen würde *und die Briten es auch nicht dulden würden, daß der Kongreß solchen Zwang ausübte.* Diese Implikation wurde von Sir Stafford Cripps im Unterhaus offen ausgesprochen, als er sagte: »Wenn die Moslem-Liga zur Teilnahme an der Verfassunggebenden Versammlung nicht überredet werden kann, müssen sich die Landesteile, wo sie in der Mehrheit ist, nicht an das Ergebnis gebunden fühlen.« Die Stellungnahme implizierte aber auch gleichzeitig, daß ›abgeneigte‹ Teile von Provinzen, die für Pakistan beansprucht wurden, nicht dazu gezwungen werden könnten, eine Verfassung Pakistans zu akzeptieren.

Die Liga behauptete, die Stellungnahme bedeute, daß jetzt eine zweite Verfassunggebende Versammlung einberufen werden solle. Das war nicht annehmbar für die britische Regierung, denn obwohl sie die *Möglichkeit* einer irgendwie gearteten Pakistan-Lösung angedeutet hatte, hoffte sie immer noch, einem vereinten Indien die Macht übergeben zu können. Darin wurde sie von der konservativen Opposition unterstützt, aber mit einigen Einschränkungen, da nicht alle führenden konservativen Politiker dem zustimmten.

Der Londonbesuch der indischen Politiker war nicht ohne praktische Nebenwirkungen. Nehru machte einen tiefen Eindruck auf die Labour-Führer, während der kalte und starre Jinnah sie nur in ihrer Ablehnung all dessen, wofür er stand, bestärkte. Andererseits war Jinnah bei konservativen Politikern ein gutes Stück vorangekommen, und er blieb nach Beendigung der Konferenz noch in Großbritannien, um für Pakistan Propaganda zu machen. In seinen Gesprächen mit Mitgliedern der Partei des Big Business hatte er die Wahrscheinlichkeit eines Bürgerkrieges herausgestrichen (und seine Auswirkungen auf die britischen Geschäftsinteressen in Indien), falls die Macht einer vom Kongreß dominierten Regierung übertragen werde. Winston Churchill betonte immer noch im Parlament, daß die Macht nur einem vereinten Indien übertragen werden solle und daß Großbritannien solange in Indien bleiben sollte, bis sich die beiden maßgebenden Parteien geeinigt hätten, aber er wies auch darauf hin, daß die britische Regierung im Grunde drei Möglichkeiten habe. Die erste wäre »Verlaßt Indien, ganz gleich, was dort passieren mag«, die zweite »Teilt Indien zwischen den beiden verschiedenen Religionsgemeinschaften auf«, und die dritte »Richtet eine unparteiische Verwaltung ein, die dem Parlament verantwortlich ist . . ., um die grundlegenden Garantien des Lebens, der Freiheit und der Verfolgung persönlichen Glücks zu gewährleisten«. Wie aber diese ›grundlegenden Garantien‹ bewirkt werden könnten, sagte Churchill nicht, obwohl er sich der wirklichen Situation in Indien bewußt gewesen sein muß.

Die britische Administration in Indien war tatsächlich noch dünner gesät als 1945. Während des Krieges hatte es keine neue Einstellung von Beamten gegeben, und ein dahingehender Plan war kurz nach Kriegsende wieder fallengelassen worden angesichts der indischen Opposition gegenüber jeder weiteren Rekrutierung von Europäern. Großbritanniens Kontrolle über die indische Armee wurde rapide schwächer, da immer mehr Inder zum Offizierskorps Zugang bekamen, und die Truppenstärke der britischen Armee nahm mit dem Fortschreiten der Demobilisierung rasch ab. Sehr bald würde es praktisch niemanden mehr geben, den man abziehen konnte. Die einzige Alternative zum Abrücken, die der britischen Regierung im Fall der Beamtenschaft und der Armee noch bliebe, wäre die erneute Einberufung von Europäern, was für die Inder unannehmbar und für die britischen Untertanen auf der Suche nach einer sicheren Karriere nicht gerade verlockend gewesen wäre. Was die britische Armee anlangte, so konnte die Labour-Regierung den Dienst der Wehrpflichtigen aus der Kriegszeit auf keinen Fall verlängern. Wenn sie es doch täte, würde sie dem Aufbegehren der Truppe und dem Druck ihrer Verwandten in der Heimat ausgesetzt sein, von denen die meisten durch ihre Wahl die Labour-Regierung an die Macht gebracht hatten.

Die einzige vernünftige Lösung konnte nur etwas bringen, das man schon lange vorher hätte tun sollen – einen endgültigen Termin für den Abzug der Briten aus Indien festzusetzen und die führenden indischen Politiker zur Ausarbeitung der Modalitäten der Machtübergabe aufzufordern. Tatsächlich erwog Attlee einen solchen Schritt, auch wenn die indischen Politiker sich dessen nicht bewußt waren, fast unmittelbar nach ihrer Abreise aus London.

Die Verfassunggebende Versammlung trat am 9. September 1946 in Delhi zusammen – ohne die Moslem-Liga, aber mit den Sikhs, die trotz anfänglicher Gegnerschaft durch die vereinten Bemühungen Nehrus und Patels zur Teilnahme bewegt werden konnten. Der Kongreß erhielt die überwältigende Mehrheit der Sitze – 205 der 296 Britisch-Indien zugedachten Sitze. Die Herrscher der Fürstenstaaten mußten sich noch entscheiden, ob sie

an der Versammlung teilnehmen wollten. Das war nämlich viel mehr als eine Ansammlung von Politikern, denn
der Kongreß hatte eine Reihe bedeutender Männer nominiert, die nicht aus seinen Reihen, sondern aus dem
Recht, der Lehre und dem öffentlichen Leben kamen.

Ein Kongreßführer fiel durch seine Abwesenheit auf.
Gandhi – der ›Architekt dieser Versammlung‹, wie
Nehru es formulierte – wanderte immer noch durch Bengalen auf seiner ungeheuer erfolgreichen Friedens- und
Versöhnungsmission. Einige Mitglieder der Versammlung, insbesondere der Parteiführer der Liberalen und
ein Vertreter der Anglo-Inder, warnten die Versammlung
davor, übereilte Entscheidungen zu treffen, die vielleicht
von »nicht anwesenden Freunden, die sich möglicherweise später zur Teilnahme entschließen könnten, übelgenommen werden könnten«, und die indischen Fürsten
äußerten öffentlich ihr Bedauern darüber, daß in ihrer
Abwesenheit »wichtige Fragen aufgeworfen wurden«.
Aber die Kongreßmehrheit wollte vorankommen.

Nehru setzte die Versammlung davon in Kenntnis, daß
die Londoner Deklaration vom 6. Dezember ein unerwar-
teter Schlag gewesen sei. Es sei ganz offensichtlich, daß
die Attlee-Regierung »keine Fantasie beim Verständnis
der indischen Frage« bewiesen habe. Er sei nur deshalb
nach London gefahren, weil er gehofft habe, daß die Liga
zu einer Teilnahme an der Versammlung bewegt werden
könne. Der Kongreß, so fuhr er fort, habe seinen eigenen
Rückzug aus der Versammlung erwogen, sei aber dann
zu dem Ergebnis gelangt, daß dies wie eine Zurückweisung des britischen Plans aussehen könne. Nehru brachte Entschuldigungen vor, und das war auch nötig, denn
es war für viele klar zu sehen, daß der Kongreß ausma-
növriert worden war. Doch Nehru trat immer noch her-
ausfordernd auf. »Das Indien in seiner heutigen Form
braucht niemandes Rat und niemandes Auflagen...
Jeden Versuch, uns Auflagen zu machen oder uns zu
bevormunden, verübeln wir und werden wir verübeln.«

Es gab keinen Widerstand der Moslem-Liga oder der Fürsten, denn Nehru verbürgte sich für das Recht der Bewohner der Fürstenstaaten, ihre Regierungsform zu behalten. Eine Grundsatzresolution forderte die Ausrufung einer souveränen, unabhängigen Republik, einer Union zwischen dem alten Britisch-Indien und den Fürstenstaaten. Der Sozialismus wurde mit keinem Wort erwähnt, und Nehru erklärte die Auslassung damit, daß die Resolution nur Unstrittiges bringen sollte. Tatsächlich stellte das Fehlen radikaler Gedanken einen Sieg für Patel und den rechten Parteiflügel dar. Der Konflikt zwischen Patel und Nehru sollte bald aufbrechen, wie auch der zwischen Nehru und den Sozialisten des Kongresses.

Ungeachtet der Worte Nehrus in der Versammlung hatte weder die Liga noch der Kongreß offiziell die eigene Haltung gegenüber der Stellungnahme der britischen Regierung vom 6. Dezember dargelegt, aber als Jinnah am 21. Dezember mit Liaquat Ali Khan wieder in Indien ankam, hielt er in Karatschi eine Pressekonferenz ab. Jinnah erklärte, wenn der Kongreß nicht die Deklaration anerkenne, sähe die Liga keinen guten Grund für eine Änderung ihrer Haltung gegenüber der Versammlung. Am nächsten Tag gab der Arbeitsausschuß des Kongresses eine lange Stellungnahme ab, die im Grunde nur eine Rekapitulation ihres alten Standpunktes war. Es war eine stürmische Sitzung. Nehru drohte mit seinem Rücktritt aus der Interimsregierung, Patel war strikt dagegen. Er prangerte Nehrus Bereitschaft zu öffentlichen Verlautbarungen an, in denen er mit seinem Rücktritt so häufig *drohe*, daß ihm jetzt niemand mehr glaube. Im übrigen wäre es der Gipfel der Torheit, die Interimsregierung jetzt der Liga zu überlassen. Patel war auch gegen die Londoner Konferenz gewesen, und obwohl er ursprünglich von der britischen Regierung mit eingeladen worden war, hatte er sich geweigert, hinzufahren. Für ihr Scheitern sei Nehru verantwortlich, wollte Patel damit zum Ausdruck bringen.

Gandhi, der sich noch in Bengalen aufhielt, wurde von Nehru aufgesucht, da sich der Mahatma weigerte, nach Delhi zu kommen. Einerseits wollte Nehru sich auf dieser Reise Rat holen, und andererseits wollte er Gandhi dazu bringen, Einfluß auf die Mitglieder des Arbeitsausschusses und insbesondere auf Patel auszuüben. Auch war Nehru selbst der Verzweiflung nahe, und er brauchte die körperliche Nähe Gandhis, um wieder ins Gleichgewicht zu kommen. Gandhi schrieb an Patel, der antwortete, er habe etwas gegen Nehrus fruchtlose Drohungen, weil sie den Kongreß schwach und unschlüssig aussehen ließen. Und was die Meinungsverschiedenheiten innerhalb des Arbeitsausschusses anlange, so »sind sie nicht heute entstanden. Sie bestehen schon eine lange Zeit.«

Die Kluft zwischen Nehru und den Kongreßsozialisten war im Grunde ideologischer Natur. Die CSP-Führer glaubten nicht daran, daß Großbritannien vorhatte, die Macht abzugeben. Gemäß der traditionellen marxistischen Theorie könnten und würden die Briten die Macht nicht abgeben wollen, und Verhandlungen mit den Briten seien also bloße Zeitverschwendung. Unter diesen Voraussetzungen gingen die Sozialisten davon aus, daß sich das indische Volk auf einen Massenkampf vorbereiten müsse. Die Sozialisten weigerten sich, der Verfassunggebenden Versammlung beizutreten, und lehnten die offizielle Kongreßpolitik ab, unabhängig davon, ob Nehru oder Patel sie vertrat. Was Nehru anlangte, so hätte er schließlich sein wahres Gesicht gezeigt, und statt fest hinter dem revolutionären Kampf zu stehen, wolle er jetzt offenbar mit den Briten zusammenarbeiten. Die Sozialisten prangerten an – und das nicht ohne Grund –, daß die Kongreßführer mehr an persönlicher Macht interessiert seien als daran, die Freiheit eines vereinten Indiens zu erwirken.

Wegen der unterschiedlichen Auffassungen innerhalb des Arbeitsausschusses wurden keine Entscheidungen getroffen. Sie wurden auf das Anfang Januar 1947 stattfindende nächste Zusammentreffen des Allindischen Kongreßkomitees verschoben. Partisanen aus solchen Provinzen wie Assam, wo man befürchtete, zum Anschluß an eine Gruppierung mit Moslemmehrheit gezwungen zu werden, plädierten für irgendwelche einschneidenden Maßnahmen der Kongreßpolitiker. Sicherlich konnte der Kongreß seine Entscheidung nicht länger hinausschieben. Gandhi gab den Vertretern Assams und der Sikhs insgeheim den Rat, sich dem Plan der britischen Regierung entgegenzustellen. Nehru gegenüber schlug Gandhi vor, der Kongreß solle nach außen dem Plan zustimmen, doch solle man den davon betroffenen Parteien – Assam, den Sikhs und der Nordwestlichen Grenzprovinz – Handlungsfreiheit zugestehen. Eine Resolution, welche diese höchst zweifelhafte Entscheidung zum Inhalt hatte, wurde zwar verabschiedet, jedoch gegen erhebliche Opposition und mit einer großen Zahl von Enthaltungen.

Als die Konstituierende Versammlung am 20. Januar 1947 zu ihrer zweiten Sitzung zusammentrat, hatte die Liga immer noch nicht offiziell auf diese Resolution geantwortet, und der Exekutivrat der Liga trat erst elf Tage später in Karatschi zusammen. Er gab eine dreitausend Wörter umfassende Analyse des Verfassungsproblems heraus, die auf die Beschwerde herauslief, daß die Konstituierende Versammlung illegal sei und aufgelöst werden sollte und daß die Annahme des Planes der britischen Regierung durch den Kongreß nur ein Trick wäre.

Die Verfassunggebende Versammlung machte mit ihrer Arbeit weiter, teilte sich in Komitees auf und erklärte, daß für die Repräsentanten der Liga immer ein Stuhl warmgehalten bliebe.

Aber die Liga dachte nicht daran, sich anzuschließen. Sie hatte bemerkt, daß die Entschlossenheit der britischen Regierung, die Macht nur einem vereinten Indien zu übertragen, schwächer geworden war, und Jinnah hoffte, daraus Kapital schlagen zu können. Hätte die Liga beabsichtigt, die Verfassunggebende Versammlung funktionieren zu lassen, hätte sie in sie eintreten und abwarten können, ob der Kongreß den Delegationsplan ernsthaft akzeptierte oder nicht. Sie hätte auch öffentlich Verständnis zeigen können für die Ängste, welche Assam und die Sikhs aus dem Panjab plagten, indem sie ihnen eine einigermaßen faire Behandlung zusicherte; aber in all den Worten der Ligastellungnahme war kein Schimmer einer solchen Zusicherung.

Der Kongreß verlangte jetzt von der Liga, daß sie sich aus der Interimsregierung zurückziehe, und am 15. Februar forderte Patel die britische Regierung dazu auf, die Liga entweder zum Anschluß an die Versammlung oder zum Verlassen des ›Kabinetts‹ zu zwingen. Die Liga hielt dem entgegen, sie habe genauso viel Recht, in der Interimsregierung zu bleiben, wie der Kongreß. Der Kongreß rächte sich, indem er androhte, zurückzutreten, falls die britische Regierung nicht handelte.

Das tat die Regierung, und zwar prompt, denn Attlee hatte sich schon entschieden, daß eine einschneidende Maßnahme vonnöten war, um Bewegung in die Dinge zu bringen. Am 20. Februar kündigte er im Unterhaus an, daß er, obwohl über den Delegationsplan keine Einigkeit erzielt werden konnte, klarstellen wolle, es sei die »definitive Absicht der Regierung, bis spätestens Juni 1948 die notwendigen Schritte zu einer Übertragung der Macht in verantwortliche indische Hände zu unternehmen«. Welche ›verantwortlichen‹ Hände das sein sollten, konnte Attlee nicht sagen, aber er fuhr fort: »Die Regierung Seiner Majestät wird zu erwägen haben, wem die Vollmachten der Zentralregierung Britisch-Indiens zu dem bestimmten Zeitpunkt übertragen werden sollen, ob einer Art Zentralregierung für Britisch-Indien oder den bestehenden Provinzialregierungen gewisser Gebiete oder auf eine andere Art, die vielleicht am vernünftigsten ist und den Interessen des indischen Volkes am besten dient.«

Zur gleichen Zeit – als wolle er den Anfang einer neuen Ära vor Augen führen – kündigte der Premierminister an, daß Lord Wavells ›Kriegsverpflichtung‹ als Vizekönig auslaufe und daß sein Nachfolger Admiral Viscount Mountbatten of Burma sein werde.

16
Das eingelöste Versprechen

Attlees Verlautbarung wurde in Indien mit einer Vielzahl vorhersehbarer Reaktionen aufgenommen. Nehru begrüßte die Deklaration, weil sie »der gegenwärtigen Situation Wirklichkeit und eine gewisse Dynamik« verlieh. Im privaten Gespräch war er nicht so enthusiastisch und äußerte Gandhi gegenüber seine Befürchtung, daß es möglicherweise Schwierigkeiten geben werde, weil die Deklaration so unpräzise sei. Auf der anderen Seite gab es Kongreßführer, denen sie viel zu präzise war: Sie stelle für die Moslem-Liga eine offene Aufforderung zur Fortsetzung ihres Boykotts der Verfassunggebenden Versammlung dar. Auch die Liga beschwerte sich, daß die Verlautbarung zu vage sei in bezug auf die Art der Machtübergabe. Trotzdem waren ihre Führer davon überzeugt, daß das Pakistan-Prinzip von der britischen Regierung akzeptiert worden war. Die Liga mußte jetzt nur noch ihre Anstrengungen verstärken, um sicherzustellen, daß die Briten die Macht nicht an ein vereintes, sondern an ein geteiltes Indien übertrugen. Gandhi war vielleicht der einzige Kongreßführer, der dies klar erkannte. »Das kann für diejenigen Provinzen, die das wünschen, zu einem Pakistan führen«, warnte er Nehru. »Niemand wird in die eine oder andere Richtung gezwungen werden.« In der Hauptsache hatten die Verlautbarungen vom 6. Dezember 1946 und vom 20. Februar 1947 den gleichen Inhalt. Die britische Regierung werde irgendwelchen abgeneigten Landesteilen in der Tat keine allindische Verfassung aufzwingen.

In Großbritannien war die Verlautbarung des Premierministers heißumstritten. Die konservative Opposition, die sozusagen die politische Linie der Labour-Regierung in groben Zügen unterstützt hatte, attackierte die Verlautbarung als viel zu radikal. Doch war es bezeichnend, daß Konservative mit Indienerfahrung aus jüngerer Zeit zugunsten der Regierung sprachen. Lord Irwin – nun Earl of Halifax – erklärte, daß er nicht dazu bereit sei, sich gegen die Politik der Regierung zu stellen, da er offen gesagt keine bessere Lösung empfehlen könne. Die Hauptkritik der anderen Sprecher richtete sich gegen die Kürze der Zeitspanne, welche zur Abfassung einer Verfassung für ein vereinigtes oder geteiltes Indien zur Verfügung stünde. Churchill, Sir John Anderson und R. A. Butler – die hauptsächlichen Sprecher der Konservativen in der Unterhausdebatte – hoben hervor, daß die Verlautbarung des Premierministers den Minderheitenschutz und die Rechte der Fürsten nicht bedacht habe und daß sie im Kern von dem Angebot der Kabinettsdelegation völlig abgerückt sei. Anderson nannte es »ein nicht gerechtfertigtes Vabanquespiel«, und Churchill erklärte: »Indem wir die Regierung Indiens diesen sogenannten politischen Elementen übergeben, übergeben wir sie an Strohmänner, von denen in ein paar Jahren keine Spur zurückbleiben wird.« Er behauptete, daß die nationalistischen Führer die Masse des indischen Volkes nicht verträten, und wenn das Argument auch nicht unbegründet war, so half es doch nicht viel weiter. Mit wem sollten die Briten denn sonst verhandeln? Churchill war so wütend über den ›Verrat‹ der Labour-Regierung, daß er sogar so weit ging, den Vorschlag zu machen, die Regierung solle sich um Rat und Hilfe an die Vereinten Nationen wenden. Butler blieb eher auf dem Boden der Tatsachen, und er gab klar zu verstehen, daß es seiner Meinung nach zum Zeitpunkt der britischen Machtübergabe mehr als einen Erben des Staates geben werde. Doch als es zur Abstimmung kam, war die Opposition machtlos.

In Indien forderte der Arbeitsausschuß des Kongresses von den Briten, sie sollten der Interimsregierung umgehend wirklichen Kabinettsstatus verleihen mit voller Entscheidungsgewalt über die Streitkräfte und die Verwaltung. Er lud auch die Moslem-Liga dazu ein, an den Diskussionen teilzunehmen. Diese Einladung wurde nicht beachtet; der Liga waren andere Dinge wichtiger. Nach dem neuen Zeitplan hatte sie fünfzehn Monate zur Verfügung, um ihren Anspruch auf die Übernahme Pakistans zu begründen. Um das zu erreichen, mußte die Liga sich zuerst in denjenigen Provinzen etablieren, die den neuen Staat ausmachen würden. Eine Provinzialregierung existierte nur in zwei der sechs ›Pakistan-Provinzen‹, nämlich in Bengalen und Sindh. Belutschistan hatte keine gewählte Regierung, da es von einem britischen Bevollmächtigten verwaltet wurde. In der Nordwestlichen Grenzprovinz (North West Frontier Province = NWFP) und in Assam gab es Kongreßadministrationen, während der Panjab von einem Koalitionsministerium aus der Unionist Party (einer Partei, die Moslems, Hindus und Sikhs einschloß), dem Kongreß und der eigenen Partei der Sikhs regiert wurde.

Das Hauptangriffsziel der Liga war der Panjab. Das war nicht nur die größte, fruchtbarste und blühendste der nordwestlichen Provinzen Indiens, sie nahm auch eine strategisch wichtige Position ein, und wenn die Liga die Kontrolle über sie bekommen könnte, wäre die NWFP völlig vom übrigen Kongreßindien abgeschnitten. Im Panjab waren 56 Prozent der Bevölkerung Moslems, und die größte Einzelpartei in der Gesetzgebung war die Moslem-Liga. Die Provinzialpartei der Liga glaubte, sie sei bisher von der Beteiligung an der Regierung durch den britischen Gouverneur ausgeschlossen worden; dieser hatte eine eilig gebildete Koalition zur Regierungsbildung ermutigt. Tatsächlich aber hatte die bloße Existenz einer Regierung, welche die wichtigsten Religionsgemeinschaften vertrat, dazu beigetragen, den Frieden unter den verschiedenen Volksgruppen im Panjab auf-rechtzuerhalten. Doch die Regierungsallianz war unsi-cher, und die Verfassunggebende Versammlung wurde nur einberufen, wenn es absolut nötig war, etwa um den Provinzhaushalt zu verabschieden. Lange vor der Ver-lautbarung vom 20. Februar hatte die Führung der Moslem-Liga die provinzielle Ligaorganisation angewie-sen, Ende Januar 1947 einen »umfassenden, gewaltlosen Massenkampf gegen das reaktionäre Panjab-Regime« zu starten, wobei als Vorwand die Sondervollmachten dienen sollten, welche die Koalitionsregierung angenom-men hatte, um die Gefahr von Volksunruhen zu reduzie-ren. Die Provinzliga hatte eine Taktik nach Gandhis Art angewendet, indem sie ankündigte, sie kämpfe für bür-gerliche Freiheiten, und indem sie die Hindus und Sikhs dazu aufforderte, sich dem Kampf anzuschließen. Es wurde bald offenbar, daß die Liga tatsächlich die mosle-mischen Massen hinter sich hatte, denn Tausende von Demonstranten im ganzen Panjab begannen dem Verbot öffentlicher Versammlungen und Prozessionen der Re-gierung zu trotzen. Die Obrigkeit handelte schnell und ohne viel Aufhebens. Sie inhaftierte nur die Rädelsführer und verfrachtete die übrigen mit Lastwagen ein beträcht-liches Stück weiter weg und ließ sie zu Fuß nach Hause gehen! Die allindische Moslem-Liga hatte jetzt ihren eige-nen Angriff auf die – wie sie sagte – »ständige und weit-verbreitete Verfolgung« begonnen, und die Ligamitglie-der in der Interimsregierung äußerten laut ihre Unterstüt-zung dessen, was eigentlich nichts anderes war als eine Kampagne zum Sturz einer legal gewählten Regierung.

Friedliche Demonstrationen waren bald in Gewalttätig-keiten ausgeartet, und nach der Deklaration des Premier-ministers vom 20. Februar wurde es offensichtlich, daß die Koalitionsregierung im Panjab keinen Sinn mehr hatte. Sie war in der Meinung gebildet worden, daß es einen Unterschied zwischen den Fragen der Provinzver-waltung und denen der verfassungsmäßigen Zukunft

Indiens gäbe und daß die Verhandlungen mit den Briten nur die Zentralregierung beträfen. Nun schien die ganze Angelegenheit wieder ein Diskussionsthema zu sein. Der Chefminister des Panjab entschied, daß sich alle Parteien über das Verhalten des Panjab bei zukünftigen Vorkommnissen einigen müßten. Als erstes erreichte er ein Übereinkommen mit der Provinzliga, die als Gegenleistung für die Freilassung der Gefangenen und die Aufhebung des Versammlungsverbots zusagte, ihre Kampagne des zivilen Ungehorsams abzublasen. Am 2. Mai trat das Unionsministerium zurück, und am folgenden Tag forderte der Gouverneur die Führer der Moslem-Liga in der Verfassunggebenden Versammlung dazu auf, den Versuch zu unternehmen, ein Ministerium einzurichten.

Die unterschiedlichen Religionsgemeinschaften des Panjab waren jetzt auf Kampf eingestellt. Monatelang hatten sie Waffen gesammelt und ihre Privatarmeen gedrillt. Das war in aller Öffentlichkeit geschehen, obwohl das Unionsministerium vorzog, seine Augen davor zu verschließen. Am selben Abend, an dem die Moslem-Liga zur Bildung eines Ministeriums eingeladen wurde, sprach Master Tara Singh – der politische Führer der Sikhgemeinde – auf einer Massenkundgebung. Ein großes Schwert schwingend, deklamierte er: »Oh ihr Hindus und Sikhs! Seid bereit zur Selbstzerstörung... Wenn wir den Britischen die Regierung wegschnappen können, kann uns keiner mehr aufhalten, auch den Moslems die Regierung wegzuschnappen... Zerstreut euch von hier mit dem feierlichen Schwur, daß wir der Liga nicht erlauben werden zu existieren... Wir werden über sie herrschen und werden die Regierung stellen mit Hilfe des Kampfes. Ich habe das Hornsignal gegeben. Macht die Moslem-Liga fertig.«

Die Provinzliga konnte den Gouverneur nicht davon überzeugen, daß sie in der Lage war, eine stabile Regierung zu bilden, und so übernahm der Gouverneur am 5. März gemäß der ihm zustehenden Verfassungsbefugnis die Verwaltung der Provinz. Volksunruhen begannen jetzt mit Hilfe der aufrührerischen Reden sogenannter verantwortlicher Führer sich auszubreiten. Zwischen rivalisierenden Banden fanden wilde Kämpfe statt, und ganze Straßenzüge wurden in den größeren Städten des Panjab von Brandstiftern angezündet. Bis Ende März hatten strenge Maßnahmen in den Städten die Ordnung einigermaßen wiederhergestellt, aber in den Dörfern ging der Terror weiter. Nach offiziellen Angaben gab es zweitausend Tote, aber wahrscheinlich waren es viel mehr. Die Verluste in den Nachfolgekriegen begannen sich zu summieren. Unter den damals im Panjab herrschenden Verhältnissen war es nicht wahrscheinlich, daß eine Rückkehr zur ministeriellen Regierung möglich war. Die Moslem-Liga hatte in ihrem Bestreben, die Macht zu erringen, nicht nur sichergestellt, daß ihr diese Macht versagt bleiben würde, sie hatte auch den Panjab an den Rand des Bürgerkrieges gebracht. Der zivile Ungehorsam hatte wieder einmal unweigerlich zum Blutvergießen geführt.

Die Kongreßpolitiker begannen jetzt einzusehen, daß die Nachfolgekriege mit mehr als mit Worten geführt wurden und daß der Hintergrund ihrer Streitreden dunkel und blutig war. Nehru kam von einem Besuch des Panjab zurück, ganz krank von dem Gesehenen. »Ich habe schreckliche Dinge gesehen«, sagte er, »und ich habe gehört, daß Menschen Dinge tun, die wilden Tieren Schande bringen würden. Alles, was im Panjab geschehen ist, hängt engstens mit der Politik zusammen. Wer auch nur einen Funken Verstand in sich hat, muß erkennen, daß – welches politische Ziel er auch immer anstreben mag – dies nicht der Weg ist, es zu erreichen. Jedes derartige Ziel muß – und hat das auch in gewissem Grade getan – zu Ruin und Zerstörung führen.«

Während der Panjab schwelte, trat der Arbeitsausschuß des Kongresses zusammen, um die Deklaration der britischen Regierung zu besprechen und um die zukünftige Strategie festzulegen. In einer seiner Resolutionen, die am 8. März verabschiedet wurden, empfahl er die Aufteilung des Panjab in Zonen mit hauptsächlich moslemischer Bevölkerung und in Zonen, die hauptsächlich Hindus und Sikhs bewohnten, ein Prinzip, das schon von den Hindus und Sikhs des östlichen Panjab angeregt worden war. Das bedeutete nicht, daß der Kongreß die Möglichkeit einer Teilung Indiens ins Auge gefaßt hätte; es hieß nur, daß – unabhängig davon, wie die zukünftige Entwicklung aussehen mochte – etwas jetzt sicher war: Es würde irgendeine Art der Provinzautonomie zustande kommen, und es war sicherlich eine gute Idee, sich an die Bildung neuer Provinzen zu machen, die nicht unter dem tiefgreifenden Religionsproblem zu leiden hätten. Selbst wenn die Teilung Indiens wirklich zustande käme, würden solche Hindugebiete, die schon von den Moslemgebieten des Panjab und Bengalens abgetrennt worden waren, sich natürlich für Indien entscheiden. Aber dies war nur das Fernziel der Resolution. Der Kongreß glaubte immer noch, daß Jinnah ein gewöhnlicher Politiker wäre, darauf aus – wie der Kongreß selbst auch –, das zu verlangen, was er bekommen konnte; und obwohl er an seiner Forderung der sechs ›Pakistan-Provinzen‹ festhielt, dachten sie, er würde schließlich nachgeben, wenn er mit der Gewißheit konfrontiert würde, daß zwei dieser Provinzen – der Panjab und Bengalen – geteilt werden würden. Da es auch sehr unwahrscheinlich war, daß sich Assam oder die NWFP einer Pakistan-Gruppierung anschließen würden, glaubte der Kongreß, Jinnah werde erkennen, daß ein Pakistan nicht funktionieren könne, weder verwaltungsmäßig noch wirtschaftlich. Offenbar durchschauten die Kongreßführer immer noch nicht Jinnahs Entschlossenheit, den Kongreß an einer Regierung eines ungeteilten Indiens zu hindern, und wäre es auch nur die loseste Föderation. Er hatte auch nicht die Absicht, ihnen den ersten Schlag zu überlassen, und die Liga arbeitete schon an der Organisation von Kampagnen des zivilen Ungehorsams in der NWFP und in Assam.

Die Lage in der Nordwestlichen Grenzprovinz war außergewöhnlich. Unter allen Provinzen Indiens hatte sie die größte Moslemmehrheit – 92 Prozent der Bevölkerung. Deshalb war sie praktisch frei von religiösen Rivalitäten. Nichtmoslems waren hoffnungslos in der Minderheit, selbst auf den Straßen. In den Anfängen der nationalistischen Bewegung, als die Moslem-Liga noch wenig bedeutsam war, hatte der Kongreß über die Anhängerschaft der moslemischen Nationalisten in der NWFP verfügt, die sich in der ›Redshirt‹-Bewegung des Abdul Ghaffar Khan und seines Bruders, Dr. Khan Sahib, organisiert hatten. Letzterer war jetzt Chefminister der Provinz. Die Bevölkerung der Provinz bestand hauptsächlich aus Pathanen. Zwischen der NWFP und der Grenze zu Afghanistan gab es Stammesgebiete, die nicht direkt von der Regierung der NWFP verwaltet wurden und deren Stämme auch Pathanen waren mit einer teilweisen Selbstverwaltung. Die Verbindung zwischen den Stämmen und den Briten wurde von Offizieren des zentralen Ressorts für auswärtige Angelegenheiten hergestellt. Propagandisten der Moslem-Liga waren bei den Stämmen aktiv gewesen, so daß Nehru, als er in seiner Eigenschaft als Vertreter für auswärtige Angelegenheiten die Stammesgebiete im Oktober 1946 besuchte, mit Feindseligkeit und sogar offener Gewalt empfangen wurde, wo immer er sich zeigte. Die Liga nutzte Nehrus Besuch mit aller Macht als Symbol jener Hinduherrschaft, die nach ihrer Darstellung die Pathanen bedrohte, und dann startete sie in der zweiten Februarhälfte 1947 eine Kampagne des zivilen Ungehorsams in der NWFP, die bald der gleichen Gesetzmäßigkeit folgte wie im Panjab. Die Liga forderte den Rücktritt von Dr. Khan Sahib, aber der ließ sich nicht vertreiben.

Die Situation in Assam unterschied sich sowohl von der im Panjab als auch von der in der NWFP. In Assam waren die Moslems in der Minderheit, sie machten nur etwa ein Drittel der Bevölkerung aus, und der Anspruch der Liga auf Assam als eine der sechs ›Pakistan-Provinzen‹ gründete sich einzig auf seine geographische Lage. Wegen ihrer verhältnismäßig geringen Anzahl konnten die Moslems der Provinz nicht hoffen, mit einer Kampagne des zivilen Ungehorsams viel auszurichten, das hielt sie aber nicht davon ab, es zu versuchen. Sehr praktisch für sie konnten sie sich ein Thema zunutze machen, das schon fast Tradition hatte. In Assam, das befürchtete, daß Bengalens Masse armer Moslems sich in seinem fruchtbaren Land niederlassen könnte, ging man schon traditionsgemäß gegen die moslemischen Eindringlinge vor. Die Briten hatten sie vertrieben, eine Koalitionsregierung, der ein Chefminister aus der Moslem-Liga vorstand, hatte es getan, und das amtierende Kongreßministerium setzte nur die Tradition fort. Die Liga organisierte jedoch unverzagt weiter moslemische Masseninvasionen aus Bengalen und ermutigte sie, sich auf regierungseigenem Weideland niederzulassen. Wie üblich, begann die Invasion ganz friedlich, artete aber bald in wahllose und blutige Gewalttätigkeiten aus.

Assam und die NWFP waren nicht die einzigen Orte, die in Indien von Gewalttätigkeiten bedroht waren. Nur der Süden schien einigermaßen ruhig zu sein. Die Deklaration vom 20. Februar hatte bestätigt, daß die Briten vorhatten, das Land zu verlassen, und es gab viele, die daraus ihren Vorteil ziehen wollten. Die extremistischen Volksparteien waren in den Slums der großen Städte aktiv, und sie trafen bei ihren Hetzkampagnen auf kommunistische Agitatoren, die darauf aus waren, unter den Arbeitern Unruhe zu stiften. Es gab auch Anzeichen dafür, daß der Einfluß der Kommunisten bei den Bauern bestimmter Bezirke größer wurde. Neun der elf Provinzen Britisch-Indiens waren jetzt Ausnahmegesetzen unterworfen, die der Regierung weitreichende Vollmachten bei der Inhaftierung und bei der Kontrolle von Demonstrationen gaben. Polizei und Armee schienen gegen den religiösen Virus des Kommunalismus noch immun zu sein, aber niemand konnte garantieren, wie lange diese Immunität noch andauern würde.

Auf diesem Schauplatz von Blut, Konspiration und Angst erschien der neue Vizekönig, der am heißen Nachmittag des 22. März 1947 in Delhi landete.

Am Tag nach Lord Mountbattens Ankunft erschien Nehru auf der Bühne, für die er sich besonders berufen fühlte – die der internationalen Politik. Es war ein weiteres Beispiel seiner Flucht vor den Niederungen der Kirchturmpolitik ins Globale, die bei früheren Gelegenheiten ein Gegenmittel gegen die Verzweiflung gewesen war und die später als Ersatz für Erfolge auf dem Gebiet der Innenpolitik herhalten mußte. In einem riesigen Zelt, aufgeschlagen innerhalb der Mauern des Purana Qila, einer alten Festung eines der moslemischen Beherrscher Delhis aus dem 16. Jahrhundert, trat am 23. März in einer Atmosphäre voller Enthusiasmus und Argwohn die erste Konferenz für asiatische Beziehungen (Asian Relations Conference) zusammen.

Obwohl andere die Idee zu einer solchen Tagung gehabt hatten, war die Ausführung doch sehr von Nehru geprägt. Im Frühjahr und Frühsommer 1945 scheint der Gedanke einer Asienkonferenz von einigen asiatischen Delegierten bei der Konferenz der Vereinten Nationen über internationale Organisation, die sich damals in San Francisco traf, aufgeworfen worden zu sein. Einer der inoffziellen Delegierten war Nehrus Schwester, Vijaya Lakshmi Pandit. Man wandte sich an Mrs. Pandit mit dem Vorschlag, ihr Bruder solle »bei der Einberufung einer solchen Konferenz in Asien vorangehen«. Als Nehru davon Kenntnis erhielt, wurde die Anregung in der zweiten Hälfte des Jahres 1945 in einer Reihe von öffentlichen Ansprachen aufgegriffen, erweitert und erhielt einen spezifischen Glanz. Im Dezember desselben Jahres gab Nehru ein Interview, das in der in Madras erscheinenden Zeitung *The Hindu* und im *Manchester Guardian* veröffentlicht wurde.

Nehru begann mit der Feststellung, daß eine asiatische Föderation seiner Meinung nach »in der näheren Zukunft denkbar« wäre. Alles hinge davon ab, ob die Vereinten Nationen ein einsatzbereites Gremium darstellten. Wenn nicht, würden sich in Asien große Gruppierungen zusammenschließen, zu »ihrem eigenen Schutz vor einem Angriff von außen«, zur Einigkeit gegen Krieg und auch gegen »wirtschaftliche Einflußnahme«. Aus diesen Gründen und wegen der alten kulturellen Bindungen machte Nehru die zuversichtliche Voraussage, es werde sich »fast unvermeidlich eine festere Union der Anrainerstaaten des Indischen Ozeans entwickeln, sowohl für Verteidigungszwecke als auch in bezug auf den Handel«. Es werde auch »auf dem Gebiet der Außenpolitik Zusammenarbeit« geben. Nehru erwähnte auch seine Hoffnung, daß eine asiatische Konferenz nach Indien einberufen werde. Wenn das der Fall sein sollte, würde es unter den Delegierten keine Rassenvorurteile geben, noch wäre sie »in irgendeiner Weise gegen Amerika oder die Sowjetunion oder gegen sonst irgendeine Macht oder Gruppe von Mächten gerichtet«.

Nach diesem Interview hatte Nehru damit begonnen, aktiv für die Konferenz zu arbeiten, er hatte Geld für sie gesammelt, und während seiner Südostasienreise im März 1946 hatte er auch Sondierungsgespräche mit anderen asiatischen Politikern geführt. Im folgenden Monat wurden ernsthaft die Planungen aufgenommen von einem inoffiziellen Gremium, das sich ›Indian Council of World Affairs‹ (ICWA) nannte. Es ist bezeichnend, daß Nehru zu einer Zeit, in der es in Indien blutige Unruhen gab und komplizierte Verhandlungen, die zur Freiheit Indiens führen sollten, sich die Zeit nahm, bei der Vorbereitung der Konferenz mitzuarbeiten. Als er im September in der Interimsregierung die auswärtigen Angelegenheiten übernahm, sorgte Nehru dafür, daß der ICWA offizielle Unterstützung erfuhr, obwohl nach außen die Fiktion aufrechterhalten wurde, daß der Council nur ein inoffizielles Gelehrtentreffen zu Gesprächen über asiatische Kultur vorbereite!

Nehrus starker Wunsch, eine Konferenz in Delhi zu haben, wurde im Januar 1947 offenbar, als er einen britischen Beamten des Auswärtigen Amtes anwies, an den Vorstandstreffen eines vom Council eingerichteten Organisationskomitees teilzunehmen. Die diplomatischen Missionen der britischen Regierung wurden auch gebeten, bei der Versendung von Einladungen mitzuhelfen, eine naive Annahme, auf die keine Reaktion erfolgte. Die Organisation einer solchen Konferenz mit all ihren Verständigungsschwierigkeiten zwischen den potentiellen Delegierten war eine schwere Aufgabe für einen inoffiziellen Rat, der erst seit drei Jahren bestand und dem nur wenige Menschen und Finanzmittel zur Verfügung standen. Nehru war jedoch außergewöhnlich aktiv. Während die Zukunft Indiens in der Waagschale lag und unschuldige Menschen bei Volksaufständen getötet wurden, während er Chefminister einer Interimsregierung geworden war, die mit vielfältigen Problemen konfrontiert war, für deren Bewältigung er weder vorgebildet war noch Erfahrung mitbrachte, verschwendete Nehru Energien, die würdigeren Dingen zugewendet werden konnten, an die Teilnahme an Komiteesitzungen und an die Bemühung, andere anzuspornen, damit die Asien-Konferenz zustande käme. Wenn sein Interesse und seine Aktivität nicht nur eine Flucht vor der bedrückenden Gegenwart waren, dann muß er große Erwartungen in die Konferenz gesetzt haben.

Welcher Art die gewesen sein mochten, ist nicht ganz klar und wurde auch nie wirklich aufgeklärt. Als er 1946 von den Zielen einer solchen Konferenz sprach, nannte er nur die Förderung guter Beziehungen und die Entwicklung von Ideen. Die Zusammenarbeit im antiimperialistischen Kampf wird nicht erwähnt. Eine Erklärung ist in Nehrus Hauptbeschäftigung während der ganzen Konferenz zu finden. Die bestand darin, die Delegierten für die Schaffung einer permanenten Organisation zu gewinnen, die dann die Arbeit der Konferenz weiterführen würde – was nach seiner Erwartung zur Errichtung einer asiatischen Föderation führen würde. Es ist ein interessanter Hinweis auf die Art von Gedanken, mit denen sich Nehrus Geist zu dieser entscheidendsten Periode in der Geschichte des modernen Indiens befaßte.

Als die Konferenz zusammentraf, gab es achtundzwanzig Delegationen, eine Menge Begeisterungsfähigkeit und beträchtliche politische Ambivalenz. Die Moslem-Liga sah in ihr den ersten Schritt ›des indischen Hindukongresses‹ zur Ausweitung seines Einflußbereiches, und sie boykottierte das Treffen. Es gab auch noch andere Konflikte, aber für Nehru hatte die Symbolträchtigkeit eines Zusammentreffens von Asiaten, die aus der dunklen Nacht kolonialer Unterdrückung aufgetaucht waren, den Vorrang. Nehru war die beherrschende Figur. Die anderen Kongreßpolitiker waren mehr mit Indiens Problemen beschäftigt und nahmen nicht teil. Wie in der Vergangenheit wurde Nehru dazu ermutigt, die ›auswärtigen Angelegenheiten‹ ganz für sich selbst zu behalten. Patel war davon überzeugt, daß die Konferenz reine Zeitverschwendung sei, aber so wäre Nehru wenigstens beschäftigt. Tatsächlich brachte die Konferenz keine konkreten Ergebnisse. Ihr Haupteffekt bestand darin, Nehru die Überzeugung zu vermitteln, daß er eine bedeutsame Rolle in der Außenpolitik gespielt habe.

Inzwischen gab es aber Probleme im Inneren, die nicht außer acht gelassen werden konnten. Nach seiner offiziellen Amtseinführung am 24. März begann Mountbatten eine Gesprächsrunde mit den wichtigsten indischen Politikern: Nehru, Patel, Gandhi, Jinnah und Liaquat Ali Khan. Von Anfang an fühlten sich Nehru und Mountbatten zueinander hingezogen, und es entwickelte sich eine enge Freundschaft, die von keinem anderen geteilt wurde. Wo Nehru dem direkten, ehrlichen Wavell mißtraut hatte, fand er Mountbatten ganz nach seinem Geschmack. Das war nicht weiter verwunderlich, da die beiden Männer viel gemeinsam hatten. Beide verfügten über eine Menge Charme, einen nicht so sehr unähnlichen Oberschichthintergrund und eine reichliche Portion persönlicher Eitelkeit. Aber Mountbatten hatte für Nehru noch weitere anziehende Eigenschaften. Er war dynamisch, entscheidungsfreudig und strahlte Selbstvertrauen aus. Nehru hatte sich ein Leben lang auf Charaktere verlassen, die stärker waren als er selbst. Erst war es sein Vater, dann Gandhi, jetzt sollte es Mountbatten sein.

Mountbatten versuchte, seinen Charme auf die anderen Führer wirken zu lassen, aber ohne Erfolg. Jinnah war genauso selbstbewußt wie Mountbatten und ungleich starrer. Patel war gleichgültig und hielt den Kontakt zum Vizekönig hauptsächlich über Mountbattens Berater in Verfassungsfragen, V. P. Menon, aufrecht. Was Gandhi anlangte, so gab es keine Möglichkeiten für Berührungspunkte. Er und der Vizekönig hätten von einem anderen Stern stammen können. Bei ihrem Zusammentreffen brachte Gandhi den alten Rajagopalachari-Plan aufs Tapet, der die Übergabe der Interimsregierung an Jinnah vorsah. Aber das beeindruckte weder den Vizekönig noch – was bedeutsamer war – den Kongreß. Tatsächlich sprach Gandhi nicht mehr für den Kongreß, und es ist zweifelhaft, ob er wirklich seine frühere Autorität hätte geltend machen können, wenn er es gewollt hätte. Gandhis Sehnsucht hatte nie in der politischen Macht gelegen, und um sie gingen jetzt die Verhandlungen. Und die Kongreßführer brauchten ihn auch nicht mehr. Der Mahatma kehrte nach Bengalen zurück und nahm keinen weiteren Anteil an den Verhandlungen.

Mountbatten erkannte sehr schnell, daß es nicht möglich war, die Macht auf ein ungeteiltes Indien zu übertragen. Zum erstenmal scheint die wirkliche Stärke Jinnahs von einem der Machthaber angemessen gewürdigt worden zu sein, und Mountbatten hatte – anders als frühere Verhandlungsführer – umfassende Machtvollkommenheiten. Die Sicherheitslage verschlechterte sich, und schnelle Entscheidungen waren vonnöten. Auch die Politiker fielen schon übereinander her.

Die Interimsregierung war in zwei Blöcke gespalten, die kaum miteinander redeten, wobei jeder eine politische Linie verfolgte, welche dem anderen feindlich gesonnen war und die ihn erniedrigen sollte. So schickte Nehru zum Beispiel, als er die ausländischen Diplomaten bestellte, ein moslemisches Kongreßmitglied als Botschafter in die Vereinigten Staaten, während der Handelsminister – ein Mitglied der Moslem-Liga – Handelsvertretungen ins Ausland entsandte, die mehr damit beschäftigt waren, Propaganda für Pakistan zu verbreiten, als für Indien Geschäfte zu machen. Der Finanzminister, Liaquat Ali Khan, der von einem moslemischen Beamten des Finanzministeriums, der für die Liga war, mit Rat versorgt wurde, legte ein Budget vor, das eine Steuer von 25% auf Geschäftsgewinne vorsah, die 7500 Pfund im Jahr überstiegen. Da der Kongreß eine Politik des Sozialismus vertrat, hätte er die Steuer eigentlich begrüßen müssen, aber der Haken dabei war, daß die meisten seiner finanziellen Zuwendungen aus der Hindugeschäftswelt stammten. Liaquats Vorschlag war im Grunde ein bewußter Versuch, einen Keil zwischen die Geschäftsleute und den sozialistischen Flügel innerhalb des Kongresses zu treiben, aber er machte so viel böses Blut, daß der Vizekönig sich gezwungen sah zu intervenieren, und die Steuer wurde herabgesetzt.

Die Farce der Interimsregierung war im Grunde eine Episode am Rande. Die wirklichen Entscheidungen fanden woanders statt, und zwar insbesondere in den Stellungnahmen der Kongreßführer. Nehru war entsetzt über das Chaos und die Verwirrung um ihn herum. Er wußte, daß die Freiheit nahe war, und sie schien sich jedermanns Zugriff zu entziehen. Es schien nur einen Weg aus der Sackgasse zu geben. »Indem wir den Kopf abschneiden«, sollte er später sagen, »werden wir die Kopfschmerzen los.« Ende April hatte er sich entschieden. »Die Moslem-Liga kann Pakistan haben«, meinte er jetzt. »Aber unter der Bedingung, daß sie nicht andere Teile Indiens wegnimmt, die sich nicht anschließen wollen...«

Nehru war nicht der einzige, der sich in das Unvermeidliche gefügt hatte. Sardar Patel hatte berichtet, daß die Kongreßmaschinerie unter dem Druck der kommunalistischen Zwietracht und wegen der Unfähigkeit ihrer Führer, die Unabhängigkeit rasch zu bewerkstelligen, auseinanderbreche. Innerhalb des Kongresses rangen verschiedene Gruppen um die Macht. Das Gefühl verstärkte sich, daß ein geteiltes Indien überhaupt keinem Indien noch vorzuziehen sei. Die Geschäfte gingen zurück, Fabriken waren durch Streiks lahmgelegt worden, Grundbesitzer waren durch Erhebungen ihrer Pächter bedroht worden. Mächtige kapitalistische Interessenvertreter innerhalb des Kongresses machten sich jetzt daran, Nehru zu desavouieren, so wie sie auch Gandhi losgeworden waren, und Patel war ihr Fürsprecher. Er hatte sie als erster dazu überredet, ihr Geld anzulegen – jetzt wollten sie allmählich ihre Dividende kassieren. Patel war derjenige, der die Resolution herausgebracht hatte, welche die Teilung des Panjab und Bengalens forderte. Jetzt sollte er die Teilung Indiens anregen, nicht um Jinnah zufriedenzustellen, sondern um den Kongreß vor dem Zusammenbruch zu retten. Doch sollte die Öffentlichkeit im unklaren gelassen werden; es sollte so aussehen, als gebe der Kongreß der Logik der Situation nach, als akzeptiere er die Pakistan-Lösung widerstrebend, aber im Interesse *des indischen Volkes*.

Patels neue Position wurde Mountbatten bald durch V. P. Menon zugetragen, der den Vizekönig davon unterrichtete, daß Patel zwar zögere, ein geteiltes Indien zu akzeptieren, vielleicht aber dazu überredet werden könne. Da Mountbatten selbst völlig davon überzeugt war, daß die Teilung nicht zu vermeiden war, wurde diese Nachricht mit einiger Befriedigung aufgenommen. Mountbatten gedachte aber noch immer, Gandhis alten Rat für die Briten anzunehmen – zu verschwinden und es Indien selbst zu überlassen, die Teilung vorzunehmen. Diese Meinung hatte er den nationalistischen Führern nicht enthüllt. Am 11. April händigte Mountbatten Menon wirklich ›das Gerippe eines Planes zur Machtübergabe‹ aus, der zumindest davon ausging, daß die Briten vielleicht die Teilung durchführen würden. Menon wurde nach seiner Meinung befragt, wie zum Beispiel der Panjab, Bengalen und Assam aufzuteilen wären. Menons Antwort, die mit Patel, aber nicht mit Nehru abgestimmt worden war, enthielt eine Reihe von Vorschlägen, die dieses und andere Probleme betrafen.

Während der Vizekönig seine eigenen Ansichten für sich behielt und eine Reihe von Alternativen untersuchte, setzte die Moslem-Liga ihre Kampagne für eine Teilung durch die Briten vor ihrem Abzug fort. Die Teilung Britisch-Indiens war nicht nur die Sache eines Federstrichs auf der Landkarte. Die Aktiva des Empire mußten auch geteilt werden. Der wichtigste dieser Aktivposten war die Armee. Am 8. April regte Liaquat Ali Khan bei Mountbatten an, die Streitkräfte sollten reorganisiert werden, so daß sie leicht geteilt werden könnten, wenn der Zeitpunkt der Trennung käme. Das präjudizierte natürlich das Ergebnis der politischen Entscheidung, und davon wollte Mountbatten nichts wissen. Aber Liaquat wollte die Initiative nicht aus der Hand geben. Statt dessen produzierte er einen bemerkenswert detaillierten Plan mit der Bemerkung, daß die Vorbereitung eines solchen Planes Zeit erfordere, daß er aber, wenn er sofort in Angriff genommen werde, fertig sein würde bis zu dem Zeitpunkt, »an dem eine Entscheidung über die Hauptfrage der Verfassung getroffen ist«. Er führte auch an, daß der letzte Termin für eine Machtübergabe so nahe gerückt sei, daß der Vizekönig für den Notfall einen Plan in Bereitschaft haben sollte. Dies war fraglos eine Gelegenheit, bei der der Kongreß – wenn er wirklich gegen die Teilung angehen wollte – jedem Wunsch, die Armee zu teilen, hätte entgegengehen müssen, denn es war jedermann klar, daß Liaquats Vorschlag suggestiv war. Wenn die Armee geteilt werden sollte, wäre das größte Hindernis der politischen Teilung beseitigt.

Der einzige wirkliche Widerstand gegen Liaquats Plan kam jedoch von General Auchinleck, dem Oberbefehlshaber, der frei heraus erklärte: »Die indischen Streitkräfte, wie sie jetzt bestehen, können nicht in zwei Teile aufgeteilt werden, von denen beide eine selbständige Streitkraft bilden sollen.« Er untermauerte seine Auffassung mit Tatsachen und zwingenden Argumenten, deren Kern besagte, es sei bis zum Juni 1948 nicht genügend Zeit für eine Reorganisation. Auchinleck warnte weiter davor, Gerüchte über einen Plan zur Teilung der Armee an die breite Öffentlichkeit gelangen zu lassen. »Ich möchte betonen«, schrieb er, »daß bei dem gegenwärtigen Stand der kommunalistischen Unruhe in Indien jegliche Publikation solcher Diskussionen sich möglicherweise verheerend auf die Moral und die Stoßkraft der Truppen auswirken könnte.« Für eine Weile wurde die Angelegenheit beiseite gelegt, jedenfalls so lange, bis eine endgültige Entscheidung bezüglich der Teilung getroffen war.

Es war jetzt Zeit für Gandhi, sein selbstauferlegtes Schweigen zu brechen. Das tat er, indem er jeden Vorschlag einer Teilung des Panjab und Bengalens verdammte. Nach einem kurzen Gespräch mit Jinnah, das vom Vizekönig arrangiert worden war, erklärte der Mahatma, daß er ›das Prinzip der Teilung‹ nicht akzeptieren könne, und er begann sofort damit, das Evangelium der Einheit zu predigen – wenn auch nicht so überzeugend wie früher. Auch Jinnah war gegen die Teilung der beiden Provinzen. Er brandmarkte jeglichen Vorschlag, sie zu teilen, als ›unheilvollen Schritt‹ und fragte, warum er nicht auf andere Provinzen angewendet würde, wenn solch eine Teilung für den Panjab und für Bengalen folgerichtig wäre. Vielleicht, so schlug er vor, könnten die Probleme der Hinduminderheiten und der Moslemminderheiten im hinduistischen Indien am besten durch einen Austausch der Bevölkerung bewältigt werden.

Während noch über die Teilung gestritten wurde, schien die Gefahr der Zersplitterung immer größer zu werden. Einige der größeren Fürstenstaaten wiesen darauf hin, daß sie nach dem Abzug der Briten dem Gesetz nach unabhängig wären, da ihre Vertragsbeziehungen nicht mit der Regierung von Indien, sondern mit der britischen Krone bestünden. Obwohl man davon ausgehen könnte, daß sie sich dem einen oder anderen der neuen Dominions anschließen würden, wollten sie doch nicht die Möglichkeit ausschließen, daß sie die völlige Unabhängigkeit für sich selbst wählen würden. Im Panjab verlangten die Sikhs einen eigenen Staat. In der NWFP schlugen die Pathanen ein ›Pathanistan‹ vor als Antwort auf ihre eigene Forderung nach nationaler Selbständigkeit. In Bengalen erklärte der zur Moslem-Liga gehörende Chefminister Suhrawardy, ehe er sich einer Teilung beuge, werde er »ein souveränes, unabhängiges und ungeteiltes Bengalen in einem geteilten Indien« errichten. Jinnah sprach sich natürlich dagegen aus, aber gewisse Kongreßführer in den Provinzparlamenten gaben Suhrawardy ihre Unterstützung, nachdem man ihnen zugesichert hatte, daß in der Regierung des unabhängigen Bengalen ein Platz für sie sein würde.

All diese rivalisierenden Ansprüche lagen in der Luft, und die Gewalttätigkeiten nahmen zu eben dem Zeitpunkt zu, als die Verwaltung zunehmend schwächer wurde. Kalkutta hatte eine tägliche Zahl von Todesopfern und war immer am Rande neuer Massaker. Im Panjab gab es weiterhin Brandschatzungen und Morde. Die

›Redshirts‹, die Pro-Kongreßbewegung in der NWFP, gaben die Gewaltlosigkeit auf und begannen damit, Freiwillige zu bewaffnen. Im Gegenzug schmuggelte die Liga Waffen, meist russischer Herkunft, aus Afghanistan ein.

Wanderbewegungen großen Ausmaßes verliefen weg von den ›unsicheren‹ Gebieten, und viele Flüchtlinge strömten nach Delhi und in seine Umgebung. Die Administration hatte die Lage nicht mehr richtig im Griff. Gerüchte über eine Teilung *hatten* die Armee erreicht. Die Polizei war nicht über jeden Zweifel erhaben, wie jedermann geglaubt hatte; in Wirklichkeit war auch sie von der kommunalistischen Uneinigkeit zersetzt. Eine Sache wurde ganz offensichtlich – selbst der Juni 1948 war noch zu weit entfernt, und es war mehr als wahrscheinlich, daß der bestehende Regierungsapparat nicht so lange durchhalten würde.

Die Ereignisse folgten jetzt Schlag auf Schlag. Am 2. Mai flog Lord Ismay, ein Mitglied aus Mountbattens Mitarbeiterstab, nach London mit der Lagebeurteilung des Vizekönigs und seinen Handlungsvorschlägen. Darunter befand sich ein Entwurf, den Ismay »Satz für Satz mit der Regierung und den betroffenen Beamten ausarbeiten« sollte. Vor Ismays Abreise hatte es über eine Frage von beträchtlicher Bedeutung, wie es jedenfalls Mountbatten erschien, ständig Diskussionen und Debatten gegeben. Es ging darum, ob Indien nach der Unabhängigkeit im britischen Commonwealth verbleiben würde. Wenn man etwas auf die alten Reden der Kongreßführer geben konnte, wollten sie nicht im Commonwealth verbleiben, da die Mitgliedschaft den Dominion-Status einschließen würde, den sie schon längst abgelehnt hatten. Aber auf dem Treffen vor Ismays Abreise nach London verriet ein Mitglied des Stabes des Vizekönigs ganz nebenbei, daß V. P. Menon ihm erzählt habe, Patel wäre *möglicherweise* dazu bereit, den Dominion-Status zu akzeptieren, jedenfalls für einen gewissen Zeitraum nach der Unabhängigkeit. Menon hatte es wirklich fertiggebracht, Patel davon zu überzeugen, daß – so wie die Sache jetzt lag – Großbritannien die Moslem-Liga favorisiere, daß aber eine Teilung, »bei der sowohl Indien wie auch Pakistan Dominions wären, der Liga ihren Sonderstatus bei den Briten nehmen« und »die Zustimmung des Parlaments zur Machtübergabe erleichtern würde«. Patel hatte sich dieser Argumentation angeschlossen. Doch Nehru hatte man nichts davon gesagt; es wurde nunmehr ziemlich offensichtlich, daß Patel die wichtigste Gestalt unter den Kongreßführern war.

Menon sollte Nehru bald mit Billigung des Vizekönigs einen Dominion-Status-Plan unterbreiten, und es nahte die Zeit, wo die Kongreßführer all die Anschauungen, an denen sie so hartnäckig festgehalten hatten, bevor bekannt wurde, daß die Briten das Land verließen, über Bord werfen würden. Menon war beauftragt, »ein Papier aufzusetzen, welches die Verfahrensweise regelt, nach der eine Art Dominion-Status bei gleichzeitiger Teilung und Abdankung« erreicht werden könnte; eine einfach aussehende Aufgabe, die aber von entscheidender Bedeutung für die Zukunft Indiens und des Commonwealth war. Ihr Endresultat sollte den Aufbau des Commonwealth verändern und sogar einer Republik ermöglichen, in ihm zu verbleiben.

Der Plan, den Ismay am 2. Mai mit nach London nahm, war höchst einfallsreich. Vor seiner Abreise nach Indien hatte Mountbatten von Attlee einige von den Beratern des Premierministers zusammengestellte Rahmenpläne zur Lösung der Probleme Indiens erhalten. Aber kein Inder war damit befaßt gewesen, diesem einen zu Fleisch und Blut zu verhelfen, und die von V. P. Menon angebrachten Randnotizen auf dem ihm von Ismay übergebenen Plan wurden außer acht gelassen. Menon behauptete später, er habe Ismay erklärt, der Plan könne nicht funktionieren. Menon war tatsächlich noch ein anderer Planentwurf zugesandt worden, da man hoffte, er werde dessen Grundgedanken Patel zuspielen; der Plan, den Ismay letztendlich mit nach London nahm, war eine geänderte und verbesserte Fassung.

Der Plan war täuschend einfach – die Macht sollte auf die Provinzen übertragen werden, wodurch nur eine schwache zentrale Bundesregierung übrigbliebe. Jegliche Gruppenpolarisation wäre dann der Entscheidung der einzelnen Provinz überlassen, *nachdem die Briten abgezogen wären.* Mountbatten glaubte, daß Jinnah wahrscheinlich als einziger dem Plan Widerstand entgegensetzen werde. Da außer Mountbatten und seinem Stab sonst keiner den Plan in seiner endgültigen Fassung gesehen hatte – nur ein paar Andeutungen waren im Gespräch enthüllt worden –, hätte der Vizekönig allen Grund haben müssen, sich unbehaglich zu fühlen. Aber es sollte nicht Jinnah sein, von dem Mountbatten die erste Kritik zu hören bekam. Die kam erst einmal von V. P. Menon, der den Vizekönig am 7. Mai nach Simla begleitet hatte und der endlich Gelegenheit erhielt, seine – und Patels – Meinung zu dem Thema zu äußern.

Am 8. Mai kam auf Einladung des Vizekönigs Nehru in dessen ›Lodge‹ in Simla an. Bei seiner Ankunft erteilte Mountbatten V. P. Menon die Erlaubnis, mit ihm über den Dominion-Status zu sprechen – dem Patel schon zugestimmt hatte –, nicht aber über den Plan, welchen Ismay mit nach London genommen hatte. Am nächsten Tag, dem 9. Mai, gab es eine allgemeine Diskussion, bei der der Vizekönig Menon dazu ermutigte, Nehru seine eigenen Vorstellungen über die Machtübergabe an zwei Zentralregierungen – eine für Pakistan und eine für Hindustan – zu erläutern, wobei jeweils eine auf der alten Indien-Akte von 1935 basierende Interimsverfassung gelten sollte. Nehru fand den Plan ansprechend, obwohl er stark betonte, daß er sich mit der Idee des Dominion-Status überhaupt nicht anfreunden könne, da diese immer noch sehr nach Abhängigkeit aussehe. Aber er sei inzwischen überzeugt, daß nicht einmal der Dominion-

Status der Freiheit Indiens im Weg stehen sollte und daß ohnehin nach der Unabhängigkeit ein freies Indien leicht entscheiden könne, das Commonwealth zu verlassen, wenn es das wünschte. Solche Fragen, die der britischen Regierung wichtig sein mochten, hatten für Nehru oder Patel nicht dasselbe Gewicht. Da sie schon die Teilung geschluckt hatten, war es höchst unwahrscheinlich, daß sie am Dominion-Status ersticken würden.

Am 10. Mai entschloß sich Mountbatten jedoch urplötzlich, zu sehen, welche Wirkung der Planentwurf auf Nehru haben würde. Innerhalb einer halben Stunde sah sich Mountbatten gezwungen, der Tatsache ins Auge zu sehen, daß er die Reaktion der indischen Führer auf seinen Plan völlig falsch eingeschätzt hatte. Nehru sagte es geradeheraus – der Entwurf sei völlig unannehmbar. Er würde, schrieb er am nächsten Morgen in einem Memorandum an den Vizekönig, »die Balkanisierung Indiens« heraufbeschwören und »bestimmt einen gewissen zivilen Konflikt provozieren«. Er verwarf den Plan auch deshalb, weil er wahrscheinlich »die Beziehungen zwischen Großbritannien und Indien gefährden« werde. Das war zweifellos schlimm – für den Vizekönig. Ismay hatte Attlee in London davon überzeugt, daß der von ihm mitgebrachte Plan ausführbar sei, weil er für die indischen führenden Politiker annehmbar sein werde. Nun hatte einer von ihnen gezeigt, daß dies nicht der Fall war.

Glücklicherweise war wenigstens eine Sache auf der Haben-Seite – der Plan war noch nicht veröffentlicht worden. Noch günstiger war, daß bereits ein Alternativentwurf existierte – Mountbatten hatte Menon erst am Vortag dazu ermutigt, seinen eigenen Plan zu erläutern. Nehru wurde gefragt, ob der Kongreß einen neuen Planentwurf akzeptieren würde, der sich auf Menons Plan stützte und in den Nehrus eigene Kritik eingeflossen wäre. Nehru erwiderte – zu Recht, denn seine Stellung erlaubte ihm das keinesfalls –, daß er nicht für den Kongreß sprechen könne. Jedenfalls nicht, ohne den revidierten Entwurf gesehen zu haben. Da Nehru an jenem Abend nach Delhi abreiste, schien es unmöglich, daß ihm irgend etwas vorgewiesen werden konnte, ehe er abfuhr; aber nachdem es nur noch ein paar Tage waren bis zu dem vielfach publizierten Treffen, bei dem der Vizekönig erwartungsgemäß den indischen Politikern einen neuen Plan präsentieren sollte, war äußerste Eile geboten. Menon erhielt die Anweisung, seinen Plan zu Papier zu bringen, ehe Nehru Simla verließ.

Menon stellte seinen Entwurf rechtzeitig fertig und ist seitdem dafür gepriesen worden, daß er »exakt vier Stunden zur Aufsetzung eines Planes gebraucht hat, der das Gesicht Indiens und der Welt verändern sollte«. Das ist keineswegs der Fall, denn Menon hatte seinen Plan schon die ganze Zeit griffbereit gehabt, seit er von Ismay den Entwurf bekommen hatte, der später die Grundlage von Mountbattens Planentwurf darstellen sollte; und er hatte ihn in groben Zügen bereits mit Patel durchgesprochen. Er wußte bereits, daß sein Entwurf für Patel annehmbar war, und wenn Nehru Schwierigkeiten machen sollte, so würde Patel die schon bald ausräumen.

Mountbatten mußte nun London melden, was passiert war. Außerdem stand das Treffen zwischen dem Vizekönig und den indischen Politikern bevor. Als erstes mußte man das Treffen verschieben. Es erging eine Ankündigung, daß die Konferenz wegen der Parlamentsferien in London auf den 2. Juni verschoben werden müsse. Das traf die britische Regierung natürlich völlig unvorbereitet.

Mountbatten sah sich nun mit einem verwirrten und verärgerten Attlee konfrontiert. Aus London kamen Telegramme, die eine Erklärung verlangten. Auch Ismay, der all seine Überredungskunst gebraucht hatte, um den ursprünglichen Plan durchzubringen, beklagte sich darüber, daß er nicht die leiseste Idee habe, was los sei. Ein Telegramm Attlees verlangte die sofortige Anwesenheit des Vizekönigs in London, damit er sein Vorgehen persönlich erklären könne. Eine Weile lang war Mountbatten nicht sicher, ob er fahren sollte oder ob es gegen seine Würde sei und er mit seinem Rücktritt drohen solle, falls er nicht bekommen sollte, was praktisch ein Vertrauensvotum wäre. Nach einigem Nachdenken telegraphierte er Attlee, daß er am 18. nach London fliegen könne. Als Mountbatten Delhi verließ, nahm er Menon mit. Das war ein kluger Schritt. Dessen nüchterne und intelligente Art war genau das, was Attlee überzeugen konnte. Es gelang, obwohl Attlees Vertrauen in Mountbatten etwas gelitten hatte. Aber Mountbatten konnte den Premierminister davon überzeugen, daß der Plan einigermaßen genau den Standort der nationalistischen Führer repräsentiere und daß er trotz der kurzen Zeit durchführbar wäre. Auf Mountbattens Anweisung hatte Ismay bereits vorgeschlagen, daß der Termin für die Machtübergabe vorgezogen werden sollte, und Attlee war auch schon von anderer Seite bedeutet worden, daß der Juni 1948 aus rein verwaltungstechnischen Gründen unbefriedigend sei.

Während der Londoner Diskussionen schien ein Termin allgemeine, wenn auch einigermaßen angstvolle Zustimmung zu finden – der 15. August, damit blieben noch ganze zweieinhalb Monate.

Zwischen der Rückkehr des Vizekönigs aus London am 31. Mai und seiner Begegnung mit den indischen führenden Politikern zwei Tage darauf wurde die Atmosphäre durch eine Reihe von widersprüchlichen und unheilverkündenden Stellungnahmen getrübt. Jinnah erklärte, er sei unverändert gegen eine Teilung des Panjab und Bengalens, obwohl die Ligaführer jetzt eigentlich bereit waren, sie zu akzeptieren. Jinnahs Absicht lag darin, den Druck aufrechtzuerhalten, nur für den Fall, daß Mountbatten mit noch einer anderen ›Lösung‹ zurückkehrte. Um die Lage so angespannt zu halten wie möglich, forderte Jinnah sogar einen 1300 Kilometer langen Korridor durch ›Hindu‹-Indien, der den westlichen mit dem östlichen Teil Pakistans verbinden sollte! Nehru nannte die Forderung »fantastisch und absurd«, was sie ja auch wirklich war.

Auch Gandhi vermittelte den Eindruck, daß er versuchen wollte, den Kongreß zum Widerstand gegen die Teilung zu bewegen, selbst auf das Risiko von Gewalt hin. »Und wenn ganz Indien brennen sollte«, sagte er auf seiner Gebetsversammlung am 31. Mai, »werden wir Pakistan nicht hinnehmen, auch nicht, wenn die Moslems es mit gezücktem Schwert fordern.« Warum Gandhi diese besonders heftige Drohung ausstieß, ist nie angemessen erklärt worden. Auf einer Sitzung des Arbeitsausschusses, die abgehalten wurde, während Mountbatten in London war, hatte Gandhi das Faktum akzeptiert, daß sowohl Nehru als auch Patel die Teilung als den einzig gangbaren Weg zur Erlangung der Freiheit favorisierten. Er beklagte sich richtig darüber, daß ihm niemand etwas von der veränderten Haltung der Kongreßführung gesagt habe. Nehru erwiderte, Gandhi sei die ganze Zeit über auf dem laufenden gehalten worden. Gandhi bestritt das, worauf Nehru bemerkte, daß Ostbengalen, wo der Mahatma versucht hatte, die Gewalttätigkeiten einzudämmen, weit von Delhi entfernt sei, und wenn er Gandhi vielleicht auch nicht alle Einzelheiten übermittelt haben sollte, so habe er ihn doch in groben Zügen informiert. Es wurden keine Protokolle von dieser Sitzung aufgehoben, und die Geschichte basiert auf dem selektiven Gedächtnis der Überlebenden. Trotzdem scheint etwas daran zu sein, daß Gandhi entweder aus Nachlässigkeit oder aus Absicht nicht voll informiert worden war, so daß er nicht den Versuch unternehmen konnte, sein Gewicht gegen die Entscheidung der anderen Kongreßführer in die Waagschale zu werfen.

Der Mahatma war aber nicht auf eine Kraftprobe vorbereitet und gab sich damit zufrieden zu sagen, der Kongreß müsse die Entscheidung seiner Führer achten.

Wenn dem so wäre – und es gibt keinen Beweis, der dagegen spricht –, warum hätte er dann seinen aufrührerischen Ausspruch vom 31. Mai tun sollen? Die Antwort liegt wohl in Gandhis neuer Einstellung gegenüber dem Kongreß und gegenüber der Zukunft. Gandhi war verärgert über seine Ablehnung durch die Kongreßpolitiker, und er erwog die Möglichkeit, sich von der Bewegung loszusagen, die so sehr sein eigenes Werk war. Sein Ziel war immer die Reform des Hinduismus gewesen, und möglicherweise hatte er erkannt, daß der Kongreß nicht mehr das ideale Werkzeug für die Durchsetzung seiner Pläne war. Er wollte nicht seine eigene Zukunft aufs Spiel setzen, indem er sich mit der Entscheidung, sein heiliges Land Indien zu zerteilen, in Verbindung bringen ließ. Was auch immer Gandhis Beweggründe gewesen sein mochten, sie zählten nicht mehr bei den Diskussionen, die jetzt beginnen sollten, doch trugen seine Worte zu dem Ausbruch kommunalistischer Gewalt bei, die ihnen folgen sollten. Mountbatten scheint davon ausgegangen zu sein, daß Gandhi immer noch in der Lage sei, Einfluß auf den Kongreß auszuüben, aber darüber mußte man sich keine Gedanken machen.

Die nationalistischen Führer trafen den Vizekönig am 2. Juni. Die Anwesenden waren Nehru, Patel und Kripalani, nun Präsident für den Kongreß, Jinnah, Liaquat Ali und Sardar Nishtar für die Moslem-Liga und Baldev Singh für die Sikhs. So bedeutsam das Treffen auch war, man spürte wenig von der Dramatik des Anlasses. Mountbatten appellierte förmlich an die indischen Politiker, den alten Delegationsplan zu akzeptieren, aber das war nur eine leere Geste. Alle Anwesenden waren mit den neuen Vorschlägen einverstanden.

Am nächsten Tag wurde der Plan veröffentlicht. Er befaßte sich hauptsächlich damit, auf welche Weise die Bewohner der ›Pakistan-Provinzen‹ ihre Meinung darüber zum Ausdruck bringen konnten, ob sie eine neue Verfassunggebende Versammlung wünschten oder mit der vorhandenen zufrieden waren. Das war eine umständliche Art zu sagen, daß die Provinzen gefragt werden sollten, ob sie den Anschluß an Pakistan wünschten oder nicht. Die Methode der Meinungsfindung sollte in den verschiedenen Provinzen jeweils anders gehandhabt werden. In Sindh, Bengalen und dem Panjab sollten die Mitglieder der provinziellen Verfassunggebenden Versammlungen die Entscheidung treffen, aber in den zwei letzteren Provinzen sollten die Versammlungen in getrennten Abteilungen stattfinden – die eine als Vertretung der Moslemmehrheitsbezirke, und die andere für den Rest der Provinz –, und sie sollten getrennt abstimmen. Wenn dann jeder der beiden Teile wünschte, mit dem anderen vereint zu bleiben, sollte die Versammlung als ganzes darüber abstimmen, ob sie sich Pakistan anschließen wollte oder Indien. Wenn aber ein Teil für die Trennung stimmte, würde man davon ausgehen, daß zunächst eine Trennungslinie zwischen den Moslemmehrheitsbezirken und den nichtmoslemischen Mehrheitsbezirken gezogen werden sollte. Der Vizekönig würde danach eine Grenzkommission einberufen, um eine endgültige Entscheidung zu treffen.

Wenn Bengalen sich für die Teilung entschiede, müßte in dem Bezirk von Sylhet in der Provinz Assam – dem einzigen Moslemmehrheitsbezirk dieser Provinz – ein Referendum abgehalten werden, um herauszufinden, ob seine Bewohner sich ihren moslemischen Glaubensbrüdern in einem späteren Ostbengalen anschließen wollten. Es mußte auch noch eine Methode entwickelt werden, wie in Britisch-Belutschistan gewählt werden sollte, da es hier noch nie eine gewählte Regierung gegeben hatte und überhaupt noch keine Wahlregister existierten.

Die Nordwestliche Grenzprovinz, wo die ›Redshirt‹-Regierung immer noch amtierte, stellte ein ganz anderes Problem dar. Dort würde eine Verfassunggebende Versammlung wahrscheinlich nicht die wirkliche Meinung der Wählerschaft widerspiegeln, und man entschied sich daher für ein Referendum.

Der Plan schloß mit der Feststellung, daß die britische Regierung bereit sei, die Macht vor dem Juni 1948 zu übergeben, und daß sie beabsichtige, die Gesetzesgrundlage zur Machtübergabe an ein oder zwei Folgestaaten irgendwann im Laufe des Jahres 1947 während der laufenden Sitzungsperiode des britischen Parlaments einzubringen. Auf einer Pressekonferenz deutete der Vizekönig am 4. Juni – inoffiziell – an, daß die Regierung bei dem fraglichen Termin an den 15. August dachte.

Am Abend des 3. Juni gaben die nationalistischen Führer ihr Einverständnis dem indischen Volk bekannt. In einem heißen, überfüllten Rundfunkstudio von All-India Radio gingen der Vizekönig, Nehru, Jinnah und Baldev Singh ans Mikrofon. Jinnah forderte die Liga in der NWFP und in Assam dazu auf, ihre Kampagne des ›zivilen Ungehorsams‹ aufzugeben. Baldev Singh brachte es fertig, in einer farblosen Rede die Unzufriedenheit seiner Religionsgemeinschaft zu verbergen. Nur Nehru versuchte, der Bedeutung des Anlasses gerecht zu werden. »Wir sind kleine Menschen«, sagte er, »die großen Zielen dienen, aber weil die Ziele groß sind, fällt etwas von ihrer Größe auf uns zurück.«

Eine Woche später ermächtigte der Rat der Moslem-Liga Jinnah mit 400 zu 8 Stimmen dazu, »die zugrundeliegenden Prinzipien des Planes als einen Kompromiß zu akzeptieren«. Das Allindische Kongreßkomitee trat ein paar Tage später zusammen und verabschiedete auch eine zustimmende Resolution – mit 137 zu 29 Stimmen bei 32 Enthaltungen, hauptsächlich von orthodoxen Hindus. Opposition kam in erster Linie von den Kommunalisten, den Moslems und den Sozialisten. Nehru sprach nur kurz, und es war Patel überlassen, die Hauptrede des Treffens zu halten. Patel war wie immer präzise und ohne Umschweife. Freiheit ohne Teilung sei unmöglich. Schneidet das kranke Glied ab und rettet den

Körper. Gandhi sprach auch, aber es hörte niemand richtig zu. Ihnen war nur wichtig, daß er nichts Abträgliches äußerte.

Nachdem der Plan nun vom Kongreß und von der Liga angenommen worden war, blieben nur noch zwei Monate, in denen der Teilungsmechanismus in Gang gesetzt werden konnte; die Demarkation – wenigstens in groben Zügen – der neuen Grenzen, nachdem die Entscheidungen in den betroffenen Provinzen durch die Gesetzgebung herbeigeführt worden waren; und die Verkörperung der verfassungsmäßigen Vorgänge in einem Gesetzentwurf, der dem britischen Parlament vorgelegt werden sollte.

Im Grund war der zur Vorbereitung der Teilung in Gang gesetzte Mechanismus einfach. An der Spitze war ein Teilungskomitee mit Lord Mountbatten als Vorsitzendem, Patel und Rajendra Prasad als den Vertretern des Kongresses und Liaquat Ali Khan und Sardar Nishtar für die Liga. Baldev Singh war ausgeschlossen worden, nachdem Jinnah sich beschwert hatte, daß er zu kongreßfreundlich sei. Aufgabe des Komitees war es, die Arbeit einer großen Anzahl von Experten und von Unterkomitees zu koordinieren, die sich mit allem beschäftigten, von der Teilung der Streitkräfte über Eisenbahnen und Telegrafennetze bis zu der Duplikation von Akten.

Das Komitee für die Streitkräfte umfaßte einen britischen Vorsitzenden und eine Reihe britischer Offiziere. Ihre Aufgabe war gefährlich und schwierig, denn es war nicht leicht, Armee-Einheiten aufzuteilen. Bis zu dem Aufstand von 1857 waren ganze Regimenter entweder aus Hindus oder aus Moslems zusammengesetzt gewesen, aber danach waren die Einheiten gemischt worden, um einen Ausgleich zwischen den beiden Religionen herzustellen, so daß eine jede als Mäßigung der anderen wirken mochte. Aus diesem Grund mußte man jetzt die Einheiten völlig auseinandernehmen und dann wieder zusammenstellen, wenn auch während dieses Vorgangs

Pandit Nehru besucht 1954
das Land Maos. Hier mit Tschou En Lai
in Peking.

1961 trifft der indische Premierminister
zu einem kurzen Besuch in Washington ein,
wo er von Vizepräsident Johnson und Präsident
Kennedy begrüßt wird.

Rechte Seite

Oben:
Der indische Premierminister Pandit Nehru
empfängt aus den Händen Präsident Eisenhowers die
Ehrendoktorwürde der Columbia Universität.

Unten:
1956 treffen sich die Sprecher der Dritten Welt
in Brioni. Marschall Tito fährt seine Gäste, Präsident Nasser
und Premierminister Nehru, persönlich zum Flughafen.

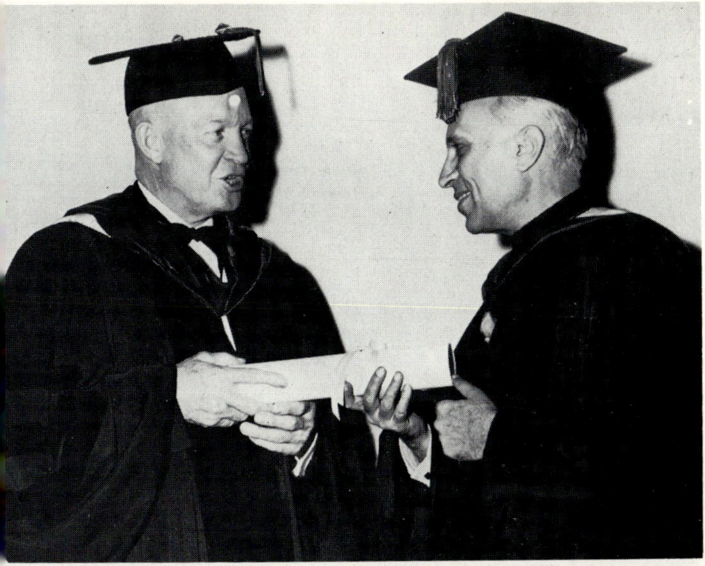

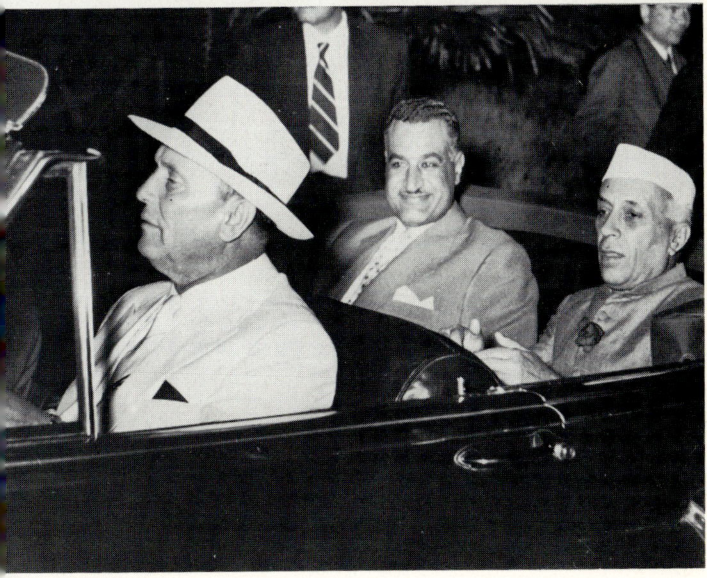

Während ihres Besuchs in Indien im
Januar 1961 inspiziert Königin Elisabeth mit Nehru
indische Kadetten.

eine zentrale verwaltungstechnische Kontrolle erhalten blieb. Zur gleichen Zeit sollten die Oberbefehlshaber der Armeen der beiden neuen Dominions ernannt werden, damit sie und die Verwaltung ihrer Hauptquartiere zur Übernahme bereit sein würden. In der Zwischenzeit sollte als Oberster Befehlshaber der vorherige Oberbefehlshaber des ungeteilten Indiens fungieren, der einem Gemeinsamen Verteidigungsrat unterstellt war. Er sollte keine Operationskontrolle über die neuen Armeen haben, sondern die Einheiten nur beim Übertritt in die beiden Dominions überwachen, und seine einzige Funktion bestünde darin, die angemessene Aufteilung von Menschen und Material zu gewährleisten. Man hoffte, die gemeinsame Kontrolle nach dem 1. April 1948 beenden zu können.

Die Teilung der Streitkräfte sollte in zwei Etappen stattfinden. Die erste sollte aus einer eher groben Trennung nur nach Religionszugehörigkeit bestehen, der die sofortige Konzentration von Einheiten mit Moslemmehrheit im Gebiet des späteren Pakistan und von anderen Einheiten im übrigen Lande folgen sollte. Die zweite Etappe sollte den Freiwilligentransport von Einzelpersonen betreffen, die sich Einheiten in Pakistan oder Indien anschließen wollten. Die erste Etappe ging unerwartet glatt über die Bühne. Vor Ende Juni 1947 waren Entscheidungen über die Marine und über einige Einheiten des Heeres getroffen.

Auch die Beamtenschaft mußte aufgeteilt werden, und europäische wie auch indische Mitglieder wurden gebeten, zu bleiben und bei der notwendigen Neuorganisierung nach der Machtübergabe mitzuhelfen.

Bis Ende Juni hatten sich sowohl der Panjab als auch Bengalen für eine interne Teilung ausgesprochen. In Bengalen kam die Entscheidung in einer verhältnismäßig friedlichen Atmosphäre ohne Volksunruhen zustande, obwohl es unter der Oberfläche brodelte. Im Panjab jedoch waren Bombenexplosionen, Brandlegungen und

Morde an der Tagesordnung in der Provinzhauptstadt Lahore und in Amritsar, der heiligen Stadt der Sikhs. Die Moslemmehrheitsgebiete hatten – wie erwartet – gegen die Teilung des Panjab gestimmt, aber die nichtmoslemischen Gebiete stimmten dafür. Als Folge dieser Abstimmungen wurde das zentrale Teilungskomitee durch einen Teilungsrat ersetzt, wobei die einzige Änderung darin bestand, daß Sardar Nishtar von Jinnah abgelöst wurde. Es wurden auch Teilungsräte im Panjab und in Bengalen eingerichtet, und im letzteren wurde die Regierung der Moslem-Liga erweitert, um Hinduminister aus den westlichen Bezirken mit aufzunehmen. In Sindh stimmte die Verfassunggebende Versammlung für einen Anschluß an Pakistan, und in Belutschistan stimmte ein Rat der Stammeshäuptlinge dafür, das gleiche zu tun. Im Bezirk Sylhet in Assam ergab das Referendum eine Mehrheit zugunsten Pakistans. Vom Organisationsstandpunkt aus betrachtet schien alles glatt zu verlaufen.

Aber da blieb noch die Nordwestliche Grenzprovinz. Die Wähler sollten sich entscheiden, ob sie sich Pakistan oder Indien anschließen wollten; aber in Wirklichkeit hatten sie keine Wahl. Aus einfachen geographischen Gründen konnte die Provinz sich nicht Kongreßindien anschließen, und aus religiösen Gründen wollten die Menschen sich nicht Hinduindien anschließen. Das Urteil war vorherbestimmt, und die Bevölkerung würde offensichtlich für Pakistan stimmen. Nichtsdestoweniger versuchte die Redshirt-Bewegung immer noch die Alternativen in Pakistan oder Pathanistan umzubiegen. Sogar Gandhi hielt das für eine gute Idee. Abdul Ghaffar Khan hatte Jinnah um seine Zustimmung gebeten, daß die NWFP sich selbst für unabhängig erkläre, mit der Maßgabe, daß sie sich Pakistan anschließen werde, falls die neue pakistanische Verfassung für sie annehmbar wäre; er teilte Jinnah mit, daß er und seine Anhänger sogar dazu bereit wären, Delegierte zu einer Verfassunggebenden Versammlung Pakistans zu entsenden, unter der Voraussetzung, daß sie sich wieder zurückziehen könnten, falls sie das wünschten. Diesem »tückischen und falschen« Ansinnen wollte Jinnah nicht zuhören, insbesondere, da er wußte, daß der Einfluß der Moslem-Liga nach der Ankündigung des Teilungsplanes in der NWFP ungeheuer zugenommen hatte. Das Referendum wurde friedlich abgewickelt in Gegenwart von etwa 15 000 Soldaten, die zu diesem Zweck herbeigezogen worden waren. Das Ergebnis waren 289 224 Stimmen für den Anschluß an Pakistan und 7874 für Indien.

Während all dieser Geschehnisse durchlief die Gesetzesvorlage zur indischen Unabhängigkeit (Indian Independence Bill) das britische Parlament. Die zwanzig Klauseln hatten ihre dritte Lesung am 15. Juli. Drei Tage später erfolgte die Zustimmung durch den König.

Die neue Akte sah die Machtübergabe an zwei neue Dominions für den 15. August 1947 vor. Das Territorium der beiden Staaten wurde festgesetzt, jedoch nicht ganz genau, da die Ergebnisse einer Grenzkommission noch abgewartet werden mußten. Jedem Dominion sollte ein Generalgouverneur vorstehen, doch die Akte setzte fest, daß auch eine Person beide Ämter innehaben konnte. Bis die neuen Staaten ihre Verfassung ausgearbeitet hätten, würde die der Akte von 1935 in Kraft bleiben ohne die Sondervollmachten des Generalgouverneurs. Alle Gesetze blieben bestehen, bis sie durch die Nachfolgeregierungen novelliert würden. Diese Klauseln gewährleisteten, daß die Kontinuität fundamentaler Einrichtungen gewahrt blieb. Was die Fürstenstaaten anlangte, so sollten alle mit der britischen Regierung geschlossenen Verträge am 15. August auslaufen. Die Staaten hatten jetzt die Handlungsfreiheit, sich einem der neuen Dominions anzuschließen oder, das war mit enthalten, sich selbst für unabhängig zu erklären.

Zwei der Maßnahmen sollten Ärger machen. Die Frage der gemeinsamen Generalgouverneurschaft, die nach Annahme der britischen Regierung von Mountbatten besetzt werden würde, erregte langandauernden Verdacht. Der Kongreß war durchaus bereit, Mountbatten zu akzeptieren. Besonders Nehru gefiel der Gedanke, seinen neuen Guru während der kommenden Monate bei sich aufzunehmen. Aber Jinnah, der Mountbatten weder mochte noch ihm traute, wollte von dem Vorschlag nichts wissen, und er informierte den Vizekönig davon, daß er selbst der neue Generalgouverneur Pakistans sein werde. Auf Betreiben Nehrus wiederholte der Kongreß seine Einladung an Mountbatten, der Generalgouverneur des neuen Indien zu werden. Nach einigen Zweifeln nahm Mountbatten an, eine Entscheidung, die Jinnahs Verdacht nur noch verstärkte, daß Mountbatten auf der Seite des Kongresses stehe.

Von größerer Bedeutung war die Stellung der Fürstenstaaten. Die britische Regierung hatte die Verträge lieber auslaufen lassen, als sie auf die Regierungen der beiden neuen Dominions zu übertragen. Vom rein legalistischen Standpunkt aus war das völlig korrekt. Die Briten hatten den Staaten gegenüber einige Verpflichtungen, nachdem sie diese als Teil ihres Herrschaftssystems beibehalten hatten. Indem sie die Fürstenstaaten aufgaben, glaubten sie, deren Stellung bei den Verhandlungen mit ihren Nachfolgern zu stärken. Der Kongreß war den Fürsten gegenüber nie freundlich gesonnen gewesen, obwohl man gelegentlich sanfte Worte gesprochen hatte. Mit dem Näherrücken der Unabhängigkeit wurden beide Haltungen beibehalten. Nehru hatte es am 15. Juni in einer Rede vor dem Treffen des AICC klargemacht, daß seiner Meinung nach die Staaten ihren abhängigen Status unter den neuen Regierungen beibehalten müßten. Er ging noch weiter und wies ausländische Regierungen darauf hin, daß es »als unfreundlicher Akt angesehen werden« würde, sollten sie irgendeinen Fürstenstaat als unabhängig anerkennen.

Auch Mountbatten erkannte die Gefahr einer Balkanisierung, wenn die Staaten nicht ermutigt würden, sich entweder Pakistan oder Indien anzuschließen. Das Problem war in Pakistan nicht so groß, da nur sehr wenige der 562 Fürstenstaaten innerhalb seiner geplanten Grenzen lagen. Aber für Indien war die Situation äußerst gefährlich, insbesondere weil für die Beziehungen mit den Fürsten britische Ministerialbeamte zuständig waren, die ihren Freunden rieten, bei den größeren Staaten die Unabhängigkeit und bei einigen anderen eine Föderation zu erwägen. Diese Intrigen kamen Nehru zu Ohren, der bei einem Treffen zwischen den nationalistischen Führern und dem Vizekönig einen Wutausbruch hatte. Eine Folge davon war, daß ein Ministerium für die Fürstenstaaten eingerichtet wurde, an dessen Spitze Sardar Patel stand mit V. P. Menon als Sekretär. »Ich bin froh«, schrieb Mountbatten an Attlee, »daß Nehru nicht das neue Staatenministerium übernommen hat; das hätte alles zerstört. Patel, der im Grunde ein realistischer und vernünftiger Mann ist, wird es übernehmen...«

Tatsächlich agierte Patel eher mit Umsicht als mit nutzlosen Zornesausbrüchen. Er versicherte den Fürsten öffentlich, daß alles, worüber man sich einigen mußte, nur drei Bereiche umfaßte, nämlich die Verteidigung, die Außenpolitik und das Handels- und Verkehrswesen. Patel schien eine Partnerschaft in dem neuen Indien anzubieten. Alles, was noch fehlte, war ein Anstoß vom Repräsentanten des König-Kaisers. Dem kam Mountbatten am 25. Juli nach, als er sich an die Fürsten wandte und sie zum Anschluß an eines der beiden Dominions zu überreden suchte.

Mountbatten erläuterte seinen Vorschlag den mißtrauischen Herrschern. Theoretisch und rechtlich seien sie alle nach dem Abzug der Briten unabhängig, aber tatsächlich seien sie wirtschaftlich und verwaltungsmäßig immer ein Teil Indiens gewesen. Wenn sie versuchten, sich völlig loszulösen, würde die gewachsene Ordnung im Chaos untergehen, und sie, so hielt er ihnen vor, wären die ersten Opfer. Dann legte er den Angliederungsentwurf vor, der schon vor der Sitzung in Umlauf gegeben worden war. Dieses Dokument forderte die Abtretung von Rechten nur für die drei Bereiche der Verteidigung, der Außenpolitik und des Handels- und Verkehrswesens. Es gäbe keine finanziellen Verpflichtungen und keine Eingriffe in ihre persönliche Autonomie oder die Souveränität der Staaten. Er betonte, daß dieses Dokument natürlich nur auf Indien anwendbar sei, in dem die meisten Staaten lägen. Jinnah hatte sich bereits damit einverstanden erklärt, getrennte Verhandlungen mit den wenigen Staaten zu führen, die innerhalb der Grenzen Pakistans liegen würden. »Mein Plan«, sagte der Vizekönig, »läßt Ihnen all die praktische Unabhängigkeit, die Sie wahrscheinlich nutzen können, und befreit Sie von all den Aufgaben, die Sie möglicherweise nicht aus eigener Kraft bewältigen können. Sie können ebensowenig vor der Regierung des Dominions, das Ihr Nachbar ist, weglaufen wie vor Untertanen, für deren Wohlergehen Sie verantwortlich sind.« Die Fürsten waren nun davon in Kenntnis gesetzt worden, was sie tun sollten. Jahrelang hatten sie ratsuchend auf die Briten geblickt – dieser Rat war der letzte, den sie erwartet hätten.

Unter Patels Anleitung stellten die Kongreßorganisationen in den Staaten klar, daß sie die Bevölkerung gegen die Herrscher aufwiegeln würden, wenn sie sich nicht anschlössen. Abgesandte rieten den Fürsten, sich schnell zu entscheiden, wenn sie ihren Reichtum behalten wollten. Für die meisten reichte die Mischung aus Drohungen des Kongresses und Überredungskunst des Vizekönigs. Bis zur tatsächlichen Machtübergabe hatten sich bis auf drei alle Staaten entschieden. Aber die drei verbleibenden, Kaschmir, Hyderabad und Junagadh, sollten nach wenigen Wochen der Unabhängigkeit zwischen den beiden Dominions Unfrieden stiften und im Fall Kaschmir achtzehn Jahre später zum Kriegsausbruch führen.

Der Riß zwischen dem Kongreß und der Liga blieb bis zur Unabhängigkeit verdeckt; desgleichen der Konflikt über die Entscheidungen der Grenzkommissionen. Obwohl die Kommissionen unter dem Vorsitz von Sir Cyril Radcliffe, einem hervorragenden britischen Juristen, ihre Entscheidungen bis zum 9. August vorlegten, verzögerte der Vizekönig die Bekanntgabe bis nach dem Unabhängigkeitstag, um nicht die Euphorie des Tages zu zerstören.

In Neu-Delhi begann der Tag in einer Atmosphäre der Unwirklichkeit. Die Männer, die sich im Versammlungsgebäude zusammengefunden hatten, um das Ende des langen Kampfes um die Freiheit zu feiern, waren offenbar von einer Anarchie aus Blut und Gewalttätigkeit umgeben.

Mit dem Herannahen des Unabhängigkeitstages waren die Anzeichen des Chaos an die Oberfläche gekommen. Der öffentliche Dienst brach langsam zusammen, da die Busfahrer, die Ingenieure, die Soldaten und die Beamten anfingen, von einem Landesteil in den anderen umzuziehen. Zu diesen vom Menschen geschaffenen Problemen kam noch, daß durch den ausgebliebenen Monsunregen eine Nahrungsmittelknappheit drohte. Das wäre schon zu normalen Zeiten schlimm genug gewesen, aber nachdem die Transportmöglichkeiten durch die Teilung der Betriebsmittel beeinträchtigt waren, war eine schlimme Hungersnot nicht auszuschließen. Die Versetzung von Polizeioffizieren – Moslems nach Pakistan, Hindus nach Indien – hatte einen Dienstleistungszweig demoralisiert, der schon zu seinen besten Zeiten nicht besonders vertrauenswürdig gewesen war. Die Sikhs, deren Heimat willkürlich zwischen Pakistan und Indien aufgeteilt werden sollte, deren heilige Stätten auf beiden Seiten der Grenze sein würden und von deren Volk nun fast eine Million auf Gedeih und Verderb den Moslems von Pakistan ausgeliefert sein würden, hatten bereits begonnen, für ihren Glauben und ihre Besitztümer zu kämpfen. Auf beiden Seiten stachelten Extremisten den Mob zu Racheakten an. Kriminelle Elemente, die aus dem Zusammenbruch der öffentlichen Ordnung Nutzen ziehen wollten, waren beharrlich am Werk.

Mountbatten und seine Ratgeber machten sich jedoch mehr Sorgen über die Auswirkungen der Teilung Bengalens als der des Panjab. Jedermann hatte erwartet, daß die Sikhs, obwohl der Beweis des Gegenteils auf der Hand lag, die Teilung des Panjab ruhig hinnehmen würden. Aber schließlich erkannte der Vizekönig doch noch, daß der Panjab potentiell noch viel explosiver war als Bengalen. Am 15. Juli berief er ein Treffen seiner persönlichen Ratgeber ein, um die Situation im Panjab zu diskutieren, und vier Tage später machte er selbst einen Besuch in Lahore, um mit dem Gouverneur zu sprechen. Mountbatten sah genug, um zu erkennen, daß etwas getan werden mußte. Auf einer Sitzung des Teilungsrates, die bald nach seiner Rückkehr nach Delhi stattfand, wurde entschieden, daß zur Aufrechterhaltung von Gesetz und Ordnung in der Provinz eine Panjab-Grenztruppe aufgestellt werden sollte, die der direkten Kontrolle des Obersten Befehlshabers und des Gemeinsamen Verteidigungsrates unterstellt war.

Es wurde auch beschlossen, daß die Truppe bis zum 1. August einsatzbereit sein müsse. Der Befehlshaber sollte Generalmajor Rees sein, ein Veteran der Burmaoffensive gegen die Japaner. Die Truppe bestand aus Moslems und Nichtmoslems, und Rees sollten als Ratgeber Brigadegeneral Ayub Khan (der spätere Präsident von Pakistan) und ein Sikh, Brigadegeneral Brar, zur Seite stehen. Später wurden noch zwei weitere Ratgeber ernannt. Insgesamt zählte die Truppe etwa 50 000 Mann, und die Befehlshaber waren zu einem hohen Prozentsatz britische Offiziere. Diese Elitetruppe sollte in einem Gebiet von nahezu 100 000 Quadratkilometern operieren, wo die Bevölkerung aus über vierzehn Millionen Hindus, Moslems und vor allem Sikhs bestand. Jedermann war zuversichtlich, daß solch eine Truppe leicht den Frieden bewahren konnte. Rees war sicher, daß seine Truppe mit ein paar schlecht bewaffneten Bauern fertigwerden würde, denn das war alles, was er und jedermann sonst als Gegner vorzufinden glaubte.

Diese allgemeine Erwartung erwies sich als tragischer Irrtum. Bis zum 14. August, unmittelbar vor der Unabhängigkeit, waren schon Tausende unschuldiger Menschen in den Straßen von Lahore und Amritsar und in den Dörfern des Panjab umgekommen. Flüchtlinge begannen ihren traurigen Auszug aus dem Panjab, Moslems nach Pakistan, Hindus nach Indien. Viele wurden auf dem Weg angegriffen und niedergemetzelt. Allein in Delhi hatten sich ungefähr 80 000 Hindus und Sikhs versammelt. Auch Hinduextremisten waren in den Grenzgebieten tätig und stachelten die Menschen zu Mord und Brandstiftung an.

Kalkutta blieb jedoch, zum Erstaunen der Pessimisten, verhältnismäßig ruhig. Das war großenteils Gandhi zu verdanken, der zwar den Panjab besucht hatte, um zu sehen, was seine Anwesenheit dort ausrichten konnte, der aber von den Sikhs nicht gut aufgenommen worden war. In Kalkutta war er über die Maßen erfolgreich. Während die Politiker in Delhi und Karatschi der Unabhängigkeit zujubelten, saß der Mahatma in einem Elendsviertel Kalkuttas beim Fasten, Spinnen und Beten.

Wenn auch Gandhi nicht bei den Feierlichkeiten anwesend war, Hinduindien war es. Es hatte einige Meinungsverschiedenheiten darüber gegeben, auf welchen Tag genau die Unabhängigkeit fallen sollte. Der 15. August war aus keinem bestimmten Grund gewählt worden, aber als er bekannt wurde, gab es okkulte Gegnerschaft. Führende Astrologen beharrten darauf, daß der 14. August ein günstigerer Tag wäre. Nehru kam auf einen Kompromiß. Die Verfassunggebende Versammlung wurde für den Nachmittag des 14. August einberufen und tagte in ununterbrochener Sitzung bis Mitternacht, wo nach dem westlichen Kalender der 15. dämmerte, aber das noch innerhalb des Zeitraumes, der nach dem Hindukalender unter einem günstigen Stern stand.

Es war Nehrus große Stunde, obgleich sie mit dem Klang von Muschelhörnern und dem Schlagen einer englischen Standuhr eingeläutet wurde. In den letzten Minuten der britischen Herrschaft erinnerte Nehru an die Zeit im Januar 1930, als er und die anderen nationalistischen Führer die Kongreßflagge gehißt hatten und gelobt hatten, Indien die Freiheit zu bringen, und er sprach die bewegenden Worte: »Vor langen Jahren haben wir eine Verabredung mit dem Schicksal getroffen, und nun ist die Zeit gekommen, da wir unser Versprechen einlösen werden, nicht gänzlich oder in vollem Umfang, aber im wesentlichen. Wenn es Mitternacht schlägt und die Welt im Schlaf liegt, wird Indien zu Leben und Freiheit erwachen. Es naht ein Augenblick, wie er in der Geschichte nur selten vorkommt, da wir aus dem Alten in das Neue treten, da ein Zeitalter endet und da die Seele der Nation sich nach langer Unterdrückung Ausdruck verschafft.« Er schloß mit einem Appell. »Dies ist keine Zeit für kleinliche und destruktive Kritik, keine Zeit für bösen Willen und Schuldzuweisungen. Wir müssen das edle Haus des freien Indien bauen, in dem alle seine Kinder gut leben mögen.«

17
Umstrittene Nachfolge

In dem Zeitraum von 1947 bis 1951 gab es viele Probleme sowohl für den Staat als auch für Nehru selbst. Die Gefahr für die Stabilität des neuen Indien, die sich durch die Teilung und das Problem der Fürstenstaaten ergab, wurde im Januar 1950 beigelegt, als die republikanische Verfassung in Kraft trat. Die Gefahr für Nehrus Position, die ihm von den konservativen und hinduistisch gesonnenen Elementen innerhalb des Kongresses drohte, endete im September 1951, als Nehru Kongreßpräsident und Ministerpräsident Indiens wurde. Die Gewalttätigkeit der Zeit, in die auch die Ermordung Mahatma Gandhis fiel, trug zu einer Konsolidierung der konservativen Kräfte bei, die – trotz des persönlichen Triumphes Nehrus – bei den wirklichen Regierungsgeschäften dominierten; sie institutionalisierten jenes charakteristische Merkmal der Kongreßherrschaft: die permanente Nicht-Revolution.

Im Panjab brachen erneut heftige Unruhen aus, als am 16. August die Ergebnisse des Berichtes der Grenzkommission veröffentlicht wurden. Radcliffe hatte große Schwierigkeiten gehabt, seine Grenzlinien auf der Karte einzuzeichnen. Tatsächlich hatte er es für beinahe unmöglich gefunden, Landkarten mit größeren Maßstäben aufzutreiben, nach denen er sich richten konnte. Interessierte Gruppen hatten ihn mit Karten versehen, die speziell angefertigt worden waren, um ihrer eigenen Sache zu dienen, und Radcliffe hatte sich gezwungen gesehen, mit unzulänglichen Daten zu arbeiten. Sein Problem im

Panjab bestand nicht lediglich darin, Gemeindegebiete zu teilen, wie das zum großen Teil in Bengalen der Fall gewesen war. Im Panjab ging es um das Wasser.

Der Panjab war das Prunkstück Britisch-Indiens gewesen. Dort hatten die Briten eine riesige und komplizierte Bewässerungsanlage aufgebaut, die auf fünf Flüssen basierte, die dem Panjab seinen Namen geben. Aufgrund dieser Kanäle war der Panjab der Garten und die Kornkammer Indiens geworden. Die Teilung bewirkte notwendigerweise eine Störung des Bewässerungssystems, da die Flüsse, die die Kanäle und Gräben speisten, mit denen die Felder bewässert wurden, im östlichen Teil des Gebietes lagen, das an Indien fallen sollte. Radcliffe schlug vor, daß, bevor er seinen Urteilsspruch verkündete, ein gewisses Maß an Übereinstimmung zwischen den beiden Seiten hinsichtlich einer gemeinsamen Verwaltung der Gewässer erzielt werden sollte. Man teilte ihm schroff mit, daß er sich um seine eigenen Angelegenheiten kümmern und sich wieder an die Arbeit machen solle, Linien auf die Karte zu zeichnen.

Trotz alledem mußte Radcliffe bei seinen weiteren Empfehlungen diese im wesentlichen wirtschaftlichen Faktoren in Erwägung ziehen. Indem er diese Überlegungen auf das Gebiet Gurdaspur anwandte und es Indien zuerkannte, schuf Radcliffe einen politischen Konflikt zwischen den beiden neuen Staaten. Gurdaspur war die einzige Landverbindung zwischen Indien und dem Fürstenstaat Kaschmir, und Pakistan stellte die Vermutung an, daß es absichtlich Indien zugesprochen worden war, um die Verbindung mit dem Staat zu erleichtern. Als der Konflikt über Kaschmir den Höhepunkt erreichte, nahm diese Anschuldigung besonders scharfe Formen an. Gurdaspur war jedoch nur ein Streitfall von vielen zwischen den beiden Seiten. Die Grenzempfehlungen wurden am stärksten von Pakistan kritisiert. Die Minister bezeichneten diese Empfehlungen als ›abscheulich‹, ›entsetzlich‹ und ›einseitig‹, wenn auch in Form von diplomatisch milden Erklärungen. Das wahre Gefühl, das in Pakistan herrschte, wurde durch die offizielle Zeitung der Moslem-Liga, *Dawn*, ausgedrückt, die damit drohte: »Selbst wenn die Regierung den territorialen Mord an Pakistan akzeptiert, das Volk wird es nicht tun.«

Solche Erklärungen heizten eine Situation nur an, die bereits ernst genug war. Am 16. August tagte der Gemeinsame Verteidigungsrat, um die Verhältnisse im Panjab zu erörtern. Es hat nicht den Anschein, daß man sich des wirklichen Ernstes der Lage voll bewußt war. Am folgenden Tag fand in Ambala im Ostpanjab ein Treffen zwischen Nehru, Liaquat Ali Khan und den Gouverneuren und Ministern der beiden Panjabs statt. Die Versammlung gab eine gemeinsame Erklärung heraus, in der man zum Frieden aufrief, und die Grenztruppe wurde erheblich vergrößert. Die Lage hatte sich jedoch so verschlechtert, daß der Panjab am 20. August vollständig von der Außenwelt abgeschnitten und nur noch auf dem Luftwege zu erreichen war. Jetzt waren wirklich drastische Maßnahmen erforderlich.

Am 29. August traf sich der Gemeinsame Verteidigungsrat unter dem Vorsitz von Lord Mountbatten und der Mitwirkung von Jinnah in Lahore. Die Grenztruppe war jetzt beinahe hilflos gegen den gut organisierten Widerstand der Sikhs, und der Befehlshaber der Truppe wurde in der pakistanischen und, noch sehr viel schärfer, in der indischen Presse angegriffen. Der Rat beschloß jetzt, die Grenztruppe aufzulösen und die Aufgabe, in den Grenzgebieten die Ordnung zu wahren, den bewaffneten Streitkräften der beiden Dominions zu übertragen. Zweifellos war dies der beste Schritt, denn er übertrug die Verantwortung von einer gemeinsamen Streitkraft, die dem Argwohn beider Seiten ausgesetzt war, auf die beiden Regierungen und ihre Armeen, wo sie ohnehin hätte liegen sollen. Es wurde beschlossen, die beiden voneinander getrennten Armeehauptquartiere, die die Grenzgebiete kontrollieren sollten, in Lahore unterzubringen. Nach dem Treffen fuhren Nehru mit Liaquat Ali und Baldev Singh mit Sardar Nishtar in die Unruhegebiete. Am 1. September existierte die Grenztruppe nicht mehr, und Mountbatten rief ihre Befehlshaber eilig nach Delhi, wohin sich jetzt der kommunalistische Krieg ausgedehnt hatte.

Das Hauptproblem, dem sich die Gouverneure der beiden Panjabs gegenübersahen, war nicht so sehr die Gewalttätigkeit innerhalb des Territoriums – zu diesem Zeitpunkt zeichnete sich bereits eine leichte Verbesserung der Lage ab – als vielmehr die gewaltige Zahl der Flüchtlinge, die aus ihrer Heimat flohen, um Schutz bei ihren Glaubensgenossen in Indien oder Pakistan zu finden. Anfangs hatten beide Regierungen versucht, die Minderheiten zu überzeugen, ihren Wohnort nicht zu verlassen; dies war jedoch kaum ein Ratschlag, von dem man erwarten konnte, daß ihn die Menschen, die sich in tödlicher Gefahr befanden, befolgen würden. Nachdem sie ihre Habe zusammengepackt hatten, verließen sie ihr Zuhause, blockierten die Straßen oder versammelten sich in riesigen Lagern, wo es kein Dach über dem Kopf, keine Nahrungsmittel und keine sanitären Einrichtungen gab. Um das Unglück voll zu machen, brach der Monsun aus, und sintflutartige Regenfälle verschlimmerten das Elend der Flüchtlinge. Bedauerlicherweise brachten diese Horrorgeschichten mit, die von der Presse beider Länder aufgegriffen und von den Nachrichtendiensten der beiden Panjabs offiziell bestätigt wurden. Wenn Jinnah auch dringend zu Ruhe und Frieden aufrief, griff er doch die Zuerkennungen Radcliffes bitter an und bezeichnete sie als »ungerecht, unverständlich und unnatürlich«. Der Sikhführer Master Tara Singh fuhr mit seinen scharfen Verurteilungen fort. In jenem Augenblick wurde nichts getan, was zu einer Verringerung der Spannung geführt hätte.

Als die Neuigkeiten aus dem Panjab Kalkutta erreichten, zerbrach am 1. September die Harmonie, die so sorgfältig zwischen Moslems und Hindus aufgebaut worden war, als es erneut zu schweren Unruhen kam und Bomben in den Straßen geworfen wurden. Die Obrigkeit handelte prompt und ließ nicht zu, daß die Schwierigkeiten außer Kontrolle gerieten. Eindrucksvolle Demonstrationen der Hindu-Moslem-Solidarität fanden weiterhin statt. Die Lage war jedoch immer noch sehr gefährlich, und Gandhi, der sich noch in der Stadt aufhielt, beschloß, mit einem Fasten bis zum Tode zu beginnen, das er erst dann beenden wollte, »wenn und sobald in Kalkutta wieder die Vernunft herrscht«. Die gesamte Polizei Nordkalkuttas, einschließlich der Europäer, unternahm ein 24stündiges Sympathiefasten, wobei sie weiterhin ihren Dienst versah. Vier Tage später erhielt Gandhi von den Hindu-, Moslem- und Sikhführern ein Versprechen, daß sie in ihren eigenen Gebieten den Frieden wahren würden, und er brach sein Fasten ab. Beinahe über Nacht herrschte wieder Ruhe in der Stadt.

In Delhi verstärkten sich die Spannungen, als immer mehr Flüchtlinge aus dem Panjab in die Stadt und deren Umgebung strömten. Bis zum 5. September waren etwa 200 000 Menschen eingetroffen, und die Schilderung ihrer Leiden entfachte die Wut gegen jene Moslems, die noch in der Stadt geblieben waren. In den engen Straßen der Altstadt von Delhi waren bald Mord, Verstümmelung und Vergewaltigung an der Tagesordnung. Sikhs und Hindus griffen die Moslems an, die auf der Straße zum Flughafen flohen, in der Hoffnung, nach Pakistan zu entkommen; andere wurden auf dem Bahnhof angegriffen. Nach einem besonders schlimmen Gemetzel *triefte* der Bahnhof dort tatsächlich vor Blut, und die Gleise waren mit Leichen übersät. Menschenmassen – viele von ihnen waren Flüchtlinge, die alles im Panjab verloren hatten – brüllten wie rasend, schleuderten große Steine in leicht gebaute moslemische Geschäfte, und Frauen und Kinder plünderten alles, was in Reichweite war. In den Anfangsstadien blickten die Polizisten – selbst Hindus und Sikhs

– in die andere Richtung, und gelegentlich halfen sie sogar den Randalierern. Bald begann jedoch eine Streitmacht von fünftausend Mann (darunter britische und Gurkha-Truppen, bei denen keinerlei kommunalistische Sympathien vorlagen), eine gewisse Ordnung mit Gewalt herzustellen. In den Straßen wurde Tag und Nacht patrouilliert, und die Männer hatten den Befehl erhalten, gezielte Schüsse abzugeben. Man brachte die Moslems von Delhi in großen Lagern unter, die von Truppen bewacht wurden, doch wurde eine gewisse Zeit lang nichts getan, um sie mit Nahrungsmitteln zu versorgen oder ihnen Schutz vor dem Monsunregen zu bieten. Nachdem vier Tage lang Blut geflossen war, wobei während dieser Zeit die Stadt von der Außenwelt abgeschlossen war und beinahe tausend Menschen ihr Leben lassen mußten, schafften es britische und Gurkha-Truppen schließlich, wieder Ruhe und Ordnung herzustellen.

Während dieser schrecklichen Zeit wurden Delhi und die ganze Nation von einem Notstandskomitee regiert, das aus Mountbatten, Patel und Nehru bestand. Die Verwaltung, die die Briten hinterlassen hatten, geriet ins Wanken, stürzte aber nicht zusammen. Nehru war besonders über das Blutvergießen in Delhi erschüttert. Dies war ein Zeichen der Unreife und schien die Vorahnungen von Männern wie Churchill zu bestätigen, der bis zuletzt behauptet hatte, daß die Inder nicht bereit seien für die Freiheit. Den größten Schock erlitt jedoch seine Überzeugung, daß die kommunalistischen Leidenschaften sich bei der Teilung in nichts auflösen würden, weil ihr Ziel – die Schaffung des Staates Pakistan – erreicht worden war. Man hatte hier leider die Massenpsychologie sowie fünf Monate kommunalistischer Gewalt völlig falsch gedeutet. Unglücklicherweise war Nehru nicht der einzige, dem es hier an Weitsicht mangelte. Sowohl Mountbatten als auch Patel hatten ebenfalls mit einer reibungslosen und friedlichen Übertragung der Macht gerechnet, wobei man einzelne Gewaltausbrüche ohne Schwierigkeiten unter Kontrolle halten könnte. Für Mountbatten gab es eine gewisse Entschuldigung. Er wußte nichts von Indien und konzentrierte sich zu sehr auf den Mechanismus der Machtübertragung, um zu genau auf die zu hören, die Indien gut kannten. Für die anderen scheint die einzige Erklärung die zu sein, daß sie so sehr mit den Problemen der Macht beschäftigt waren, daß sie keinen Kontakt zur Realität hatten.

Als ihnen tatsächlich der Schrecken jener Realität klargemacht wurde, handelten sie alle mit Kraft und Energie. Mountbatten war für die Strategie verantwortlich, Patel setzte sie mit jener Unbarmherzigkeit in die Praxis um, die er stets bewiesen hatte. Nehru setzte sich persönlich ein, indem er durch die Straßen ging und unbewaffnet den sich gegenseitig bekämpfenden Horden entgegentrat. Patel billigte nicht, daß Nehru auf eigene Faust versuchte, die Menschen wieder zur Vernunft zu bringen. Er klagte, daß mehr Polizisten für die Krawalle zur Verfügung ständen, wenn sie »nicht die zusätzliche Belastung trügen, sich um Jawaharlal kümmern zu müssen«.

Die Verbesserung der Lage in Delhi fand leider keine Entsprechung im Panjab. Flüchtlingsströme überquerten noch immer die Grenzen zwischen den beiden Dominions. In den ersten vierzehn Tagen der Unabhängigkeit hatten schätzungsweise eine halbe Million Menschen die Grenzen überquert. Im September waren etwa 2 Millionen Menschen auf Achse. Sie bewegten sich in Ochsenkarren, in Lastkraftwagen und in Zügen. Einige der Konvois waren achtzig Kilometer lang. Sowohl die Züge als auch die Konvois wurden von bewaffneten Moslem- und Sikhbanden angegriffen. Die Lage war schließlich so schlimm, daß der Zugverkehr zwischen Delhi und Lahore zeitweise eingestellt werden mußte. Sintflutartige Regenfälle hatten noch zu einer Verschlechterung der trostlosen Lage beigetragen. Auf beiden Seiten der Grenzen standen die Flüchtlingslager unter Wasser, und Cholera brach aus. Die Regengüsse hatten auch die

Straßen unpassierbar gemacht und die Nahrungsmittel vernichtet.

Beide Seiten führten eine Propagandaschlacht gegeneinander. Die Zeitungen – sie waren keinerlei Kontrolle unterworfen – wimmelten von Artikeln, die von den Greueltaten berichteten, und verbreiteten den Ruf nach Rache. Extremistische Führer forderten, daß man Truppen zur Rettung ihrer Glaubensgenossen über die Grenzen schicken solle. Die pakistanische Regierung behauptete, daß Indien die Moslemflüchtlinge bewußt nach Pakistan trieb, mit dem Ziel, einen administrativen und wirtschaftlichen Zusammenbruch herbeizuführen. Jinnah tönte, dies sei eine sorgfältig ausgetüftelte und gut geplante Verschwörung, um Pakistan in die Knie zu zwingen, bevor es noch richtig auf den Beinen stand. Von Indien kamen sofort Gegenbeschuldigungen, und selbst Gandhi schloß sich der allgemeinen Bitterkeit an, indem er Pakistan angriff.

Die Atmosphäre des Verdachts zwischen Indien und Pakistan, die schon erhitzt genug war, wurde durch das Verhalten jener drei Fürstenstaaten noch weiter verschärft, die sich seit dem Tag der Unabhängigkeit nicht auf den Anschluß an einen der beiden Staaten festgelegt hatten: Junagadh, Hyderabad und Kaschmir.

Junagadh, ein relativ kleiner Staat von 6400 Quadratkilometern, lag an der Südwestküste der Halbinsel Kathiawar nördlich von Bombay, ein Gebiet von überwältigender Schönheit und Großartigkeit. Sein wichtigster Hafen war etwa 560 Kilometer von Karatschi, der neuen Hauptstadt Pakistans, entfernt. Junagadh war – abgesehen von der Meeresküste – auf allen Seiten von Staaten umgeben, die sich Indien angeschlossen hatten. Der Staatenkomplex von Kathiawar glich einem verrückten Puzzle. Bei den meisten von ihnen handelte es sich um winzige Gebiete, die über die Halbinsel verstreut waren. Es gab sogar Teile von Junagadh, die als Enklaven in andere Staaten eingelagert waren; Enklaven der Territorien anderer Staaten blieben im Gebiet von Junagadh. Der Nawab von Junagadh hatte den Eindruck vermittelt, daß er, obwohl selbst ein Moslem, sich Indien anschließen würde, da sich die meisten anderen Staaten in Kathiawar bereits dazu entschlossen hatten. Es war eine sehr vernünftige Entscheidung, da über 80 Prozent der 816 000 Einwohner von Junagadh Hindus waren. Der Nawab schob jedoch die eigentliche Unterzeichnung des Anschlußdokumentes bis nach dem 15. August hinaus und entschied sich dann für Pakistan.

Er ging sogar noch weiter und besetzte zwei winzige Staaten, Mangrol und Babariawad, die sich für Indien entschieden hatten, um damit ihre Unabhängigkeit von ihm und der von ihm geübten Oberherrschaft über sie ein Ende zu machen.

Die anderen Kathiawar-Staaten unter Führung Nawanagars, die dies als eine Bedrohung des Friedens ansahen, wandten sich an die neue indische Regierung und begannen, ihre eigenen Bundestruppen an den Grenzen von Junagadh zu konzentrieren. Die indische Regierung war offiziell nicht vom Anschluß des Nawabs an Pakistan in Kenntnis gesetzt worden – tatsächlich erfuhr sie davon aus der Zeitung. Die Regierung beschwerte sich bei Pakistan, erhielt jedoch keine Antwort. Abgesehen von der Tatsache, daß die Pakistanis einige Männer schickten, um der verbrauchten Polizei des Nawab zu Hilfe zu kommen, taten sie nichts anderes, als die Hände in den Schoß zu legen und die Lage zu genießen. Der indischen Regierung widerstrebte es, in eine Falle zu laufen; denn darum handelte es sich offensichtlich. Milde Worte waren aus dem Mund Sardar Patels gekommen. Die Fürsten, obwohl noch etwas beunruhigt, waren im Begriff, erleichtert aufzuatmen, und eine heikle Beziehung konnte möglicherweise sehr leicht erschüttert werden, wenn man einen der Staaten zu irgend etwas ›zwang‹. Es bestand auch die Möglichkeit, daß Pakistan etwas dagegen hätte. Auf eine Bitte an Liaquat Ali Khan, dem Volk von Junagadh zu erlauben, für sich selbst zu entscheiden, erhielt man keine Antwort.

Die indische Regierung wiederholte zwar beständig ihren Wunsch nach einer gütlichen Lösung, war aber schließlich gezwungen, zu handeln. Hätte sie dies nicht getan, dann hätten die anderen Kathiawar-Staaten möglicherweise den Eindruck gewonnen, daß Indien nicht in der Lage oder bereit sei, sie zu beschützen. Indische Armeetruppen wurden an die Grenzen Junagadhs geschickt und alle Zugangswege zu dem Staat sowie die Kohle- und Benzinlieferungen unterbrochen. Eine Gruppe von Kongreß-Anhängern aus Junagadh selbst wurde, nach bestem europäischen Vorbild, dazu ermutigt, eine Exilregierung zu bilden.

Die pakistanische Regierung reagierte offiziell erst am 7. Oktober 1947, als sie behauptete, daß, da sich Junagadh legal an Pakistan angeschlossen hätte, kein anderer Staat ein Recht habe, einzuschreiten. Sie erklärte, daß es offensichtlich Unsinn sei, zu behaupten, daß Junagadh für die anderen Kathiawar-Staaten eine Gefahr darstelle. Die Pakistanis seien jedoch bereit, »über die Bedingungen und Umstände zu sprechen, unter denen ein Plebiszit in irgendeinem Staat durchzuführen ist«; Indien sollte jedoch zuerst seine Truppen von den Grenzen Junagadhs abziehen. Die Formulierung des pakistanischen Angebots war wohlerwogen. Der Stachel lag in dem Wort ›irgendein‹. Die Pakistanis hofften wirklich auf ein Plebiszit in Kaschmir, einem moslemischen Staat mit einem Hinduherrscher, der noch immer schwankte, welchem Dominion er sich anschließen sollte; die indische Regierung lehnte jedoch die Idee eines Plebiszits ab, sofern sie keine feste Zusicherung erhielt, daß Pakistan sich damit einverstanden erklären würde, sich mit dem Fall Junagadh und nur mit ihm zu befassen.

Die indischen Truppen in Kathiawar wurden jetzt auf 1400 Mann verstärkt und umfaßten auch eine Kompanie leichter Panzer und ein Luftwaffengeschwader. Außerdem gab es Bundestruppen in der Höhe von 2000 Mann. Da der Nawab die Gefahr erkannte, verließ er Junagadh am 26. Oktober in seinem Privatflugzeug und begab sich nach Karatschi in Sicherheit. Der Chefminister, der sich mit den von Kongreßfunktionären organisierten Unruhen konfrontiert sah, appellierte bald darauf an die indische Regierung, die Verwaltung des Staates zu übernehmen. Die Regierung war einverstanden, und indische Truppen überquerten die Staatsgrenze. In Telegrammen an Liaquat Ali erklärte Nehru, daß die Besetzung von Junagadh nur vorübergehend sei und nur so lange dauern würde, bis ein Plebiszit abgehalten werden könnte. Er bat die pakistanische Regierung, Vertreter zu entsenden, um über das Vorgehen zu sprechen. Pakistan zog es jedoch vor, sich an den Buchstaben des Gesetzes zu klammern: Junagadhs Herrscher habe sich dem Staat Pakistan angeschlossen, was sein volles Recht gewesen sei; die indische Besetzung sei deshalb eine Verletzung pakistanischen Territoriums, und solange Indien seine Truppen nicht abziehe, habe es keinen Zweck, darüber Gespräche zu führen. Dabei blieb es bis zum Februar 1948, als ein Plebiszit zu der Entscheidung führte, sich Indien anzuschließen.

Die Lage in Hyderabad hatte mit der in Junagadh eines gemein: Über 80 Prozent der Bevölkerung waren Hindus, aber der Herrscher, als ›der Nizam‹ bekannt, war Moslem. Die Armee, die Polizei und die Regierung waren alle in den Händen der Moslems, die eine herrschende Minderheit bildeten. Doch hier endete die Ähnlichkeit. Hyderabad war beträchtlich größer – etwa 131 000 Quadratkilometer – und seine Bevölkerungszahl betrug 16 Millionen. Der Staat – er befand sich ungefähr in der Mitte der indischen Halbinsel – hatte keinen Zugang zum Meer und würde nach der Teilung vollständig von indischem Gebiet umgeben sein. Folglich war es für den Nizam nicht praktikabel, sich Pakistan anzuschließen, das nur auf dem Luftweg zu erreichen sein würde. Abgesehen von der völligen Unabhängigkeit hatte der Staat lediglich die Möglichkeit, sich dem vom Kongreß beherrschten Indien anzuschließen; eine solche Möglichkeit war dem Nizam jedoch zuwider, der sich stets allen anderen Fürsten gegenüber für überlegen gehalten hatte; die Briten hatten ihm beträchtliche Unabhängigkeit eingeräumt. Wenn er sich Indien anschlösse, dann würde er sich seinen Hinduuntertanen gegenüber geschlagen geben, die sich jetzt, vom Kongreß dazu angestachelt, zu Wort meldeten. Neben seiner natürlichen Abneigung gegen den Kongreß wurde der Nizam durch die Tatsache beeinflußt, daß seine eigene persönliche Position in hohem Maße von Hyderabads herrschender moslemischer Minderheit abhing. Diese Minderheit wurde von einer Art Partei unterstützt, die sich Ittehad-ul-Muslimin nannte und fanatisch pro-islamisch war. Ohne ihre Unterstützung hätte der Nizam nicht weiterregieren können. Da sie die Unabhängigkeit forderte, mußte er dies auch tun. Obwohl die Ittehad ihn unter Druck setzte, war der Nizam jedoch nicht bereit, töricht zu handeln. Er begriff, daß es klug wäre, Indien nicht gegen sich aufzubringen; deshalb entsandte er einen Verhandlungsausschuß nach Delhi, dessen wichtigste Mitglieder der Chefminister des Staates, der Nawab von Chhatari und Sir Walter Monckton, sein verfassungsmäßiger Berater, waren.

Aus der Haltung des Verhandlungskomitees hatte es den Anschein, daß der Nizam bereit war, den größten Teil der Machtbefugnisse, die das Anschlußdokument verlangte, aufzugeben; er wollte dies jedoch durch einen Vertrag tun, so als ob er ein ebenbürtiger Partner sei. Er bestand auch auf dem Recht, neutral zu bleiben, falls es zu einer Auseinandersetzung zwischen Indien und Pakistan käme, und er behielt sich das Recht vor, seine eigenen Vertreter nach Großbritannien und anderswohin zu entsenden. Zu einem früheren Zeitpunkt hatte der Nizam die britische Regierung um einen Dominion-Status für Hyderabad gebeten, was natürlich abgelehnt worden war. Der Nizam wollte jedoch noch immer eine gewisse Verbindung mit der britischen Krone beibehalten, obwohl nicht klar ist, was er sich davon versprach. Mountbattens Ratschläge dem Nizam gegenüber waren jedoch offen: Vergessen Sie die Vergangenheit, unterzeichnen Sie das Anschlußdokument, *dann* verhandeln Sie mit dem Kongreß. Die Ratschläge waren vernünftig; Indien konnte Hyderabad gegenüber kaum Zugeständnisse machen, ohne sich der Gefahr auszusetzen, daß andere Staaten ebenfalls Forderungen stellen würden. Selbst der größte unter den Staaten würde sich mit denselben Bedingungen einverstanden erklären müssen, wie jeder andere Staat auch. Der Nizam hätte sehr wahrscheinlich Mountbattens Ratschläge angenommen, wenn man ihn nicht so unter Druck gesetzt hätte. Bis zum 15. August war kein Anschluß erfolgt. Die moslemische Presse in Hyderabad sprach vom Nizam als ›Seine Majestät‹ (vorher hatte er lediglich ›Seine Erhabene Hoheit‹ geheißen), und die moslemischen Massen feierten Hyderabads Unabhängigkeit.

Man einigte sich auf ein Stillhalteabkommen, so daß die mannigfaltigen öffentlichen Dienste weiterarbeiten konnten; das Abkommen währte jedoch nur zwei Monate. In diesen Monaten wurde die Hyderabader Armee auf etwa 25 000 Mann vergrößert, und Waffenkäufe wurden im Ausland getätigt und auf dem Luftwege eingeflogen, wobei man sich einige Flugzeuge von Pakistan geliehen hatte. Die Ittehad bewaffnete eine Streitkraft von Terroristen, die als die Razakhars bekannt waren. Zur gleichen Zeit brachten jedoch der Nawab von Chhatari und Monckton den größten Teil ihrer Zeit mit fruchtlosen Reisen nach Delhi und zurück zu. Die indische Regierung war jetzt, wo das Massaker im Panjab gezeigt hatte, was geschehen konnte, wenn die kommunalistische Gewalt nicht mehr zu bändigen war, nicht bereit, dem Nizam gegenüber Zugeständnisse zu machen. Inzwischen startete der Kongreß von Hyderabad, mit massiver Unterstützung von außen, eine Kampagne des zivilen Ungehorsams und forderte den Anschluß an Indien und eine Regierung des Volkes in Hyderabad. Er schlug nicht vor, den Nizam abzusetzen, denn er hegte offensichtlich die Hoffnung, einen Keil zwischen ihn und seine fanatischeren moslemischen Anhänger zu treiben. Bis Ende September waren jedoch mehr als 1300 lokale Kongreßführer verhaftet worden. Unter diesen Umständen reichten sowohl Chhatari als auch Monckton dem Nizam ihren Rücktritt ein; er wollte sie jedoch nicht gehen lassen, nicht zuletzt deshalb, weil er nicht frei handeln konnte und die Verhandlungen nicht abbrechen wollte, in der Hoffnung, daß sich vielleicht eine gewisse Übereinkunft ergeben könnte, die für ihn annehmbar wäre.

Auf Mountbattens Vorschlag erlaubte Patel, als Chef des zuständigen Ministeriums, dem Generalgouverneur, zu versuchen, was er durch persönliche Verhandlungen ausrichten konnte. Es war möglich, daß er als Vetter des früheren König-Kaisers einen größeren Einfluß auf den Nizam ausübte als die Kongreßführer. Am 21. Oktober hatte Mountbatten es fertiggebracht, das Stillhalteabkommen um ein Jahr zu verlängern; während dieser Zeit hoffte man, sich auf ein umfassenderes Abkommen zu einigen. Als Chhatari und Monckton nach Hyderabad zurückkehrten, um vom Nizam die Ratifizierung des Abkommens zu erwirken, war jedoch die Nachricht eingetroffen, daß Kaschmir sich Indien angeschlossen hatte. Moslemische Menschenmassen demonstrierten vor Chhataris Haus und verlangten, Hyderabad sollte Indien gegenüber keine Zugeständnisse machen; die Ittehad drohte mit ›direkten Aktionen‹ gegen den Nizam, wenn er Indien gegenüber nachgeben sollte. Unter diesem Druck lehnte er eine Ratifizierung des Abkommens ab und gab öffentlich bekannt, daß er nicht die Absicht habe, sich Indien anzuschließen. Chhatari und Monckton boten erneut ihren Rücktritt an, der dieses Mal angenommen wurde. Ein neues Verhandlungskomitee wurde ernannt, dem auch ein Vertreter des Ittehad angehörte.

Der Kongreß wurde jetzt allmählich ungeduldig, und Sardar Patel hielt zahlreiche Reden, in denen er darauf hinwies, daß das, was in Junagadh geschehen war, ebensogut irgendwo anders geschehen konnte. Trotz alledem wurden die Verhandlungen fortgeführt, und das Stillhalteabkommen wurde schließlich im November ratifiziert. Die Lage in Hyderabad verbesserte sich jedoch nicht. Die Razakhars bemächtigten sich der Regierung und fingen an, Dörfer auf indischem Territorium zu überfallen und zu plündern. Patel wartete, bis Mountbatten am Ende seiner Amtsperiode im Juni 1948 Indien verlassen hatte und nach England abgereist war, und begann dann mit einem Propagandafeldzug, wobei er behauptete, daß sich Hyderabad in einem Zustand innerer Unruhe befände. Im September 1948 rückten indische Truppen ein, und der Nizam schloß sich offiziell Indien an. Die indische Armee übernahm ein Jahr lang die direkte Kontrolle des Staates; sie wurde dann durch eine bürgerliche Administration ersetzt.

Obwohl Pakistan nicht abgeneigt war, sich in Sachen Junagadh einzumischen und sich Hyderabad gegenüber wohlwollend zu zeigen, betraf beides Pakistan nicht direkt. Mit Kaschmir verhielt es sich ganz anders, und daran hat sich bis auf den heutigen Tag nichts geändert. Im Unterschied zu Junagadh und Hyderabad hatte Kaschmir sowohl mit Pakistan als auch mit Indien gemeinsame Grenzen. Die Landesgrenze mit Pakistan war lang, und die einzigen Allwetterstraßen, die nach Kaschmir führten, kamen von Pakistan. Nach Indien gab es nur eine Schönwetter-Landstraße, die durch das Gebiet von Gurdaspur verlief und im Winter aufgrund der Schneeverhältnisse unpassierbar war. In Kaschmir lagen auch die Quellgebiete der wichtigsten Flüsse Pakistans, des Indus, des Jhelum und des Chenab. Der Maharadscha von Kaschmir befand sich in der entgegengesetzten Lage wie die

Herrscher von Junagadh und Hyderabad; denn er war Hindu, der über einen Staat herrschte, in dem 77 Prozent der Bevölkerung Moslems waren.

Als die Unabhängigkeit näherrückte, schien es nicht unvernünftig zu sein, daß der Maharadscha einen Anschluß an Pakistan in Erwägung zog; doch die politische Lage in Kaschmir, wie die der Nordwestlichen Grenzprovinz, war keineswegs unkompliziert. In dem Staat gab es eine moslemische Partei, die mit der gesamtindischen Moslem-Liga eng verbunden war; die wichtigste Gestalt in der Politik des Staates war jedoch Scheich Abdullah, der, obwohl Moslem, Präsident der Nationalen Konferenz-Partei war, die ebenso eng mit dem Kongreß verbunden war. Im Juni 1946 war der Scheich inhaftiert worden, weil er die Abdankung des Maharadschas gefordert hatte, und im August 1947 saß er noch immer im Gefängnis. Wie in Hyderabad, nur umgekehrt, wurde der überwiegend moslemische Staat von einem Hindumaharadscha mit Hindubeamten und überwiegend Hindutruppen regiert.

Die Wahl, vor der der Maharadscha stand, war keineswegs leicht. Wenn er sich Pakistan anschloß, würde dies wahrscheinlich bedeuten, daß er selbst abdanken mußte. Wenn er sich Indien anschloß, verstieß er gegen die geographischen, religiösen und wirtschaftlichen Affinitäten Kaschmirs zu Pakistan. Vollständige Unabhängigkeit kam nicht in Frage, da der Staat auf Versorgung von außen angewiesen war. Der Kongreß übte einen beträchtlichen Druck auf ihn aus, keine übereilte Entscheidung zu treffen; denn eine in Eile gefällte Entscheidung hätte wahrscheinlich den Anschluß an Pakistan bedeutet. Kaschmir war von beträchtlichem persönlichen Interesse für Nehru, dessen Vorfahren aus diesem Gebiet stammten. Aber in einem noch realistischeren Sinne, weil nämlich Nehru die Vorstellung eines durch die Religion gespaltenen Indiens haßte, war der Anschluß dieses Staates an Indien wichtig. Wenn Kaschmir allein aus religiösen

Gründen an Pakistan fiel, konnte dies zu öffentlichen Demonstrationen führen, die das Leben der Moslems, die sich noch in Indien aufhielten, gefährden würde. Folglich riet man dem Maharadscha, sich wenigstens erst dann zu entscheiden, wenn er mit Nehru gesprochen hatte. Gandhi sagte dasselbe und bot sogar an, nach Kaschmir zu kommen, um mit dem Maharadscha zu reden. Mountbatten fand jedoch, daß er selbst dorthin gehen müsse. Es gelang ihm nicht, den Maharadscha davon zu überzeugen, sich Indien anzuschließen – oder Pakistan. Bis zum 15. August war es lediglich zu einem Stillhalteabkommen zwischen Kaschmir und Pakistan gekommen, und es waren Verhandlungen im Gange, um ein ähnliches Abkommen mit Indien zu erzielen.

Der Kongreß hatte gehofft, daß der Maharadscha Scheich Abdullah freilassen würde und daß er und seine Anhänger bewirken könnten, daß das Volk zugunsten des Anschlusses an Indien Druck machte. Die Entscheidung wurde dem Maharadscha jedoch abgenommen. Die moslemischen Bewohner des Bezirks Poonch waren ein kriegerisches Volk, das der alten britisch-indischen Armee Tausende von unerschrockenen Soldaten gestellt hatte. Nach der Teilung demonstrierten in Poonch ehemalige Soldaten für einen Anschluß Kaschmirs an Pakistan. Als die Hindutruppen des Maharadscha auf diese Demonstranten feuerten, erhoben diese sich und schlugen die Truppen des Staates in die Flucht. Die Rebellion löste weitere Unruhen aus; denn die Herrschaft des Maharadscha war nicht erfreulich gewesen.

Genau genommen lautete die Bezeichnung des Staates Kaschmir und Jammu, wobei letzteres Gebiet eine Hindumehrheit hatte. Nach Jammu, das eine gemeinsame Grenze mit dem Panjab hatte, waren viele Hindu- und Sikhflüchtlinge vor den Massakern im Panjab geflohen, und es gelüstete sie nach Rache gegen die Moslems. Sie griffen die Moslemminderheit in Jammu mit Feuer und Schwert an.

Zur gleichen Zeit reagierten die Stämme der Grenzgebiete auf den Schlachtruf ›Islam in Gefahr‹. Und am
22. Oktober drangen Tausende von Stammesangehörigen in Kaschmir ein. Obwohl die pakistanische Regierung jede Verantwortung für das Eindringen dieser
Stämme leugnete, versorgte sie die Stämme zweifellos
mit Fahrzeugen, Maschinengewehren, Granatwerfern
und leichter Artillerie, während pakistanische Armeeoffiziere, die sich angeblich ›im Urlaub‹ befanden, die Truppen anführten. Die Stämme fegten mordend und brand-
schatzend über Kaschmir. Als sie 40 Kilometer von der
Hauptstadt Srinagar entfernt waren, stoppten sie. Am
24. Oktober beschloß der Maharadscha, sich Indien anzuschließen, und bat dringend um indische Hilfe gegen die
Stämme. Er unterrichtete auch Mountbatten, daß er im
Begriff sei, eine Übergangsregierung unter Scheich Abdullah einzusetzen, der kurz vorher aus der Haft entlassen worden war. Indische Truppen wurden eingeflogen,
und sie schlugen die Eindringlinge nach 14 Tagen zurück. Nach den Kämpfen folgte eine militärische Pattsi-
tuation. Die Vereinten Nationen, die man um Hilfe gebeten hatte, waren nicht imstande, eine Lösung durchzusetzen, und das Kaschmir-›Problem‹ ist bis heute eine
Quelle der Feindschaft zwischen Indien und Pakistan.

Der Bürgerkrieg im Panjab, die Kaschmir-Frage sowie das
Problem der Fürstenstaaten wirkten sich sehr stark sowohl auf die Beziehungen zwischen den Kongreßführern
in der indischen Regierung als auch auf die Beziehungen
zwischen dem Kongreß und der Regierung aus. Bei vielen lebenswichtigen Problemen gab es Differenzen, besonders in der Wirtschaftspolitik und bei der Behandlung
von Minderheiten. Die Kongreßführer in der Regierung
waren im wesentlichen unerfahrene Männer, selbst
wenn einige von ihnen während der Wirksamkeit des
Gesetzes von 1935 ein Amt in den Provinzen bekleidet
hatten. Der Kongreß selbst verhielt sich weiterhin eher

wie eine Versammlung der nationalen Befreiung und nicht wie eine herrschende Partei. Die Hauptgestalten des Freiheitskampfes blieben die Hauptgestalten im Kampf um das Überleben der Nation und hatten etwa die gleichen Machtpositionen inne, die sie am Vorabend der Unabhängigkeit innegehabt hatten. Die wichtigste Persönlichkeit im Kabinett war nicht Nehru, der Ministerpräsident, sondern Sardar Patel, der die Verantwortung für die inneren Angelegenheiten und Bundesangelegenheiten hatte. Der Mahatma (nach wie vor war er nicht im Kongreß) übte keinen direkten Einfluß auf die Regierungsentscheidungen aus. Gandhis Stellung als Befürworter Nehrus und als Vermittler zwischen ihm und Patel blieb unvermindert. Es war Gandhis allmächtige *moralische* Autorität, die die Konflikte zwischen Nehru und Patel bestimmte und diese in einem Umfang begrenzte, daß eine endgültige Kraftprobe vermieden wurde, die dazu geführt hätte, daß einer von beiden aus der Regierung ausgeschieden wäre. Die Herausforderung, die Nehru durch Patel und den rechten Flügel erfuhr, galt deshalb nicht seiner Position als Ministerpräsident, sondern bezog sich einzig auf das Ausmaß seiner Autorität bei der Festlegung der Politik.

Die Arbeitsteilung zwischen Nehru und Patel, obwohl keine genau festgelegte Teilung, war bereits während der Interimsregierung skizziert worden. Nehru war Ministerpräsident und Minister für auswärtige Angelegenheiten, und in Fragen der Außenpolitik, Kaschmirs und der Beziehungen zum Commonwealth wurden seine Entscheidungen selten, wenn überhaupt, in Frage gestellt. Nehrus Ansichten über Kaschmir waren leidenschaftlich genug, um die am stärksten kommunalistisch eingestellten Personen zufriedenzustellen, obwohl sie sehr unterschiedlichen Motiven entsprangen. In innenpolitischen Angelegenheiten herrschte Patel praktisch unangefochten, obwohl es den Anschein hat, daß er keine größere Entscheidung traf, ohne Nehru davon zu unterrichten und wenigstens seine stillschweigende Einwilligung zu erlangen. Die Hebel der *innen*politischen Macht lagen völlig in Patels Händen; er war nämlich nicht nur für innere Angelegenheiten zuständig, sondern auch für Informationspolitik und Rundfunk. Außerdem behielt Patel seine dominierende Stellung in der Kongreßorganisation bei.

In diesen beiden wichtigen Rollen war Patel der wahre Gründer des indischen Staates. Unter seiner Leitung veränderte das Staatenministerium und insbesondere dessen Minister V. P. Menon die Struktur des Landes. Trotz des sowohl offenen als auch indirekten Versprechens, daß die Fürstenstaaten im neuen Indien Partner sein sollten, wurden schließlich alle integriert. Abgesehen von Junagadh, Hyderabad und Kaschmir handelte es sich um eine unblutige Übung in nationaler Konsolidierung, was den Aufbau eines neuen politischen Rahmens für das gesamte Land möglich machte. Die Hunderte von Fürstentümern wurden in zwölf lebensfähige Einheiten zusammengeschlossen, wobei beinahe eine dreiviertel Million Quadratkilometer – ebensoviel wie man durch die Teilung eingebüßt hatte – sowie etwa neunzig Millionen Menschen zur indischen Union hinzukamen. Die Fürsten wurden großzügig behandelt, in erster Linie weil man es für wesentlich hielt, Stabilität und Ordnung unter möglichst geringen Spannungen und Kontroversen zu erzielen.

Nehru spielte bei diesem gewaltigen Unternehmen eine kleine Rolle, obwohl die politische Linie mit seinen häufig dargelegten Ansichten völlig übereinstimmte. Auf diesem Gebiet gab es sicherlich keine Zusammenstöße oder Konflikte. Es gab auch keine großen Probleme bei Patels Schaffung des institutionellen Rahmens, in dem Nehru wirkte. Vor der Unabhängigkeit hatte Nehru die Armee und die Bürokratie heftig kritisiert. In den folgenden Jahren modifizierte er zwar seine Ansichten über die Verwaltung; seine Einstellung zum Militär änderte er jedoch nicht wesentlich, was bis zu einem gewissen Grade zum Debakel der indischen Streitkräfte während des chinesisch-indischen Grenzkonflikts von 1962 beitrug. Patel hingegen besaß ein viel feineres Gespür für die Bedürfnisse des modernen Staates. Das neue Indien hatte von den Briten eine Verwaltungsstruktur geerbt, die, obwohl sie durch die Teilung und durch das Ausscheiden der britischen Mitglieder der Verwaltung einige ihrer besten Männer verloren hatte, weiterhin ein leistungsfähiges Machtinstrument blieb. Die Besetzung dieser Stellen mit Indern war lange vor der Machtübertragung eingeleitet worden, und es gab einen Stamm kompetenter und erfahrener Beamter, die die höheren Positionen, die durch das Ausscheiden der Briten freigeworden waren, einnehmen konnten. Jahrelang hatte man die indischen Mitglieder der Bürokratie und des Militärs im Kongreß als Verräter diffamiert. Vor allem Nehru hatte sehr freimütig Kritik geübt und hatte grundlegende Reformen und drastische personelle Veränderungen nach der Unabhängigkeit versprochen.

Als Innenminister unternahm Patel Schritte, um die Angehörigen der Verwaltung in Schutz zu nehmen, indem er ihre Gehälter und Privilegien garantierte. Praktisch übernahm der neue Staat die gesamte Struktur des öffentlichen Dienstes beinahe völlig, sowie auch den größten Teil seines Personals. Patels Argumente liefen darauf hinaus, daß die Notwendigkeit, die neue politische Ordnung so schnell wie möglich zu stabilisieren, angesichts äußerer und innerer Gefahren gegen eine radikale Reform sprach. Die Bewahrung dieser ererbten Verwaltungsstruktur führte nicht nur dazu, daß die unentbehrlichen Dienstleistungen weiter funktionierten, sondern sie ermöglichte in den ersten Jahren der Unabhängigkeit die effektive Etablierung einer Regierungsautorität. Da die Etablierung von Gesetz, Ordnung und Autorität die dringendste Aufgabe war, der sich die neue Regierung gegenübersah, war dies Patels zweiter lebens-

wichtiger Beitrag zur Nation. Obwohl es keine Anhaltspunkte dafür gibt, daß Patel an etwas anderem gelegen
war als daran, die funktionsfähige Kontinuität zu wahren, trug die Beibehaltung der Beamtenschaft, bei der es
sich in Wirklichkeit um eine Kolonialverwaltung zur Aufrechterhaltung von Recht und Ordnung handelte, zum
Konservatismus der politischen Entwicklung Indiens
bei. Die Traditionen der Verwaltung, ihre hierarchische,
ja Kastenstruktur, ihr administratives Procedere waren
nicht abgestimmt auf die Anforderungen eines rapiden
sozialen und wirtschaftlichen Wandels.

Patels Bewahrung eines im wesentlichen konservativen Verwaltungssystems hatte ihre Parallele in seiner
Umwandlung des Kongresses, der aus einer nationalistischen Bewegung mit begrenzten Zielen zu einer konser-
vativ-modernisierenden Partei wurde. Patel kam hierbei
nicht nur die Vergangenheit, sondern auch die Gewalttätigkeit und der Schrecken der ersten Jahre der Unabhängigkeit zustatten. Die Vergangenheit hatte dem Kongreß
ein Vermächtnis fortschrittlicher wirtschaftlicher und so-
zialpolitischer Verpflichtungen hinterlassen, das großenteils auf Nehrus Pionierarbeit zurückging. Die konservativen Anhänger des Kongresses unter den Geschäftsleuten und Akademikern meldeten keinen tiefergehenden
Widerstand gegen die reformistischen Programme der radikalen Mitglieder des Kongresses an. Vor der Unabhängigkeit hatte die indische Geschäftswelt, die sich mit dem
Kongreß identifizierte, bereits das Prinzip der staatlichen
Wirtschaftsplanung akzeptiert. Sie hatte ebenfalls Gandhis Forderungen nach größerer sozialer und wirtschaftlicher Gerechtigkeit akzeptiert, und zwar wegen seines
Widerstands gegen die Anwendung von Gewalt oder gar
den Erlaß von Gesetzen, um diese Gerechtigkeit herbeizuführen. Die indischen Kapitalisten glaubten nicht, daß
sie von radikalen Programmen irgend etwas zu befürchten hätten, weil man die in diesen geforderten Reformen
niemals durchführen würde, wenigstens nicht völlig und

13. Juli 1956.
Der indische Ministerpräsident trifft zu einem mehrtägigen
Staatsbesuch in Bonn ein, wo er von Bundeskanzler Adenauer
und Mitgliedern des Kabinetts begrüßt wird.

Oben: In New York trifft 1960 der indische
Premierminister Nehru mit Chruschtschow zusammen.
Unten: Der französische Premierminister Pompidou,
Nehru und General de Gaulle 1962 auf der Terrasse des
Elysée-Palastes.

Nehru hoch zu Yak...
während seines Besuchs in Bhutan und dem
östlichen Himalayagebiet.

Der Sprecher der Dritten Welt –
seine Stimme fand in aller Welt Gehör.

sicherlich nicht so lange, wie Gandhi und Patel am Leben waren.

Patel wußte, daß er – und die Regierung – von der gemäßigten konservativen Mehrheit im Kongreß nichts zu befürchten hatte, aber es gab noch immer die Sozialisten und die Hindukommunalisten, mit denen man fertig werden mußte. Im Falle der Sozialisten kamen Patel die Folgen der Teilung zu Hilfe, die eher eine allgemeine Sehnsucht nach Ordnung als nach revolutionärer Veränderung begünstigten. Die Hindukommunalisten, denen Patel viel Sympathie entgegenbrachte, forderten, daß der Kongreß eine militantere Hinduorganisation werden sollte. Die Ermordung Gandhis durch einen Hindufanatiker veränderte Patels Einstellung, und er wandte sich gegen die offene Hinduisierung des Kongresses.

Die Umgestaltung des Kongresses dauerte eine Weile. Einer der ersten Schritte Patels bestand darin, das Bild der Partei zurücktreten zu lassen hinter dem der Regierung, in der jetzt die bedeutendsten Parteiführer saßen. Dieser Prozeß hatte bereits 1946 begonnen, als der Parteisekretär Kripalani zum Präsidenten ernannt wurde und nicht einer der im ganzen Land bekannten Führer. Nach der Unabhängigkeit wurde der Parteipräsident aus dem Entscheidungsprozeß ausgeschlossen und im großen und ganzen von der Regierung ignoriert. Dies gefiel vielen nicht, Gandhi eingeschlossen, und im September 1947 trat Kripalani wegen dieser Frage zurück.

Unzufriedenheit in der Partei ging einher mit Reibereien im Kabinett. Patel schien in seiner Behandlung der indischen Moslems weniger als unparteiisch zu sein. In öffentlichen Reden forderte er, sie sollten praktische Beweise ihrer Loyalität geben. An diesem Vorgehen nahm nicht nur Nehru Anstoß, der fest entschlossen war, daß Religion bei der Definition der Staatsbürgerschaft keine Rolle spielen dürfe, sondern auch der Mahatma. In wirtschaftlichen Fragen unterstützte Gandhi jedoch Patel und die Gruppe der Geschäftsleute.

Es besteht kein Zweifel, daß Nehru sich zu diesem Zeitpunkt zunehmend isoliert fühlte. Ein Beweis dafür ist die Erneuerung der engen Beziehung zu Gandhi, die durch das Auftauchen Mountbattens und den Konflikt zwischen Nehru und dem Mahatma in der Frage der Teilung ein wenig abgekühlt war. In den letzten Monaten des Jahres 1947 stattete Nehru Gandhi täglich einen Besuch ab und kam sichtlich erfrischt zurück. Dies war überraschend; denn Gandhi machte gerade zu diesem Zeitpunkt selbst eine intensive Phase der Verzweiflung durch und glaubte (nicht ohne Grund), für die kommunalistische Gewalttätigkeit verantwortlich zu sein – eine erschütternde Entdeckung, die ihn zu zerreißen schien. Das Verhalten vieler Kongreßabgeordneter beunruhigte ihn ebenfalls, die, so wie ihm berichtet wurde, von Geschäftsleuten Bestechungsgelder annahmen, damit sie ihnen Konzessionen besorgten, von Schwarzmarkt-Aktivitäten profitierten und die höchsten Beamten unter Druck setzten, um für ihre Freunde Ernennungen und Versetzungen zu erlangen. Gandhi machte den überraschenden Vorschlag, der Kongreß solle sich selbst auflösen und statt dessen einen Lok Seva Sangh (Gesellschaft der Diener des Volkes) bilden.

Gandhi, der seit der Unabhängigkeit immer häufiger seine Inneren Stimmen befragt hatte, erhielt Weisungen zum Fasten. Er beabsichtigte damit in erster Linie, kommunalistische Harmonie in einer Lage zu schaffen, die sich erneut rapide verschlechterte. Am 12. Januar gab er seinen Entschluß bekannt. Es ist ein interessanter Kommentar zu Nehrus eigener seelischer Verfassung, daß er trotz seiner allgemein bekannten Einstellung zum Fasten als einer politischen Waffe nicht nur den Mahatma unterstützte, sondern selbst zu fasten begann und erst damit aufhörte, als Gandhi darauf bestand. Auf einer öffentlichen Versammlung teilte Nehru der Menge mit: »Der Verlust von Gandhis Leben würde den Verlust der Seele Indiens bedeuten.« Die Erpressung funktionierte erneut.

Dem Mahatma gelang es durch sein Fasten, in Delhi wieder Frieden herzustellen. Es beeinflußte auch einen wichtigen Kabinettsbeschluß.

Bevor mit dem Fasten begonnen worden war, hatte das Kabinett beschlossen, die Zahlung von 550 Millionen Rupien, die Pakistan aufgrund der Teilungsabkommen als sein Anteil am Kassenbestand zustanden, aufzuschieben. Patel hatte argumentiert, daß das Geld erst dann gezahlt werden sollte, wenn Pakistan die anderen ausstehenden Abmachungen, insbesondere über Kaschmir, gehalten hätte. Es gibt widersprüchliche Berichte über Nehrus Haltung. Einige Quellen erklären, daß er dieser Sache gleichgültig gegenüberstand und Patels Führung ohne Widerspruch befolgte; andere behaupten, daß Nehru der Meinung war, man müsse den Vereinbarungen nachkommen. Gerüchte wurden in Umlauf gesetzt, daß der Mahatma gegen den Kabinettsbeschluß und gegen Patels energisches Vorgehen gegen die moslemische Bevölkerungsgruppe zu fasten begonnen habe. Es besteht kein Zweifel, daß die Beziehungen zwischen dem Mahatma und Patel gespannt waren, wegen dieser beiden Streitfragen, aber aber auch wegen der wachsenden Feindseligkeit zwischen Patel und Nehru.

Die vorliegenden Anhaltspunkte unterstützen die Ansicht, daß sich das ganze Kabinett über die Hinauszögerung der Zahlung an Pakistan einig war. Nehru, Patel und Azad besuchten am 13. Januar Gandhi und versuchten, ihn davon zu überzeugen, daß es sich um die richtige Entscheidung handele. Gandhis Haltung war unerschütterlich: Die Bezahlung mußte erfolgen, ganz gleich was Pakistan getan oder nicht getan hatte. Es gab Auseinandersetzungen, bei denen sowohl Nehru als auch Azad ins andere Lager wechselten und den Mahatma gegen Patel unterstützten. Angesichts eines solchen Widerstands gab Patel nach, aber nicht ohne Bitterkeit. Nach einer Krisensitzung des Kabinetts verkündete man, daß man die Mittel sofort überweisen werde.

Patel war durch Gandhis Einstellung verwundet und verärgert. »Der Alte ist senil geworden«, soll er gesagt haben. Nach dieser Begebenheit drehten sich die Kabinettssitzungen um die Spannungen zwischen Nehru und Patel; sie endeten mit einem Ausbruch Nehrus, der einen offenen Bruch anzukündigen schien. Am 15. Januar begab sich Patel auf Reisen und ließ einen Brief für Gandhi zurück, in dem er sein Ausscheiden aus der Regierung mitteilte – ein Zeichen dafür, wie wichtig Gandhi für die Kongreßführung war. Bei Patels Rückkehr erwähnte Gandhi den Brief nicht. Gandhi war in Wirklichkeit zu krank gewesen, um über die Sache nachdenken zu können, und erst nachdem er sein Fasten am 18. Januar abgebrochen hatte, was durch Zusicherungen der kommunalistischen Führer möglich geworden war, daß es in Delhi Frieden geben werde, war er imstande, darüber nachzudenken, was getan werden sollte. Seine Entscheidung war einfach: Das Land brauchte sowohl Nehru als auch Patel.

Am 20. Januar wurde Gandhis Gebetsversammlung durch die Explosion einer kleinen Bombe gestört. Niemand wurde verletzt, aber sowohl Nehru als auch Patel baten den Mahatma, fortan Polizeischutz in Anspruch zu nehmen. Die Antwort des Mahatmas war eine glatte Absage: »Gott ist mein Beschützer. Wenn er mich nicht beschützen kann, kann es niemand.« Aus irgendeinem Grund wurde nicht versucht, Polizisten in Zivil in die Villa des Baumwollmagnaten G. D. Birla einzuschleusen, in der der Mahatma wohnte.

Am Nachmittag des 30. Januar 1949 traf Patel gegen vier Uhr auf dessen Wunsch beim Mahatma ein. Allen Berichten zufolge soll Gandhi Patel klipp und klar befohlen haben, sich mit Nehru auszusöhnen und zu versprechen, der Regierung weiter anzugehören. Patel scheint ebenso klipp und klar gesprochen zu haben. Kurz nach fünf Uhr ging Patel fort. Nehru sollte am Abend kommen, und Gandhi wollte die Beziehungen zwischen beiden Männern zum Thema seiner Gebetsversammlung am folgenden Tag machen, an dem er auch seine Ideen für die Umorganisation des Kongresses vorbringen wollte. Nachdem Patel weggegangen war, wanderte Gandhi gemächlich über den Rasen zu der Stelle, wo er an jenem Tag seine Gebetsversammlung abhalten wollte. Auf halbem Wege kam ihm ein junger Mann entgegen und verbeugte sich, indem er seine beiden Handflächen zu der traditionellen Begrüßung aneinanderlegte. Gandhi erwiderte den Gruß auf die gleiche Weise. Der junge Mann zog dann einen Revolver und feuerte drei Schüsse ab, die Gandhi in die Brust und in den Unterleib trafen. Der Mahatma fiel zu Boden, wobei er laut rief: »Hai Rama Hai Rama« (Oh Gott, oh Gott). Nach wenigen Augenblicken war er tot.

Nehru und Patel, gefolgt von Mountbatten, eilten hastig zum Schauplatz des Anschlags. Der Generalgouverneur wurde mit dem Ruf empfangen, daß der Mörder ein Moslem gewesen sei; er besaß jedoch genug Geistesgegenwart, um mit lauter Stimme zu antworten: »Du Narr, weißt du nicht, daß es ein Hindu war!« Glücklicherweise stellte sich heraus, daß er recht hatte – wenn ein Moslem der Täter gewesen wäre, wäre es zweifellos in ganz Indien zu einem Holocaust gekommen. Mountbatten nutzte ebenfalls die Gelegenheit der erhöhten Gefühlsbewegungen, um an Nehru und Patel zu appellieren, die in einer Ecke des Gartens bestürzt schweigend beisammensaßen. Mountbatten erklärte den beiden Männern, daß Gandhi mit ihm über den Konflikt zwischen ihnen gesprochen habe sowie über seine Hoffnungen, daß es zu einer Versöhnung käme. Der Tod des Mahatmas würde sie sicherlich zusammenbringen, wenn dies auch sonst nicht möglich gewesen wäre. Nehru und Patel stimmten zu und umarmten einander unter Tränen.

Einige Augenblicke später sprach Nehru zu der Menge. Er erkletterte einen Laternenpfahl und teilte ihnen mit: »Mahatmaji ist von uns gegangen.« Am Abend sprach er im Radio. Seine Rede hatte er vorher nicht ausgearbeitet, aber sie drückte seine Empfindung des Schmerzes und des Verlustes aus:

Freunde und Genossen, das Licht in unserem Leben ist erloschen, und es herrscht überall Finsternis. Ich weiß nicht, was ich euch sagen soll oder wie ich es ausdrücken soll. Unser geliebter Führer, Bapu, wie wir ihn nannten, der Vater der Nation, ist nicht mehr. Vielleicht ist es falsch von mir, das zu sagen. Dennoch werden wir ihn nicht mehr so sehen, wie wir ihn alle die Jahre gesehen haben. Wir werden nicht zu ihm laufen, um ihn um Rat zu bitten und bei ihm Trost zu suchen, und das ist ein furchtbarer Schlag, nicht nur für mich, sondern für Millionen und Abermillionen Menschen in diesem Lande. Und es ist nicht leicht, den Schlag durch einen Rat, den ich oder jemand anders euch geben könnte, zu dämpfen.

Das Licht ist erloschen, sagte ich, und dennoch hatte ich unrecht. Denn das Licht, das in diesem Lande schien, war kein gewöhnliches Licht. Das Licht, das dieses Land all die Jahre erleuchtet hat, wird noch viele Jahre weiter leuchten, und noch in tausend Jahren wird man dieses Licht in diesem Land sehen, und die Welt wird es sehen, und es wird unzähligen Herzen Trost schenken. Denn dieses Licht verkörperte mehr als die unmittelbare Gegenwart; es verkörperte die lebendigen und ewigen Wahrheiten, erinnerte uns an den rechten Weg, zog uns vom Irrtum ab und führte dieses alte Land in die Freiheit. All dies geschah, da es für ihn noch so viel zu tun gab. Wir konnten niemals glauben, daß er überflüssig sei oder daß er seine Aufgabe bereits erfüllt habe. Aber gerade jetzt, da wir vor so vielen Schwierigkeiten stehen, ist sein Fehlen ein besonders schwerer Schlag für uns...

Die Ermordung Gandhis hätte zu keinem günstigeren Zeitpunkt kommen können, wenn sie von der Regierung arrangiert worden wäre. In einem gewissen Sinn war sie das sogar; denn es war ein Mord, den man geschehen ließ, ermutigt durch die Nachlässigkeit der Sicherheitsorgane und der Polizei. Nach der Bombenexplosion am 20. Januar wußte man bei einer Sonderabteilung der Polizei in Bombay, wo der Mord geplant worden war, daß es Anzeichen für eine Verschwörung gab. Eine im Jahre 1967 durchgeführte Untersuchung ergab, daß Polizeidokumente in den Akten fehlten, und die zwangsläufige

Schlußfolgerung aus dem Beweismaterial jener Zeit ist, daß man nichts getan hatte, um Patel oder Nehru, deren Ermordung wahrscheinlich ebenfalls geplant war, zu warnen, weil es Leute gab, die nicht wollten, daß etwas getan würde. Die wahren Hintergründe kennt man noch immer nicht, und dabei wird es wahrscheinlich auch bleiben.

Gandhis Tod ereignete sich auch aus anderen Gründen zu einem günstigen Zeitpunkt. Zwar brachte er keine wirkliche Aussöhnung zwischen Patel und Nehru – die gefühlsbetonte Schau, die Mountbatten im Angesicht des Leichnams des Mahatmas inszenierte, war lediglich ein weiterer Moment in einer momentanen Tragödie. Aber er tat seine Wirkung sowohl auf die Gesundheit Patels, der zu dem Zeitpunkt über 70 war, als auch auf seine offenkundige Einstellung dem Hindukommunalismus gegenüber. Die Tatsache, daß der Mörder Gandhis ein Hinduextremist war, bewirkte, daß Patel sich wenigstens in der Öffentlichkeit gegen den Hinduextremismus wandte. Seine Bindung an den Mahatma war ebenso tief und viel weniger gefühlsbetont als diejenige Nehrus; Patels unmittelbare Reaktion bestand jedoch darin, sich gegen jene zu wenden, die er bisher unterstützt hatte. Er zögerte nicht, starke Worte gegen Pakistan zu gebrauchen, als der Hinduflüchtlingsstrom aus Ostbengalen wieder einsetzte; er warnte jedoch auch die Hindus davor, sich dem kommunalistischen Haß zu überlassen. Er ging gegen extremistische Organisationen vor, wie die Hindu Mahasabha und die Rashtriya Swayamsevak Sangh (RSS), eine paramilitärische Gruppe, die mit dem Mörder Gandhis in Verbindung gebracht wurde. Patel unternahm jedoch nichts gegen die Kommunalisten innerhalb des Kongresses, und die an ihm geübte Kritik ist nicht ganz unberechtigt, daß sein Einverständnis mit dem Verbot der RSS und die Verhaftung vieler ihrer Mitglieder in erster Linie dazu dienten, eine eventuell gefährliche Opposition gegen den Kongreß zu zerschlagen.

Die Art von Gandhis Tod hatte jedoch die Hindukommunalisten zum Schweigen gebracht und sie daran gehindert, der Annahme einer säkularen Verfassung offenen Widerstand entgegenzusetzen. Die kommunalistische Gewalt in den Monaten nach der Unabhängigkeit und der offensichtlich kommunalistische Charakter Pakistans ließen das Land eine Verfassung akzeptieren, die der Religion aus dem Wege ging, während sie das zum Ausdruck brachte, was man für gandhische Toleranz gegenüber allen Religionen hielt. Trotz alledem nahmen hinduistisch gesonnene Leute einen im wesentlichen kommunalistischen Standpunkt ein, wenn sie sich darum bemühten, die Zustimmung der Verfassung dafür zu erlangen, daß Hindi, die Sprache des hinduistischen Kernlandes, Indiens Staatssprache werden sollte. Patel brachte zwar der Hindulobby Verständnis entgegen, aber es lag ihm sehr viel mehr daran, für eine gewisse Zeit am Englischen festzuhalten, um nicht durch dessen Abschaffung die Verwaltung und das administrative Procedere zu gefährden. Es gab auch starken Widerstand von seiten jener Menschen, die nicht Hindi sprachen, und ihre Reaktion war der Beginn eines neuen Konflikts, der an die Stelle des Kommunalismus in der Zeit vor der Unabhängigkeit den sprachlichen Nationalismus treten ließ. Die Entscheidung war ein Kompromiß. Englisch würde in den nächsten fünfzehn Jahren die offizielle Sprache bleiben.

Die am 26. November 1949 angenommene Verfassung ist ein zu komplexes Thema, als daß es in allen Einzelheiten im Rahmen des vorliegenden Buches erörtert werden könnte.[1] Dem Charakter nach ist sie fast rein westlich und stützt sich nicht nur auf die Indien-Akte von 1935, sondern auch auf verschiedene europäische und auf die ame-

---

[1] Das Entstehen der Verfassung und ihrer Bestimmungen wird behandelt in Granville Austin, *The Indian Constitution: Cornerstone of a Nation,* Oxford University Press, 1966.

rikanische Verfassung, sogar auf die der Sowjetunion. Die parlamentarische Regierungsform wurde von allen ohne viel Diskussion angenommen, ebenso die säkularen Bestimmungen. Weder Nehru noch Patel spielten bei den Diskussionen der Verfassunggebenden Versammlung kontinuierlich eine aktive Rolle – ihr Hauptinteresse galt der Sicherung der Stabilität des Staates. Die führende Gestalt war bis 1951 B. R. Ambedkar, der Führer der Unberührbaren und Justizminister in der Zentralregierung. Sowohl Nehru als auch Patel sprachen jedoch oft zu der Versammlung und verbrachten viel Zeit damit, jene Personen unter vier Augen zu überzeugen, die mit ihren grundlegenden Ansichten nicht übereinstimmten. Wenn die beiden Männer in einer Sache geteilter Meinung waren, wie im Falle der Klauseln, die sich auf das Eigentum bezogen, bildeten sich Fraktionen, und es wurde lange debattiert; aber wenn sie sich einigten, was der häufigere Fall war, akzeptierte jeder die Lage, und es kam zu einer einstimmigen Entscheidung. Es ist nicht übertrieben, wenn man behauptet, daß die Verfassung den individuellen Charakter der beiden Männer sowie ihre unterschiedlichen Einstellungen widerspiegelt; sie ist nämlich eine Mischung aus idealistischen gesellschaftlichen und wirtschaftlichen Bestimmungen und Artikeln von praktischer, administrativer und technischer Natur.

Der Einfluß, den Gandhis Tod sowohl auf das Land als auch auf die beiden wichtigsten Persönlichkeiten in der Regierung hatte, wurde allmählich gegen Ende des Jahres 1949 schwächer. Die Beziehungen zu Pakistan, die sich durch eine von der UNO vermittelte Waffenruhe in Kaschmir beruhigt hatten, wurden wieder gespannt, nachdem Pakistan sich weigerte, seine Währung abzuwerten und damit der Abwertung der indischen Währung im September 1949 zu folgen. Schwierigkeiten bei den Verhandlungen über einen neuen Wechselkurs führten im Dezember zu einem völligen Erliegen des Handels zwischen beiden Ländern. Indien stellte dann seine Kohlelieferungen nach Pakistan ein, mit der Begründung, daß Pakistan die Jutelieferungen verzögere. Ostbengalen, das vor der Teilung über 75 Prozent der indischen Jute produziert hatte, blieb auf seinen Vorräten sitzen, während die Fabriken in Westbengalen keinen Rohstoff zur Weiterverarbeitung hatten. Die arbeitslosen Fabrikarbeiter in Kalkutta schufen sich ein Ventil für ihre Ängste und Frustrationen, indem sie sich zu moslemfeindlichen Unruhen mit anderen zusammentaten, die unter den wirtschaftlichen Auswirkungen der Teilung litten. Die Tumulte flackerten noch stärker auf, als eine neue Einwanderungswelle von Hindus aus Ostbengalen (Ostpakistan) einsetzte.

Extremistische Politiker und Zeitungen begannen damit, Greuelgeschichten zu verbreiten, und eine Zeitung ging so weit, unter ihren Lesern eine Umfrage abzuhalten, ob Indien gegen Pakistan Krieg führen solle. Eine natürliche Folgeerscheinung dieser bedrohlichen Atmosphäre war, daß sich viele Moslems von Westbengalen nach Pakistan aufmachten. Im März war dieser in zwei Richtungen fließende Flüchtlingsstrom zu einer wahren Flut angewachsen, die der im Panjab 1947 ähnelte. Das Kabinett in Delhi war sich uneinig darüber, was getan werden sollte. Patel war für ein energisches Vorgehen – die Ausweisung von zehn Moslems aus Indien für jeden Hindu, der gezwungen worden war, Pakistan zu verlassen. Die kommunalistisch eingestellten Mitglieder des Kabinetts, insbesondere S. P. Mookerjee, unterstützten ihn darin. Nehru befürwortete Verhandlungen mit Pakistan, und er war fürs erste imstande, den Rest des Kabinetts auf seine Seite zu bringen. Am 17. März 1950 verkündete Nehru, nachdem er mehrere Male Kalkutta und die Grenzgebiete besucht hatte, im Parlament, daß er nicht bereit sei, einen Krieg oder einen Austausch von Bevölkerungsgruppen als Lösung anzusehen. Statt dessen schlug er vor, er und der Ministerpräsident von Pakistan, Liaquat Ali Khan, sollten eine gemeinsame Erklärung abgeben, in der den Minderheiten in beiden Ländern Schutz und eine faire Behandlung zugesichert wurde. Er ließ auch eine Einladung an Liaquat Ali ergehen, nach Delhi zu kommen.

Das Treffen zwischen den beiden Ministerpräsidenten fand erst am 2. April statt und führte sechs Tage später zu einem Abkommen. Vor dem Treffen war es im Kabinett zu einer erneuten Spaltung gekommen; S. P. Mookerjee hatte die Forderung gestellt, daß jedes Abkommen eine Klausel über Sanktionen im Falle der Nichteinhaltung des Abkommens enthalten sollte. Nehru wies darauf hin, daß dies die Gespräche sabotieren würde, bevor sie noch begonnen hätten. Die meisten Kabinettsmitglieder stimmten ihm zu, und Mookerjee reichte seinen Rücktritt ein, ebenso ein anderes, nicht dem Kongreß angehörendes Kabinettsmitglied am Tage vor der Aufnahme der Gespräche. Mookerjee, der bis Ende 1948 Mitglied der Hindu Mahasabha gewesen war, begann jetzt, zusammen mit gleichgesinnten Hindukommunalisten, die Opposition gegen die Regierung zu organisieren, insbesondere gegen Nehru und sein Abkommen mit Liaquat Ali.

Eine naheliegende Grundlage für die Opposition konnte man bei den verschiedenen Flüchtlingsorganisationen finden. Eine Konferenz solcher Organisationen wurde im Juli 1950 in Delhi abgehalten, und Mookerjee wurde mit Transparenten begrüßt, auf denen es hieß: »Weg mit Nehrus hindufeindlicher Feiglingsregierung« und »Tod dem Nehru-Liaquat-Pakt«. Bezeichnenderweise war von den drei führenden politischen Gestalten auf der Konferenz – Mookerjee selbst, N. B. Khare, Präsident der Hindu Mahasabha, sowie Purushottamdas Tandon – letzterer der Präsident des Kongreßkomitees der Vereinten Provinzen und enger Vertrauter Patels.

Im Sommer 1950 war Nehrus Stellung äußerst unsicher. Ohne seinen politischen Vater Gandhi war er lediglich auf jene fortschrittlichen Elemente im Kongreß angewiesen, die ihn nicht im Stich gelassen hatten. Die Kongreßsozialisten hatten den Kongreß bereits 1948 verlassen und ihre eigene Partei gebildet, obwohl ihr Weggang sich auf Nehrus Stellung kaum auswirkte, weil die Sozialisten ihm ohnehin nicht mehr trauten. Der Kongreß wurde völlig vom rechten Flügel beherrscht. Das Kabinett schien sich vor lauter Rücktritten aufzulösen, und Nehrus Art, die Dinge anzufassen, wurde innerhalb des Kongresses, wenn auch nicht in der Öffentlichkeit, ständig kritisiert.

Patel war es bereits gelungen, Nehru in der wichtigen Frage, wer der erste Präsident der indischen Republik werden sollte, eine Niederlage beizubringen. Nehru hatte sich C. Rajagopalachari gewünscht, der vor Inkrafttreten der Verfassung im Jahre 1950 als Nachfolger Mountbattens Generalgouverneur gewesen war. Rajendra Prasad, der damalige Präsident der Verfassunggebenden Versammlung, hatte jedoch angenommen, daß man natürlich ihn vorziehen würde. Nehru berief eine Sitzung des Kongresses ein, auf der seine Entscheidung für Rajagopalachari offiziell bestätigt werden sollte. Nachdem Nehru mit der Rede zur Unterstützung seines Kandidaten fertig war, begann ein Kongreßmitglied nach dem anderen (keiner von ihnen ein Spitzenpolitiker), Rajagopalachari zu kritisieren, weil er 1942 aus dem Kongreß ausgeschieden war und weil er den Plan gehabt hatte, Jinnah zu besänftigen – einen Plan, den Gandhi aufgegriffen hatte. Um Nehru in der Öffentlichkeit die Peinlichkeit einer Abstimmung zu ersparen, wurde die Entscheidung ihm und Patel überlassen, aber angesichts der vorherrschenden Stimmung im Kongreß war Nehru gezwungen, Prasad zu akzeptieren.

Von diesem Zeitpunkt an begann Nehru den Verdacht zu hegen, daß Patel und der rechte Flügel die Absicht hätten, seine politische Stellung zu untergraben. Das Pakistan- und das Flüchtlingsproblem wurden von Patel nicht forciert. Im Gegenteil, nachdem die Entscheidung gefallen war, unterstützte er sie in öffentlichen Reden, unter anderem in Kalkutta, und forderte, man solle dem Pakt der beiden Ministerpräsidenten eine faire Chance geben. Das zeugte von einem gewissen physischen und auch politischen Mut, weil die Menschenmengen, besonders in Kalkutta, riesig und feindselig gestimmt waren und weil Patel im März 1950 einen Herzanfall erlitten hatte. Als jedoch Nehru seine Entschlossenheit ankündigte, die Verabschiedung des Hindu Code Bill im Parlament durchzubringen, widersetzte sich Patel heftig. Der Gesetzentwurf, der das hinduistische Persönlichkeitsrecht zum größten Teil außer Kraft gesetzt hätte, war, seitdem er zum ersten Mal 1948 in die Verfassunggebende Versammlung eingebracht worden war, einer fest entschlossenen Obstruktion begegnet. Durch Patels Widerstand geriet er eine weitere Zeitlang in Vergessenheit. Anfang 1950 gab es auch einen Konflikt um die Stellung einer Nationalen Planungskommission; die indischen Unternehmer befürchteten, daß diese Kommission der Anfang des Sozialismus sei. Patels ablehnende Einstellung änderte sich auch dann nicht, als sich herausstellte, daß sie nichts dergleichen war. Es wurde jedoch angenommen, daß Patel etwas mit dem zu tun hatte, was praktisch ein Rückzug vom Sozialismus war.

Im Sommer 1950 war der Kongreß gespalten, auch wenn die Öffentlichkeit nicht viel davon erfuhr, und die Fraktionen stellten sich hinter ihre Wortführer. Bis zu diesem Zeitpunkt war der Konflikt noch nicht sehr nach außen gedrungen, obwohl man wußte, daß er existierte. Sowohl Nehru als auch Patel hatten ihre Höflinge, und ständig wurden Gerüchte in Umlauf gesetzt. Es bestand jedoch keine Notwendigkeit mehr zur Verstellung, als der Kongreß im September 1950 zu seiner Jahresversammlung in Nasik zusammenkam. Der Anlaß war die Wahl des Parteipräsidenten. Nehru und Patel identifizierte man jeweils mit einem der Kandidaten, und es schien allen klar zu sein, daß dies der Beginn einer offenen Machtprobe zwischen beiden Männern war.

Patels Kandidat war Purushottamdas Tandon, ein orthodoxer Hindu, der den extrem kommunalistischen Flügel der Partei vertrat. Seine Ansichten waren allgemein bekannt. Er verabscheute die Industrialisierung und befürwortete einen harten politischen Kurs gegenüber Pakistan. Das Staatsideal war ›Hindu Raj‹, der alle alten hinduistischen Werte verkörperte. Am wichtigsten war, daß Tandon forderte, die Regierung müsse von der Partei gestellt werden. Sein Rivale war Kripalani, zwar kein Freund Nehrus, aber ein entschiedener Befürworter des säkularen Ideals. Nehru unterstützte zwar Kripalanis Kandidatur nicht, aber es wurde allgemein angenommen, daß er Nehrus Wahl sei. Als das AICC am 2. September bekanntgab, daß Tandon gewählt worden sei, wenn auch nur knapp, wurde dies als Sieg für Patel und Rückschlag für Nehru verstanden. Nehru gab den Kongreßmitgliedern, die sich für die ganze Sitzungsperiode versammelt hatten, zu bedenken: »Kommunalistische und reaktionäre Kräfte haben offen ihre Freude über das Ergebnis bekundet.« Dann beteuerte er erneut seinen Glauben an den Säkularismus und verlangte, daß die Versammlung »ihren politischen Kurs in dieser Frage in deutlichster und unzweideutigster Weise erklären« solle.

Bei dieser Angelegenheit und bei Resolutionen über Außenpolitik und andere Dinge kam der Kongreß Nehrus Forderungen nach – aus dem einfachen Grund, weil sie sich nicht unmittelbar auf Wohlergehen und Profit des einzelnen auswirkten. Patel und der rechte Flügel widersetzten sich lediglich Nehrus Vorstellung einer gelenkten Wirtschaft. Eine Resolution zur Abschaffung bestehender Kontrollen wurde abgelehnt, aber so knapp, daß es die Spaltung in der Partei und ihrer Führung nur noch unterstrich. Diese Spaltung gewann noch an Schärfe, als Tandon sich weigerte, in den Arbeitsausschuß einen von Nehrus eifrigsten Anhängern zu berufen, Rafi Ahmed Kidwai, einen Gegenspieler Tandons in den Vereinten Provinzen und Handels- und Verkehrsminister in der Zentralregierung. Kidwai hatte versucht, Nehru zu bewegen, Kripalanis Kandidatur öffentlich zu unterstützen; Nehru war jedoch nicht bereit gewesen, seinen Konflikt mit Patel an die Öffentlichkeit zu tragen. Nach Tandons Wahl und seiner Behandlung Kidwais ermutigte Nehru Kidwai und Kripalani Ende September 1950, eine Demokratische Front im Kongreß zu bilden. Das Ziel der Front bestand darin, »die Organisation des Kongresses zu aktivieren, ihn von dem korrumpierenden Einfluß der Machtpolitik zu befreien und die Partei demokratischer und leistungsfähiger zu machen«. Die Front behauptete, die Regierung habe die Mindesterwartungen des Volkes nicht erfüllt, und deutete an, der Grund hierfür seien ›unverantwortliche autoritäre Kräfte‹ im Kongreß. Kidwais, allerdings nicht Kripalanis, Hauptziel bestand darin, Nehru-freundliche Gruppierungen um sich zu scharen, um ihren Führer zu verteidigen.

Anfang Dezember trat der Arbeitsausschuß des Kongresses zusammen, um über Disziplinarmaßnahmen gegen die Front zu entscheiden. Es bestand die Gefahr, daß die Front, falls man Maßnahmen gegen sie ergriff, sich in der gleichen Weise vom Kongreß lossagte, wie dies eine Anzahl von Unzufriedenen in Westbengalen einen Monat zuvor getan hatten. Der Ausschuß beschloß deshalb, keine Maßnahmen zu ergreifen. Der rechte Flügel im Kongreß war nicht willens, einen endgültigen Bruch mit Nehru herbeizuführen (der im Land beliebter war als jeder andere Politiker im Kongreß), weil der Führer der Rechten, Patel, ernstlich krank war. Ohne ihren Cheftaktiker waren sie sich nicht ganz sicher, wie sie handeln sollten. Patel hatte es abgelehnt, Nehru als Ministerpräsidenten abzulösen. Der einzig mögliche Kandidat war er selbst, und Patel wußte, daß er nicht nur zu alt und zu krank war, sondern auch, daß er nicht Nehrus Anhang im Volk hatte. Patel war stets bestrebt, die Regierungspolitik zu beeinflussen, Nehru in Schach zu halten, nicht aber, ihn loszuwerden. Zu Lebzeiten übte Patel daher einen mäßigenden Einfluß auf die Extremisten aus. Am 15. Dezember war es mit dieser Mäßigung jedoch vorbei. Am frühen Morgen erlitt Patel einen schweren Schlaganfall und starb.

Patels Tod veranlaßte Nehru zu privater Kleinlichkeit und öffentlicher Lobrede. Patel war in Bombay gestorben, und dort sollte auch das Begräbnis stattfinden. Nehru versuchte, zu verhindern, daß Prasad der Beisetzung beiwohnte, mit der Begründung, daß es ein schlechter Präzedenzfall sei, wenn ein Staatsoberhaupt dem Begräbnis eines Ministers beiwohnte. Prasad sah dies als einen Versuch an, Patels Ruf zu schädigen, und lehnte Nehrus Ansinnen ab. Die beiden Männer flogen im selben Flugzeug nach Bombay. Im Parlament sagte Nehru am Schluß seiner Würdigung des verstorbenen stellvertretenden Ministerpräsidenten: »Wir werden an ihn denken als an einen Freund, und vor allem einen Kollegen und Genossen, und ich, der ich hier neben ihm gesessen habe, fühle mich ziemlich einsam, und ein Gefühl der Leere wird mich beschleichen, wenn ich auf diesen leeren Platz blicke.« Um dafür zu sorgen, daß der Platz ständig leer blieb, wenigstens machtpolitisch, weigerte sich Nehru anschließend, einen neuen stellvertretenden Ministerpräsidenten zu ernennen.

Der Tod Patels beseitigte die Hauptherausforderung für Nehru, aber er söhnte ihn nicht mit der Führung des rechten Flügels aus, die die Parteiorganisation noch immer dominierte. Der rechte Flügel übte immer stärker Kritik, während der linke Flügel laut darüber nachdachte, dem Kongreß den Rücken zu kehren und eine neue Partei zu bilden. Aber die Gewohnheit, die Einheit über alles andere zu stellen, die der Mahatma gepredigt hatte, war nicht leicht loszuwerden. Es ging noch immer nicht darum, einen Ersatz für Nehru zu finden, sondern um die Autorität des Kongresses über den Ministerpräsidenten und das Kabinett. Auf einer Tagung des AICC im Januar wurde auf beiden Seiten der Ruf nach Einheit laut, obwohl Nehru von der Fäulnis sprach, die die Seele der Partei befallen habe. Über größere Probleme erzielte man keine Einigung, aber die Tür zur Vermittlung blieb einen Spalt offen.

Nehru ergriff zuerst die Initiative, indem er die Demokratische Front im Kongreß überredete, sich aufzulösen. Kripalani zog es jedoch vor, den Kongreß zu verlassen, und eine Anzahl anderer Mitglieder taten dasselbe. Man bat sie, ihren Schritt rückgängig zu machen, aber Kripalani veranstaltete im Juni eine Versammlung in Patna, wo eine neue Partei, die Kisam Mazdoor Praja Party (KMPP, Volkspartei der Arbeiter und Bauern), gegründet wurde.

Kidwai, der in Patna dabei war und in den Zentralrat der neuen Partei gewählt wurde, sprach nicht auf der Versammlung und schied auch nicht, was noch bedeutungsvoller war, sofort aus dem Kongreß aus. Seine Entschuldigung war, daß er dann auch seinen Posten in der Regierung aufgeben müsse, und er wolle Nehru Zeit lassen, einen Ersatz zu finden. In Wirklichkeit erwartete Kidwai, daß Nehru eingreifen und Veränderungen im Arbeitsausschuß des Kongresses durchsetzen würde, was Kidwai gestatten würde, zu bleiben. Das läßt darauf schließen, daß zwischen den beiden Männern einiges besprochen worden war — eine durchaus plausible Vermutung, da Nehru und Kidwai einander sehr nahe standen. Was jetzt folgte, war sicherlich vorher verabredet worden, obwohl es keinen schlüssigen Beweis dafür gibt. Nehru war jedoch in seiner Taktik in einer für ihn untypischen Weise entschlußfreudig. Vermutlich hatte Kidwai sich die Sache ausgedacht.

Auf einer Versammlung des AICC in Bangalore im Juli 1951 machte Nehru den Versuch, die Unzufriedenen in den Kongreß zurückzuholen. Um einem etwaigen Plan Nehrus zuvorzukommen, den Arbeitsausschuß neu aufzustellen, ließ ihm das AICC freie Hand, das Manifest für die bevorstehenden Wahlen unter der neuen Verfassung zu entwerfen. Es war verlorene Liebesmüh; denn Nehru bat den Kongreßpräsidenten tatsächlich, den Arbeitsausschuß und den Zentralen Wahlausschuß neu zu organisieren, um Kidwai und einige seiner Anhänger aufzunehmen. Tandon bestand darauf, daß ausschließlich der Kongreßpräsident das Recht habe, seinen Arbeitsausschuß zu wählen. Es war jetzt offenkundig, daß es zu einer Kraftprobe oder zu einer Kapitulation kommen mußte.

Nach der AICC-Sitzung überstürzten sich die Ereignisse. Einige Tage später, am 17. Juli, reichte Kidwai seinen Rücktritt als Minister ein. Nehru nahm das Angebot nicht an und erhielt eine kurz angebundene Note von Tandon. Er hob hervor, daß es falsch sei, wenn ein Minister im Amt blieb, der sich offen gegen das Kongreßprogramm stellte, und erinnerte den Ministerpräsidenten daran, daß auch dieser sein Amt nach dem Gefallen des Kongresses innehabe. Kidwai reichte erneut seinen Rücktritt ein, und diesmal wurde er angenommen. Am 3. August gab Kidwai bekannt, daß er den Kongreß verlassen und sich der KMPP anschließen werde. Den nächsten Schritt mußte Nehru tun. Nach einem Briefwechsel mit Tandon verließ er am 10. August den Arbeitsausschuß und den Zentralen Wahlausschuß. Es folgte der Rücktritt von Maulana Azad.

Nehrus Rücktritt verursachte in ganz Indien eine Sensation. Der Gedanke an einen Kongreß ohne Nehru war jenen Millionen Menschen unvorstellbar, die in ihm nur den Nachfolger Gandhis sahen. Innerhalb des Kongresses war der Gedanke, daß die Partei ohne Nehru in die Parlamentswahlen gehen sollte, unannehmbar. Als erstes reagierte die Kongreßpartei, die Nehru ein überwältigendes Vertrauensvotum entgegenbrachte. Der Druck auf Tandon und den rechten Flügel, der von allen Interessengruppen ausgeübt wurde, die damit rechneten, von den Wahlen zu profitieren, war jetzt so stark, daß Tandon nichts anderes übrigblieb, als zurückzutreten. Am 2. September wählte das AICC Nehru zu seinem

Nachfolger. Drei Wochen später schloß sich Kidwai wieder dem Kongreß an. Der Feldzug, so stark an jenen zwölf Jahre zuvor erinnernd, der mit dem Rücktritt von Subhas Bose geendet hatte, war vorüber. Nehru war jetzt Ministerpräsident und Kongreßpräsident. Mehr als zehn Jahre lang blieb seine Herrschaft praktisch unangefochten.

18
Der unbestrittene Cäsar

Im November 1937 brachte eine Zeitschrift in Kalkutta eine treffende Charakterisierung Nehrus: »...er hat alle Voraussetzungen zum Diktator: ungeheure Popularität, starken Willen, Energie, Stolz... und, bei all seiner Liebe zur Masse, Unduldsamkeit gegen andere und eine gewisse Geringschätzung für die Schwachen und Untüchtigen.« Der Autor fuhr fort: »In normalen Zeiten wäre er ein tüchtiger und erfolgreicher Beamter, aber in dieser revolutionären Epoche steht der Cäsarismus vor der Tür, und könnte es nicht sein, daß Jawaharlal sich als Cäsar sieht? Hier liegt die Gefahr für Jawaharlal und Indien.« Der Verfasser dieses scheinbar freimütigen, aber im wesentlichen irreführenden Porträts war Nehru selbst, obwohl er dies niemals offiziell zugegeben hat.

Im Jahre 1951, als Nehru am Rande eines großen demokratischen Experiments stand und die vollständige Kontrolle über den Kongreß in greifbarer Nähe hatte, dachten manche, daß er jetzt der unbestrittene Cäsar werden würde. Sie hatten recht, aber der Cäsarismus der nächsten zehn Jahre sollte der Cäsarismus von Nehrus Schwächen sein. Seine Arroganz und sein Stolz sollten freies Spiel bekommen; sie wurden toleriert, weil diejenigen, die an den Schaltstellen der Macht saßen, Nehrus ungeheure Popularität brauchten, um ihre eigene Position zu wahren. Demokratie – diese Fessel, die Nehru seinen eigenen antidemokratischen Tendenzen angelegt hatte – erwies sich als vortreffliches Konservierungsmittel für den Status quo. Cäsarismus bedeutet Konzentration der

Macht, eine einzige Entscheidungsquelle, aber Nehru war kein guter Anführer und Verwalter und konnte nicht delegieren, selbst wenn er dies gewollt hätte. Das Bündnis zwischen Nehru und dem Kongreß war ein Bündnis der Schwächen. Der Kongreß hatte Nehru gemacht, und Nehru hätte nur eine Partei wie den Kongreß führen können. Aus diesem Grund legte er sich nur ein einziges Mal offen mit dem Kongreß an, und auch dann nur unter dem Einfluß einer dynamischeren Persönlichkeit. Der Kongreß brauchte Nehru und *alles, wofür er stand,* weil nur ein Führer wie Nehru die Wähler bei der Stange halten konnte.

Nach dem Trauma der Tandon-Affäre wurde dem rechten Flügel bald klargemacht, daß er nichts zu befürchten hatte. Der alte Nehru kam schon bei der ersten Versammlung des AICC wieder zum Vorschein — er behielt fast alle Mitglieder des Arbeitsausschusses bei und machte keine Anstalten, der Partei neue Ideale zu geben. Auf der AICC-Versammlung gab Nehru den Delegierten zu verstehen, daß sie mehr tun müßten als nur die Hand zu heben, um ihm zu beweisen, daß sie ihn als Kongreßpräsidenten wollten. Einen Augenblick lang befürchteten die Delegierten das Schlimmste. Als einer von ihnen Nehru fragte, welchen Beweis sie ihm geben könnten, forderte der neue Präsident den ganzen Ausschuß auf, mit ihm in den Ruf einzustimmen ›Jai Hind‹ (Heil Indien). Dies geschah zweimal. Es wurde kein Versuch gemacht, den Ausschuß von rechtsgerichteten Kommunalisten zu säubern; es wurden keine neuen Grundsätze verkündet und keine neuen Treueide verlangt. Es besteht kaum ein Zweifel, daß Nehru alles hätte haben können, was er gewollt hätte: Die Wahlen standen vor der Tür, und allein Nehru konnte sie gewinnen.

Das Bestreben der Kongreßmitglieder, die Wahl eher mit der Waffe von Nehrus Persönlichkeit, mit seinem *Charisma,* als mit politischen Programmen zu bestreiten, hatte gute Gründe. Die vorangegangenen Wahlen hatten in einer Atmosphäre des Kampfes gegen die Briten und in der mystischen Gegenwart des Mahatmas stattgefunden, die ihnen den Nimbus eines religiösen Ritus verliehen. Die Wählerschaft hatte sich durch die Einführung des allgemeinen Wahlrechts erheblich vergrößert – 173 Millionen Menschen sollten diesmal zur Urne gehen, im Gegensatz zu den 30 Millionen bei den Wahlen von 1937. Der ganze Maßstab der Wahlen war gewaltig. Mehr als 3800 Sitze waren zu besetzen, 489 im Zentralparlament und der Rest in den Parlamenten der einzelnen Bundesstaaten. Am Wahlkampf nahmen 59 politische Parteien und viele Tausende von Unabhängigen teil – 17 000 Kandidaten insgesamt. Es gab kaum ein Sonderinteresse, das nicht vertreten gewesen wäre. Niemand wußte wirklich, wie der Wähler reagieren würde. Das allgemeine Wahlrecht in einer extrem armen und stark auf Ungleichheit basierenden Gesellschaft war etwas Neues. Vor den Gefahren mußte man sich fürchten, aber sie wurden nicht ausreichend definiert.

Der nationale Wahlkampf des Kongresses konzentrierte sich deshalb auf Nehru, unter Ausschluß von praktisch allem anderen. Es gab ein Parteimanifest; es war von Nehru verfaßt worden und enthielt alle seine bekannten Ansichten über Außenpolitik, Säkularismus, Sozialreform und wirtschaftliche Entwicklung. Das Schwergewicht des Wahlkampfs lag auf dem Begriff des Dienens, dem brahmanischen Ideal – selbstlos, allumfassend, gefühlsmäßig – von Nehrus Mentor Vivekananda. Für Nehru schienen die Wahlen eine besondere Art der Katharsis zu sein, eine emotionale Entspannung nach dem Drama der Unabhängigkeit. Er schien aber auch der Meinung zu sein, daß es sich bei den Wahlen um eine fast gandhische Übung in geistiger Erneuerung handelte – in erster Linie für den Kongreß. Vor Kongreßführern sagte er, daß es nicht darauf ankomme, ob die Partei die Wahlen gewönne. »Es ist besser«, hatte er ihnen während der Führungskrise im Kongreß gesagt, »unsere Seele zu bewahren und eine Wahl zu verlieren, als die Wahl auf die falsche Art und Weise und mit den falschen Methoden zu gewinnen.« Auf dem Höhepunkt seiner Macht verlangte er jetzt eine neue Reinigung. Die Kandidaten des Kongresses mußten integre Menschen sein, nichtkommunalistisch und fortschrittlich. Die rechtsgerichtete Parteiführung beachtete ihn nicht und fuhr fort, jene Sorte von Leuten aufzustellen, die niemals ihre Machtstellung in Gefahr bringen würden.

Drei Jahre Unabhängigkeit hatten einen Umschwung im Kongreß bewirkt. Er hatte nicht länger um die Freiheit zu kämpfen; es ging jetzt nur noch darum, die Pfründe der erlangten Freiheit zu verteilen. Selbstaufopferung, Entbehrung, Idealismus, das war die Propaganda der Besitzlosen. Der Gegensatz zwischen der Askese des Freiheitskämpfers und dem Luxus des Imperialisten war selbst eine Waffe im Kampf. Die Gestalt Gandhis und anderer in ihrer selbstgesponnenen Kleidung hob sich vorteilhaft ab von den glänzenden Uniformen und schimmernden Orden der britischen Herrscher. Gandhi hatte aus dem bombastischen Palast des Vizekönigs ein Spital für die Armen machen wollen. Statt dessen wurde er zur Residenz des Präsidenten des unabhängigen Indien, wobei der ganze Prunk des Vizekönigs nichts von seinem Glanz einbüßte. Nehru zog in das luxuriöse Haus der ehemaligen Oberbefehlshaber ein und umgab sich mit Wachposten. Große Wagen, eine Leibwache auf tänzelnden Pferden, Pomp und Protokoll, das alles trug in gewisser Hinsicht zur nationalen Stabilität bei, indem es die Kontinuität der Regierung hervorhob; es bildete aber auch die sichere Grundlage für das Umsichgreifen von Privilegien- und Statussucht.

Der Wettbewerb um solche Privilegien war groß. Ein neuer Typ des Politikers war entstanden, der auf Protektion und den Druck von Interessengruppen reagierte und wenige oder gar keine ideologischen Hemmungen besaß, sich für sie einzusetzen. Diese Männer waren es, auf welche die Wahl der Kongreßorganisation fiel, die wie immer von den Konservativen dominiert wurde. Nehru drückte seine Enttäuschung über die ihm vorgelegte Kandidatenliste aus, deckte sie jedoch trotzdem mit der Autorität seines Namens.

Nehrus Wahlkampfreise im Jahre 1951 glich der im Jahre 1937. Er sprach über allgemeine und meist unverständliche Probleme, aber fast nie über den lokalen Kandidaten. Er sprach stets von dem Kongreß als dem Befreier von der britischen Herrschaft, vom Kongreß als der Hoffnung der Zukunft, aber nie vom Kongreß der Gegenwart. Die Wahlkampagne war ein enormer und ziemlich erbärmlicher Schwindel, den man für jene Menschen veranstaltete, denen die Korruption der lokalen Kongreßfunktionäre nur allzu gut bekannt war. Nehru bat ständig um Vertrauen, und trotz der gemachten Erfahrungen schenkten ihm die Massen auch ihr Vertrauen. Vielleicht war es seine vollkommene Aufrichtigkeit mitten in der Menschenmenge, die so wirkungsvoll war. Nehru reagierte auf sein Publikum wie mancher große Schauspieler. »Ich bin besonders sensibel für Reaktionen des Publikums, für Reaktionen der Massen«, schrieb er später; »das Funktionieren der Demokratie basiert zum allergrößten Teil auf der Empfindung, die man in der Seele des Publikums hervorruft.« Kein Politiker der Moderne hat von so vielen Millionen Menschen so viel unkritische Liebe empfangen. »Jedesmal, wenn ich mich ausgepumpt und erschöpft fühle, nehme ich ein Bad in der Menge und kehre erfrischt zurück.«

Die ganze Wahl war im Grunde genommen ein Hohn auf die Demokratie. Die Luft war geschwängert mit politischen Erklärungen, aber die einzige wirkliche Streitfrage war: für oder gegen den Kongreß. Die anderen wichtigen Parteien – die Kisam Mazdoor Praja Party, die Sozialisten, die Kommunisten, die kürzlich gebildete kommunalistische Partei von S. P. Mookerjee, die Jan Sangh –, alle griffen den Kongreß an, und es gab viel, was anzugreifen war. Keine Partei rechnete damit, den Kongreß aus seiner Machtstellung zu verdrängen, glaubte aber, seinen Anhang untergraben zu können, und gemessen an den Wählerstimmen gelang dies auch. Sicherlich kam der Kongreß wieder an die Regierung, aber mit einer Minderheit der abgegebenen Stimmen. Der Kongreß gewann zwar überall, aber mehr als die Hälfte der Wähler drückte ihre Unzufriedenheit mit der Partei aus. Aufgrund dieser Ergebnisse wurde Nehru noch wichtiger für den Kongreß, als er es schon vorher gewesen war.

Vom Organisatorischen her war die Wahl ein Erfolg. Über 2,5 Millionen Wahlurnen und 600 Millionen Stimmzettel öffneten der Korruption Tür und Tor. Aber nur an 109 Orten war eine Nachwahl erforderlich. Es gab sehr wenig Gewalt oder Betrug. Einige Stimmen wurden sicherlich gekauft, aber noch mehr Stimmen wurden durch Versprechen gewonnen. Manche Leute – und nicht alle von ihnen waren Antidemokraten – fragten sich, ob es für ein so verzweifelt armes Land über 50 Millionen Rupien wert gewesen sei zu demonstrieren, daß es die größte Demokratie der Welt war. Nehru selbst äußerte einige Zweifel, allerdings nicht mit Blick auf die Kosten. Vor der Wahl war er nicht sicher gewesen, ob dem Erwachsenenwahlrecht in Indien Erfolg beschieden sein würde. »Der Wähler reagiert auf Geräusche und Lärm«, sagte er, »er reagiert auf Wiederholung, und er bringt entweder einen Diktator oder einen gefühllosen Politiker an die Macht.« Einige Tage später soll er gesagt haben: »Es sollte so etwas wie indirekte Wahlen auf den höheren und direkte Wahlen auf den unteren Ebenen geben.« Tatsächlich war Nehrus ›Zuneigung‹ zur westlichen parlamentarischen Demokratie, für die er zu Lebzeiten so viel Ansehen im demokratischen Westen erwarb, nicht ganz so tief, wie seine Bewunderer behaupteten. Nehru hätte gerne mit unterschiedlichen Regierungssystemen experimentiert. Die wirkliche Zuneigung zur Demokratie fand man bei jenen, die davon profitierten. Und das nicht nur bei der Plutokratie, die den Kongreß beherrschte, sondern auch bei den Kommunisten, die zwischen 1948 und 1951 ohne Erfolg eine Revolution im Bezirk Telengana in Hyderabad versucht hatten und statt dessen nun auf den demokratischen Prozeß setzten. Bei den Wahlen von 1957 sollten die Kommunisten zwölf Millionen Stimmen auf sich vereinigen und die größte Oppositionspartei im Zentralparlament werden.

Zwar war sich Nehru bewußt, daß der Kongreß die Wahl nicht aufgrund seiner Leistungen gewonnen hatte – und seine diesbezüglichen Ermahnungen verstärkten sich nach dem Bekanntwerden der Ergebnisse –, aber der Parteiführung war dies ziemlich egal. In den nächsten zehn Jahren setzten sich Interessengruppen auf allen Ebenen des Parteisystems fest und bauten in den Bundesstaaten eine Art Parallelregierung auf, wo die wirklichen Gewinne zu erzielen waren. Die Identifikation von immer mehr Kongreßmitgliedern mit den praktischen Problemen des täglichen Lebens führte zu immer weiterer Korruption und Vetternwirtschaft. Als die Parteichefs der Bundesstaaten die Kontrolle über den politischen Apparat übernahmen, entfernten sich die hehren, von Nehru so oft aufgestellten Grundsätze immer weiter von der Wirklichkeit. Die indische Politik, die während des Freiheitskampfes zum größten Teil ein echter Ausdruck von Opferbereitschaft war, wurde statt dessen ein Weg zum Profit. Daran ist nichts besonders Verwunderliches. Selbst echte Revolutionen werden von bürgerlichen Werten abgelöst, aber Indien war und ist noch immer bis zu einem gewissen Grad einzigartig. Das Spektakel einer radikalen Gesellschafts- und Wirtschaftspolitik, die ständig von der herrschenden Partei gebilligt wird und doch unbeachtet bleibt, ist anderswo unbekannt.

Die Kluft zwischen radikaler Politik und konservativer Praxis, ein Vermächtnis sowohl der Jahre des Kampfes gegen die Briten als auch der Notwendigkeit der Stabilität während der Widrigkeiten der ersten Jahre der Unabhängigkeit, wurde nach den Wahlen von 1951 durch eine Verschiebung der politischen Machtbasis in der indischen Gesellschaft institutionalisiert. Es war eine Verschiebung von den hauptsächlich aus der Oberschicht stammenden Kongreßpolitikern aus der Zeit vor der Unabhängigkeit hin zur ländlichen Elite. Dominierende soziale Gruppen, die diese Elite bildeten, hatten sich an der Freiheitsbewegung nicht beteiligt. Nach der Unabhängigkeit waren sie jedoch begierig, an der errungenen Macht und der politischen Protektion zu partizipieren.

Die Ambitionen dieser ländlichen Elite – Grundbesitzer und Zwischenhändler – standen hinter der Forderung nach Schaffung von Sprachgebietsstaaten und der Kontroverse um eine gesamtindische Staatssprache. Es wurde allgemein angenommen, daß die Grenzen, die durch die Integration der Fürstenstaaten in die früheren Provinzen Britisch-Indiens geschaffen worden waren, nicht von Bestand sein würden. Das entscheidende Kriterium war schnelle Integration, nicht Rationalisierung gewesen. Aber selbst in den Jahren 1948/49 war bereits die Forderung nach Neuordnung unter sprachlichen Gesichtspunkten laut geworden. Eine Untersuchungskommission wurde gebildet und gab Ende 1948 ihre Meinung kund. Sie vertrat die Ansicht, daß man die Dinge so belassen sollte, wie sie waren. Für die Provinzen Britisch-Indiens sprach ihr Alter. Es wurde eingeräumt, daß die alten Grenzen dominante Sprachgruppen umfaßten, aber auch viele Minderheiten. Neue Grenzlinien konnten hier jedoch keine Abhilfe schaffen. Die Kommission wandte sich entschieden gegen die Schaffung von Sprachgebietsstaaten, mit der Begründung, daß dies zu sprachlichem und somit lokalem Patriotismus führen würde, was sich negativ auf die Herausbildung eines Nationalbewußtseins und die hierfür erforderliche Einigung auf eine Nationalsprache auswirken müßte.

Es gab zwar innerhalb des Kongresses einige Stimmen für eine Neuordnung der Staaten, aber ein von der Partei gebildeter Ausschuß, der den Bericht der Kommission prüfen sollte, war ebenfalls dafür, die Dinge so zu belassen, wie sie waren. Der Ausschuß, der aus den drei Mitgliedern Nehru, Patel und Pattabhai Sittaramayya bestand, hielt die nationale Einheit zu diesem Zeitpunkt offensichtlich für wichtiger als die Forderungen von damals nur wenigen Kongreßabgeordneten. Trotzdem meinte der Ausschuß (nach dem Grundsatz des Kongresses, daß es bei jeder Entscheidung ein Hintertürchen geben mußte), daß, falls weiterhin die Forderung nach Neuordnung der Staaten erhoben werden sollte, man die Angelegenheit eingehender prüfen solle.

Die lokale Struktur des Kongresses selbst garantierte, daß eine solche Forderung erhoben wurde. Seit 1921 hatte sich die Organisation um Sprachgebiete gruppiert, und ständig wurde die Zusicherung erneuert, daß man diese Gebilde nach der Unabhängigkeit zu Staaten machen werde. Das Problem der nationalen Stabilität hatte es dem Kongreß erschwert, sich in den ersten Jahren der Freiheit an diese Zusicherungen zu halten, aber nach den Wahlen 1951/52 schien die nationale Stabilität erreicht worden zu sein. Trotzdem beschäftigte die Furcht, daß eine administrative Neuordnung die Stabilität gefährden könne, die Gemüter im nationalen Kongreß weiterhin sehr. Die Wahl hatte jedoch gezeigt, daß es nicht die nationalen Probleme gewesen waren, mit denen man den Wahlkampf bestritten und gewonnen hatte. Auf gesamtindischer Ebene war Nehrus Persönlichkeit der wichtigste Faktor gewesen, während man sich auf lokaler Ebene an partikularistische Wünsche, Kastenempfindlichkeiten und ausschließlich lokale Interessen gewandt hatte. Die Kandidaten der Oppositionsparteien, die keinen Nehru hatten, der ihnen helfen konnte, hatten sich um die Unterstützung durch jene gerissen, die die Wähler beeinflussen konnten. Die Kongreßkandidaten waren gezwungen gewesen, ihrem Beispiel zu folgen.

Da sich die Mehrzahl der Wahlkreise in ländlichen Gebieten befand, waren es die dominanten sozialen Gruppen – Grundbesitzer, Kaufleute und Geldverleiher –, die am meisten umworben wurden. In diesem Stadium wurden sich diese Gruppen ihrer potentiellen politischen Macht bewußt. Sie erkannten auch, daß für sie neue Betätigungsmöglichkeiten geschaffen werden mußten, um diese Macht auszuüben. Sie hatten kein Interesse daran, sich am zentralen politischen Prozeß zu beteiligen, der von nationalistischen Modernisierern wie Nehru beherrscht wurde, sondern es ging ihnen um geeignete Medien zur Befriedigung von Ambitionen, die rein auf die Kirchturmperspektive beschränkt waren.

Die erste an hoher Stelle geäußerte Forderung nach einem neuen Sprachgebietsstaat war 1949 gestellt worden. Einige Mitglieder des Arbeitsausschusses des Kongresses schlugen die Schaffung eines separaten Staates für die telugusprechenden Menschen des damaligen Madras vor. Die Regierung lehnte ab, und die Forderung wurde auf dieser Ebene nicht mehr gestellt. Nach den Wahlen verlagerte sich der Schauplatz nach Madras. Dort war eine Kongreßregierung unter dem früheren Generalgouverneur C. Rajagopalachari in sich zerstritten. Die Differenzen des Chefministers mit T. Prakasam, allgemein bekannt als der Löwe von Andhra, verstärkten den Konflikt zwischen den tamil- und den telugusprechenden Gruppen. Die Forderung nach Teilung des Staates auf sprachlicher Grundlage beruhte auf der Feindschaft zwischen den beiden Männern, die die beiden auf den zwei Sprachen basierenden Kongreßausschüsse repräsentierten, die den Einheitsstaat Madras bildeten. Das Wahlmanifest des Kongresses für 1951 hatte die Erklärung enthalten, daß in der Frage der Neuordnung der Staaten das demokratische Recht des Volkes auf Meinungsäußerung berücksichtigt werden würde. Die Zentralregierung wollte jedoch den beschwerlichen Weg eines Plebiszits nicht betreten. Die

Entscheidung lag deshalb bei den sich bekämpfenden Kongreßorganisationen.

Der Kongreßausschuß der Provinz Andhra, der die telugusprachigen Gebiete des Staates Madras vertrat, verabschiedete eine Resolution, in der die Teilung des Staates nach sprachlichen Gesichtspunkten gefordert wurde. Der Kongreßausschuß der Provinz fühlte sich verpflichtet zuzugeben, daß auf der Grundlage des Wahlmanifests eine solche Teilung vorgenommen werden müsse. Die Zentralregierung war jedoch nicht bereit, dem zuzustimmen. Nehru teilte seinen Kollegen mit, daß er sich von solchen Taktiken nicht werde einschüchtern lassen, und es scheint völlige Übereinstimmung geherrscht zu haben. Die Angelegenheit geriet dann in ein emotionales Fahrwasser, als ein hochangesehener Teluguführer, Potti Srimarulu, bekanntgab, er werde so lange keine Nahrung zu sich nehmen, bis die Regierung sich bereit erklärte, Schritte zu unternehmen, um einen telugusprachigen Staat Andhra zu gründen. Erneut versicherte Nehru den Kabinettsmitgliedern, daß er sich nicht erpressen lassen würde, doch als sich der Teluguführer tatsächlich zu Tode fastete – ein Ende, das damals in der Geschichte des Fastens als moderner politischer Waffe einmalig war –, gab Nehru nach und sprach sogar während einer Debatte im Parlament mit Bewunderung von Srimarulus ›Opfer‹. Seine Rede war eine offene Aufforderung zu außerdemokratischem Druck.

Anscheinend um seine Kapitulation vor der Gewalt zu unterstreichen – auf Srimarulus Tod waren ausgedehnte Krawalle gefolgt –, wohnte Nehru im Oktober 1953 der Gründung des neuen Bundesstaates Andhra persönlich bei. Die Botschaft wurde von anderen Interessengruppen sofort verstanden – die Regierung war durch Massenbewegungen beeindruckbar. Nehru appellierte an rationales Verhalten. Er versuchte so zu tun, als ob die Regierung nur nachgegeben habe, weil eine Teilung verwaltungstechnisch sinnvoll gewesen sei. Sprachgebietsstaaten zu verlangen sei ein Rückfall in Stammesdenken. Niemand hörte ihm zu. Der Druck verstärkte sich so schnell, daß kaum drei Monate, nachdem das Parlament der Gründung des Staates Andhra zugestimmt hatte, die Regierung die Einsetzung einer Kommission für die Neuordnung der Staaten bekanntgab.

Nehrus geänderte Haltung war nicht nur ein weiteres Beispiel für seinen proteischen politischen Stil. Bei einem Besuch in der Stadt Belgaum, die damals zum Staat Bombay gehörte, wurde er von aufgebrachten Demonstranten begrüßt, die schwarze Fahnen trugen und einen kannadasprachigen Staat verlangten, der aus Mysore und Teilen Bombays und Hyderabads bestehen sollte. Nehru, der stets ungewöhnlich sensibel auf die Stimmung der Menge reagierte, kehrte mit der Überzeugung zurück, daß, falls nicht etwas geschah, um die Gefühle des Volkes zufriedenzustellen, er seine Popularität im Lande einbüßen werde. Die Folge war jene Kommission, obwohl Nehru sich die größte Mühe gab, nach Möglichkeit jede von ihr empfohlene Entscheidung zu verzögern. Man machte die Kommission darauf aufmerksam, sie solle nicht die unbedingt erforderliche Notwendigkeit der Wahrung der indischen Einheit übersehen; ihre Mitglieder interessierten sich jedoch anscheinend mehr für die Belange des Regionalismus. Während ihrer Erhebungen gab es im Lande viel Agitation, und die Kommission scheint davon beeinflußt worden zu sein.

Die alte Kommission von 1948 hatte die Realisierbarkeit mehrsprachiger Staaten unterstrichen und als Hauptargument darauf verwiesen, daß Menschen, die verschiedene Sprachen sprechen und doch in einer politischen Einheit leben, gegen engstirnigen Nationalismus gefeit seien. Die neue Kommission verwarf dieses Argument. In ihrem Bericht heißt es: »Bei Staaten, in denen es mehr als eine vorherrschende Sprache gibt, hat es in der Vergangenheit keine spürbare Tendenz gegeben, ein Gefühl der Loyalität gegen den Staat zu entwickeln. Es hat niemals eine erkennbare Madras-Gesinnung gegeben, als dieser Staat noch als zusammengesetztes Gebilde bestand. Andererseits beruhten diejenigen Loyalitäten, die sich innerhalb des Gebietes entwickelten, auf den Sprachen.« Die Kommission zog daraus den Schluß: »Die Vorstellung, daß mehrsprachige Staaten die Loyalität zu Sprachgruppen abschwächen, scheint nicht gerechtfertigt zu sein.« Die Mitglieder untermauerten ihre Ansicht, indem sie eine Menge Anschauungsmaterial aus dem europäischen Bereich anführten.

Der Bericht der Kommission wurde im Oktober 1955 vorgelegt. In ihm wurde vorgeschlagen, die Zahl der Staaten auf sechzehn zu reduzieren, mit drei Unions-, d. h. zentral verwalteten Territorien. Kaum war der Bericht bekanntgegeben, als es zu offenen Unmutsäußerungen und Agitation kam. Es gab Unruhen in Orissa, Bengalen und Bihar; das eigentliche Zentrum gewalttätiger Unzufriedenheit befand sich jedoch in Bombay und im Panjab. Bombay war ein zweisprachiger Staat: Die eine Bevölkerungsgruppe sprach Marathi, die andere Gujarati; daneben gab es einige kleine Minderheiten. Im Januar 1956 kam es zu schweren Krawallen in der Stadt Bombay, wo die Bevölkerung vorwiegend Marathi sprach, während in der Oberschicht überwiegend Gujarati gesprochen wurde. Die Staatsregierung war ebenfalls ihrem Charakter nach überwiegend Gujarati. Die Polizei der Stadt gefiel sich in unverantwortlichen Schießereien, und bei Zusammenstößen wurden achtzig Personen getötet und mehr als vierhundert verletzt.

Die Unentschlossenheit der Zentralregierung erwies sich als verhängnisvoll. Sie änderte häufig ihre Ansichten: Zuerst sagte sie, der Staat würde geteilt werden, aber die Stadt Bombay würde ein separater Staat werden. Dann gab sie bekannt, daß Bombay ein Unionsterritorium werden würde. Als dies übel aufgenommen wurde, schlug die Regierung ein Plebiszit binnen fünf Jahren vor. Schließlich entschied man sich 1960 dafür, Bombay dem

Nehru auf Wahlreise
durch die indischen Staaten.

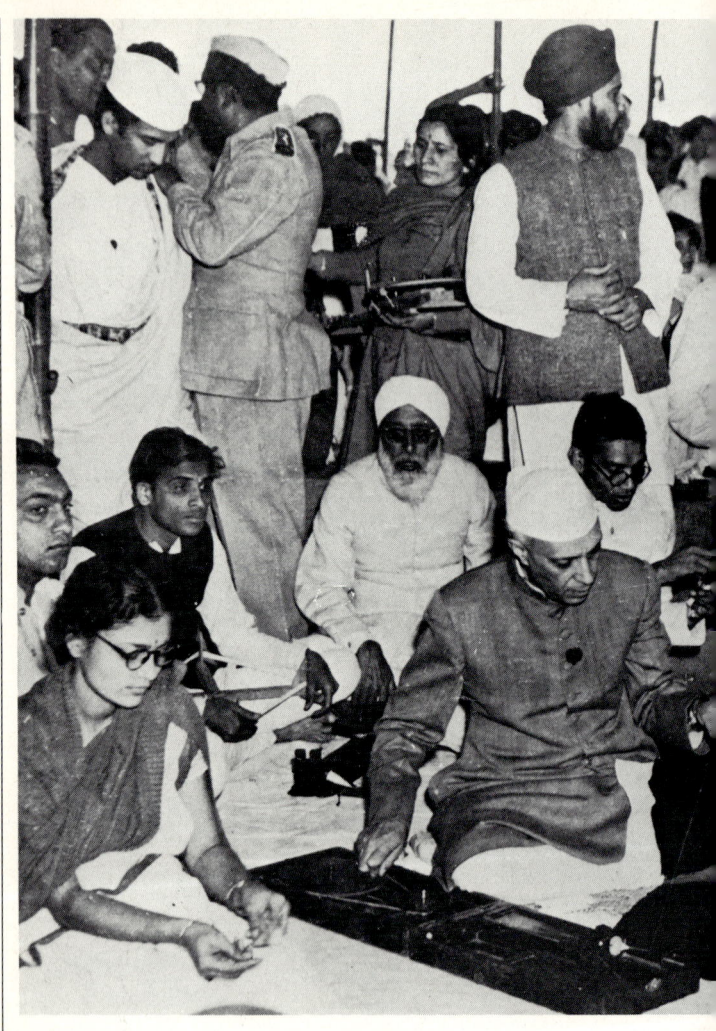

3. Februar 1949:
Nehru bei den Gedenkfeiern zum ersten Todestag
von Mahatma Gandhi.

Ein Jahr Republik Indien:
Nehru feiert den Jahrestag inmitten
junger Inder.

gerade gegründeten Bundesstaat Maharashtra zuzuschlagen, in dem Marathi gesprochen wurde. Daraufhin kam es in Ahmadabad, der geplanten Hauptstadt des neuen Staates Gujarat, zu Tumulten, die in erster Linie das Ziel hatten, dafür zu sorgen, daß die Regierung nicht erneut ihre Meinung änderte. Die Regierung verstand dies.

Im Panjab demonstrierten die Sikhs für einen eigenen Staat, und eine Zeitlang hatte es den Anschein, als ob die Schrecken der Straßenkämpfe zur Zeit der Teilung des Landes wiederkehren würden. Den Zorn der Sikhs hatte die Entscheidung ausgelöst, den Staat Himachal Pradesh, ein Gebiet mit Hindubevölkerung und hindisprechender Mehrheit, in einem größeren Staat Panjab aufgehen zu lassen. Beide Seiten, Hindus wie Sikhs, organisierten Demonstrationen, die ihrem Charakter nach offen kommunalistisch waren, die sich aber, überraschend genug, als friedlich erwiesen. Schließlich erzielte man einen Kompromiß. Das Hindugebiet wurde zentral verwaltet, und beide Sprachen, Panjabi und Hindi, wurden zu offiziellen Sprachen des Staates Panjab. Das beendete zwar den Aufruhr nicht, aber die Gründung eines panjabisprachigen Staates wurde bis nach Nehrus Tod verschoben.

Es gab weitere Veränderungen, bevor das Gesetz zur Neuordnung der Staaten schließlich im November 1956 im Parlament verabschiedet wurde. Aus dem ursprünglichen Vorschlag von sechzehn Bundesstaaten und drei Unionsterritorien wurden vierzehn Staaten und sieben Territorien. Es besteht kein Zweifel, daß man zum großen Teil Nehru die Verantwortung für die Stümperei und die Unentschlossenheit der Regierung zuschreiben muß. Als er den Bericht der Kommission erhielt, war er von ihren Empfehlungen schockiert. Zahlreiche führende Kongreßmitglieder rieten ihm, den Bericht zu den Akten zu legen; einer von ihnen riet ihm sogar, dies für fünfundzwanzig Jahre zu tun. Die Chefminister Bengalens und Bihars gingen sogar so weit, eine Fusion ihrer beiden Staaten vorzuschlagen, um dem ›Sprachenwahnsinn‹ Einhalt zu gebieten.

Nehru ermutigte jedoch die Sprachenbewußten, indem er in einer im Oktober 1955 ausgestrahlten Rundfunksendung sagte: »In einer Demokratie ist keine Entscheidung unwiderruflich.« Erneut stellte dies die offene Aufforderung an jede Sprachgruppe dar, maximalen politischen Druck, noch dazu mit Erfolgsgarantie, auszuüben. Nach der Rundfunksendung wurde ein solcher Druck beständig ausgeübt.

Nehrus Bereitwilligkeit, alle Seiten anzuhören und den Eindruck zu vermitteln, daß er stets die jeweiligen Vorzüge der verschiedenen Seiten deutlich erkannte, wird meistens so ausgelegt, daß er nicht bereit gewesen sei, eine nicht auf demokratischem Wege erzielte Lösung zu akzeptieren. Zweifellos rationalisierte Nehru seine Unfähigkeit, klare Entscheidungen zu treffen, als Abneigung gegen die Diktatur. Aber seine öffentlichen Äußerungen zu lebenswichtigen Fragen glichen eher denen eines Schulmeisters, der rivalisierende Argumente gegeneinander abwägt, als denen eines praktischen Politikers, sogar in einer idealen Demokratie. Seine Weigerung, Entscheidungen zu fällen – selbst wenn es um seine eigene ideologische Überzeugung ging –, war Mitte der fünfziger Jahre beinahe zur Methode geworden. Als sein Vater und Gandhi noch lebten, konnte Nehru die Entscheidungen diesen beherrschenden Persönlichkeiten überlassen. Nach Gandhis Tod gab es für ihn niemanden mehr, an den er sich wenden konnte. Ohne einen einzigen Menschen, dem er die Entscheidung überlassen konnte, war Nehru gezwungen, den Ereignissen ihren Lauf zu lassen oder von anderen, entschlosseneren Personen in eine bestimmte Richtung gedrängt zu werden, bis ihm nur noch eine einzige Entscheidung übrigblieb. Dann pflegte er einzuwilligen – unter düsteren Warnungen hinsichtlich der Folgen – in das, was unumgänglich geworden war.

Der Preis für diese Unentschlossenheit war hoch. Die Neuordnung der Staaten brachte reaktionäre Elemente an die Macht, die erfolgreich die Modernisierungsideale jener zunichte machten, die auf einen großen gesellschaftlichen und wirtschaftlichen Wandel hofften. Dies untergrub wiederum die Unterstützung des Kongresses bei den breiten Massen, denen man ständig revolutionäre Reformen versprach, die aber lediglich feststellten, daß die Institutionen, die zu deren Verwirklichung geschaffen worden waren, ein Selbstbedienungsladen für die alte Elite wurden. Der Wettbewerb um die politische Macht in den Bundesstaaten erleichterte das Entstehen von Fraktionen innerhalb der Kongreßpartei. Konkurrierende Fraktionen konnten nur durch eine Politik des ständigen Kompromisses zusammengehalten werden, die wiederum zwar zu einer gewissen Stabilität der Partei und auch des Landes führte, notgedrungenerweise aber auch die Stagnation förderte.

Die Feindseligkeit zwischen den Parteifraktionen erreichte unmittelbar nach der Regelung des Problems der Staatenneuordnung einen dramatischen Höhepunkt. Die Ursache war der alte Streit um die indische Staatssprache, was begreiflich war, da die Bundesstaaten Sprachgebietsstaaten waren. Der Verfassungskompromiß von 1950, der Indiens vierzehn Hauptsprachen gleichberechtigten Status gab und Englisch als offizielle Sprache für die kommenden fünfzehn Jahre bestätigte, hatte die Ängste der nicht hindisprechenden Bevölkerung beruhigt. Im Jahre 1955 wurde jedoch eine offizielle Sprachenkommission ernannt, um einen Zeitplan für den Übergang zu Hindi innerhalb von zehn Jahren auszuarbeiten. Der Bericht der Kommission wurde 1957 vorgelegt; es stellte sich heraus, daß lediglich zwei von ihren zwanzig Mitgliedern Bedenken dagegen hatten, die englische Sprache durch Hindi zu ersetzen. Die Ängste der nicht hindisprechenden Bevölkerung, vor allem im Süden, lebten wieder auf.

Beim Widerstand im Süden Indiens ging es darum, daß die Einführung von Hindi die nationale Einheit gefährde und eine Diskriminierung der nicht Hindisprechenden im öffentlichen Dienst bedeute. Der Widerstand wurde in Demonstrationen umgesetzt, bei denen Hindizeichen beschimpft wurden. Die Emotionen im Süden gingen so hoch, daß es den Anschein hatte, als ob es in der herrschenden Partei zu einer Spaltung kommen werde. Daß es nicht dazu kam, läßt sich teilweise durch das Abschneiden der Partei in den zweiten Parlamentswahlen im Frühjahr 1957 erklären.

Oberflächlich betrachtet errang der Kongreß erneut einen triumphalen Sieg. Im Zentralparlament hatte die Partei 75 Prozent der Sitze sowie 65 Prozent aller Sitze in den Parlamenten der Bundesstaaten. Sie hatte sogar insgesamt mehr Stimmen erhalten. Dies war zum größten Teil dem politischen Apparat der Partei zu danken, der von S. K. Patil, einem rechten Kongreßpolitiker aus Bombay, organisiert worden war. Die Oppositionsparteien litten an Geldmangel und darunter, daß sie nicht bereit waren, sich gegen den Kongreß zusammenzuschließen. Nehrus Name war noch immer ein Talisman – die Wahlplakate des Kongresses zeigten stets sein Bild und dazu die Beschwörung: »Wählt Nehru! Wählt den Kongreß!« Nehru reiste diesmal nicht, wie beim ersten Wahlkampf, im ganzen Land herum; er konzentrierte sich auf Gebiete, wo seine Gegenwart für notwendig gehalten wurde.

Trotzdem gab es Stimmenverluste. In fünf Staaten gingen die Mehrheit des Kongresses und sein Anteil der Stimmen zurück, und in einem Staat, in Kerala, wurde die Partei von den Kommunisten geschlagen. Selbst Nehrus Gegenwart konnte dort dem Kongreß nicht zum Sieg verhelfen. Das Ergebnis von Kerala und der Aufstieg der Kommunistischen Partei zur größten Oppositionspartei zeigten, daß der Kongreß sich zur Aufrechterhaltung seiner Machtposition nicht mehr auf den Ruhm verlassen konnte, Indien die Freiheit gebracht zu haben. Das Auftreten von nicht zum Kongreß gehörenden Regionalparteien mit starker sprachlicher Ausrichtung deutete darauf hin, daß eine nationale Sprachkontroverse dazu führen konnte, daß der Kongreß auch andere Staaten verlor. Selbst die fanatischsten Befürworter des Hindi im Kongreß akzeptierten dieses Argument gegen übereiltes Handeln in einer so heiklen Frage. Als der Kongreß zu seiner Jahrestagung 1958 zusammenkam, fand Nehrus Aufruf zum Kompromiß offene Ohren. Das Jahr 1965 mußte zwar noch immer offizieller Termin für die Einführung des Hindi bleiben, aber man erkannte, daß man diese Regelung nicht für Gebiete vorschreiben konnte, in denen kein Hindi gesprochen wurde, und daß Englisch möglicherweise auch nach diesem Termin weiter in Gebrauch bleiben würde.

Abgesehen von der Sprachenfrage war das Treffen von 1958 langweilig und entmutigend. Der Kongreß zeigte alle Anzeichen einer im Niedergang begriffenen Partei. In den Jahren zwischen den Wahlen war die Mitgliederzahl um die Hälfte zurückgegangen, und die Partei steckte nach Nehrus Worten in »einer schweren Krise«. Er ermahnte die Delegierten in zehn ausführlichen Reden, schien aber niemanden aus der allgemeinen Teilnahmslosigkeit aufgerüttelt zu haben. Die Bilanz der Partei in jenen Staaten, in denen die Jagd nach den Pfründen unter den Parteigruppen kraß und brutal war, war schlecht gewesen. Diese Tatsache, zusammen mit dem Mißerfolg der Regierungspolitik an praktisch allen Fronten, zwang Nehru dazu, irgend etwas zu unternehmen. Der wirklich ausschlaggebende Faktor war wahrscheinlich seine physische Erschöpfung. Was auch immer die unmittelbare Ursache gewesen sein mag, Nehru schokkierte einige Monate nach der Kongreßtagung von 1958 jedermann durch seinen Wunsch zurückzutreten.

In vielen seiner Reden hatte er jeden vorgewarnt, der Ohren hatte zu hören. Er fühle sich »müde und ausgepumpt«, sagte er; aber das hatte er schon öfter gesagt. Bereits 1951, vor dem Konflikt mit Tandon, hatte er von Rücktritt gesprochen. Im Jahre 1954 hatte er ebenfalls gesagt, daß er erschöpft sei. Die Kongreßmitglieder hatten ihn jedoch so eingeschätzt, wie sie sich selbst einschätzten. Ihre Beweggründe, sich an die Macht zu klammern, waren sicherlich andere, aber nicht weniger zwingend. Einige Gesten wurden gemacht. Im Jahre 1953 hatte er das Amt des Kongreßpräsidenten abgegeben, aber an seine Stelle war ein handverlesener Nachfolger getreten. Im Jahre 1957 hatte Nehru wiederum den Wunsch geäußert, sein Amt aufzugeben. Ein jeder hielt dies damals für das, was es war: Für den Ausdruck seiner Gekränktheit darüber, daß er nicht imstande gewesen war, als zweiten Präsidenten Indiens den Mann zu bekommen, den er wollte.

Nehrus Beziehungen zu Prasad, den er sich nicht als ersten Präsidenten gewünscht hatte, waren nie einfach gewesen. Prasad hatte versucht, dem Präsidentenamt viel mehr Gewicht zu geben, als ihm nach der Verfassung zustand. Bereits im September 1951 hatte Prasad Nehru eine diplomatische Note geschickt, in der er seinen Wunsch zum Ausdruck brachte, allein nach seinem eigenen Urteil, ohne die Ratschläge der Minister, zu handeln, wenn es um die Zustimmung zu Gesetzentwürfen, um Botschaften an das Parlament und die Rückleitung von Gesetzentwürfen an das Parlament zwecks erneuter Beratung ging. Prasads Vorstoß war von der Hoffnung diktiert gewesen, zu verhindern, daß der Hindu Code Bill Gesetzeskraft erlangte. Unter dem Druck der Meinung von Juristen hatte Prasad nachgegeben, aber die Beziehung zu Nehru hatte sich dadurch nicht verbessert; doch als der Gesetzentwurf schließlich dem Parlament vorgelegt wurde, machte Prasad keinen Versuch, ihn aufzuhalten.

Im Jahre 1956 erhob sich die Frage einer zweiten Amtszeit für Prasad. Nehru war bestrebt, den Vizepräsidenten, S. Radhakrishnan, einen hervorragenden Gelehrten aus Madras, zu Prasads Nachfolger zu machen. Obwohl Nehru an die dem Kongreß angehörenden Chefminister der Bundesstaaten appellierte, unterstützten sie Prasad, der wiedergewählt wurde. Zum damaligen Zeitpunkt wurde behauptet, Nehru sei der Meinung gewesen, daß Prasad mit den kommunalistischen Parteien der Hindus einen Staatsstreich plane – eine Geschichte, die von einigen indischen Journalisten noch immer verbreitet wird. Es gibt aber keine Gründe für die Annahme, daß Nehrus Abneigung gegen Prasad etwas anderes als persönliche Antipathie war.

Es gab keinen Anlaß, Nehrus Rücktrittswunsch im Jahre 1958 qualitativ anders zu bewerten als bei früheren Gelegenheiten. Die Kongreßpartei – die in einer der weitschweifigen Reden des Ministerpräsidenten diesen sagen hörte: »Ich habe jetzt den Eindruck, daß ich eine Zeitspanne benötige, in der ich mich von dieser Last befreien kann und mich als normaler Bürger Indiens und nicht als Ministerpräsident fühlen kann« – reagierte so, wie es vorherzusehen war. Indem Nehru diese Bemerkung gemacht hatte, bürdete er, was typisch für ihn war, die Last der Entscheidung anderen Menschen auf; es lag jetzt bei ihnen, für ihn Entscheidungen zu treffen. Natürlich reagierten die Parlamentsmitglieder des Kongresses damit, daß sie ihn beschworen, sie nicht ›als Waisen‹ zurückzulassen. In den folgenden vier Tagen erlebte die Partei zahlreiche dramatische Appelle, auf die Nehru nach einer weiteren Rede mit den Worten reagierte:»Ich werde den von mir in Aussicht genommenen Schritt nicht weiter verfolgen.«

In einem Gespräch (mit dem Verfasser dieses Buches) hat Nehru einige Jahre später ausdrücklich betont, daß er damals wirklich den Wunsch gehabt hatte, von seinem Amt entlastet zu werden. Seine Aufrichtigkeit war unbestreitbar. Warum gab er dann aber nach? Seine Antwort war, daß Indien ihn brauchte, daß sein Wahlkreis das indische Volk war. Warum verließ er dann nicht den Kongreß und gründete eine neue Partei, die mit seinen eigenen Vorstellungen mehr in Einklang stand? Die Antwort war, daß dies zu lange gedauert haben würde und daß er im Alter von 69 Jahren nicht wußte, wie lange er noch zu leben hatte.

Nehrus Ernüchterung war tatsächlich wohlbegründet. Der Gang der Ereignisse im Ausland war alles anderes als beruhigend, und an der innenpolitischen Front schien alles schiefgegangen zu sein. Noch einige Tage, bevor Nehru den Wunsch angedeutet hatte, aus dem Amt zu scheiden, mußte er drastische Kürzungen im zweiten Fünf-Jahres-Plan vornehmen.

Das Konzept der nationalen Wirtschaftsplanung war grundlegend für Nehrus Hoffnungen auf eine soziale und wirtschaftliche Revolution. Der Kongreß hatte sich in der Zeit vor der Unabhängigkeit auf eine Modernisierungsideologie festgelegt und war mit einem konkreten politischen Programm zu deren Durchführung an die Macht gekommen. Das Programm war seiner Absicht nach im wesentlichen radikal und hatte eine bedeutende Rolle gespielt, die kleinste indische Minderheit, nämlich die verwestlichte Intelligenz, für den Kongreß zu gewinnen. Nach der Unabhängigkeit erwartete diese Minderheit von einer Kongreßregierung, daß sie ihr radikales Programm verwirklichen würde. Die Notwendigkeit der Stabilität setzte sich jedoch gegen die Reformbestrebungen durch.

Dies wurde im April 1948 erkennbar, als Nehru die Industriepolitik seiner Regierung bekanntgab. Es gab weder Sozialismus noch Revolution. Öffentliches Eigentum sollte sich auf die Eisenbahn beschränken – die ohnehin schon Staatsmonopol war – sowie auf Waffen und Munition sowie Atomenergie. Was den Rest anbelangte, würde die Regierung lediglich neue Unternehmen gründen, doch die bestehenden nicht antasten. Nehru erklärte jenen, die eine durchgreifende Verstaatlichung erwartet hatten, seine Position. »Nach allem, was im Laufe der letzten sieben oder acht Monate geschehen ist«, sagte er zu der Verfassunggebenden Versammlung, »muß man sehr sorgfältig darauf achten, daß die Schritte, die man tut, die bestehende Struktur nicht zu sehr beschädigen. Es hat genug Zerstörung und Schaden gegeben, und ich jedenfalls bekenne vor diesem Haus, daß ich nicht tapfer und unerschrocken genug bin, um noch mehr zu zerstören.« Die Wirtschaftstätigkeit der Regierung, so wurde bei diesem wie bei späteren Anlässen deutlich, sollte sich auf jene Gebiete beschränken, auf denen nicht bereits private Unternehmen tätig waren.

Nehrus Einstellung zur Wirtschaftsplanung war fast ausschließlich rein gefühlsmäßig bestimmt. Er besaß keinerlei Einblicke oder Kenntnisse von der Funktionsweise einer Wirtschaft, weder der kapitalistischen noch der sozialistischen. Er war tatsächlich überzeugt, daß das freie Unternehmertum ein System unterstützt, welches die Armut akzeptiert und sogar von ihr profitiert. Trotzdem mußte das freie Unternehmertum in einem armen Land seinen Platz haben, wenn auch nur in einer gelenkten Wirtschaft. Nach Nehrus Ansicht gab es von Rechts wegen keine Trennung zwischen gesellschaftlicher und wirtschaftlicher Entwicklung – beide waren wesentlicher Bestandteil des Modernisierungsprozesses. Die von ihm gehegten Ideale fanden Eingang in die Leitenden Grundsätze, die in Artikel 39 von Teil IV der indischen Verfassung enthalten sind.

Diese Grundsätze schließen die Verpflichtung ein, dafür Sorge zu tragen,
a) daß die Bürger, Männer wie Frauen, das Recht auf angemessene Mittel des Lebensunterhalts haben;
b) daß Eigentum und Kontrolle der materiellen Ressourcen der Gemeinschaft so verteilt sind, wie es dem gemeinsamen Wohl am besten dient; und

c) daß das Wirken des Wirtschaftssystems nicht zur Konzentration von Reichtum und Produktionsmitteln zum Nachteil der Allgemeinheit führt.

Die Leitenden Grundsätze waren nicht mit Rechtsmitteln durchsetzbar, sondern sollten als Handlungsrichtschnur für die Regierung dienen. Dieses Handeln sah Nehru in der Verwirklichung seiner progressiven Sozialgesetzgebung in Verbindung mit Wirtschaftsplanung. Das Vehikel der Reformhoffnungen Nehrus war der Fünf-Jahres-Plan und dessen Seele, die Planungskommission.

Eine Nationale Planungskommission wurde 1950 eingerichtet. Ihre Hauptfunktion bestand darin, ein Programm für geplante Wirtschaftsentwicklung aufzustellen. An ihrer Spitze stand Nehru, und die ganze Philosophie der Planung in Indien trägt die Züge seiner Ideale wie seiner Schwächen. Es stand zwar fest, daß man zu möglichst vielen Diskussionen ermutigen wollte, bevor Entscheidungen getroffen wurden, aber im Zentrum des Prozesses der Entscheidungsfindung stand der Ministerpräsident, der Vorsitzende der Planungskommission und später der Vorsitzende des Nationalen Entwicklungsrats; alle diese Ämter hatte Nehru gleichzeitig inne.

Indiens erster Fünf-Jahres-Plan, von 1951 bis 1956 reichend, war nicht so sehr ein Plan als ein Programm von öffentlichen Vorhaben. Besondere Aufmerksamkeit galt der Landwirtschaft, vor allem der Bewässerung und dem Hochwasserschutz. Das Verkehrswesen erhielt ebenfalls beträchtliche Mittel zugeteilt. Der industriellen Entwicklung schenkte man die wenigste Aufmerksamkeit, in der Annahme, daß nach der Schaffung einer zufriedenstellenden landwirtschaftlichen Grundlage und der Sicherstellung eines Anstiegs der Lebensmittelproduktion der zweite Plan sich auf die Industrie konzentrieren konnte. Die Ziele des Planes wurden erreicht. Die Lebensmittelproduktion erhöhte sich, obwohl dies fast ausschließlich den guten Regenzeiten in den Jahren 1953/54 und 1954/55 zu danken war. Tatsächlich wurde das Plansoll um fünf Millionen Tonnen Getreide übererfüllt. Das nationale Einkommen stieg erheblich an, ebenso die Produktion von Investitions- und Verbrauchsgütern.

Der Plan wurde zwar von den Planern als Erfolg beurteilt, aber er war eindeutig nicht ehrgeizig genug. In der Präambel zum veröffentlichten Umriß des Planes wurden grundlegende soziale und ökonomische Ziele formuliert, aber der Apparat für deren Durchführung existierte nicht. Es war ebenfalls klar, daß der Plan zwar die festgesetzten Ziele erreicht, ja sogar übertroffen hatte, daß aber die Qualität der indischen Armut praktisch unberührt geblieben war; die Arbeitslosigkeit hatte zugenommen, und die Agrarpreise waren gefallen. Nehru entschied, daß die Planung einen kühneren ideologischen Rahmen haben müsse. Im November 1954, als Nehru die Schaffung eines Nationalen Entwicklungsrates bekanntgab, erklärte er, was er wolle, sei ein »sozialistisches Gesellschaftsbild«, jedoch, wie er hinzufügte, »durchaus nicht im dogmatischen Sinne«. Einige Wochen später, mit der Revision der aus dem Jahre 1946 stammenden Resolution zur Industriepolitik, wurde daraus »ein sozialistisches Gesellschafts*muster*«.

Im Januar 1955 bekräftigte der Kongreß Nehrus Ideen durch eine Resolution, die später, nach dem Tagungsort, als Avadi-Resolution bekannt wurde. Das ›sozialistische Gesellschaftsmuster‹ wurde als Ziel der Planung festgelegt: »Die Hauptproduktionsmittel sind im Besitz oder unter der Kontrolle der Gesellschaft, die Produktion wird zunehmend beschleunigt, und es gibt eine gerechte Verteilung des nationalen Reichtums.« Der Begriff ›Verstaatlichung‹ fiel kaum. Privatunternehmen sollten weiterhin »einen festen Platz in unserer gegenwärtigen Wirtschaft haben«, aber nur, wenn sie innerhalb eines nationalen Planes operierten. Das allgemeine Ziel war die Schaffung eines Wirtschaftssystems, in dem der Staat »eine entscheidende Rolle bei der Planung und Entwicklung spielt«, »Großprojekte einleitet und betreibt« und »eine generelle Kontrolle über Ressourcen, soziale Zielsetzungen und Tendenzen sowie die wesentlichen Gleichgewichte in der Wirtschaft hat«. Der Staat würde unter anderem wirksam werden durch »Beibehaltung strategischer Kontrollen, Verhinderung privater Trusts und Kartelle und Vorgabe von Arbeits- und Produktionsmaßstäben«.

Unter dem Einfluß der Avadi-Resolution wurde Indiens zweiter Fünf-Jahres-Plan im Jahre 1956 verabschiedet.[1] Er hatte sich wesentlich ehrgeizigere Ziele gesetzt als der erste Fünf-Jahres-Plan, wobei die Ausgaben verdoppelt wurden, während nur 25 Prozent der notwendigen Finanzmittel aus öffentlichen Geldern kommen sollten. Der Rest sollte aus Krediten und Defizitfinanzierung und das Übrige, ein Viertel des Ganzen, von Auslandshilfe und nicht genannten einheimischen Mitteln abhängen. Private Auslandsinvestitionen sollten aus naheliegenden ideologischen Gründen nicht gefördert werden, obwohl es zweifelhaft ist, ob Indien zum damaligen Zeitpunkt Kredite aus ausländischem Privatkapital bekommen hätte. Die einzigen Quellen, die sowohl akzeptabel als auch verfügbar waren, waren internationale Institutionen wie etwa die Weltbank sowie die Hilfe befreundeter Länder. Mit dem zweiten Plan kam es zu einer engen Verflechtung der indischen Wirtschaftsentwicklung mit Indiens Außenpolitik.

An dem ersten Rückschlag des Planes war das indische Wetter schuld. Die guten Regenzeiten während des ersten Planes hatten bei den Planern zu großen Optimismus geweckt. Binnen eines Jahres nach Verabschiedung des zweiten Planes hatte das Wetter diesen Optimismus

---

[1] Eine ausführliche Analyse der Fünf-Jahres-Pläne würde den Rahmen dieses Buches sprengen. Eine Untersuchung der Pläne zu Nehrus Lebzeiten bietet A. H. Hanson, *The Process of Planning: A Study of India's Five-Year-Plans 1950–1964,* Oxford University Press für das Royal Institute of International Affairs, 1966.

nahezu zerstört. Es gab ausgedehnte Überschwemmungen und Hagelunwetter, gefolgt von Trockenzeiten. Die Ernten wurden schwer beeinträchtigt und die Lebensmittelreserven beinahe aufgebraucht. Zur Lebensmittelkrise kam gleichzeitig ein schlimmer Devisenmangel hinzu, da ein großer Teil der Reserven für den Ankauf von Investitionsgütern im Ausland verwendet worden war. Um den Plan noch zu retten, wurden drastische Schritte unternommen. Importe, die Devisen erforderten, wurden untersagt, sofern die Verkäufer nicht mit einem Zahlungsaufschub einverstanden waren. Kommunistische Länder in Europa einschließlich der Sowjetunion waren damit sofort einverstanden, und andere Länder folgten rasch ihrem Beispiel. Neue Steuern wurden eingeführt, wodurch die Kosten für Verbrauchsgüter stiegen, und die Grenze für die Einkommensbesteuerung wurde gesenkt. Diese beiden Maßnahmen trafen besonders die Armen und die untere Mittelschicht, obwohl es auch neue Steuern für die Reichen gab.

Das Schicksal des zweiten Fünf-Jahres-Planes offenbarte die wesentliche Schwäche der Wirtschaftsplanung in Indien – den tiefgreifenden Einfluß Nehrus. Seine eigenen Vorstellungen von der überragenden Bedeutung der industriellen Expansion wurden nicht nur von der indischen Intelligenz, sondern auch von ausländischen Beratern unterstützt, und sie wurden nachgerade zu Glaubensartikeln. Obwohl die Planer sich bemühten, ihre Vernachlässigung der Landwirtschaft mit dem dritten Plan wiedergutzumachen, der im Jahre 1961 anlief, war die Einfuhr immer größerer Getreidemengen zur Ernährung der Bevölkerung zum festen Prinzip geworden. Das Scheitern der Planziele auf anderen Gebieten verstärkte die Abhängigkeit von ausländischen Zuwendungen und Krediten. Bis zu einem gewissen Grade sind die Fehler in den Planungskriterien seit dem Tode Nehrus korrigiert worden, aber die Kluft zwischen dem Planprogramm und seiner Durchführung hat sich nicht verringert.

Die Kluft wurde durch das Beispiel des Kongresses geschaffen und von der politischen Elite in den Bundesstaaten zementiert, die nicht nur die Wirtschaftsprogramme,
die in erster Linie zum Nutzen der Armen gedacht
waren, zu ihrem eigenen Vorteil umlenkte, sondern auch
verhinderte, daß die Sozialgesetzgebung, durch die eine
demokratische und egalitäre Gesellschaft geschaffen
werden sollte, durchgesetzt wurde. Nehru war der Ansicht, daß soziale Ungerechtigkeiten das Ergebnis ökonomischer Kräfte seien und durch neue Kräfte verändert
werden könnten. In einer Hinsicht stimmte das. In einer
streng auf Ungleichheit basierenden Gesellschaft ent-
sprechen sich wirtschaftlicher Status und sozialer, d. h.
Kastenstatus. Unglücklicherweise tendierte das demokratische System dazu, die Menschen mit dem höchsten
wirtschaftlichen und sozialen Status bei der Wahrung
ihrer Position zu begünstigen.

Dagegen fand Nehru nur mahnende Worte. Statt auf
die Durchsetzung sozialer Reformen zu dringen, predigte er lautstark die *Notwendigkeit* der sozialen Revolution.
Ständig griff er ›Kasten-, Kommunal-, Provinz- und
Sprachtümelei‹ an. »Wir sagen«, erklärte er vor Kongreßführern nach der Wahl von 1957, »wir sind gegen alle solchen Tümeleien. Und dennoch wißt Ihr alle sehr wohl,
wie durch und durch vergiftet wir sind.« Jahr für Jahr akzeptierte der Kongreß unter Beifall Ideale, die immer radikaler wurden, je reaktionärer der Kongreß in der Praxis
wurde. Die Kluft zwischen Ideal und Wirklichkeit, die
von Nehru ständig hervorgehoben wurde, förderte den
Zynismus und verlieh den Modernisierungsidealen die
Aura des Unwirklichen und des falschen Scheins.
Nehrus eigene Integrität litt ebenfalls darunter, ebenso
die der Regierung und des demokratischen Systems, für
das er stand. Die zunehmende Skepsis verstärkte Nehrus
eigene Verzweiflung und Einsamkeit und trieb ihn immer
mehr auf das begeisternde und dramatische Gebiet der
internationalen Angelegenheiten, wo seine Politik und

seine Entscheidungen praktisch unbestritten waren und seine zunehmende Autorität als Staatsmann von Weltformat seine Unzulänglichkeiten als Innenpolitiker zu verschleiern vermochte.

Im Dezember 1947 versuchte Nehru in einer Rede vor der Verfassunggebenden Versammlung in Delhi, seine Zuhörer über die Grundprinzipien der Außenpolitik zu unterrichten. »Welche politische Linie wir auch festsetzen mögen«, sagte er, »die Kunst der Außenpolitik eines Landes liegt darin, herauszufinden, was für dieses Land am vorteilhaftesten ist. Wir mögen über den internationalen guten Willen sprechen und meinen, was wir sagen. Wir mögen über Frieden und Freiheit sprechen und aufrichtig meinen, was wir sagen. Aber letzten Endes wirkt eine Regierung für das Wohl des Landes, das sie regiert.«

Zwei Jahre später gab Nehru in einer Rede an der Columbia University in New York seine Definition jener Außenpolitik, die dem Wohl Indiens am besten dienen würde. Die Ziele seien, sagte er, »das Streben nach Frieden, nicht durch Bündnis mit einer Großmacht oder Mächtegruppe, sondern durch unabhängiges Herangehen an jede kontroverse oder umstrittene Frage; die Befreiung unterworfener Völker; die Wahrung der nationalen wie der individuellen Freiheit; die Abschaffung der Rassendiskriminierung; und die Abschaffung von Mangel, Krankheit und Unwissenheit, die den größeren Teil der Weltbevölkerung heimsuchen«.

Dieser ziemlich umfassenden Erklärung gab Nehru später einen positiveren Gehalt in Form seiner *Panch Shila*, der ›Fünf Grundsätze‹ der friedlichen Koexistenz: gegenseitige Achtung der territorialen Integrität und Souveränität; Verzicht auf militärische Aggression; Nichteinmischung in innere Angelegenheiten; Gleichberechtigung und gegenseitiger Nutzen; friedliche Koexistenz. Die beiden Erklärungen zusammen mit den *Panch Shila* fassen die drei wesentlichen Elemente von Nehrus

Einstellung zur Außenpolitik zusammen: klare Einsicht in das Ziel der Außenpolitik; hoher moralischer Anspruch; und eine generelle Aura der Wirklichkeitsferne.

Die ›Fünf Grundsätze‹ wurden zuerst in der Präambel des chinesisch-indischen Abkommens über Tibet im April 1954 artikuliert. In diesem Abkommen ging es um den Zug von Händlern, Pilgern, Lastenträgern und Maultiertreibern über die Himalajapässe – ein etwas ungewöhnlicher Rahmen. Als Allheilmittel für den Frieden wurden die Grundsätze erstmals in einer gemeinsamen Erklärung von Nehru und dem chinesischen Ministerpräsidenten Chou En-lai im Juni 1954 in Neu-Delhi angepriesen: »Wenn diese Grundsätze nicht nur zwischen einzelnen Ländern, sondern generell auf internationale Angelegenheiten angewendet würden, dann würden sie eine feste Grundlage für Frieden und Sicherheit bilden, und die Ängste und Befürchtungen, die heute noch bestehen, würden einem Gefühl des Vertrauens weichen.« Von nun an kam die Propaganda für Blockfreiheit und *Panch Shila* von China und von Indien. Unter diesem Einfluß übernahmen die Länder Asiens und Afrikas, die in die Unabhängigkeit entlassen wurden, die Blockfreiheit als Grundlage ihrer Außenpolitik oder reklamierten sie doch als Grundlage.

Nehrus Gedanken über Außenpolitik gründeten sich auf die Verhältnisse in Indien. Die bestimmenden Faktoren blieben unausweichlich: die Geographie, die Geschichte und die Armut. Indiens zentrale Lage auf dem asiatischen Festland, seine klar definierten Grenzen und seine enorme Größe waren ein Faktor. Die Erfahrung des britischen Kolonialismus, die natürlich Antikolonialismus und Antirassismus hervorrief, war ein weiterer Faktor. Nicht nur Nehru hegte permanente Befürchtungen vor einer Rückkehr des Kolonialismus, getarnt hinter Militärbündnissen und Beistandspakten. Vor allem aber verlangte jede Lösung des Problems der indischen Armut, daß das Land von äußeren Kriegen und von

Kriegsangst verschont blieb. Eine langfristige Entwicklung war nicht möglich, sofern der größte Teil der öffentlichen Einnahmen des Landes nicht konstruktiven Zwecken zugute kam, sondern für die Streitkräfte ausgegeben werden mußte. Es bestand auch die Notwendigkeit, jede Quelle ausländischer Finanzhilfe so unbeeinträchtigt wie möglich zu erhalten. Aus diesen Gründen war der Weltfrieden für Indien lebenswichtig. In einer Situation, in der die beiden Supermächte USA und UdSSR sowie deren Satelliten in einem Kalten Krieg um die Vormachtstellung rangen, war dieser Friede besonders anfällig. Ein Krieg zwischen den Supermächten würde den ehrgeizigen Vorhaben der indischen Fünf-Jahres-Pläne ein Ende bereiten. Deshalb war es für Indien notwendig, Verwicklungen im Ausland aus dem Wege zu gehen und aktiv für die Bewahrung des Friedens zu arbeiten.

Diese von Nehru häufig artikulierten Elemente waren weder im Gefühlswert noch in der Anwendung einzigartig, aber Außenpolitik ist immer mehr als die Summe ihrer Prämissen. Viele Faktoren beeinflussen die auswärtigen Beziehungen eines Landes, aber nirgends hat die Persönlichkeit des Außenministers eine so dominierende Rolle gespielt wie in Indien. Nehru hatte sich während der ganzen Jahre des Freiheitskampfes für Indiens Auftritt auf der Weltbühne vorbereitet. Seine Erfahrung kreiste um seine Reaktion auf den Kolonialismus, vor allem auf dessen überhebliche Anmaßung, daß das Urteilsvermögen des weißen Mannes besser sei als das des Farbigen. Nehru ließ keinen Zweifel daran, daß er sein Recht auf individuelles Urteil nicht an die Führer anderer Staaten, wie mächtig sie auch sein mochten, abtreten werde. »Ich bin nicht bereit, nicht als Individuum und erst recht nicht als Außenminister dieses Landes, das Recht auf mein individuelles Urteil an irgend jemanden in einem anderen Land abzutreten«, sagte er 1958 vor Mitgliedern des indischen Parlaments. »Das ist die Quintessenz unserer Politik.«

Das war alles schön und gut, aber Nehru bestand darauf – mit derselben Anmaßung wie nur irgendein westlicher Imperialist –, daß sein Urteil – Indiens Urteil – dem Urteil jedes anderen überlegen sei. Seine außenpolitischen Erklärungen entwickelten sich oft zu moralgetränkten Vorträgen vor den Staatsmännern anderer Länder. Die meisten dieser Vorträge waren an die Staatschefs im Westen gerichtet. Selbst seine Kritik am Kalten Krieg, obwohl angeblich unparteiisch, richtete sich in erster Linie an die Vereinigten Staaten. Diese Voreingenommenheit läßt sich ebenfalls aus Nehrus Vergangenheit erklären. Neben dem Kolonialismus übten den stärksten Einfluß auf Nehrus Denken die Ereignisse aus, die in Europa in den zwanziger und dreißiger Jahren stattgefunden hatten, sowie die Analyse dieser Ereignisse durch Intellektuelle der britischen Linken, besonders der Gruppe um den Politikwissenschaftler Harold Laski und die sozialistische Zeitschrift *New Statesman*. Von ihnen übernahm er die hochfahrende Einstellung gegenüber den Vereinigten Staaten (zu reich, zu mächtig und im Grunde genommen ›unreif‹) sowie die Neigung, gegenüber der Sowjetunion jede erdenkliche Entschuldigung gelten zu lassen. Nehru gab niemals seine Ansicht über das Rußland der Zwischenkriegsjahre auf: umkämpft und revolutionär; und der russische Nachkriegsimperialismus störte ihn stets irgendwie weniger als der Vorkriegsimperialismus des Westens. Dies wurde besonders offensichtlich im Jahre 1956, als Nehru die englisch-französische Invasion Ägyptens sofort und voller Entrüstung verurteilte, während er die sowjetische Niederschlagung des Ungarnaufstandes im gleichen Jahr nur milde mißbilligte.

Soweit war Nehrus Weltanschauung, mochte sie auch kritisierbar sein, durchaus pragmatisch und säkular. Vor allem war ihr Erfolg beschieden gewesen; seine Politik der Blockfreiheit war, wie man sehen konnte, zum Vorteil Indiens und vielleicht sogar der übrigen Welt. Aber dabei durfte es nicht bleiben. Blockfreiheit mußte zu einem Glaubensakt emporstilisiert werden, der das Gute und das Wahre verkörperte. Die Initiative dazu ging nicht ausschließlich von Nehru aus; sein wachsendes Bedürfnis nach Identifikation mit dem Indien, über das er angeblich herrschte, war eine Aufforderung für Höflinge und Schmeichler. Nehru förderte und ermutigte den bewußten Versuch, die Politik der Blockfreiheit – eine zeitgenössische und moderne Konzeption – mit den Weihen einer ausschließlich indischen Vergangenheit zu versehen.

Der Versuch nahm zwei Formen an. Zum einen behauptete man, Indiens Außenpolitik sei gewaltlos und im Geiste Gandhis. Zweitens erhob man den Anspruch, sie sei pazifistisch und buddhistisch. Die Gandhi-These wurde von Nehru abwechselnd unterstützt und bestritten. Über die gandhische Gewaltlosigkeit als Quelle indischer Politik sagte er, Blockfreiheit sei »ein politisches Programm, das im früheren Denken Indiens verwurzelt ist, in der Prägung des indischen Geistes während unseres Freiheitskampfes verwurzelt ist«, und: »Im Grunde leitet sich unsere Auffassung von jener alten Auffassung her, die Gandhi uns gab und die uns kraftvoll für Frieden und friedvolle Methoden eintreten ließ.« Er stellte aber auch fest: »Ich sage nicht, daß ein militärischer Ansatz in dieser Welt vollständig aufgegeben werden kann. Ich spreche nicht als Pazifist.« »Wir können möglicherweise in der Welt, wie sie heute beschaffen ist, nicht einmal den Krieg völlig ausschließen.« »Ich bin kein Pazifist. Unglücklicherweise ist die Welt von heute der Meinung, daß sie ohne Gewalt nicht auskommen kann.« Nehrus Einspruch gegen Gandhis Ansichten hatte wenigstens eine gewisse Folgerichtigkeit. Gandhi hatte sich ein unabhängiges Indien als den ersten Staat vorgestellt, der Gewaltlosigkeit praktizierte. Indien habe, so behauptete er fälschlicherweise (und er wußte es), »seit unvordenklichen Zeiten eine ungebrochene Tradition der Gewaltlosigkeit ... seine Bestimmung ist es, der Menschheit die Botschaft der Gewaltlosigkeit zu überbringen«. Dazu hatte Nehru in seinem Buch *The Discovery of India* geschrieben, eine solche Ansicht sei »weithergeholt, und viele indische Denker und Historiker stimmen damit nicht überein«. Auch er tat dies nicht. Trotzdem hielt er andere Leute, von denen manche ihm ganz nahe standen, nicht davon ab, weiterhin die nicht vorhandenen gandhischen Wurzeln seiner Außenpolitik zu betonen.

Der buddhistischen Interpretation brachte Nehru sehr viel mehr Sympathie entgegen. Sie war einerseits ehrwürdiger und konnte mit einem indischen Herrscher in Verbindung gebracht werden, den Nehru bewunderte – dem ›buddhistischen‹ Kaiser Ashoka, der im 3. Jahrhundert v. Chr. herrschte. Sie erlaubte ihm auch, die im wesentlichen gewalttätige, realistische und zynische Einstellung des hinduistischen politischen Denkens beiseite zu schieben. Nehru bezog sich in seinen Ausführungen beständig auf Buddha und ermutigte andere, dies ebenfalls zu tun. Seine Schwester, Mrs. Pandit, im Jahre 1956 noch ein Sprachrohr für Nehrus Überzeugungen, schrieb, die indische Auffassung von Frieden sei »nicht neu für Indien. Sie ist seine traditionelle Einstellung, sowohl philosophisch als auch historisch« – philosophisch bei Buddha und historisch bei Ashoka.

Man berief sich auf Ashoka, um den Gemeinplätzen der *Panch Shila* Charakter und Tiefe zu verleihen. »Friedliche Koexistenz«, erklärte Nehru im September 1955 vor Mitgliedern des indischen Parlaments, »ist für uns in Indien keine neue Idee. Sie ist unsere Lebensweise gewesen, und sie ist so alt wie unser Denken und unsere Kultur. Etwa vor 2200 Jahren verkündete sie ein großer Sohn Indiens, Ashoka, auf Felsen und Steinen, die noch heute vorhanden sind und uns seine Botschaft vermitteln. Ashoka hat uns gelehrt, daß wir den Glauben anderer achten sollen und daß ein Mensch, der seinen eigenen Glauben preist und einen anderen Glauben schlechtmacht, damit seinen eigenen Glauben verrät. Das ist die Lehre von der Toleranz, der friedlichen Koexistenz und der Zusammenarbeit, an die Indien seit Jahrhunderten glaubt. Früher sprachen wir von Religion und Philosophie; jetzt sprechen wir mehr vom Wirtschafts- und Gesellschaftssystem. Aber der Ansatz ist der gleiche, heute wie damals.«

Sieht man einmal von Nehrus Bestreben ab, sich selbst und seine Vorstellungen in den – sei es auch verzerrten – Hauptstrom der indischen Geschichte zu stellen, ist schwer einzusehen, welchen Zweck es haben konnte, die Plattheiten der *Panch Shila* mit solchem moralisierenden Beiwerk zu versehen. In den ›Fünf Grundsätzen‹ steckte nichts Neues. Selbst in einer offiziellen Veröffentlichung der indischen Regierung wurde zugegeben, daß die ›Fünf Grundsätze‹ lediglich eine Neuformulierung der Grundsätze der Charta der Vereinten Nationen seien, und die waren auch nicht gerade neu. Die ›Fünf Grundsätze‹ waren Platitüden, und zwar gefährliche Platitüden, weil sie, eingehüllt in die Magie der indischen Vergangenheit, zum Surrogat schöpferischen Denkens wurden. Nehru gab selbst zu, daß der dritte Grundsatz (Nichteinmischung in die inneren Angelegenheiten anderer Staaten) leicht zur Verfestigung des Status quo beitragen konnte: »Sie werden sehen, daß der einzige Weg, Konflikten aus dem Wege zu gehen, darin besteht, die Dinge mehr oder weniger so zu akzeptieren, wie sie sind.« Einige Kommentatoren haben in dieser Erklärung einen Schlüssel zu der wirklichen, obwohl unausgesprochenen Absicht der *Panch Shila* gesehen: der Bewahrung des Status quo zwischen Indien und China. In diesem Punkt versagten sie sicherlich.[1] Die schwerwiegendste Kritik jedoch, die man an den *Panch Shila* anbringen kann, ist nicht, daß sie sich bei der lokalen Verteidigung der indischen Sicherheit als nutzlos erwiesen, sondern daß sie bei den einfachen

[1] Siehe Kapitel 19.

Menschen in der ganzen Welt Hoffnungen weckten, die sie unmöglich erfüllen konnten.

Das Fundament der Blockfreiheit, in Wirklichkeit eine Doktrin der Verteidigung durch Freundschaft, galt nicht für Pakistan. In all den Jahren ihrer Unabhängigkeit waren Indien und Pakistan in Konflikte verwickelt, die den ganzen abgrundtiefen Haß eines Bürgerkrieges bewiesen. Kleinere Streitigkeiten zwischen den beiden Ländern wurden oft gelöst, in erster Linie, weil der Versuch einer Lösung gemacht wurde; es blieb jedoch stets das Problem Kaschmir. Obwohl Nehru die Verteidigungsausgaben einschränken wollte, stieg ihre Höhe ständig an, weil man Angst vor einem Angriff Pakistans hatte. Diese Angst vergrößerte sich, als Pakistan, einen Angriff Indiens befürchtend, sich westlichen Paktorganisationen anschloß, die angeblich gegen die Sowjetunion gerichtet waren. Die Mitgliedschaft verschaffte Pakistan amerikanische Waffen in einem Umfang, den es sich sonst nicht hätte leisten können. Ständige Spannungen an den Grenzen, Spannungen, die sich schließlich ein Jahr nach Nehrus Tod im Kriege entluden, erlaubten Pakistan, das strategische Denken Indiens zu beherrschen. Die Grenzen zu Pakistan wurden von starken Patrouillen bewacht. Militärausbildung, Waffensysteme, Geheimdienst, alles war auf einen möglichen indisch-pakistanischen Konflikt ausgerichtet, zum Schaden anderer sensibler Bereiche. Der emotionale Hochofen Kaschmir schien Vernunft und gesunden Menschenverstand der indischen Entscheidungsträger zu verzehren.

Nachdem die Stammesinvasion Kaschmirs im Jahre 1947 gestoppt worden war, nur um von neuen Kämpfen abgelöst zu werden, stimmte Nehru einem ›fairen und unparteiischen Plebiszit‹ zu, das über die Zukunft des Staates entscheiden sollte. Der indische Delegierte bei den Vereinten Nationen teilte dem Sicherheitsrat 1948 mit, daß der Anschluß Kaschmirs an Indien nicht unwiderruflich sei und daß es nach Beendigung des Ausnah-

mezustands dem Volk von Kaschmir freistehe, den Anschluß zu ratifizieren, sich Pakistan anzuschließen oder
sogar unabhängig zu werden, wenn es dies wünschte.
Nachdem Indien dieses Versprechen gegeben hatte, weigerte es sich mit legalistischen und anderen Ausreden,
ein Plebiszit durchzuführen. Mit der Zeit sammelte sich
ein ungeheurer Berg von juristischen Argumenten an,
deren einziges Ziel offenbar darin bestand, die Furcht zu
verbergen, daß ein etwaiges Plebiszit für Indien ungün-
stig ausgehen könnte.

Nehrus Beweggründe in der Kaschmir-Angelegenheit
bleiben undurchsichtig. Warum versprach er ein Plebiszit? Warum legte man die Streitfrage den Vereinten Nationen vor und wiederholte das Angebot? Was trug zu
seiner Meinungsänderung über die Ratsamkeit eines Plebiszits bei? Es scheint festzustehen, daß die Initiative, ein
Plebiszit abzuhalten und das Problem Kaschmir vor die
Vereinten Nationen zu bringen, von Mountbatten ausging – ein Beispiel für seinen Einfluß zu jener Zeit. Nachdem Mountbatten Indien verlassen hatte, änderte Nehru
seine Einstellung. Die private Schlußfolgerung der ersten
UNO-Kommission für Kaschmir, daß ein Plebiszit Pakistan begünstigen würde, war Nehru bekannt und wurde
von Geheimdienstberichten untermauert. War das Angebot, ein Plebiszit abzuhalten, von einem für Indien günstigen Ergebnis ausgegangen? Es hat den Anschein, daß
man das Versprechen ohne ausreichende Überlegung gegeben hatte und anschließend bereute.

Zu den legalistischen Argumenten kamen andere
hinzu. Indien war ein säkularer Staat. Ein Gebietsverlust,
nämlich Pakistan, war – aus religiösen Gründen – akzeptiert worden, um die Unabhängigkeit zu erlangen.
Wenn Indien jedoch seinen Anspruch auf Kaschmir
aufgab, könnte dies so ausgelegt werden, als sei die
Staatsbürgerschaft eine Sache der Religion, und den Hindukommunalisten die Möglichkeit geben, ihre Behauptung zu untermauern, indische Moslems seien in Wirk-

lichkeit verkleidete Pakistanis. Diese Überlegung scheint Nehrus vorherrschendes Gefühl gegenüber Kaschmir ausgedrückt zu haben. Es gibt keine andere angemessene Erklärung für seine bis einige Wochen vor seinem Tod praktizierte Weigerung, in den Beziehungen zu Pakistan irgendeine sinnvolle Initiative zu ergreifen. Jene Überlegung ließ ihn eine Regierung im indischen Kaschmir dulden, die praktisch eine Diktatur der Korrupten war. Sie ließ ihn jenen Glauben schenken, die darauf beharrten, daß Indiens einziger wirklicher Feind Pakistan sei. Kaschmir wurde auch eine Art Prüfstein für Indiens Beziehungen zu anderen Ländern.

Kaschmir beeinflußte allerdings nicht Nehrus überraschende Entscheidung, Indien den Verbleib im Commonwealth zu gestatten, nachdem es 1950 Republik geworden war. Indem Nehru im Commonwealth blieb und damit dessen Natur änderte, leugnete er seine frühere Einstellung ab, bekräftigte jedoch seine gegenwärtige Überzeugung, daß Indien durch einen Austritt verlieren würde. Die Verbindung zu halten, schadete nichts; im Gegenteil, es war sowohl in politischer als auch in ökonomischer Hinsicht sinnvoll. Der größte Teil der indischen Anlagen und Maschinen kam aus Großbritannien; Indiens Pfund-Sterling-Guthaben lagen in London, und die Wirtschaft des Landes war am Pfund Sterling ausgerichtet. Das Commonwealth bot Nehru selbst zudem eine Weltbühne. Für alle diese Vorteile brauchte Indien wenig oder gar nichts zu geben.

Nehrus Entscheidung wurde in Indien nicht gerade mit überwältigender Begeisterung begrüßt; sie wurde aber akzeptiert, als klar wurde, daß es keine Verpflichtungen, keine Einschränkungen für das indische Handeln und keine Gefährdung indischer Interessen gab. Die Kritik gegenüber Großbritannien und anderen Mitgliedern des Commonwealth war oft scharf, und man verlangte von Indien häufig, aus dem Commonwealth auszutreten. Diese Aufforderungen waren besonders laut nach der

Suez-Affäre von 1956, aber Nehru leistete einem Schritt entschlossenen Widerstand, der zum Bruch führen konnte. Weil Nehru sich offensichtlich eng mit dem Commonwealth verbunden fühlte, wurde seine Haltung in dieser Hinsicht stets von der parlamentarischen Partei wie vom Kongreß unterstützt. Bei intellektuellen Indern gab es niemals eine tiefere Bindung an das Commonwealth an sich, aber man war sich der Tatsache bewußt, daß das Commonwealth die Stimme Indiens in der Welt irgendwie verstärkte. Daß Großbritanniens offenkundig propakistanische Haltung an der Stellung Indiens im Commonwealth nichts zu ändern vermochte, war ebenfalls ein Zeichen dafür, daß Nehru die schwindende Autorität Großbritanniens in der Welt erkannte. Dieselben Kriterien konnten kaum für die Vereinigten Staaten gelten. Amerikanische Militärhilfe für Pakistan und die grundsätzlich kritische Einstellung Amerikas zu Kaschmir bestärkten Nehru in seiner Meinung über die USA. Nehrus Handlungsspielraum in der Außenpolitik war in den Jahren 1952 bis 1958 am größten; es waren die Jahre, die in der amerikanischen Innenpolitik mit der McCarthy-Ära zusammenfielen und mit der Dominanz von John Foster Dulles in der Außenpolitik. Diese Mischung aus Hysterie im eigenen Land und Neoimperialismus im Ausland führte zu beträchtlichen Reibungen zwischen beiden Ländern. Außerdem herrschte ein völliger Mangel an Sympathie zwischen Nehru und Dulles. Dies war teilweise auf ihre Ähnlichkeiten zurückzuführen. Beide vertraten eine düster-moralisierende Weltanschauung, was Nehru allerdings zu verbergen versuchte, während Dulles dies nicht tat. Wo Nehru Pakistan als die Verkörperung des Bösen sah, sah Dulles die Sowjetunion.

Amerikanische Unterstützung Pakistans konnte für Nehru nur antiindisch sein. Nehrus zahlreiche Apologien Rußlands machten ihn in Dulles' Augen zumindest zu einem Kryptokommunisten.

Nehru warf den USA vor, sie hätten eine engstirnige Weltansicht, aber seine eigene Einstellung zu Kaschmir ließ ihn nicht erkennen, daß auch sie völlig engstirnig war. Dulles versuchte sowohl privat als auch in der Öffentlichkeit Nehru zu versichern, daß die USA in der Kaschmir-Frage nicht gegen Indien seien. 1956 erklärte er, der Standpunkt, den die USA Kaschmir gegenüber einnähmen, sei der, daß sie »eine friedliche Regelung wünschen«. Weiterhin versicherte Dulles Nehru, es könne in Sachen Militärhilfe für Pakistan »volles Vertrauen auf seiten Indiens bestehen, daß diese Waffen nicht in aggressiver Weise gegen Indien eingesetzt werden. Pakistan weiß, daß andernfalls die guten Beziehungen zu den Vereinigten Staaten schnell zu Ende sein werden und daß nach der Charta der Vereinten Nationen die USA Indien unterstützen würden, falls es Opfer einer bewaffneten Aggression werden sollte.« Unglücklicherweise äußerte Dulles kurze Zeit später etwas, was als Billigung von Portugals Anrecht auf seinen indischen Kolonialbesitz Goa erscheinen konnte.

Die Widersprüchlichkeit, die Nehru in Dulles' Erklärungen entdeckte – manchmal ermutigend, dann wieder reaktionär, manchmal gegen den Kolonialismus, dann wieder anscheinend dafür –, untergrub das Vertrauen, selbst wenn beide Länder einer Meinung waren, wie etwa in der Suez-Affäre von 1956. Von Nehrus Standpunkt aus jedoch, und der war es, der im Grunde genommen zählte, beherrschten zwei Faktoren seine Einstellung zu den USA: Der Kalte Krieg, der den Frieden gefährdete, welcher nach Nehrus Überzeugung unbedingt erforderlich war für die gesellschaftliche und ökonomische Revolution, die er sich für Indien erhoffte, und die Tatsache, daß die USA anfangs nicht zu finanziellen Hilfen bereit waren. Kein unwichtiger Faktor war Nehrus persönlicher Groll. Nehrus erster Besuch in den USA 1949 war kein Erfolg gewesen. Er hatte den Eindruck gehabt, man habe ihn von oben herab behandelt.

Nehru tat sehr wenig, um die amerikanischen Befürchtungen zu zerstreuen. Beim Ausbruch des Koreakrieges im Jahre 1950 verurteilte Nehru zwar die nordkoreanische Aggression; doch als die USA seinen Rat in den Wind schlugen, nicht den Yalu zu überschreiten, lehnte er es ab, China als Aggressor zu bezeichnen. Diese mangelnde Bereitschaft, den Kommunismus zu verurteilen, schmälerte für die Amerikaner Nehrus sehr konkreten Beitrag zur Herbeiführung des Friedens. Nehru schien auch seine Vertreter in den Vereinten Nationen, insbesondere Krishna Menon, zu ermutigen, in vielen Fragen eine entschieden antiamerikanische Linie zu verfolgen. Da Indien jedoch auf amerikanische Hilfe angewiesen war, modifizierte er seine eigenen Erklärungen. Ende 1956, nach der Suez-Affäre, in der Indien und die USA sich auf derselben Seite befunden hatten, besuchte Nehru die Staaten erneut. Seine Reden waren mehr als versöhnlich. Er erinnerte seine amerikanischen Zuhörer, Indien könne es »nie vergessen, daß wir in den Tagen unseres Freiheitskampfes (von den USA) in vollem Umfang Sympathie und Unterstützung erhalten haben«. Indien und die Vereinigten Staaten seien sich, wie er sagte, in der Hingabe an die Demokratie gleich. »Wir möchten von Ihnen lernen und bitten Sie um Ihre Freundschaft, Zusammenarbeit und Sympathie bei der großen Aufgabe, die wir in unserem Lande in Angriff genommen haben.«

Obwohl sich die Beziehungen zwischen Indien und den USA verbesserten, nachdem die Amerikaner allmählich zu der Ansicht gelangten, daß man Indien möglicherweise zum Gegengewicht gegen das kommunistische China aufbauen könne, blieb Nehrus Überzeugung unverändert. Dies lag teilweise an Kaschmir. Die Sowjetunion war öffentlich und lautstark auf der Seite Indiens, die USA waren es nicht. Aber im Grunde spiegelte die Unbeugsamkeit von Nehrus Außenpolitik die mangelnde Biegsamkeit seines eigenen Geistes wider. Je mehr er sich der Fehlschläge in seiner Innenpolitik bewußt wurde, desto mehr klammerte er sich an die Grundsätze, die seiner Ansicht nach seine Position als Staatsmann von Weltformat geschaffen hatten.

Erst als diese Grundsätze sich durch die chinesische Invasion der nordöstlichen Grenzgebiete 1962 ebenfalls als Fehlschlag erwiesen hatten, mußte er eingestehen, daß er »in einer künstlichen, selbstgeschaffenen Atmosphäre« gelebt hatte.

Ein Beitrag zu jener ›künstlichen Atmosphäre‹ war die von Nehru gehegte und von vielen freudig aufgegriffene Überzeugung, daß Indien die Führung jener ›Dritten Welt‹ zukomme, die entstand, als immer mehr einstige Kolonien Großbritanniens und anderer europäischer Länder ihre Freiheit erlangten. Nehru bestritt zwar häufig den Wunsch nach dieser Führungsrolle, aber er arbeitete bewußt darauf hin. Die Asian Relations Conference, die am Vorabend der Unabhängigkeit in Delhi stattfand, war der erste Schritt in diese Richtung. Zwei Jahre später wurde eine Notkonferenz einberufen, die auf die Holländer und Amerikaner Druck ausüben sollte, um die Unabhängigkeit Indonesiens zu erleichtern. Nach dieser Konferenz kühlte sich Nehrus Begeisterung für Konferenzen ab, teilweise, weil er der Meinung war, daß sich die westlichen Kolonialreiche von selbst auflösten, aber auch, weil er dem Westen durch die Bildung eines offen antiwestlichen Blocks keine Angst einjagen wollte.

Indien war zwar stets in den antikolonialen Lobbies der UNO aktiv, wo Rhetorik einen Ersatz für konkretes Handeln bildete, aber Nehru blieb bis nach der Verkündung seiner berühmten ›Fünf Grundsätze‹ im April 1954 verhältnismäßig still. Eine Konferenz der unmittelbaren Nachbarn Indiens tagte im selben Monat in Colombo, aber die Initiative ging nicht von Nehru aus. Trotzdem war Nehru natürlich die bedeutendste Gestalt, und aus dem Treffen in Colombo entstand der Anstoß zu einer weiteren Konferenz, die im April 1955 in Bandung in Indonesien stattfand.

Das Treffen von neunundzwanzig ›afro-asiatischen‹ Nationen in Bandung erbrachte keine Organisation und nichts von praktischem Nutzen. Nehru sah darin in erster Linie eine Geste gegenüber der westlichen Welt, beinahe deren Verhöhnung. »Bandung«, sagte er nach der Konferenz im indischen Parlament, »hat den politischen Eintritt von mehr als der Hälfte der Weltbevölkerung in die Weltpolitik verkündet. ... Es hieße, die Geschichte falsch verstehen, wenn man glaubt, Bandung sei ein isoliertes Ereignis gewesen und nicht Teil einer großen Bewegung in der menschlichen Geschichte.«[1]

Nehru hatte gehofft, die Konferenz zu einer Bühne für die Prinzipien der *Panch Shila* machen zu können. Mit Hilfe des chinesischen Ministerpräsidenten Chou En-lai gelang ihm dies auch. In den sechs Jahren, die zwischen der ›ersten Bandung‹-Konferenz und der ›zweiten Bandung‹-Konferenz 1961 in Belgrad lagen, wurden Blockfreiheit und friedliche Koexistenz zur öffentlich erklärten Politik von vierundzwanzig Staaten und fanden hohes Lob bei der Sowjetunion und bei den Westmächten.

Nachdem seine Ideen allgemeine Anerkennung fanden, versuchte Nehru bewußt, die Führung zu behaupten. Ständig ermahnte er die jungen Nationen. Seine Vertreter in der UNO neigten dazu, die jungen ›afro-asiatischen‹ Mitglieder als Kinder zu behandeln, die der starken Hand bedurften. Nehrus wachsende Anerkennung bei den Großmächten und seine positive antikolonialistische Einstellung trugen ihm die Achtung der gerade unabhängig gewordenen Länder Asiens und Afrikas ein. Sie waren erfreut, daß einer der Ihren mit den Supermächten von gleich zu gleich sprechen konnte. Leider sah Nehru in dieser Achtung eine Anerkennung der indischen Führungsrolle und der indischen Bevormundung. Er war der Ansicht, daß die Interessen aller einstigen

---

[1] Einen realistischen Bericht über Bandung und die Politik der Blockfreiheit bietet G. H. Jansen, *Afro-Asia and Non-Alignment*, Faber 1966.

Kolonialgebiete durchweg identisch seien, während sie einander in Wirklichkeit nicht selten widersprachen. Er war der Überzeugung, daß sich aus dem antikolonialen Kampf heraus eine Leidensgemeinschaft entwickelt habe, die über nationale Schranken hinausgehe. Dies war ein großer Irrtum.

Nehru erkannte nicht, daß Indien allmählich einen besonderen Platz in der Welt innehatte, der sich der Definition entzog. Die Rolle, die Nehru so erfolgreich bei internationalen Angelegenheiten spielte, trieb Indien tatsächlich in die Isolation. Paradoxerweise wurde diese Isolation noch dadurch verstärkt, daß sich die Einstellung der USA und der Sowjetunion gegenüber der Blockfreiheit wandelte. Nehru beanspruchte bewußt für Indien – und spielte selbst – eine Sonderrolle in den internationalen Angelegenheiten. Indem die beiden Supermächte dies akzeptierten, wurde Indiens implizierter Anspruch ausgehöhlt, die revolutionäre Stimmung der neu entstandenen Nationen zu repräsentieren. Die Führer dieser Nationen, die sich oft über Nehrus gebieterischen Ton der Überlegenheit ärgerten, begannen, seine Führung vorsichtig in Frage zu stellen. Einige von ihnen, wie Präsident Sukarno von Indonesien, drückten im privaten, aber nicht allzu privaten Kreise die Hoffnung aus, daß Nehru eines Tages einen Rückschlag erleiden würde. Als es Ende 1962 dazu kam und Nehru angesichts der chinesischen Aggression zum ersten Mal um Unterstützung und Sympathie für Indien bitten mußte, scharten sich die blockfreien Länder widerwillig, unter Vorbehalten oder gar nicht um ihn.

19
Der Glanz verblaßt

Als Indien den für Januar 1962 angesetzten dritten Parlamentswahlen entgegenging, waren die Aussichten für Nehru und den Kongreß nicht besonders ermutigend. Die Mißerfolge des zweiten Fünf-Jahres-Planes sollten sich in den beschränkteren Zielsetzungen des dritten widerspiegeln. Devisenkrisen, Versorgungsmängel und eine schwerwiegende Unterschätzung des Bevölkerungswachstums hatten dazu beigetragen, Hoffnungen und Erwartungen zu enttäuschen, desgleichen das Unvermögen der Zentralregierung, eine progressive Sozialgesetzgebung durchzusetzen. Die Gefahr für den Kongreß als dominierender Partei lag teilweise in der allgemeinen Unzufriedenheit, speziell aber in dem, was die Inder nun ›Zersplitterungstendenzen‹ nannten. Man agitierte eifrig für die Gründung weiterer Sprachgebietsstaaten. Mit dem Süden gab es wieder einmal ernsthafte Probleme, und zwar in der Frage der Nationalsprache. Dies alles hatte die Oppositionsparteien, zumal die rechten, darin bestärkt, lauter als bisher Kritik am Kongreß zu üben.

Im August 1959 wurde landesweit eine neue konservative Partei gegründet, die Swatantra- oder Freiheits-Partei. Sie machte sich, wie aus der Formulierung ihrer Ziele hervorging, für das private Unternehmertum stark: »Wir sind der Meinung, daß soziale Gerechtigkeit und Wohlfahrt auf andere Weise sicherer und angemessener erreicht werden als durch Methoden eines sogenannten Sozialismus.« Hinter der Partei stand eine buntgemischte Gruppe. Die Führungsmannschaft bestand aus C. Rajagopalachari, trotz seiner gut achtzig Jahre von erstaunlicher geistiger Frische, einigen namhaften Geschäftsleuten sowie Professor N. G. Range, der sich sein ganzes politisches Leben lang mit Bauernbewegungen und Agrarreform befaßt hatte. Zu den führenden Parteimitgliedern gehörten ferner Maharadschas, enteignete Grundbesitzer, pensionierte Beamte und verdrossene Politiker aus anderen Parteien.

Nehru verhehlte nicht seine Verachtung für die neue Partei, aber ihre Bedeutung lag darin, daß es die erste *nichtkommunalistische* Partei der Rechten war; sie wendete sich nicht an eine bestimmte Religion oder Gemeinschaft, sondern an eine hinreichend gut definierte ökonomische Gruppe – den kleinen Kapitalisten, den bäuerlichen Grundbesitzer, den Akademiker. Die größte Wirkung zeitigte die Gründung der Swatantra-Partei auf den rechten Flügel des Kongresses, dessen Einstellung zum Kongreß und damit zu Nehru kritischer wurde. Freilich hielt man mit der Unzufriedenheit hinter dem Berg, bis der Grenzkonflikt mit China den Kritikern Nehrus den Mut gab, ihn persönlich anzugreifen. Das Scheitern von Nehrus China-Politik bereitete den Kritikern seiner Innenpolitik erst den Boden. Hatten sich die Kritiker im Kongreß früher damit begnügt, Nehrus Politik in ihrem Sinne zurechtzubiegen – was ihnen auch ganz gut gelungen war –, so fühlten sie sich nun stark genug, diese Politik selbst in Frage zu stellen. Unter dem Deckmantel des Patriotismus waren sie sich der umfassenden Unterstützung durch das Parlament und die intellektuelle politische Klasse sicher, die in Indien die ›öffentliche Meinung‹ macht. Die ganze Abneigung gegen Nehru – gegen sein Charisma, seinen Anspruch auf Überlegenheit, seine Unentbehrlichkeit, seine Vorstellung von einer gesellschaftlichen und wirtschaftlichen Revolution –, die im Kongreß latent geblieben war, machte sich allmählich Luft, als der Grenzkonflikt mit den Katastrophen des November 1962 seinen Höhepunkt erreichte.

Jawaharlal Nehru
mit Tochter Indira und Enkel
Sanjay Gandhi.

Jawaharlal Nehrus
letzte Reise am 2. Juni 1964.

Indira Gandhi nimmt Abschied
von der Asche ihres Vaters, dessen Erbe sie
wenig später antritt.

Zwar hatte man gegen Nehrus präsidiale Autorität ständig aufbegehrt – außer auf dem Gebiet der Außenpolitik –, aber seine *moralische* Autorität war nie ernsthaft angezweifelt worden. Von der Jahresmitte 1959 an wurden aber auch die Grundfesten dieser Autorität stetig unterhöhlt. Der Streit mit China um die Grenzen im Himalaja beherrschte schließlich das politische Leben Indiens, und das Verhalten Nehrus und des Kongresses war praktisch nur noch ein Reflex auf die Auswirkungen dieses Streits. Sie wurden durch den Umstand verstärkt, daß Nehru den chinesisch-indischen Konflikt im Hinblick auf die ›Fünf Grundsätze‹ bewußt geheimgehalten hatte. Drei Ereignisse des Jahres 1959 kamen zusammen, um diese Rücksichtnahme hinfällig zu machen und die beiden Länder auf einen Kollisionskurs zu bringen, an dessen Ende die Demütigung Indiens und Nehrus stehen sollte[1]. Im März floh der Dalai Lama aus Tibet und ersuchte in Indien um politisches Asyl. Im August kam es in Longju, an der Nordostgrenze des Landes, zu einem Zusammenstoß indischer und chinesischer Grenzpatrouillen. Und im Oktober ereignete sich am anderen Ende der Grenze, am Kongka-Paß, ein neuerlicher, ernsterer Zwischenfall.

Mit der Unabhängigkeit erbte Indien nicht nur die kolonialen Grenzen, welche die Teilung nicht berührt hatte, sondern auch deren Ambivalenzen. Die Briten hatten in der ständigen Sorge geschwebt, die Russen könnten die Nordgrenze ihres Reiches angreifen, und sich praktisch durch eine Kette von Protektoraten – Nepal, Sikkim, Bhutan – geschützt; Tibet wurde ermutigt, seine Unabhängigkeit von China zu fordern, weil es als Puffer gegen

---

[1] Auf den folgenden Seiten können nur die wichtigsten Stationen in der Geschichte der chinesisch-indischen Beziehungen bis zum chinesischen Einmarsch in der Nordöstlichen Grenzprovinz im Oktober 1962 skizziert werden. Eine ausführliche und aufschlußreiche Untersuchung dieser Materie bietet Neville Maxwell, *India's China War,* Cape 1970.

eine Invasion dienen sollte. Über den exakten Verlauf der Grenze hatte es immer wieder heftige Meinungsverschiedenheiten gegeben, doch hatte man Linien auf der Landkarte gezogen, und für die Briten *waren* das die Grenzen, auch wenn es weder eine Übereinkunft zwischen den beteiligten Parteien noch irgendeine Demarkation an Ort und Stelle gab. Diese Haltung war vernünftig, solange Indien als Teil des britischen Weltreichs stark und China schwach war. 1950 aber war die Lage völlig anders. Das unabhängige Indien war schwach, während China nach dem kommunistischen Triumph über Chiang Kai-Shek stark war. Indien, das an den nördlichen Grenzen die britische Politik fortgeführt hatte, bekam auf einmal Konkurrenz in einem Gebiet, das seit vielen Jahren der indischen Einflußsphäre zugerechnet worden war.

Die Fortsetzung der britischen Tibetpolitik durch das unabhängige Indien war von den Rotchinesen schon verurteilt worden, als sie noch gar nicht an der Macht waren. Sie hatten Nehru persönlich vorgeworfen, ›imperialistische Annexionspläne in Tibet‹ zu hegen. Wenige Wochen nach Errichtung der Volksrepublik China im Oktober 1949 gab die neue Regierung bekannt, daß die Volksbefreiungsarmee in Kürze in Tibet einmarschieren werde. Indien protestierte und handelte sich damit eine scharfe Erwiderung ein; aber es konnte sehr wenig tun. Ein militärisches Eingreifen zum Schutze Tibets kam nicht in Betracht. Die bei weitem vernünftigste Politik war es, das nunmehr überholte Kolonialerbe zugunsten der indisch-chinesischen Freundschaft aufzugeben. In diesem Sinne widerriet Indien dem Dalai Lama die Flucht nach Indien und blockierte im November 1950, einen Monat nach der ›Befreiung‹, seinen Appell an die Vereinten Nationen.

Die chinesische Präsenz in Tibet war Indien nicht willkommen, besonders nicht den Rechten innerhalb und außerhalb des Kongresses. Sprecher des Kongresses war, wie immer, Patel. Im November 1950 schrieb er Nehru einen langen Brief, in dem er die Tibetpolitik des

Ministerpräsidenten kritisierte und ihn darauf hinwies, daß China ein potentieller Gegner sei. Patel forderte eine völlige politische Neuorientierung, notfalls sogar ein »erneutes Nachdenken über unsere Einsparungspläne bei der Armee«. Welche Antwort Patel erhielt – wenn er eine erhielt –, ist nicht publik geworden, und einen guten Monat später war er tot. Ohne ihn gab es keine Stimme mehr, die nachhaltig gegen Nehru sprach. Nehru setzte seine Politik der Freundschaft mit China fort, ordnete aber immerhin an, die Grenzgebiete im Nordosten in die indische Verwaltungsstruktur einzubeziehen, was unter den Briten unterblieben war. Dieser Schritt, der u. a. die Entfernung tibetischer Beamter aus Tawang nach sich zog, bedeutete, daß die indische Regierung nun wirklich eine von den Briten ererbte Staatsgrenze beanspruchte, die von China niemals anerkannt worden war. Das Abkommen aus dem Jahre 1913 über den Grenzverlauf (die sog. McMahon-Linie) war von der chinesischen Regierung ein Jahr später für unverbindlich erklärt worden. Nehru ließ im Parlament keinen Zweifel daran, daß die Regierung den Grenzverlauf als durch das Abkommen eindeutig festgelegt betrachte. Was das westliche Ende der Grenze in Ladakh betreffe, so sei sie »durch langen Brauch und Herkommen definiert«.

Nachdem er dies gesagt hatte, scheint Nehru im stillen beschlossen zu haben, daß Indien die Grenzfrage niemals von sich aus aufwerfen werde. Sie wurde auch von China nicht aufgeworfen, das lediglich im September 1951 eine Erklärung abgab, wonach zwischen beiden Ländern keine territorialen Zwistigkeiten bestünden. Als man daran ging, die Vertragsrechte der indischen Regierung in Tibet wegzuverhandeln, wurden die Grenzen mit keinem Wort erwähnt. Der Freundschaftsvertrag von 1954, der einleitend eine Erklärung über die ›Fünf Grundsätze‹ enthielt, führte zum Rückzug der indischen Garnisonen aus Tibet, stufte die indische Mission in Lhasa zum Generalkonsulat herab und symbolisierte die indische

Anerkennung der Tatsache, daß Tibet unwiderruflich ein Teil Chinas war. Dafür erhielt Indien die Unterstützung Chinas bei den ›Fünf Grundsätzen‹. Dem Eindruck, daß dies doch ein außerordentlich schlechtes Geschäft gewesen sei, sind zwei Faktoren entgegenzuhalten. Eine Aufrechterhaltung des quasi kolonialherrlichen Status Indiens in Tibet war ganz undenkbar, und es war am besten, ihn schnell und still aufzugeben. Der andere Faktor ist offenbar im ersten der ›Fünf Grundsätze‹ zu sehen: gegenseitige Achtung der territorialen Integrität und Souveränität. Wenn Indien Territorium bis zu den beanspruchten Grenzen besetzen konnte, *bevor* China das Thema ansprach, wäre China nach den ›Fünf Grundsätzen‹ verpflichtet, diese Grenzen als nichtnegotiabel zu respektieren. Diese Deutung wird durch ein Memorandum gestützt, das Nehru im Juli 1954, zwei Monate nach Abschluß des Vertrages mit China, den beteiligten Ministern zugehen ließ. Darin bezeichnete Nehru den Vertrag als neuen Ausgangspunkt für die Beziehungen Indiens zu China und erklärte, daß infolgedessen die nördliche Grenze als fest und definitiv und nichtnegotiabel zu betrachten sei. Dann befahl Nehru die Errichtung von Kontrollposten entlang der gesamten Grenze, vor allem aber an jenen Stellen, über die es zum Streit kommen konnte.

Diese strikte Anweisung muß zum damaligen Zeitpunkt als vernünftig erschienen sein. Es hatte von Pekinger Seite weder gegen die McMahon-Linie noch gegen die indische Besetzung Tawangs Einwände gegeben, und es war nicht unvernünftig, davon auszugehen, daß die Chinesen mit der Linie leben konnten. Zumindest war die Linie auf einer Karte eingezeichnet, während es am westlichen Ende der Grenze keine solche Linie gab. Das Gebiet war kartographisch niemals zureichend aufgenommen worden, ja die Briten selbst waren untereinander nicht einig gewesen, wo die Grenze wirklich verlief. Es war bedauerlich, daß Indien jene Grenzlinien wählte, die eine künftige Auseinandersetzung mit China unvermeidlich machten, zumal diese Linien, nachdem man sie einmal auf neuen Landkarten publiziert hatte, die Grenzen *waren* und laut Nehrus Direktive nicht mehr Gegenstand von Verhandlungen sein konnten.

Als die Grenzposten errichtet wurden, beschwerte sich China, daß Indien chinesisches Territorium im mittleren Teil der Grenze verletze. Indien behauptete, es handle sich um indische Gebiete. Ende der fünfziger Jahre gab es immer wieder diplomatisches Geplänkel in dieser Frage, aber Indien blieb absolut unbeugsam – die Grenze war dort, wo Delhi es beschlossen hatte, und China hatte das zu akzeptieren. Die Situation war reif für einen echten Zusammenstoß. Alles, was noch fehlte, war eine chinesische Aktion, die von Indien als flagrante Verletzung seiner territorialen Hoheitsrechte aufgefaßt werden konnte. Sie erfolgte in einer öden und verlassenen Gegend am westlichen Ende der Grenze, in Aksai Chin. Dies Gebiet galt – wenn auch aufgrund recht fragwürdiger Erwägungen – als Teil Indiens, doch waren hier wegen der Schwierigkeit des Geländes 1958 noch keine Grenzposten aufgestellt worden. Der Zugang von der chinesischen Seite war hingegen relativ bequem, und schon 1950 waren chinesische Truppen aus Sinkiang auf diesem Wege in Westtibet einmarschiert. 1956 begannen die Chinesen mit dem Bau einer Straße durch Aksai Chin, das auf ihren Landkarten als Teil Chinas ausgewiesen war. Aus ihrer Sicht gab es über dieses Gebiet keine territorialen Zwistigkeiten. Englische Landkarten hatten immer nur einen ›unbestimmten‹ Grenzverlauf gezeigt, und die indische Regierung hatte zwar schon 1951 die McMahon-Linie öffentlich als nordöstliche Landesgrenze reklamiert, einen ähnlichen präzisen Anspruch in bezug auf den Westteil der Grenze aber nicht erhoben, außer auf einer Ende 1954 veröffentlichten Karte, die von den Chinesen entweder übersehen oder ignoriert worden war. Erst 1958 erhob Indien *formell* diesen Anspruch. Tatsächlich hatte die indische Regierung von den chinesischen

Aktivitäten in Aksai Chin bis 1957 nichts gewußt; erst in diesem Jahr schöpfte sie Verdacht, als in Peking die Fertigstellung einer Straßenverbindung zwischen Sinkiang und Westtibet bekanntgegeben wurde. Da sich die Chinesen über den genauen Verlauf der Straße nur höchst vage geäußert hatten, schickte man indische Patrouillen nach Aksai Chin, die feststellen sollten, ob die Straße von Indien reklamiertes Territorium verletze.

Die Meldungen über die Grenzzwischenfälle und Nehrus Argwohn in bezug auf die Straße in Aksai Chin wurden nicht nur der Öffentlichkeit, sondern auch den indischen Kabinettsmitgliedern vorenthalten. Nach Patels Tod gab sich Nehru besonders in außenpolitischen Dingen sehr zugeknöpft, und andere Kabinettsmitglieder, die sich in ihrem eigenen Verantwortungsbereich ebenfalls nicht in die Karten sehen ließen, drangen nicht darauf, von Nehru informiert zu werden. Die Außenpolitik ging ausschließlich Nehru und einige hohe Beamte im Ministerium für Auswärtige Angelegenheiten an, und selbst diese wurden oft im unklaren gelassen, wenn Botschafter und andere – durch das Sekretariat des Ministerpräsidenten – Nehru direkt berichteten.

Nehru besuchte China im Jahre 1954 und zeigte sich nach seiner Rückkehr beeindruckt von den Leistungen des chinesischen Kommunismus. Der Besuch des chinesischen Ministerpräsidenten Chou En-lai in Indien im Jahre 1956 wurde zum Anlaß genommen, die chinesisch-indische Freundschaft und die Prinzipien der *Panch Shila* zu bekräftigen, und überall, wo Chou auftrat, wurde er von einer jubelnden Menge begrüßt. Wenn die Grenzfrage zu diesem Zeitpunkt zwischen den beiden Ministerpräsidenten erörtert worden wäre, hätte man höchstwahrscheinlich eine gütliche Regelung gefunden. Bei den Gesprächen erwähnte Chou zwar die McMahon-Linie, machte aber nicht deutlich, was China wollte, nämlich neue Verhandlungen nicht über die Linie selbst, sondern über den imperialistischen Vertrag, durch den sie zustande gekommen war. Der westliche Teil der Grenze wurde von keiner Seite angesprochen.

Diese Zurückhaltung währte so lange, bis Indien die durch Aksai Chin gebaute Straße entdeckte. Im Oktober 1958 protestierte Indien in Peking. Aus dem sich anschließenden diplomatischen Notenwechsel ist ersichtlich, daß die Chinesen zwar bereit waren, den größten Teil der existierenden Grenzen zu akzeptieren, daß sie aber darauf drangen, dies in neuen Verträgen zu tun, die von ›imperialistischen‹ Untertönen frei waren. In Delhi faßte man das als Vorwand für eine Veränderung der bestehenden Grenzen und als Beweis für Chinas aggressive Absichten auf. Die Euphorie der chinesisch-indischen Freundschaft begann zu verfliegen. In der Öffentlichkeit hing zwar das Lächeln der ›Fünf-Grundsätze‹, wie das Grinsen der Cheshire-Katze, noch im Raum, nachdem die Sache selbst schon dahin war; aber nicht mehr lange. Nehru behauptete in einem Briefwechsel mit Chou, daß die Grenzen eindeutig feststünden und daß es daher nichts zu verhandeln gäbe. Zwar ging er auf den Vorschlag Chous ein, bis zu einer Einigung den Status quo beizubehalten, verlangte aber in Wirklichkeit in höchst mehrdeutiger Sprache, daß China alle in jüngster Zeit besetzten Territorien räume. Nach diesem Briefwechsel hatte Nehru sich auf die politische Linie festgelegt, daß vor Aufnahme irgendwelcher Gespräche die Lage, wie sie in den Augen Indiens war, nicht nur anerkannt, sondern unverzüglich wiederhergestellt werden mußte. Nachdem diese Linie publik gemacht worden war, blieb Nehru keinerlei Verhandlungsspielraum mehr übrig.

Im März 1959 griff eine Stammesrebellion, die drei Jahre zuvor in den südöstlichen Gegenden Tibets ausgebrochen war, auf die mittleren und südlichen Landesteile über, und der Dalai Lama bekannte sich öffentlich zu den Aufständischen und erklärte die Unabhängigkeit Tibets. Die Chinesen reagierten jedoch so schnell, daß der Dalai Lama aus Lhasa fliehen mußte und am 31. März indisches Territorium betrat. Diese sensationelle Entwicklung konnte die indische Regierung nicht geheimhalten, selbst wenn sie es gewollt hätte. In vielen Städten Indiens gab es chinafeindliche Kundgebungen; bei einer Demonstration in Bombay im April wurde ein Bild des chinesischen Parteiführers Mao Tse-tung mit Eiern und Tomaten beworfen. Die Flucht des Dalai Lama nach Indien weckte die alten, kritischen Einwände gegen die Regierungspolitik. Nehru versuchte, die öffentliche Meinung Indiens zu beruhigen, während er sich gegenüber den Chinesen diplomatisch gab. Damit war niemandem gedient. Die Chinesen waren verärgert, daß Indien den Dalai Lama aufgenommen hatte. In Indien warfen Kritiker der Regierung dem Ministerpräsidenten vor, eine Politik der Beschwichtigung gegenüber China zu treiben. Während die amtlichen Medien der indischen Regierung provozierende Erklärungen des Dalai Lama verbreiteten, beschuldigten die Chinesen Nehru, er wandle »in den Fußstapfen der britischen Imperialisten« und hege »expansionistische Ambitionen in bezug auf Tibet«. In dieser Atmosphäre gegenseitigen Mißtrauens war jeder Grenzzwischenfall geeignet, Probleme heraufzubeschwören.

Am 25. August 1959 kam es in Longju auf der McMahon-Linie zu einem vermutlich zufälligen Zusammenstoß von Grenzpatrouillen, der von der Regierung nicht geheimgehalten und von Parlament und Presse als Akt der Aggression verurteilt wurde. Der indische Protest in Peking sprach von ›bewußter Aggression‹. Als es im Oktober am Kongka-Paß, am westlichen Teil der Grenze, zu einem weiteren Zusammenstoß kam, war die öffentliche Meinung Indiens bis zur Kriegsbegeisterung aufgeheizt. Seit dem Zwischenfall von Longju hatten die Zeitungen Gerüchte über chinesische Truppenkonzentrationen entlang der McMahon-Linie kolportiert, und es wurden im Parlament viele Fragen gestellt. Drei Tage nach Longju griff man Nehru wegen Irreführung der Abgeordneten in der Grenzfrage an. Auch Nachrichten über die Straße in

Aksai Chin waren durchgesickert, und das Parlament verlangte vom Ministerpräsidenten eine Erklärung. Nehru räumte ein, daß eine derartige Straße existiere. Als man weiter in ihn drang, offenbarte er, wie er in der Grenzfrage dachte. Vieles von dem, was er sagte, war vage und irreführend, aber er machte doch deutlich, daß es zwar über den tatsächlichen Grenzverlauf im Nordosten keinen Zweifel geben konnte, wohl aber über den in Ladakh und vor allem in Aksai Chin. Es herrschte laut Nehru echte Unklarheit darüber, zu welchem Land das Territorium gehörte, durch das die neue Straße lief. Diese Feststellung unterschied sich erheblich von dem, was man gleichzeitig Peking sagte: daß Aksai Chin ein Teil Indiens sei und immer gewesen war. Die Diskrepanz verschwand jedoch, nachdem der damalige Leiter der historischen Abteilung des Ministeriums für Auswärtige Angelegenheiten, Dr. Gopal, im November 1959 in London Nachforschungen angestellt hatte, die Nehru davon überzeugten, daß der indische Anspruch auf Aksai Chin begründeter war als der chinesische.

Nehru teilte nun den Angehörigen des Auswärtigen Ausschusses seine Informationen mit, und es scheint gewisse Bedenken in bezug auf die Stichhaltigkeit von Nehrus Auffassung gegeben zu haben, die jedoch dem Ministerpräsidenten nicht zur Kenntnis gebracht wurden. Aber Nehru hätte seine Meinung wohl ohnehin nicht geändert; denn das, was er als chinesische Anmaßung und Einschüchterung empfand, hatte seinen Stolz gereizt. Seine öffentlichen Erklärungen waren eine Mischung aus geradezu chauvinistischem Nationalismus (die Chinesen reklamierten den Himalaja für sich, ›die Krone Indiens‹ und Teil von Indiens ›Kultur und seinem Herzblut‹) und der Mahnung an Indien, Frieden und Toleranz im Geiste Gandhis nicht zu vergessen. Nach diesen Reden zu urteilen, scheint Nehru das Gefühl gehabt zu haben, sein Prestige stehe auf dem Spiel und die chinesischen Aktionen zielten bewußt darauf ab, sein

Ansehen in der Welt zu schmälern. Diese Haltung machte ihn blind gegen alles Plausible an der chinesischen Sache und ließ ihn in jedem Vorschlag Pekings, die Grenzfrage zum Gegenstand von Verhandlungen zu machen, den Auftakt zu globalen chinesischen Ansprüchen auf indisches Territorium wittern.

Nachdem der chinesisch-indische Grenzstreit nun nicht nur in Indien, sondern auch im Ausland allgemein bekannt war und in der Weltpresse größte Beachtung fand, beschloß Nehru, die offizielle Korrespondenz mit Peking praktisch sofort nach ihrer Zustellung zu veröffentlichen. Praktisch wurden diese Mitteilungen in erster Linie zu einer Propaganda, die sich an die öffentliche Meinung Indiens und an die politische Weltöffentlichkeit richtete. Zum Nutzen der letzteren gab es eine Fülle historischer und pseudohistorischer Argumente; zum Nutzen der ersteren fand sich darüber hinaus die Berufung auf die zweifelhaften, aber emotionsträchtigen Quellen der hinduistischen Literatur, insbesondere das *Mahabharata*, das *Ramayana* und die *Upanischaden*. Die Mythen und Legenden des Hinduismus mußten dazu herhalten, um den Verlauf der Grenzen im Himalaja zu rechtfertigen – eine Methode, die den Indern zusagte, die Chinesen aber begreiflicherweise verärgerte. In seinen öffentlichen Äußerungen berief sich Nehru auf die mystische Rolle des Himalaja im Denken Indiens, als sei sie ein juristisches Argument. Die religiösen Untertöne in seinen Reden waren entweder bewußte Demagogie – was ein trauriger Niedergang seines Niveaus gewesen wäre –, oder aber sie spiegelten seine wahren Gefühle wider. In diesem Falle würden sie eine weitere Phase im Übergang des Säkularisten Nehru zu einer hinduistischen Weltanschauung darstellen.

Trotz des einigermaßen aggressiven Tons in den diplomatischen Verlautbarungen Indiens war die Regierung in der Praxis weit weniger aggressiv. Nach dem Zwischenfall am Kongka-Paß, bei dem es eine Reihe von Opfern auf indischer (und chinesischer) Seite gegeben hatte, rief Nehru in seinen Reden immer wieder zu Ruhe und Besonnenheit auf. Das hatte lediglich den Erfolg, den Volkszorn zu schüren. Man griff Nehrus Führungsrolle an und forderte Abkehr von der Politik der Blockfreiheit, Wiederaufrüstung und den Beitritt zu Militärbündnissen. Nehru reagierte mit der Versicherung, die indischen Streitkräfte seien in ausgezeichnetem Zustand und durchaus in der Lage, die nördlichen Landesgrenzen zu verteidigen. Das entsprach zwar nicht den Tatsachen, aber Nehru scheint es geglaubt zu haben. Nach dem Zwischenfall am Kongka-Paß hielt er es bereits für wahrscheinlich, daß Indien die Chinesen mit Waffengewalt würde vertreiben müssen. Beweise hierfür enthielt ein Memorandum, das den indischen Botschaftern in den wichtigsten Hauptstädten der Welt übermittelt und von einem von ihnen der *New York Times* zugespielt wurde, die es am 12. November 1959 auszugsweise veröffentlichte. Zwar beklagte Nehru nach wie vor die Anwendung von Gewalt, doch erweckte er den Eindruck, als sei deren Einsatz wahrscheinlich und als könne Indien sie mit entscheidender Wirkung einsetzen. In Verbindung mit der Schilderung früherer Demütigungen Indiens in Form von ›Weißbüchern‹ und der sofortigen Publikation der diplomatischen Korrespondenz lief Nehrus Engagement auf eine Absage an jene Flexibilität hinaus, die eine potentiell explosive Situation verlangt hätte. Nehru wurde zum Gefangenen nicht nur des Parlaments, sondern auch der intellektuellen politischen Elite. Jedes Zugeständnis an China, so sinnvoll es sein mochte, wurde unweigerlich als Beschwichtigung, wo nicht gar als Verrat gebrandmarkt.

Diese lähmende Einschränkung der Handlungsfreiheit der Regierung wurde damals nicht als solche erkannt. In den Augen der Inder wie der Weltöffentlichkeit wirkte Nehru äußerst flexibel. Der Opposition zum Trotz wiederholte er wieder und wieder, daß er bereit sei, zu verhandeln und mit jedem Menschen Gespräche zu führen.

Zugleich vernebelte er das Problem, indem er daran festhielt, daß die Grenzen Indiens nicht negotiabel seien. Der Widerspruch wurde zwar erkannt, aber fast völlig ignoriert – zumal im Ausland, wo die Meinung sich allmählich zugunsten Nehrus und der indischen Sache verfestigte. Da ein großer Teil der Welt nur allzu bereit war, das Schlimmste von China zu denken, schenkte man der Zweideutigkeit von Nehrus Worten keine Beachtung, so daß die Inder zu der Überzeugung gelangten, daß nicht nur Recht und Gerechtigkeit, sondern auch der überwiegende Teil der Weltmeinung auf ihrer Seite seien.

Ende 1959 war an der diplomatischen Front nichts mehr zu machen. Vorschläge Chou En-lais, zu einem Besuch nach Delhi zu kommen, waren abgeschmettert worden. Die Grenzen selbst waren ruhig, nicht aber die öffentliche Meinung Indiens; man verlangte, die indische Armee solle die Chinesen aus Aksai Chin vertreiben, bevor die Untätigkeit der indischen Regierung als stillschweigendes Einverständnis mit der chinesischen Aggression ausgelegt werden konnte. Nehru sträubte sich, aber wenn er keine *diplomatische* Initiative ergreifen konnte, gab es keine andere Möglichkeit, als die Chinesen mit Waffengewalt zu vertreiben. Nehru zog es noch immer vor zu reden, auch wenn das Reden kein Verhandeln war. Daß Gewalt niemals den Vorzug verdiene vor der vernünftigen Erörterung anstehender Probleme zwischen den Völkern, war der Kernsatz von Nehrus außenpolitischer Theologie.

Lange Jahre war diese Theologie sowohl von den USA als auch von der Sowjetunion als Ketzerei verdammt worden; doch bis Ende 1959 hatte sie sich Respekt verschafft. Mit dem Besuch des sowjetischen Ministerpräsidenten Chruschtschow beim amerikanischen Präsidenten Eisenhower schien der Kalte Krieg seinem Ende entgegenzugehen. Einen Teil des Verdienstes am Beginn des Tauwetters nahm Nehru öffentlich für sich in Anspruch; er sah darin den Beweis, daß seine Außenpolitik richtig und daß Indien ein Vorbild für andere geworden war. Der Anspruch bestand zu Recht und war durch Besuche des Präsidenten und des Ministerpräsidenten der Sowjetunion sowie des amerikanischen Präsidenten in Indien bekräftigt worden. Das Lob, welches die Führer dieser beiden Länder Indien gezollt hatten, war über die Erfordernisse der Höflichkeit weit hinausgegangen. Was Indiens Zwist mit China betraf – über den Nehru die sowjetische und die amerikanische Regierung ausführlich unterrichtet hatte –, so hatte auch er dem glänzenden Indienbild nicht geschadet. Ganz im Gegenteil – zumindest im Falle der USA. Dort wurde der Umstand, daß Nehru seine unkritische Freundschaftlichkeit gegenüber China aufgegeben hatte, als Zeichen dafür angesehen, daß Nehru doch kein Kommunist war. Diese Erkenntnis führte zu einer immensen Steigerung der amerikanischen Hilfe für Indien. Was die sowjetische Haltung betraf, so hatte Indien einigen Grund zur Besorgnis. Die Sowjetunion und China waren zwei große kommunistische Bruderländer. In Wirklichkeit war, was damals nicht nach außen drang, der später offen ausbrechende Streit zwischen China und der Sowjetunion in ein ernstes Stadium getreten. Das erklärt die scheinbar neutrale, in Wahrheit aber indienfreundliche Haltung, welche die Sowjetunion im chinesisch-indischen Grenzstreit anfänglich einnahm. Die sowjetische Haltung war Nehru sehr willkommen, der noch immer glaubte, die Russen seien in der Lage, Einfluß auf Peking auszuüben. Der Rat, den die Russen Nehru gaben, nämlich mit Peking zu verhandeln, war unter diesen Umständen geradezu verpflichtend. Es war auch wesentlich – jedenfalls für Nehru –, daß Indien nicht den Eindruck erweckte, daß es selbst von jenem Kurs abging, den es anderen Ländern andauernd predigte, d. h. Streitigkeiten nach Möglichkeit auf dem Verhandlungswege beizulegen. Man beschloß daher, Chou nach Delhi einzuladen. Die Einladung traf am 12. Februar 1960 in Peking ein.

Aus irgendeinem Grund wurde dieser Brief nach seinem Abgang noch vier Tage geheimgehalten, und Nehru erweckte sogar den Eindruck, daß eine solche Begegnung nicht lohnend sei. Als die Einladung bekanntgegeben wurde, gab es in Indien natürlich einen Aufschrei der Empörung, doch beruhigten sich die Gemüter wieder etwas, als Nehru versicherte, daß die indischen Grenzen nicht negotiabel seien. Viele Politiker befürchteten, Nehru könne womöglich wirklich eine Regelung mit Chou aushandeln, aber sie brauchten sich nicht zu beunruhigen. Die Chinesen waren noch immer zu einer vernünftigen Regelung bereit, die ihnen Aksai Chin zusprechen würde, aber Nehru war dazu nicht bereit. Obwohl die Grenze nicht markiert war, hatten die Chinesen sie in Nehrus Augen überschritten und waren im unrechtmäßigen Besitz indischen Territoriums. Die grundsätzliche Plausibilität von Chous Lösungsansatz und der Wunsch der Chinesen, eine potentiell gefährliche Situation zu entschärfen, blieben hinter einem Nebelschleier emotionsgeladener Phrasen Nehrus verborgen, nachdem der chinesische Ministerpräsident mit leeren Händen wieder abgereist war. Das Problem, vor dem die indische Regierung jetzt stand, lautete: Was nun?

Leider kamen Nehru und seine Berater zu dem Schluß, daß ihnen nur ein einziger Weg offenstand – Militärpräsenz am westlichen Teil der Grenze zu demonstrieren. Ungeachtet gegenteiliger Warnungen Chinas ging man davon aus, daß die Chinesen sich einer Truppenbewegung nach vorn nicht entgegenstellen würden. Die Möglichkeit eines Krieges führten Kongreß- wie Oppositionspolitiker ständig im Munde; einige griffen sogar Nehrus Parole aus den frühen vierziger Jahren auf, daß Indien sich durch Leiden erneuern werde. Nehru selbst wiederholte diese herzlose Hoffnung nicht. Er verdammte den Krieg als etwas Furchtbares und warnte die Kriegslüsternen, daß ein Konflikt zwischen Indien und China den Dritten Weltkrieg auslösen werde. Aber nun riß ihn die steigende Flut des Patriotismus mit sich und zwang ihn, diesen Mahnungen die Schlagworte des Nationalstolzes an die Seite zu stellen.

Nachdem die Regierung sich zu einer Vorwärtsbewegung entschlossen hatte, scheint sie geglaubt zu haben, den Rest der Armee überlassen zu können, trotz der damit verbundenen, aber ignorierten Gefahr des Zusammenstoßes mit einem entschieden stärkeren Nachbarn. Die Armee war jedoch, entgegen der Versicherung Nehrus vor dem Parlament, nicht in gutem Gefechtszustand. Der Verteidigungshaushalt war seit Jahren so niedrig wie möglich gehalten worden, die Politik der Blockfreiheit hatte die Entgegennahme von Militärhilfe aus dem Ausland verhindert, und die Militärstrategie Indiens war in der Überzeugung befangen, der einzige Feind Indiens sei Pakistan. Die Armee war gestreckt worden, weil man Truppen gegen die 1956 ausgebrochene Stammeserhebung der Naga im Nordosten Indiens einsetzen mußte. Nach den Grenzzwischenfällen von 1959 hatte man begonnen, Truppen in die Grenzgebiete zu verlegen, doch war dies außerordentlich langsam gegangen – zum einen, weil die Armee für eine solche Expansion schlecht gerüstet war, zum andern, weil geeignete Straßen fehlten. Die Armeeführer waren sich dieser Mängel durchaus bewußt und lagen dem Verteidigungsminister – zu dieser Zeit Krishna Menon – ständig mit Forderungen nach Gerät und Geld in den Ohren. Dem standen gewisse politische Gründe entgegen – die angestammte gandhische Abneigung gegen alles Militärische und die Notwendigkeit, das Geld für die wirtschaftliche Entwicklung Indiens zu verwenden –, während man zugleich aus anderen politischen Gründen – wegen der militärischen Präsenz an den Grenzen – der Armee eine immer größere Verantwortung für die Sicherheit des Landes aufbürdete.

Dieser Sachverhalt löste in der Armee beträchtliche Unzufriedenheit aus. Sogleich nach dem Zwischenfall bei

Longju im August 1959 hatte der damalige Chef des Armeestabes, General Thimayya, seinen Rücktritt eingereicht. Nehru befürchtete, daß dieser Rücktritt zu weiterer Kritik an der Regierung und insbesondere am Verteidigungsminister benutzt werden könnte, der ohnehin schon wegen seiner Versäumnisse bei der Grenzverteidigung heftig angegriffen wurde, und überredete Thimayya, den Rücktritt zurückzunehmen, doch wurde der Vorgang bekannt. Nehru tat die Sache als trivialen Streitfall ab und deutete an, es sei um einen Konflikt mit den Zivilbehörden gegangen. Thimayya mußte eine öffentliche Demütigung hinnehmen, während Nehru die Gelegenheit benutzte, um Menons Wirken im Verteidigungsministerium herauszustreichen, womit er sich praktisch selbst verteidigte. Diese Episode war bedeutsam, weil sie der Armee bewies, daß es unklug war, sich mit Menon und seinen Günstlingen unter den höheren Offizieren anzulegen; einer von diesen, Generalleutnant B. M. Kaul, stand als entfernter Verwandter Nehrus nicht nur auf außerordentlich gutem Fuße mit dem Ministerpräsidenten, sondern wurde auch von Krishna Menon für das höchste Armeekommando aufgebaut. Kaul sollte später, beim Debakel von 1962, eine verhängnisvolle Rolle spielen. Tatsächlich waren bereits seit Anfang 1960 die Elemente der Katastrophe gegeben. Erstens Nehrus Verpflichtung, über die Grenzen nicht zu verhandeln, die vom Nationalstolz der intellektuellen politischen Klasse festgeschrieben wurde; zweitens die Überzeugung, daß China Indien nicht angreifen werde; drittens, daß andernfalls die indische Armee dennoch den Sieg erringen könne; und viertens die Durchdringung der höheren militärischen Kommandostruktur mit Offizieren, die politisch ausgerichtet und militärisch untauglich waren. Um die Jahresmitte 1961 wurde die zivilistische Überzeugung, daß die Truppenbewegung nach vorn lediglich die Fortsetzung eines diplomatischen Schrittes sei, von den Armeeführern nicht mehr angezweifelt, und die *militäri-*

sche Kritik an der Regierungspolitik hatte sich in Speichel-
leckerei aufgelöst.

Die Frage der nördlichen Grenzen und der Beziehungen
zu China beherrschte Ende 1961 die politische Szene in
einem solchen Maße, daß Kongreßführer den Eindruck
bekamen, die Behandlung der Grenzangelegenheiten
durch die Regierung werde zum zentralen Wahlkampf-
thema der bevorstehenden Wahlen werden. Die innenpolitische Kritik an der Regierung würde sich zweifellos
auch gegen deren Unvermögen richten, die Grenzfrage
durch Vertreibung der Chinesen vom heiligen Boden Indiens zu lösen. Patriotische Inbrunst im Bündnis mit den
echten Beschwerden der Mehrheit des Volkes: das
würde eine unwiderstehliche Mischung ergeben. Gewissen Führern des Kongresses schien daher ein Ablenkungsmanöver am Platze zu sein. Es gab auch schon ein
ideales Objekt dafür, das überdies eine Vielzahl emotio-
naler Bedürfnisse befriedigen würde. Dieses Objekt war
die portugiesische Kolonialenklave Goa.

Als die Briten 1947 den Subkontinent räumten, blieben
zwei andere Kolonialmächte auf indischem Boden zurück: die Franzosen in Pondicherry bei Madras und die
Portugiesen in Goa, rund 300 Kilometer südlich von
Bombay. Die Franzosen zogen sich 1954 zurück; die Portugiesen aber harrten aus. Vier Jahrhunderte portugiesi-
scher Herrschaft hatten Goa einen ganz eigenen Charakter verliehen, der es vom angrenzenden Indien deutlich
unterschied. Mehr als die Hälfte der Bevölkerung war ka-
tholisch. Der Lebensstandard war höher als in Indien,
und obwohl es keine Selbstverwaltung gab, war die Administration gutmütig und effizienter als die indische. Es
gab wenig Unzufriedenheit mit der portugiesischen
Herrschaft, außer bei politischen Exilanten in Bombay.
Diese hatten zwar Unterstützung von der indischen
Regierung erhalten, bei den Goanern selbst aber nicht
den ernsthaften Wunsch nach Vereinigung mit Indien

wecken können. 1955 wurde ein Versuch gemacht, Goa mit jenen gewaltlosen Methoden zu besetzen, von denen einige Inder noch immer glaubten, durch sie seien auch die Briten beseitigt worden. Die Menschenmenge, die die Grenze überschritt, war zu groß, als daß die kleine portugiesische Polizeitruppe sie hätte verhaften können; so eröffnete sie das Feuer. Eine Reihe von Demonstranten wurde getötet und viele verletzt. Natürlich gab es in Indien und zumal in Bombay eine erhebliche Reaktion auf diese Vorfälle, aber die indische Regierung tat nichts weiter, als daß sie die diplomatischen Beziehungen zu Portugal abbrach, und der Zorn verrauchte bald wieder. Im großen und ganzen erregte die Fortdauer der portugiesischen Präsenz in Goa zwar Ärgernis, aber nur dann, wenn man die Menschen daran erinnerte.

Der Herbst 1961 schien ein günstiger Zeitpunkt, sie wieder daran zu erinnern. Eine Lösung des Goa-Problems, zumal eine *militärische* Lösung, bot der Regierung die Chance, den Behauptungen der Opposition entgegenzutreten, entweder habe die Regierung Angst davor, ihren kriegerischen Worten gegen die Chinesen Taten folgen zu lassen, oder aber die indische Armee sei nicht in der Lage, die Chinesen zu vertreiben – oder beides. Außerdem würde eine Beseitigung des ›imperialistischen Affronts‹ Goa die Kritik aus dem Ausland zum Verstummen bringen, daß Indien sich nicht wirklich für die Sache des Antikolonialismus engagiere. Erhebliche Zweifel an diesem Engagement hatten die Delegierten eines afroasiatischen Seminars über portugiesischen Kolonialismus geäußert, das im August 1961 in Delhi abgehalten worden war. Der Hinweis, daß Indien sich auch für die Beilegung von Zwistigkeiten auf friedlichem Wege engagiere, wurde unwillig aufgenommen. Nehru verstand den Wink und erklärte auf einer öffentlichen Veranstaltung: »Für uns ist die Zeit gekommen, neu darüber nachzudenken, welche Methode anzuwenden ist, um Goa von der Herrschaft der Portugiesen zu befreien.«

Während Nehru auf einer Auslandsreise war – sie führte ihn nach Washington, wo er auf Präsident Kennedy keinen Eindruck machte, vor die Vereinten Nationen, nach Belgrad und nach Moskau –, begann die Regierung einen Propagandafeldzug gegen die Portugiesen in Goa. Das Paradoxe daran war, daß Nehru gerade vor der UNO ein ›Jahr der friedlichen Kooperation‹ vorgeschlagen hatte. In Indien waren inzwischen bestimmte Kreise – unter ihnen Verteidigungsminister Krishna Menon, General Kaul und führende Mitglieder des Nachrichtendienstes – mit der Planung einer Operation gegen Goa befaßt. Goanische Freiheitskämpfer – so hieß es –, die sich in einer Rebellion erhoben hätten, würden von den Portugiesen massakriert. Ein indisches Passagierschiff sei von portugiesischen Küstenbatterien beschossen worden. Portugiesische Truppen, von den NATO-Partnern Portugals mit den neuesten Waffen ausgerüstet, ›massierten‹ sich an der Grenze zu Indien. Die indische Presse brachte alle diese ›Meldungen‹ in großer Aufmachung. Es erschienen auch offensichtlich lancierte Artikel über die Schrecken der Inquisition in Goa im 16. und 17. Jahrhundert, und das Gerücht wurde ausgestreut, daß die Portugiesen mit Pakistan gegen Indien intrigierten. Alle diese Geschichten, mit Ausnahme einiger historischer Informationen über die Inquisition, waren entweder überhaupt unwahr oder aber bewußt übertrieben. Das ›Passagierschiff‹ war in Wirklichkeit ein kleines Segelboot gewesen, das nicht auf die Warnung reagiert hatte, daß es sich in portugiesischen Hoheitsgewässern befand. Goa lag verschlafen und friedlich da wie eh und je, auch wenn All-India Radio seine Hörer mit Greuelmärchen über die Ströme von Blut schockierte, die dort angeblich in den Straßen flossen. Was die ›Massierung‹ von portugiesischen Truppen betraf, so gab es ihrer in der ganzen Kolonie nur 2500. Was die NATO-Waffen anging, zu denen angeblich auch ein Kreuzer gehörte, so mag es ein paar Handfeuerwaffen gegeben haben; bei dem ›Kreuzer‹ handelte es sich jedenfalls um eine uralte Fregatte, die so verrostet war, daß sie kaum noch in See stechen konnte.

Nach Indien zurückgekehrt, scheint Nehru, wie die meisten Inder, die Propaganda für bare Münze genommen zu haben. Seine ersten Reden waren so ambivalent, daß es gar nicht zu sagen ist, aber es war doch immerhin klar, daß er zugab, daß es eine Krise gab und daß, falls Portugal Goa nicht aufgab, eine friedliche Lösung nicht möglich sein werde. Diplomatischer Druck aus dem Ausland und Vermittlungsangebote wurden zurückgewiesen. Der Vorschlag, UNO-Beobachter an die indisch-goanische Grenze zu entsenden, wurde abgelehnt. Anfang Dezember wurden indische Truppen in sehr großer Zahl an die Grenze zu Goa verlegt. Nachdem sich eine ganze indische Division an der Grenze ›massiert‹ hatte, blieben Zwischenfälle natürlich nicht aus. In dem Versuch, diese zu vermeiden, zogen die Portugiesen ihre Wachposten von der Grenze ab. Nehru betonte unterdessen, daß Indien nach wie vor für friedliche Lösungen eintrete, was ihn freilich nicht hinderte, ausländischen Diplomaten Schauermärchen zu erzählen. Aber er hatte die Situation nicht in der Hand. Andere hatten ein Netz von Tatsachen geschaffen, in dem er nun gefangen war. So sehr er sich auch abmühen mochte, er hatte sich in eine Lage manövrieren lassen, in der nur noch eine einzige Entscheidung möglich war. Allerdings war er nicht bereit, diese Entscheidung selbst zu treffen. Am 17. Dezember war der amerikanische Botschafter, der immer wieder versucht hatte, den Ministerpräsidenten von der Invasion Goas abzubringen, so eloquent, daß Nehru um 10 Uhr abends Krishna Menon zu sich rief und ihm erklärte, die Befehle zum Einmarsch der Truppen in Goa seien rückgängig zu machen. Daraufhin teilte Menon dem Ministerpräsidenten mit, daß die Truppen bereits unterwegs seien. Der veröffentlichten Apologie General Kauls zufolge war die Invasion zweimal verschoben und schließlich für die Mitternacht eben dieses Tages festgesetzt worden. Die Truppen hatten jedoch die Grenze noch nicht überschritten, als Menon Nehru versicherte, sie hätten es.

Einige Stunden später, am 18. Dezember um 2 Uhr morgens, überschritten indische Truppen dann wirklich die Grenze zu Goa und begegneten keinem Widerstand. Die indische Luftwaffe bombardierte den einzigen Landeplatz, ohne daß dort Militärflugzeuge gestanden hätten. Die indische Kriegsmarine beschoß den portugiesischen ›Kreuzer‹ mit Granaten. Das Eingreifen der Luftwaffe und der Kriegsmarine war völlig überflüssig und scheint nur deshalb genehmigt worden zu sein, damit aus Prestigegründen die Invasion nicht allein dem Heer überlassen blieb. Die Medien der indischen Regierung stilisierten die Invasion zu einem heroischen Unternehmen empor, und indische Journalisten durften mehrere Wochen lang Goa nicht betreten, so daß sie die Wahrheit nicht herausfinden konnten. Zum Glück befanden sich zu diesem Zeitpunkt ausländische Zeitungsleute in Goa. Ihre Berichte wurden jedoch nicht ernst genommen; in einigen Fällen wurden sie gar nicht erst gedruckt, um die indische Regierung nicht zu brüskieren. Nur wenige Inder von Rang bezweifelten die amtliche Version der Sache, doch ging ihre Stimme in einem erneuten Ausbruch von Patriotismus unter. Nehru vertrat die Ansicht, die Invasion stehe nicht im Widerspruch zu Indiens erklärter Politik der Gewaltlosigkeit, und zwar deshalb nicht, weil die Portugiesen der Invasion keinen Widerstand entgegengesetzt hätten! Als die Kritik des Auslandes zunahm, wurde er kasuistischer. Er unterstellte der Kritik sogar, sie sei rassistisch motiviert. Die Portugiesen seien Weiße und die Kritiker Indiens auch. Aber der Grund für die Beschwerde der USA und anderer Länder war, daß Nehru, nachdem er der Welt die Tugendhaftigkeit der gewaltlosen Konfliktlösung gepredigt hatte, eben jene Waffengewalt gebraucht hatte, die seinen ständig wiederholten Erklärungen zufolge nie und nimmer gerechtfertigt war. Obwohl sich die Sowjetunion und viele blockfreie Länder auf die Seite Nehrus stellten, war sein Bild in der übrigen Welt plötzlich befleckt. Nehru ging die Kritik sehr nahe, aber er scheint ihre Berechtigung nicht erkannt zu haben. »Wie kommt es, daß etwas, was die Menschen bei uns freudig erregt, mit den stärksten Ausdrücken verurteilt wird?« schrieb er an Präsident Kennedy.

Die Goa-Affäre war auf verschiedenen Ebenen bezeichnend – sichtbaren und nicht sichtbaren. Der Propagandaschirm, der die Realität verstellte, erweckte den Eindruck, als sei die Regierung nicht nur willens, sondern auch in der Lage, Streitfälle mit Waffengewalt zu lösen. Was das für den Zwist mit China bedeutete, lag auf der Hand. Nehru bestätigte das persönlich auf einer Pressekonferenz kurz nach Goa, als er gefragt wurde, ob Indien nun mit Waffengewalt gegen China vorgehen werde. »Der Gebrauch von Gewalt«, antwortete er, »steht uns natürlich offen und ist davon abhängig, ob er zweckmäßig und opportun ist.« Weniger zugeknöpft gaben sich Sprecher der Regierung im Wahlkampf. »Wenn die Chinesen die von ihnen besetzten Gebiete nicht räumen«, sagte Lal Bahadur Shastri, Innenminister der Zentralregierung, »wird Indien wiederholen müssen, was es in Goa getan hat.« Im Wahlkampf wurde viel hergemacht vom erfolgreichen Einmarsch in Goa, der Bereitschaft der Armee, es mit jedem Feind aufzunehmen, und von der generellen Härte der Regierung.

Die Öffentlichkeit durfte nicht erfahren, daß die Fähigkeiten der indischen Armee nicht auf die Probe gestellt worden waren. Es gab auch keinerlei Hinweis darauf, daß es der Armee an Ausrüstung gefehlt hatte, und zwar nicht nur an Waffen und Funkgeräten, sondern auch an so elementaren Dingen wie Stiefeln. Verschwiegen wurde ferner die Schwäche des Entscheidungsprozesses in der Regierung von Indien. Kabinettsminister konnten Situationen schaffen, ohne den Ministerpräsidenten über die Vorgänge zu informieren; stand Nehru dann vor einer Situation, in der die öffentliche Meinung bereits engagiert war, pflegte er nachzugeben, auch wenn ihm sein Instinkt abriet.

Der Kongreß ging in einer Atmosphäre der Euphorie in die Wahlen des Jahres 1962. In Bombay, wo Verteidigungsminister Krishna Menon vom Kandidaten der Opposition, dem einstigen Kongreßpräsidenten Kripalani, angegriffen wurde, verteidigte Nehru persönlich seinen Schützling. Nehru erklärte, daß es Menons Verdienst sei, aus der Armee eine starke und schlagkräftige Kampftruppe gemacht zu haben, und behauptete, er sage dies »aus genauer Kenntnis der Dinge«. In seinen Wahlkampfreden betonte er immer wieder die militärische Bereitschaft Indiens und gab zu verstehen, daß seine Chinapolitik nicht auf Schwäche, sondern auf Stärke gründe. Da Nehru nicht zu der berufsmäßigen Verlogenheit von Politikern neigte, kann man nur annehmen, daß er wirklich glaubte, was er sagte. Gewiß glaubten es die Mehrheit der politischen Klasse und sogar die schärfsten Kritiker aus den Reihen der Opposition.

Die Wahlen wurden zu einem neuen Triumph des Kongresses. Inwieweit der Erfolg auf Goa zurückzuführen war und inwieweit auf das fortdauernde Charisma Nehrus, ist unmöglich abzuschätzen. Der Kongreß verlor 23 Sitze im zentralen Parlament. Die Kommunistische Partei konnte zulegen, ebenso die Rechtsparteien, vor allem die Swatantra. Aber die Kongreßmehrheit in der Zentralregierung und in den Bundesstaaten war noch immer erdrückend. Kaum waren die Wahlen vorüber, erkrankte Nehru. Offiziell hieß es lediglich, er sei überarbeitet und brauche Ruhe. In Wirklichkeit hatte sich herausgestellt, daß er an Pyelonephritis litt, einer kräftezehrenden Entzündung der Nieren und des Nierenbeckens. Trotz einer gründlichen ärztlichen Untersuchung in London und eines öffentlich verbreiteten Berichts, wonach er sich ausgezeichneter Gesundheit erfreute, wurde den meisten Menschen bewußt, daß Nehru jetzt, in seinem 72. Lebensjahr, ernsthaft krank gewesen war. Er ging nun leicht vornüber gebeugt, und man wußte, daß die Ärzte ihn auf strenge Diät gesetzt und eine Einschränkung seines Arbeitspensums empfohlen hatten. Zwar war die Frage der Nehru-Nachfolge schon Mitte der fünfziger Jahre aufgeworfen worden; aber im Frühjahr 1962 wurde das Problem ›Wer kommt nach Nehru?‹ zum Gegenstand offener Diskussionen.

Es gab freilich keinen offensichtlichen Nachfolger, und der Kongreß wußte das genau. Es gab in keinem der verschiedenen Lager einen Mann, der auch nur annähernd Nehrus Format gehabt hätte. Er überragte alle anderen so sehr, daß es schwer war, zu erkennen, wer aus seinem Schatten hervortreten mochte. Nicht alle Minister in seinem Kabinett waren Mediokritäten, aber doch die meisten. Zum Teil waren sie gewählt worden, weil sie sich zum Höfling eigneten, zum Teil aus Proporzgründen innerhalb des Kongresses, immer aber, weil sie keine Gefahr für die beherrschende Stellung Nehrus darstellten. Die kompetenteren Minister zahlten Nehru seine Heimlichtuerei mit gleicher Münze heim und betrieben die Angelegenheiten ihres eigenen Ministeriums, ohne ihn auf dem laufenden zu halten, womit sie ständig die von ihm erstrebte Politik durchkreuzten. Aber das war lediglich ein politischer Stil, kein Anspruch auf Nachfolge. Persönliche Freunde hatte Nehru kaum. An die Stelle der Freundschaft trat bei ihm oft der Respekt vor den Geistesgaben eines anderen. So hatte er Maulana Azad respektiert, doch war in den Beziehungen zu ihm in den letzten beiden Jahren vor Azads Tod 1958 eine gewisse Abkühlung eingetreten.

Nehru am nächsten stand innerhalb der Regierung Krishna Menon, der 1957 Verteidigungsminister geworden war. Menon hatte abseits vom Hauptstrom der nationalistischen Aktivitäten in Indien gestanden; als Sekretär der Indien-Liga hatte er viele Jahre in London verbracht. Im Augenblick der Unabhängigkeit war er jedoch nach Indien zurückgekehrt, und Nehru hatte ihm sein Ohr geliehen. Er war zum ersten indischen Hochkommissar in London (1947–1952) ernannt worden, doch hatte es erhebliche Kritik an seiner administrativen Laxheit gegeben, die der Regierung einen schweren finanziellen Verlust bescherte. Menon war als eine Art inoffizieller Berater zu Nehru zurückgekehrt, der ihn gern in seinem Kabinett gehabt hätte. Dies geschah 1956, als Menon Minister ohne Geschäftsbereich wurde. Er vertrat Nehrus Außenpolitik vor der UNO, und zwar gescheit, geistreich und nicht selten sarkastisch. Seine Arroganz entsprach derjenigen Nehrus und stieß viele Menschen vor den Kopf. Aufgrund seiner linken Neigungen galt er als Sympathisant des Kommunismus. Seine Nähe zu Nehru und seine unverhohlene Verachtung für seine Kabinettskollegen machten ihn im Kongreß herzlich verhaßt. Menon besaß keine Machtbasis in der Partei, und sein Einfluß beruhte einzig und allein auf der Freundschaft mit dem Ministerpräsidenten. Solange Nehru ihn deckte, war er sicher. Für Kritiker Nehrus außerhalb des Kongresses war Menon eine Art Ersatz-Nehru geworden. Was die Möglichkeit betraf, daß er einmal die Nachfolge Nehrus antrat, so flüsterte man hinter vorgehaltener Hand, daß er in der Armee eine Offizierskabale anzettele, um nach Nehrus Tod ein Machtmittel in der Hand zu haben. Das ist äußerst unwahrscheinlich, und es besteht kein Grund, Menons Loyalität gegenüber dem demokratischen System zu bezweifeln. Diese Gerüchte zeugten eher von der geradezu universellen Unbeliebtheit Menons als von der Befürchtung eines Militärcoups.

Unter den Namen, die nach der Erkrankung Nehrus genannt wurden, befand sich auch der von General Kaul, doch wurde dieser Vorschlag von niemandem besonders ernst genommen. Mehr Gewicht hatte schon der Name von Nehrus eigener Tochter, Indira Gandhi. Einige glaubten Anzeichen dafür zu erkennen, daß Nehru bereits damit begonnen hatte, Mrs. Gandhi als Thronerbin aufzubauen. 1955 wurde sie Mitglied im Arbeitsausschuß des Kongresses und begann, als Nehrus offizielle Gastgeberin ins Blickfeld der Öffentlichkeit zu rücken; sie begleitete ihn auf seinen Staatsbesuchen ins Ausland und auf den Reisen in Indien. 1958 wurde sie zur Überraschung vieler Beobachter zur Kongreßpräsidentin für das folgende Jahr gewählt und begann, in der indischen Politik eine zunehmend einflußreiche Position zu beziehen, auch wenn Nehru gegenüber hartnäckigen Kritikern die Absicht bestritt, eine Dynastie begründen zu wollen.

Als Nehru einigermaßen wiederhergestellt war, hörte die öffentliche Spekulation über einen möglichen Nachfolger auf; gleichwohl begann man im Kongreß, Vorbereitungen für die Zeit zu treffen, da eine Wahl getroffen werden mußte. Nichts davon geschah offen; Nehru war noch immer der große Unentbehrliche. Aber es gab Gespräche zwischen den Parteiführern, die zum ersten Mal ernsthaft darüber nachzudenken begannen, was geschehen mochte, sollte Nehru sterben oder amtsunfähig werden.

Die Spekulationen um Nehrus Nachfolger ließen weder die Kritik an der Chinapolitik der Regierung verstummen, noch beeinflußten sie Indiens Weg in die unvermeidliche Konfrontation mit den Chinesen. Man war dabei, Truppen in die Wüsteneien des westlichen Sektors der Grenze zu verlegen, wo sie nur aus der Luft versorgt werden konnten. Winterfeste Kleidung war knapp, und die Höhe der Berge, zwischen 4200 und 4900 m, erlegte den Soldaten erhebliche Strapazen auf. An der diplomatischen Front wurde die ursprüngliche Erklärung über die ›Fünf Grundsätze‹ symbolisch zu Grabe getragen, als die indische Regierung sich weigerte, das Abkommen über Tibet von 1954 zu erneuern, solange China nicht das von Indien beanspruchte Territorium geräumt hatte.

Während die Patrouillen in Aksai Chin sich immer mehr den chinesischen Grenzposten näherten, versicherte Nehru dem Parlament, daß die wiederholten chinesischen Warnungen nicht zu fürchten seien, da die indische Position nunmehr viel günstiger sei. In Wirklichkeit war es so, daß um die Jahresmitte 1962 ein paar hundert indische Soldaten, über mehr als sechzig verschiedene Grenzposten verstreut und mit veralteten Waffen ausgerüstet, einer fünffachen Übermacht chinesischer Truppen gegenüberstanden, die über automatische Gewehre und moderne Artillerie verfügten.

Chinesische Warnungen, daß diese Grenzposten eine Provokation seien, wurden als Bluff abgetan; als es im Juli so aussah, als wollten die Chinesen einen dieser Posten überrennen, und sie sich in Wirklichkeit zurückzogen, wurde dies in Indien als Triumph der indischen Waffen gefeiert. Die Vorsicht der Chinesen schien die allgemein geteilte Überzeugung zu bestätigen, daß die Chinesen, sobald sie es mit einer entschlossenen indischen Armee zu tun bekamen, das Irrige ihres Tun einsehen und weichen würden. Eine Konsequenz aus dieser speziellen Episode war, daß die Armee, die bisher Befehl hatte, nur auf Feuer zu erwidern, nunmehr angewiesen wurde, selbst das Feuer zu eröffnen, falls die Chinesen ihren Stellungen zu nahe kommen sollten. Die regierungsamtlichen Medien sowie Journalisten, die dem Ministerpräsidenten und dem Verteidigungsminister nahestanden, verbreiteten weiterhin die Version, daß Indien an der Grenze gerüstet sei. In Wirklichkeit mußten die in schwierigem Gelände verstreuten und kümmerlich bewaffneten Posten aus der Luft versorgt werden. Die Chinesen dagegen konnten auf befestigte Straßen und kurze Verbindungswege zurückgreifen. Davon war in den indischen Zeitungen wenig die Rede, und wenn, dann wurde es als belanglos abgetan.

Von der Opposition wurden die Versicherungen über die militärische Bereitschaft als wahr akzeptiert, doch änderte das nichts daran, daß sie Taten sehen wollte – nun erst recht. Wenn an den Grenzen adäquate Stärke gegeben war, warum wurde sie nicht eingesetzt, um die Chinesen von indischem Territorium zu verjagen? Man hörte rassistische Untertöne in manchen kriegerischen Forderungen der Politiker; jeder indische Soldat, so tönte einer von ihnen, ohne auf Widerspruch zu stoßen, sei zehn chinesische wert. Die Regierung war praktisch unter Dauerbeschuß; man warf ihr vor, die Ehre des Landes nicht zu verteidigen und vor den Chinesen zu Kreuze zu kriechen, indem sie zu verstehen gäbe, daß noch immer Verhandlungen möglich seien. Auf diese Angriffe reagierte Nehru schockiert; man wagte es, seiner Regierung zu unterstellen, sie bringe Schande über Indien. Tatsächlich hatte sich an der Position der Regierung bezüglich der Nichtnegotiabilität der Grenzen nichts geändert, doch hatte Nehru Peking gegenüber wieder einmal Gesprächsbereitschaft signalisiert – selbstverständlich mit dem Vorbehalt, daß China die Gültigkeit der indischen Ansprüche anerkennen und sich von den unrechtmäßigerweise besetzten Territorien zurückziehen müsse. Die Chinesen waren zwar nicht bereit, Vorbedingungen zu akzeptieren, waren aber noch immer auf Verhandlungen erpicht. Nehru stand vor dem Problem, seinen tatsächlichen Starrsinn als Offenheit für vernünftige Lösungen auszugeben. Während die USA und Großbritannien Indien unkritisch unterstützten, war die Meinung der afrikanischen und asiatischen Länder gespalten. Viele waren für Verhandlungen, zum Teil, weil sie von der Sache Indiens nicht überzeugt waren, zum Teil, weil sie mit heimlicher Schadenfreude sahen, daß Indien in Nöten war. Indien stand daher vor der Notwendigkeit, so viele Menschen als möglich davon überzeugen zu müssen, daß es in Wirklichkeit *China* war, das nicht verhandeln wollte. Das gelang Nehru, indem er ständig auf die chinesische Ablehnung von Vorbedingungen verwies. Diejenigen, die die Chinesen fürchteten und haßten, glaubten ihm unbesehen. Andere, die die indischen Ansprüche vielleicht in Frage gestellt hätten, wurden durch die Komplexität der historischen Sachlage und die Unzugänglichkeit von Archiven von der Wahrheit ferngehalten.

Die unkritische Unterstützung aus dem Ausland verstärkte nur die Attacken der indischen Opposition gegen die Untätigkeit der Regierung. Die Grenzangelegenheit wurde zum Aufhänger für eine grundsätzliche Infragestellung der gesamten Regierungspolitik. Im westlichen Grenzsektor kam es zu Zusammenstößen, es gab Opfer unter den Chinesen, und die Proteste aus Peking wurden drohender. Man schlug sie als leeres Getöse in den Wind. Dabei hatte sich die indische Regierung selbst in eine außerordentlich gefährliche Lage manövriert. Dadurch, daß sie vorgab, es seien die Chinesen, die in indisches Territorium eindrangen, während es in Wirklichkeit die indischen Truppen waren, die in bereits chinesisch besetzte Gegenden vorrückten, hatte die Regierung keine befriedigende Antwort auf den Vorwurf, daß sie die Chinesen nicht verjage. Da man die Öffentlichkeit auch in dem trügerischen Glauben gewogen hatte, die indische Armee sei stark genug, die Chinesen zu vertreiben, blieb Nehru keine Wahl.

Bisher hatte sich die ganze Aufmerksamkeit auf den westlichen Sektor gerichtet. In der Nordöstlichen Grenzprovinz (NEFA, North East Frontier Agency) war es zwar ruhig geblieben, doch hatte die indische Armee kontinuierlich Vorposten errichtet. Im September war einer dieser Vorposten – der übrigens *nördlich* der beanspruchten Linie lag – von den Chinesen eingeschlossen worden; sie bedienten sich dabei derselben Taktik, die sie schon im westlichen Sektor angewendet hatten. Der Posten wurde nicht attackiert, aber die Aktion bedeutete, zumindest für Delhi, daß chinesische Truppen bewußt die McMahon-Linie überquert hatten, die sie bis dahin respektiert, wenn auch nicht als *legale* Grenze akzeptiert hatten. Die Politik der indischen Regierung, jedes Vorkommnis sogleich publizistisch auszuschlachten, sobald es bekannt geworden war, bedeutete, daß es eine unmittelbare Reaktion der politischen Klasse gab: Warum unternahm die Regierung nichts? Wie im Falle des Westsektors räumte die Regierung zwar ein, daß das Gelände der Nordöstlichen Grenzprovinz Schwierigkeiten bereite, beharrte aber darauf, daß die indische Armee in einer guten Position sei, um der chinesischen Aggression entgegenzutreten. In Wirklichkeit war das Gegenteil der Fall.

Von der chinesischen Seite her war die Verbindung zur Nordostgrenze recht bequem, und man hatte eine Reihe von Allwetter-Straßen bis zur McMahon-Linie gebaut. Auf indischer Seite war das Gebiet zwischen der McMahon-Linie und dem Brahmaputra-Tal im Süden dicht bewaldet und gebirgig. Soweit es Täler gab, erstreckten sie sich von Norden nach Süden, und ihre Überquerung war außerordentlich schwierig. Die Flüsse lagen in tief eingeschnittenen Schluchten und waren nur auf primitiven Holzbrücken zu passieren. Die schwersten Regen- und Schneefälle gab es auf indischer Seite. Die extreme Höhenlage machte eine allmähliche Akklimatisierung der aus den Ebenen eintreffenden Truppen unabdingbar. Die Chinesen dagegen waren gewöhnt, in großen Höhen zu operieren, weil ihre Truppen seit vielen Jahren in Tibet und den Grenzgebieten stationiert waren. Dies alles war der indischen Armee und dem Nachrichtendienst bekannt. Wie konnte also Nehru noch Ende Oktober 1962 behaupten, die Vorteile in der Nordöstlichen Grenzprovinz lägen auf seiten Indiens? Die Antwort ist unausweichlich: Er war über die wahre Lage nicht unterrichtet und unternahm auch nicht den Versuch, sich selbst zu informieren.

Am 7. September 1962 reiste Nehru zu einer Konferenz der Commonwealth-Premierminister nach London ab. Wie üblich, übertrug er für die Zeit seiner Abwesenheit keinem Minister die Verantwortung für die Regierung — ein solcher Schritt hätte darauf schließen lassen, wen er als seinen Nachfolger bevorzugte, und in der Frage ›Wer kommt nach Nehru?‹ war der Ministerpräsident mittlerweile besonders empfindlich. Zwei Tage später fand ein Treffen im Verteidigungsministerium statt. Den Vorsitz bei dieser Zusammenkunft führte Krishna Menon. Anwesend waren ferner der Stabschef des Heeres, General Thapar, und wahrscheinlich auch der Chef des Nachrichtendienstes, jedoch abgesehen von Menon kein weiterer Minister. Bei dem Treffen wurde beschlossen, notfalls Waffengewalt anzuwenden, um die Chinesen aus der Nordöstlichen Grenzprovinz zu vertreiben. Von dieser Entscheidung wurde niemand aus dem Kabinett informiert, außer Nehru, der sich in London befand. Die anwesenden Armeeoffiziere scheinen keinen Protest erhoben zu haben. Die Folge war, daß unzulänglich ausgerüstete und nicht akklimatisierte Truppen begannen, in der Nordöstlichen Grenzprovinz vorzurücken. Zur gleichen Zeit drang man in Indien verstärkt auf einen schnellen und entscheidenden Schritt gegen die Chinesen.

Es kam nun zu einem Konflikt zwischen den Armeebefehlshabern vor Ort und den politisch ausgerichteten höheren Offizieren im Armeehauptquartier in Delhi. Einwände, daß der Zustand der indischen Armee und die Schwierigkeit des Geländes die Durchführung der im wesentlichen politischen Entscheidung zum Vorgehen unmöglich machten, wurden ignoriert. Befürchtungen der lokalen Befehlshaber, daß es zu einer massiven chinesischen Vergeltung kommen könne, wurden in der Erwartung zurückgewiesen, daß China keinen großen Krieg riskieren werde. Für diese Annahme gab es keine andere Grundlage als die Fantasie des Chefs des Nachrichtendienstes, aber sie wurde von dieser Behörde fleißig genährt und als unumstößliche Wahrheit akzeptiert. Es war daher notwendig, diejenigen Offiziere ihres Kommandos zu entheben, die hartnäckig Einwände erhoben.

Dies geschah, und willfährigere Leute traten an ihre Stelle. Der willfährigste von allen war jener Mann, der von der Rechtschaffenheit der Regierungspolitik ohnehin schon überzeugt war: General Kaul. Daß Kaul mit einem aktiven Kommando betreut wurde, war beispiellos. Nicht nur fehlten ihm Kommandoerfahrungen im Gefecht; er war auch Chef des Generalstabes. Die Entscheidung, einen ranghohen Offizier von einer wichtigen Stabsaufgabe abzuziehen und ihm ein aktives Kommando zu übertragen, für das er bekanntermaßen nicht genügend Erfahrung besaß, läßt sich nur mit der allgemein gehegten Überzeugung begründen, daß die Chinesen auf die indische Provokation nicht reagieren würden. Als General Thapar die Möglichkeit ansprach, daß es doch zu einem chinesischen Gegenangriff kommen könnte, soll Nehru, Kaul zufolge, erwidert haben, er habe »guten Grund zu der Annahme, daß die Chinesen keine energische Aktion gegen uns unternehmen« würden.

Am 3. Oktober scheint Nehru endgültig die Überzeugung gewonnen zu haben, daß es keine andere Möglichkeit gab, als die Chinesen aus der Nordöstlichen Grenzprovinz zu verjagen. Die Alternative wäre gewesen, das Vertrauen der Öffentlichkeit restlos zu verlieren. Laut Kaul, der nicht völlig unglaubwürdig ist, hat Nehru seine Ansicht, die Armee müsse die Chinesen verjagen, mit den Worten eingeschränkt »oder es jedenfalls versuchen, so gut sie kann«. Das vermittelt den Eindruck, daß er sich im klaren darüber war, daß die von ihm verfolgte Politik zur Katastrophe führen konnte, daß er es sich aber nicht leisten konnte, gegen die öffentliche Meinung zu handeln. In Wirklichkeit räumte er damit ein, daß er die Ereignisse nicht mehr in der Hand hatte.

So war es denn auch; als General Kaul sein neues Kommando antrat, wurde die Ernennung von den Zeitungen mit Schlagzeilen gemeldet, die keinen Zweifel daran ließen, daß Kaul in die Nordöstliche Grenzprovinz ging, um die Chinesen hinauszuwerfen. Die Zeitungen, die diese Schlagzeilen brachten, waren von Kauls Stab privat instruiert worden, und zwar ohne Wissen des Verteidigungsministeriums oder Nehrus. Nach seinem Eintreffen in der Nordöstlichen Grenzprovinz bestand Kaul darauf, die Operationen unverzüglich anlaufen zu lassen, obwohl der Nachschub unzureichend war und die meisten Männer keine Winterbekleidung hatten.

Die Proteste von Offizieren, die einsichtiger waren als er, blieben erfolglos. Der indische Vorstoß führte zu einem chinesischen Gegenstoß. Am 10. Oktober reagierten die Chinesen im Beisein Kauls, indem sie das Feuer auf eine indische Einheit eröffneten und sie aufrieben. Für Kaul war das eine Offenbarung. Er entschloß sich zur Rückkehr nach Delhi, um die Regierung davon zu unterrichten, daß es nicht möglich sei, die Chinesen zu vertreiben.

Am Abend des 11. Oktober traf Kaul in Delhi ein. Unmittelbar nach seiner Ankunft fand eine Besprechung statt, an der Nehru, Menon, Beamte des Außen- und des Verteidigungsministers, General Thapar, Kaul und weitere Stabsoffiziere teilnahmen. Andere Kabinettsmitglieder wurden nicht hinzugezogen. Kaul schilderte zunächst die Lage und sprach sich dann dafür aus, die USA um Militärhilfe zu ersuchen. Das lehnte Nehru ab. Daraufhin regte Kaul an, die Räumung der besetzten Gebiete zu verschieben. Hierauf scheint man sich geeinigt zu haben, doch unterließ man es, den Truppen vor Ort präzise Instruktionen zu erteilen. Man ging weiterhin davon aus, daß die Chinesen keinen Angriff *in großem Stil* unternehmen würden.

Am nächsten Tag begab sich Nehru zu einem Staatsbesuch nach Ceylon. Auf dem Flughafen von Delhi wurde er von Reportern zu den Kämpfen in der Nordöstlichen Grenzprovinz befragt. Er antwortete mit der Behauptung, die Armee habe Anweisung, »unser Gebiet zu befreien«. Auf die Frage nach dem Zeitpunkt erwiderte er:

»Das liegt ganz bei der Armee.« Kategorisch betonte er, daß es keine Verhandlungen geben könne, solange China indischen Boden besetzt halte. Zwar erwähnte Nehru die Schwierigkeiten der indischen Truppen in der Nordöstlichen Grenzprovinz, doch die Reporter ignorierten das, und die Schlagzeilen über Nehru drehten sich um seine Äußerung über die Befreiung indischen Territoriums. Die in- und ausländische Presse verstand das als Kriegserklärung; ebenso China. Zum wiederholten Male wurde Indien vor den Konsequenzen einer Kriegserklärung gewarnt. Die Chinesen zeigten sich, trotz des Sperrfeuers feindlicher Propaganda, überaus geduldig. Die chinesischen Befehlshaber vor Ort hatten Peking vom Zustand der indischen Truppen an der Grenze unterrichtet: unzulänglich bekleidet, schlecht bewaffnet und gering an Zahl. China hatte von Indien nicht das geringste zu befürchten, und dennoch ließ es nichts unversucht, um einen größeren Konflikt zu vermeiden. Aber was sollte China angesichts der indischen Unerbittlichkeit tun? Als Großmacht konnte es nicht vor einer lächerlichen indischen Drohung zurückweichen, und alle Versuche, zu vernünftigen Verhandlungen zu kommen, waren gescheitert. Die derzeitige Situation konnte man nicht ewig andauern lassen. Zum einen band sie Truppen und Material. Zum andern konnte das immer heftiger werdende Sperrfeuer der chinafeindlichen Propaganda – von Indien ausgehend, aber von den USA verstärkt und von der UdSSR heimlich unterstützt – die internationale Stellung Chinas nur schwächen. Außerdem bestand die Möglichkeit, daß die indische Armee Militärhilfe vom Ausland bekam und eben doch zu einer Gefahr für die chinesische Sicherheit wurde. Zweifellos gab es noch andere Faktoren – beispielsweise die Kluft zwischen China und der Sowjetunion –, die Peking beeinflußten. Der Entschluß, Indien eine Lehre zu erteilen, scheint irgendwann zwischen dem 6. und 17. Oktober gereift zu sein.

Entschlossenheit in Peking, Zögern in Delhi! In der Nordöstlichen Grenzprovinz rieten die Befehlshaber vor Ort für die Dauer des Winters zu einem Rückzug von den nur schwach verteidigten Vorposten. Die Regierung – zumindest Nehru und Menon – redeten noch immer davon, die Chinesen hinauszuwerfen. Kaul, der an Lungenbeschwerden infolge der Höhenlage der Nordöstlichen Grenzprovinz litt, war am 18. Oktober wieder in Delhi, allerdings nicht im Krankenhaus, obwohl nach ärztlicher Diagnose sein Zustand immerhin zu ernst für das in den Ebenen unterhalb der Nordöstlichen Grenzprovinz gelegene erstklassige Militärhospital in Tezpur war. Kaul führte sein Kommando vom Bett aus weiter – über 1500 Kilometer hinweg per Ferngespräch. In der Nacht vom 19. auf den 20. Oktober formierten sich chinesische Truppen am Thag-la-Kamm zum Sturmangriff. Am Morgen des 20. eröffnete ihre Artillerie das Feuer. Gleichzeitig gab es einen chinesischen Angriff im westlichen Sektor.

Die indische Öffentlichkeit war konsterniert. Zwar beschäftigte das Grenzproblem die Gedanken vieler Menschen, aber ohne irgendwelche bangen Ahnungen. Als die Nachricht bekannt wurde, daß die Chinesen in der Nordöstlichen Grenzprovinz die indischen Truppen verdrängt hätten und auf dem Vormarsch seien, war der Schock gewaltig. Krishna Menon war sofort mit Entschuldigungen bei der Hand. Nehru war für einen Kommentar nicht erreichbar. Vielleicht zum ersten Mal in seinem Leben war er nicht zum Sprechen aufgelegt. Die alsbald erfolgenden Schuldzuweisungen richteten sich nicht an die Adresse Nehrus, sondern an diejenige Krishna Menons, und binnen drei Tagen nach Beginn der chinesischen Offensive bereitete man im Kongreß Schritte vor, um seinen Rücktritt zu erreichen. Es ist bezeichnend für den besonderen Status, den Nehru im Kongreß und im ganzen Lande genoß, daß die politische Klasse davon ausging, er und das Parlament seien von Krishna Menon getäuscht worden.

Die Bestrebungen, Menon schleunigst in die Wüste zu schicken, verstärkten sich. Die Opposition in der Kongreßpartei wurde von den Chefministern der Bundesstaaten im Kongreß unterstützt, und hinter ihnen stand Staatspräsident Dr. Radhakrishnan. Nehrus Reaktion war typisch – er gab dem Druck nach, aber nicht sogleich. Am 31. Oktober mußte Menon das Verteidigungsressort abgeben, bekam aber dafür ein anderes, neu geschaffenes Ressort: die ›Verteidigungsproduktion‹. Das bedeutete faktisch keine Veränderung; zwar übernahm Nehru selbst das Verteidigungsministerium, doch blieb Menon in verantwortlicher Stellung. Er war ungeschickt genug, das auch in aller Öffentlichkeit zu sagen. Nehru konnte es sich jedoch nicht mehr leisten, sich über die Meinung des Kongresses hinwegzusetzen. Als er am 7. November vor der Fraktion seiner Partei versuchte, Menon durch den Hinweis zu entlasten, daß die Verantwortung bei der Regierung als ganzer liege und nicht bei einem einzelnen Minister, begegnete er zum ersten Mal offenem Widerstand. Auf seinen Vorschlag, die gesamte Regierung einschließlich seiner selbst solle zurücktreten – eine Drohung, die bisher noch immer Betroffenheit und Zerknirschung ausgelöst hatte –, machte man ihm unmißverständlich klar, daß die Partei ohne ihn werde auskommen müssen, falls er darauf beharren sollte, Menon zu halten und die mit seinem Namen verbundene Politik weiter zu verfolgen. Am nächsten Tag wurde das Ausscheiden Menons aus dem Kabinett bekanntgegeben. Seinen Platz nahm – höchst widerstrebend – der damalige Chefminister von Maharashtra, Y. B. Chavan, ein.

Mittlerweile war das Debakel in der Nordöstlichen Grenzprovinz für jedermann offensichtlich. Entschuldigend sagte Nehru einigermaßen pathetisch: »Wir hatten nachgerade den Kontakt zur Realität der modernen Welt verloren und lebten in einer künstlichen, selbstgeschaffenen Atmosphäre.« Ausdrückliche Sympathie für Indien gab es in den USA und in Großbritannien, während die blockfreien Länder nicht bereit waren, sich zu engagieren; Äthiopien und Zypern waren die einzigen, die vorbehaltlos zu Indien standen. Nehru zögerte nicht, seine Verärgerung auszudrücken. Die Sowjetunion war zunächst für Verhandlungen, wobei sie im stillen der Position Chinas zuneigte. Das lag an einer anderen Krise, die sich gerade ereignete – der Krise um die sowjetischen Raketen in Kuba – und die es mit Rücksicht auf die Drohung der USA, Kuba zu blockieren, geraten erscheinen ließ, für den Fall eines Konflikts für gutes Wetter in China zu sorgen.

Während die Chinesen in der Nordöstlichen Grenzprovinz bereits gegen eine demoralisierende indische Armee vorrückten, bot Peking noch immer Verhandlungen an, doch wurden alle Annäherungsversuche zurückgewiesen. Die offenkundige Hoffnung der Chinesen, Indien durch den Schock des Grenzkrieges zum Verhandeln zu zwingen, hatte sich nicht erfüllt. Die Inder waren überzeugt, daß China eine Invasion des Tieflandes plane und daß die indische Armee, mochte sie auch im Hochgebirge eine Schlappe erlitten haben, immer noch imstande sei, einen Sieg zu erringen. Nehru teilte diese Überzeugung. Es würde, dessen war er sich sicher, ein langer Krieg werden, und das bedeutete, daß Indien ausländische Hilfe brauchte. Mit der Blockfreiheit war es vorbei; Militärhilfe würde akzeptiert werden, von wem sie auch kam. Da die Sowjetunion nicht bereit war, blieb nur der ›imperialistische‹ Westen: die USA und Großbritannien. Beide Länder boten ihre Hilfe an, die auch akzeptiert wurde. Die Chinesen beeilten sich, die blockfreien Länder aufzuklären: »Endlich hat die Regierung Nehru die Maske der Blockfreiheit fallenlassen.«

Nach ihrem ersten Schritt warteten die Chinesen ab, in der Hoffnung, eine diplomatische Front eröffnen zu können. Doch deutete man in Indien das Ruhen der kriegerischen Aktivitäten als Zögern Chinas angesichts eines aufgerüttelten Indiens. Eine Welle patriotischer Begeisterung hatte die politische Klasse und in geringerem Umfang die Massen erfaßt. Politiker begannen, von der Einheit Indiens zu reden, und machten deutlich, daß die Angst vor ›Zersplitterungstendenzen‹ unbegründet gewesen sei. Nehru wollte nicht zurückstehen und dankte China für seine Handlungsweise, die »auf einmal den Schleier vom Antlitz Indiens genommen hat, den Blick freigebend auf das heiter-gelöste Antlitz Indiens, stark und doch ruhig und bestimmt, ein uraltes Antlitz und doch ewig jung und lebensprühend«. Das hinderte ihn nicht, Indiens ureigensten Pazifismus zu beschwören; er erinnerte seine Zuhörer an Gandhi und übersah geflissentlich den Umstand, daß der Mahatma von den Hindus gesagt hatte, sie seien »schon immer kriegerisch gewesen«.

Mit der Ruhe an der Grenze kehrte wieder Zuversicht ein. All-India Radio begann, Opfer für den gerechten Krieg zu fordern. Die hinduistische Vergangenheit wurde ausgegraben, um die Inder an die Heiligkeit der Himalaja-Grenze zu erinnern, aber auch an Schlachten, in denen das Recht auf seiten des Unterlegenen gewesen war. Die heiligen Schriften der Hindus wurden im Hinblick auf den gegenwärtigen Konflikt gedeutet. Besonders geeignet war das *Mahabharata* mit seiner Erzählung von den göttergleichen Heroen in der Schlacht von Kurukshetra und dem tönenden Schlachtruf eines der Helden: »Nicht soviel Land, als eine Nadelspitze deckt, ohne Kampf!«

Jede aufkeimende Kritik an Nehru war durch den Rücktritt Menons und die Kampfpause erstickt worden. Nehru hatte auch allen Angriffen gegen seine Politik der Blockfreiheit dadurch die Spitze abgebrochen, daß er von den USA und Großbritannien Militärhilfe akzeptierte. Verärgerung herrschte allerdings über die ungenügende

Unterstützung Indiens durch die blockfreien Länder, auch wenn sich einige weitere von ihnen auf die Seite Indiens gestellt hatten.

Während der Waffenruhe hatte man die indischen Streitkräfte in der Nordöstlichen Grenzprovinz verstärkt, allerdings ohne vernünftigen strategischen Plan. Am klügsten wäre es gewesen, die Truppen aus dem schwierigen Gelände der Nordöstlichen Grenzprovinz auf Stellungen zurückzuziehen, die leicht mit Nachschub versorgt und wo die Linien mit großer Stärke gehalten werden konnten. Aber die Entscheidung fiel auf der politischen, nicht der militärischen Ebene. Prämisse war noch immer, daß die Chinesen besiegt werden könnten; bei ihren anfänglichen Siegen, so betonte man, hätten sie einfach Dusel gehabt. General Kaul hatte am 28. Oktober wieder das aktive Kommando übernommen und war entschlossen, sich zu rehabilitieren. Ihn begleitete die Hoffnung der Regierung, daß er ihre Politik rechtfertigen werde. Aber es sollte nicht sein. Am 16. November begannen die Chinesen einen neuen Vorstoß gegen Walong und trieben die Inder vor sich her. Kaul sandte ein verzweifeltes Telegramm nach Delhi, worin er mitteilte, daß die Armee seiner Ansicht nach die Chinesen nicht aufhalten könne, und anregte, das Ausland um Truppen zu bitten.

Die Nachricht von der Einnahme Walongs erreichte Delhi am 18. November. Sie wirkte vernichtender als jene von der Niederlage am Thag-la-Kamm. Als am 20. November das Parlament zusammentrat, griffen zornige Abgeordnete den Ministerpräsidenten an, und dieser blieb zum ersten Mal stumm. Seine alte Vormachtstellung im Parlament war dahin. Noch am selben Abend wandte sich Nehru über den Rundfunk an die Nation. Es war die Rede eines müden und entmutigten Mannes. Seinen Worten war zu entnehmen, daß die Regierung nichts tun könne, um die Invasion des Tieflandes von Assam durch die Chinesen aufzuhalten. In diesem Staat brach Panik aus, in Delhi beinahe Panik. Es gab Gerüchte, die von bevorstehenden Luftangriffen auf Kalkutta und die Hauptstadt wissen wollten. In der Nacht erbat Nehru eine amerikanische Intervention in Form von Flugzeugen zum Angriff auf die chinesischen Invasoren. Dem Ersuchen wurde stattgegeben, und ein Flugzeugträger machte sich von seinem Stützpunkt im Pazifik auf den Weg zur Bucht von Bengalen. Da man befürchtete, daß sich Mitglieder der indischen KP als Fünfte Kolonne betätigen könnten, erging Anweisung, die Parteiführer zu verhaften, obwohl viele von ihnen sich offen auf die Seite der indischen Regierung gestellt hatten. Diejenigen Inhaftierten, von denen man wußte, daß sie moskaufreundlich eingestellt waren, wurden zu einem späteren Zeitpunkt heimlich und einzeln entlassen, damit es nicht so aussah, als habe die Regierung einen Fehler gemacht.

Unterdessen war die indische Armee in der Nordöstlichen Grenzprovinz restlos demoralisiert. In Tezpur im Tiefland von Assam verließen Flüchtlinge in Scharen die Stadt, und es wurden Vorkehrungen getroffen, Gebäude und Kraftwerke in die Luft zu sprengen – nicht nur in Tezpur, sondern auch andernorts in Assam. Zum Glück war die Armee dermaßen desorganisiert, daß für eine Politik der verbrannten Erde nicht genügend Pioniere zur Verfügung standen. In Delhi reichte General Thapar seinen Rücktritt ein. Im ersten Augenblick dachte Nehru daran, Kaul zu seinem Nachfolger zu machen, aber Staatspräsident Radhakrishnan machte ihm das Törichte dieser Absicht klar und schlug statt dessen Generalleutnant J. N. Chaudhuri vor, einen Soldaten von ausgewiesener Tüchtigkeit. Nehru befolgte den Rat, doch wurde Chaudhuri nur zum ›amtierenden‹ Befehlshaber ernannt, da man Thapar aus Gesundheitsgründen einen langen Urlaub gewährt hatte. General Chaudhuris erster Befehl an die Truppen war, dort Stellung zu beziehen, wo sie glaubten, sich halten zu können. Kaul wurde seines Kommandos enthoben, und ein neuer Offizier, General

Manekshaw, den Krishna Menon nicht hatte leiden können, trat an seine Stelle.

Immer noch in der Annahme, China beabsichtige eine umfassende Invasion des Tieflandes, beschloß Nehru, Innenminister Lal Bahadur Shastri nach Assam zu entsenden, um die Moral der Bevölkerung zu stärken, die nach Nehrus Rundfunkansprache beträchtlich gesunken war. Am frühen Morgen des 21. November fanden sich die Begleiter des Ministers auf dem Flughafen von Delhi ein. Einer von ihnen bemerkte eine Menschentraube, die einen Zeitungsstand umlagerte, kaufte das Blatt und las, daß die Chinesen eine einseitige Feuerpause bekanntgegeben hatten und sich demnächst aus der Nordöstlichen Grenzprovinz zurückziehen wollten. Als der Innenminister eintraf und die Zeitung zu Gesicht bekam, begab er sich unverzüglich zur Wohnung des Ministerpräsidenten. Nehru tat so, als habe er davon nichts gewußt, gab jedoch zu, daß er sie erwartet habe. Wenn das stimmte, war dies ein streng gehütetes Geheimnis geblieben.

Der chinesische Schritt verunsicherte die Opposition, die jedoch rasch mit der These bei der Hand war, es handle sich um einen Trick. Nehru sollte die Zusicherung geben, daß die Feuerpause von den Indern ignoriert würde. Offiziell wurde sie das auch; denn man erteilte der Armee zu keinem Zeitpunkt den Befehl, sie einzuhalten. General Chaudhuri, der gegenüber dem Ministerpräsidenten keinen Zweifel daran ließ, daß die Armee nicht in der Lage war, etwas anderes zu tun als stillzuhalten, gab seinen Truppen den Befehl, nicht selbst zu feuern, sondern nur Feuer zu erwidern. Der chinesische Schritt war in der Tat überraschend. Was wie eine umfassende Invasion Indiens ausgesehen hatte, entpuppte sich nun als Strafexpedition. Der chinesische Entschluß zum Rückzug war nicht das Ergebnis irgendeiner Regelung des Grenzkonflikts, hatte aber den Erfolg, das glänzende Bild Indiens in der Welt – und das seines Ministerpräsidenten – blasser werden zu lassen.

20
Lebensabend

Nehrus öffentliche Reaktion auf Chinas einseitige Entscheidung, sich aus der Nordöstlichen Grenzprovinz zurückzuziehen, war – im Gegensatz zu seinen früheren Antworten auf chinesische Schritte – vorsichtig. Im Parlament lehnte er am 21. November eine Stellungnahme ab, da er offiziell von den Chinesen noch nicht unterrichtet worden war, doch hielt er daran fest, daß in bezug auf Verhandlungen die Haltung der Regierung unverändert sei: »Die Lage, wie sie vor dem 8. September 1962 existiert hat, muß wiederhergestellt werden.« Der amerikanische Botschafter hatte erheblichen Druck auf Nehru ausgeübt, um ihn daran zu hindern, die chinesischen Vorschläge kurzerhand zurückzuweisen.

Als die chinesische Note eintraf, stellte man fest, daß sie ziemlich hart zur Sache kam: Vom 20. November, 24 Uhr, an wollten die Chinesen entlang der gesamten chinesisch-indischen Grenze das Feuer einstellen, und vom 1. Dezember an wollten die chinesischen Truppen sich auf Positionen zurückziehen, die zwanzig Kilometer hinter der am 7. November 1959 »zwischen China und Indien existierenden Linie des faktischen Einflußbereichs« lagen. Die Note enthielt weitere Darlegungen zur chinesischen Handlungsweise und darüber, was im Gegenzug von Indien erwartet wurde. Indische Truppen müßten sich ebenfalls zwanzig Kilometer hinter die ›Linie des faktischen Einflußbereichs‹ zurückziehen, und China werde sich »das Recht vorbehalten zurückzuschlagen«, falls dies nicht geschähe. Offizielle Vertreter beider Seiten sollten sich an den Grenzen einfinden, um die Aufstellung von Wachposten zu besprechen, und später könnten die beiden Ministerpräsidenten zusammentreffen, um eine gütliche Regelung zu erörtern. Die Chinesen zögen als Verhandlungsort Peking vor, doch sei Chou En-lai auch bereit, nach Delhi zu kommen, falls die Inder dies wünschten. Auch wenn die indische Regierung nicht, wie China dies erhoffte, in Bälde auf diese Vorschläge reagieren sollte, werde China desungeachtet in der angekündigten Weise verfahren.

Die Datumsangabe ›7. November 1959‹ bezog sich auf einen Brief Chou En-lais, worin dieser vorgeschlagen hatte, Indien und China sollten zur Entschärfung der Spannungen an der Grenze die beiderseitige Position, wie sie zum damaligen Zeitpunkt war, d. h. die ›Linie des tatsächlichen Einflußbereichs‹ akzeptieren. Dieser Vorschlag war in anderen Mitteilungen wiederholt, von Indien jedoch konsequent abgelehnt worden, und zwar mit der Forderung, bevor Gespräche stattfinden könnten, müsse China das von Indien beanspruchte Territorium räumen. Die Besonnenheit der Chinesen im Augenblick ihres Sieges kam für jedermann überraschend. China erhob keine neuen Forderungen, was man doch hätte erwarten können, wenn es wirklich jene aggressiven und irredentistischen Ambitionen gehabt hätte, die Indien ihm unterstellte. Natürlich war diese Großmut sofort verdächtig, auch wenn sie mit der Drohung einherging, die Chinesen würden sich, wenn die Inder ihnen nicht Glauben schenkten, ›das Recht vorbehalten, zurückzuschlagen‹. Das Mißtrauen gegen die Beweggründe der Chinesen beruhte einzig und allein darauf, daß die meisten Inder sich die regierungsamtliche Version des Grenzstreits zu eigen gemacht hatten.

Nachdem die Vorschläge offiziell eingegangen waren, beantwortete die indische Regierung sie mit der Bitte um Klarstellungen, änderte aber nicht ihre Haltung in bezug auf die Gültigkeit der Grenzen und der indischen Sache.

So erfüllte sich denn die chinesische Hoffnung nicht, daß ein heilsamer Schlag ins Gesicht zu sinnvollen Verhandlungen führen werde. Am 8. Dezember verlangte die chinesische Regierung von Indien, seine Verschleppungstaktik aufzugeben und klipp und klar zu sagen, ob es die Feuerpause akzeptiere oder nicht. Öffentlich vertrat Nehru den Standpunkt, daß der Kampf weitergehe. In der Praxis wurde die Feuerpause jedoch eingehalten, da die indische Armee völlig aktionsunfähig war. Nehru konnte also um der Wirkung auf das In- und Ausland willen den Schein der Unerbittlichkeit wahren, ohne die Chinesen an den Grenzen zu brüskieren. Nehrus Grenzpolitik war erledigt, aber an der Parole ›keine Verhandlungen‹ mußte er im Interesse seiner politischen Zukunft festhalten. Man verbreitete Gerüchte, der Rückzug der Chinesen habe in Wirklichkeit ganz andere Gründe gehabt. Die Russen hätten Peking ein Ultimatum gestellt, lautete ein solches Gerücht. Nachdem die Kubakrise beigelegt sei, würden die USA auf indischer Seite intervenieren, lautete ein anderes. Die in Indien bevorzugte Erklärung für den chinesischen Rückzug war, daß die Chinesen ihre Verbindungslinien bis zum Zerreißen ausgedehnt hatten und indische Angriffe auf sie fürchteten, wenn sie noch weiter ins Tiefland von Assam vordrangen.

Wenn es noch irgendwelche Zweifel daran gegeben hatte, daß es den Chinesen ernst war, so wurden sie Ende November zerstreut, als beobachtet wurde, daß die Chinesen Vorbereitungen zum Rückzug trafen. Pünktlich am 1. Dezember begannen sie mit dem Abzug ihrer Truppen. An einigen Stellen wurden die Bedingungen der Feuerpause von den Indern nicht exakt eingehalten, doch ignorierten die Chinesen dies. Allerdings waren die Inder sorgfältig darauf bedacht, jede Provokation zu vermeiden. Ansätze zu Verhandlungen gab es jedoch nicht. Vermittlungsversuche verschiedener blockfreier Länder scheiterten daran, daß die indische Regierung zu direkten Gesprächen mit den Chinesen nicht bereit war. Nehru erklärte zum wiederholten Male vor dem Parlament, daß Verhandlungen nicht möglich seien, solange nicht »die Lage vom 8. September wiederhergestellt« sei. Er betonte jedoch, was er schon früher betont hatte: daß er unter dieser Bedingung sehr wohl zu Gesprächen bereit sei. Die Lage blieb dermaßen verworren, daß Indien noch immer den Eindruck aufrechterhalten konnte, es seien die Chinesen, welche die Aufnahme von Gesprächen blockierten. Dieser Eindruck hat sich bis heute gehalten, und es haben bis zur Stunde keinerlei Verhandlungen stattgefunden.

Wenn die Inder, oder jedenfalls die winzige Minderheit der politisch bewußten Klasse, nach der Beendigung des Grenzkrieges Bilanz zogen, mischte sich doch manches Positive in die Bitterkeit. Auf der Debetseite stand die Erkenntnis, daß es mit jener Sonderstellung, die Nehru für Indien reklamiert hatte, ein für allemal vorbei war. ›Blockfreiheit‹ war kein Zauberwort mehr, und der indische Anspruch auf die Führungsrolle in Afrika und Asien war restlos diskreditiert. Die afrikanischen und asiatischen Länder hatten sich nach indischer Anschauung des Verrats schuldig gemacht, indem sie die indische Sache nicht unterstützt hatten, sondern statt dessen auf Beendigung der Kämpfe drangen. Zum Glück für Indien war aber nicht nur das internationale Ansehen Indiens ein anderes geworden, sondern auch das internationale Klima, dem es zu verdanken war. Der Kalte Krieg war vorbei. Nach der Beilegung der Kubakrise zeichneten sich die Umrisse einer Entspannung zwischen den beiden Supermächten ab. Obwohl es in Indien gewisse kritische Stimmen gegen die Sowjetunion gab, war der Umstand bezeichnend, daß die sowjetische Regierung keinen Protest gegen die Lieferung amerikanischer Waffen nach Indien erhoben hatte. Als der Streit zwischen der UdSSR und China offen ausbrach, intensivierten die Russen ihre Rüstungs-

und Wirtschaftshilfe für Indien. Unter diesen Umständen wurde aus der Blockfreiheit die Zugehörigkeit zu beiden Blöcken – und Indien profitierte davon.

Dieser Prozeß brauchte jedoch seine Zeit, und unmittelbar nach dem Ende des Grenzkrieges warf man in Indien der Regierung vor, sie habe ihre Neutralität praktisch zugunsten eines Bündnisses mit den USA aufgegeben. Nehru bestritt das energisch, war aber für die amerikanische Hilfe aufrichtig dankbar. Als man auf jenem Flugzeugträger, der nach Nehrus Hilferuf auf dem Weg in die Bucht von Bengalen war, von der Feuerpause erfuhr, machte das Schiff kehrt, so daß Nehrus Panikreaktion fürs erste ein Geheimnis blieb (es wurde erst ein Jahr nach seinem Tode gelüftet). Doch sah man amerikanische Transportflugzeuge, die Nachschub an die Grenzen flogen, und nach der Feuerpause trafen hochrangige Delegationen aus den USA und aus Großbritannien ein, um bei der Modernisierung der indischen Armee mitzuhelfen. Obwohl Nehru es immer bestritten hat und die beiden Regierungen über diesen Punkt Stillschweigen bewahren, gingen die Amerikaner eine bestimmte Verpflichtung ein, Indien im Falle eines neuerlichen chinesischen Angriffs unverzüglich Deckung aus der Luft zu gewähren.

Der Kern der Blockfreiheit war die Weigerung Indiens gewesen, irgendeine Form der Abhängigkeit von einem anderen Land zu akzeptieren, da eine solche Abhängigkeit die Möglichkeit der Einmischung in die inneren Angelegenheiten Indiens bot. Indiens neue Abhängigkeit von Großbritannien und den USA war denn auch zweifellos mit Forderungen verbunden. Sowohl Großbritannien als auch Amerika machten sehr bald deutlich, daß sie von Indien als Gegenleistung für ihre unverzügliche und uneingeschränkte Militärhilfe die Regelung der Kaschmirfrage mit Pakistan erwarteten. Zunächst wurde diese Anregung in ausgesucht höflicher und diplomatischer Form vorgebracht, doch Nehrus Zögern führte schließlich zu heftigem und unverhohlenem Druck, namentlich von seiten Großbritanniens. Ende November 1962, als der Argwohn gegen die chinesischen Motive für die Feuerpause einen Höhepunkt erreichte, wurde in Delhi bekanntgegeben, daß Nehru und der pakistanische Präsident Ayub Khan zusammentreffen würden, um eine Lösung des Kaschmirproblems zu erörtern.

Wenn Großbritannien und die USA erwartet hatten, daß Nehru zumindest in einer Stunde der Krise ernsthaft bereit sein werde, in der indischen Kaschmirpolitik eine Kehrtwendung vorzunehmen, sahen sie sich bald enttäuscht. Am Tag, nachdem das Treffen der beiden Führer bekanntgegeben worden war, erklärte Nehru vor dem indischen Parlament, daß er niemals bereit sein werde, »die gegenwärtigen Gegebenheiten in Kaschmir anzutasten«. Wieder einmal wurde deutlich, daß Nehru im Falle Kaschmirs denselben Vorbehalt anmeldete, der noch immer die Beilegung des chinesisch-indischen Grenzkonflikts verhinderte: Es konnte *Gespräche* geben, aber keine Verhandlungen. Nach einer Reihe ergebnisloser Treffen auf Ministerebene verfiel das Kaschmirproblem wieder der gewohnten Kompromißlosigkeit. Das amerikanische Engagement in Indien war jedoch so stark, daß dies für die Waffenlieferungen keine Folgen hatte, die freilich wiederum in Pakistan eine solche Besorgnis erregten, daß dieses Land weniger denn je zu einem Zugeständnis in der Kaschmirfrage bereit war.

Diese Haltung gestattete Nehru, so unbeweglich zu erscheinen, wie es die meisten patriotischen Kritiker von ihm verlangten, ohne daß er die amerikanische Hilfe bei der Verstärkung der indischen Armee gefährdete. Während die Regierung den chauvinistischsten Forderungen nach einer schlagkräftigen Armee nachgab, fuhr sie fort, das Militär reinzuwaschen. Zwar wurde eine Untersuchung über das Verhalten der Armee im Grenzkrieg offiziell in Auftrag gegeben, aber die Ergebnisse dieser Untersuchung wurden nur teilweise bekannt. General Kaul nahm, nachdem er seines Kommandos enthoben worden war, den Abschied aus der Armee, versehen mit einem sehr wohlwollenden Brief Nehrus und der Bitte an einen Bankier, ihm eine Anstellung zu verschaffen. (Dem Bankier wurde später vorgeworfen, seinen Einfluß beim Ministerpräsidenten dazu mißbraucht zu haben, die Regierung um riesige Summen zu betrügen.) Die Untersuchungskommission kam trotz der Enge der ihr von der Regierung vorgegebenen Aufgabenstellung nicht umhin, festzustellen, daß verantwortliche höhere Offiziere im Grenzfeldzug bereit gewesen waren, politische Direktiven zu akzeptieren, die militärisch unzweckmäßig waren. Es gab jedoch keine spezifischen Schuldzuweisungen, und ohnehin wurde der Bericht des Untersuchungsausschusses als ›streng geheim‹ eingestuft. Die von der Regierung freigegebenen Auszüge aus dem Bericht schienen – nicht ganz unerwartet – sowohl die militärische als auch die zivile Führung zu entlasten.

Es zeugt von Nehrus überragender Stellung im Kongreß wie im ganzen Land, daß weder er seinen Rücktritt anbot noch andere zu irgendeinem Zeitpunkt seinen Rücktritt forderten – nicht einmal die Opposition. Man kann sich kaum vorstellen, daß in irgendeinem anderen demokratischen Land Nehru und sein Kabinett eine derartige Krise überlebt hätten. Zum Teil lag das daran, daß der chinesisch-indische Streit die breite Masse der indischen Bevölkerung nicht berührt hatte und daß diejenigen Kongreßmitglieder, die willens und in der Lage gewesen wären, Nehru zu stürzen, nicht ihre stärkste Wahllokomotive verlieren wollten. Ja, die Kongreßpartei scharte sich um ihn, um die Angriffe der Opposition auf die Partei selbst abzuwehren. Allerdings wurde den Kongreßführern bald bewußt, daß Nehru nicht länger die politische Szene beherrschte. Die ungeheure Machtfülle, die die Regierung in Kriegszeiten an sich gezogen hatte, hätte Nehru dazu nutzen können, seine politischen

Gegner zu vernichten; doch gab er durch nichts zu erkennen, daß er dergleichen beabsichtige. Die Fraktion der Kongreßpartei hatte in der Frage Krishna Menon ihren Willen durchgesetzt, und es hatte sich gezeigt, daß eine Rücktrittsdrohung Nehrus nicht mehr denselben Effekt hatte wie früher. Das Machtgleichgewicht in Delhi hatte sich zweifellos verändert. Wie manche von jenen, die Nehru am nächsten standen, später zugaben, wirkte er nach dem Grenzkrieg wie vernichtet und zog sich mehr und mehr in eine selbstgewählte Isolation zurück. Es ist anzunehmen, daß er sich von jenen bedroht fühlte, die versuchen mochten, seinen Platz einzunehmen. Die Armee bekam nunmehr die Waffen, die sie immer gefordert hatte, und merkte, daß die Zivilisten sich ihres wesentlichen Anteils an dem Debakel bewußt waren; unter diesen Umständen ließ die Armee keinen Zweifel daran, daß sie eine derartige Einmischung nicht ein zweites Mal wünsche. Die Angst vor einem Staatsstreich des Militärs lebte wieder auf, und die Regierung ergriff insgeheim Maßnahmen, um sich zu schützen. Unter Leitung des Nachrichtendienstes wurden hohe Armeeoffiziere physisch und elektronisch überwacht, und eine paramilitärische Truppe, die Zentrale Polizei-Reserve, stationierte nahe der Hauptstadt einige Bataillone. Man entwarf Pläne, Nehru im Notfall schleunigst an einen geheimen Ort zu schaffen.

In Wirklichkeit hatte die Regierung von den hochprofessionellen Offizieren, die jetzt die Armee befehligten, nichts zu fürchten. Diese Männer waren so erfreut, endlich über das Kriegsgerät zu verfügen, das sie sich gewünscht hatten, daß ihr Interesse am politischen Prozeß (abgesehen von der Forderung nach Nichteinmischung der Politiker in rein technische Dinge) praktisch gleich Null war. Die Gefahr für die Regierung und die herrschende Partei ging vom parlamentarischen System aus, nicht von irgendeiner verfassungsfeindlichen Aktion. Diese Gefahr demonstrierten im Frühjahr 1963 die Ergebnisse von drei Nachwahlen zur Volksversammlung (dem ›Unterhaus‹ des indischen Parlaments). Drei bedeutende politische Gestalten, die einst dem Kongreß angehört, sich später aber von ihm abgewendet hatten, setzten sich mit unterschiedlichen politischen Programmen gegen Kandidaten des Kongresses durch (zwei Minister in der Zentralregierung und einen früheren Kongreßpräsidenten) und eroberten gegen eine wirksame Parteimaschinerie drei prestigeträchtige Parlamentssitze. Die Sieger waren Kripalani, jetzt ein isolierter, aber vielgeachteter Unabhängiger, der Sozialistenführer Dr. Rammanohar Lohia sowie Minoo Masani von der Swatantra-Partei. Alle drei hatten bei den Wahlen von 1962 verloren. Alle drei empfanden Abneigung gegen Nehru – Lohia auf geradezu pathologische Art, auch wenn seine Attacken gegen den Ministerpräsidenten oft begründet waren. Masani, der einstige Sozialist, gehörte jetzt zu den profiliertesten Rechten. Alle drei Männer führten nach ihrer Rückkehr ins Parlament einen ständigen persönlichen Kampf gegen Nehru. Kripalani äußerte sogar die Absicht, in der Monsunsitzung des Parlaments, die am 16. August 1963 eröffnet werden sollte, einen Mißtrauensantrag gegen den Ministerpräsidenten einzubringen. Es war das erste Mal, daß Kritik an Nehrus Führungsposition förmlichen parlamentarischen Ausdruck fand.

Der Schock über die Verluste bei den Nachwahlen löste in der Kongreßpartei Besorgnisse auf verschiedenen Ebenen aus. Die wachsenden innenpolitischen Schwierigkeiten Indiens waren durch den Grenzkrieg verschärft worden. Viele Kongreßführer hatten sich der trügerischen Meinung hingegeben, das durch den Krieg entfachte patriotische Feuer sei in der Tat Ausdruck einer neuen Einheit gewesen, eines neuen Gefühls der Solidarität zwischen den verschiedenen um Macht und Profit wetteifernden Gruppen und Fraktionen. Aber der Anschein von Solidarität war nur von kurzer Dauer, und mit den unmittelbaren Gefahren schwanden auch die Bekundungen nationaler Einheit. Die Kritik am Kongreß nahm wieder zu und wurde durch die offene Unterstellung verschärft, die Zentralregierung habe das nationale Interesse Indiens nicht angemessen verteidigt.

Die Forderung nach Konsequenzen im Kongreß scheint zum ersten Mal im Juni 1963 erhoben worden zu sein: Achtzig Mitglieder des All-India Congress Committee beantragten in einer Petition eine Sondersitzung des AICC zur Erörterung von Schwachstellen in der Parteiorganisation. Der Parteivorsitzende und andere Parteiführer waren gegen diesen Antrag, aber der Druck war so stark, daß sie sich schließlich mit einer Sondersitzung am 9. und 10. August einverstanden erklärten. Unterdessen setzte der Arbeitsausschuß – vielleicht in der Hoffnung, der Kritik auf einer offenen Sitzung des AICC den Wind aus den Segeln zu nehmen – am 5. Juli ein eigenes, siebenköpfiges Gremium unter Leitung von Arbeitsminister G. L. Nanda ein, um die Gründe für die jüngsten Wahlniederlagen zu untersuchen. Allgemein hatte man innerhalb und außerhalb des Kongresses den Eindruck von innerer Zwietracht und einem nachlassenden Einfluß des Arbeitsausschusses auf die Parteidisziplin. Viele Gruppierungen in den vom Kongreß gestellten Staatsregierungen waren untereinander dermaßen zerstritten, daß es in einigen Fällen so aussah, als sei eine direkte Konfrontation unvermeidlich, während Aufrufe der Parteiführung zur Beilegung der Differenzen ungehört verhallten.

Da diese Grabenkämpfe die Partei völlig zu demoralisieren drohten, wurde auch die Bedrohung durch die Oppositionsparteien um so gefährlicher. So hatte in Madras eine regionale Partei mit offen sezessionistischen Tendenzen, die Dravida Munnetra Kazagham (DMK), die 1957 nur fünfzehn Sitze im Landesparlament erringen konnte, 1962 deren fünfzig erobert. Ihre Wahlplattform beruhte auf der Abneigung gegen den Norden und auf dem Widerstand gegen den Versuch, eine nördliche Sprache, nämlich Hindi, zwangsweise einzuführen. Der örtliche Vorsitzende der Kongreßpartei und damalige Chefminister von Madras, K. Kamaraj, war überzeugt, daß es zur Erhaltung der Kongreßmehrheit nicht nur in Madras, sondern auch in anderen Bundesstaaten erforderlich sei, die Parteiorganisation kräftig aufzurütteln, wobei die Führung der Parteibasis viel mehr Aufmerksamkeit schenken müsse, als das bisher der Fall gewesen sei. Kamaraj entwarf einen Plan, von dem er glaubte, daß er nicht nur einem organisatorischen Zweck dienen, sondern auch den verzagenden Parteifunktionären neuen Auftrieb geben werde. Der Plan war, vordergründig betrachtet, außerordentlich einfach – und sensationell: Einige führende und bekannte Kongreßmitglieder, die Regierungsämter innehatten, sollten von ihrem Posten zurücktreten und sich ganz der Aufbauarbeit in der Partei widmen. Kamaraj selbst war bereit, zu diesem Zweck aus dem Amt zu scheiden.

In seiner Zielsetzung war der Plan nicht ganz so harmlos, wie er aussah. Er war nicht nur dazu gedacht, den Kongreß von den Wurzeln her neu zu beleben, sondern konnte auch dazu herhalten, jene Machtkonstellationen zu schaffen, die man brauchte, wenn die Zeit für die Entscheidung über die Nehru-Nachfolge kam. Der Ministerpräsident war offensichtlich ausgelaugt und fühlte sich alt, und wenn die ärztlichen Bulletins auch zuversichtlich klangen, seine Tage waren höchstwahrscheinlich doch gezählt. Zunächst kam es also darauf an, Nehru den Plan Kamarajs schmackhaft zu machen, um ihn dann in der richtigen Weise umzusetzen. Es ist wohl nicht anzunehmen, daß Kamaraj den Plan in allen seinen Konsequenzen allein erdacht hat; vielmehr hatten sich mehrere Chefminister des Kongresses seit Mitte 1962 wiederholt in zwangloser Runde getroffen, um unter anderem über die Nehru-Nachfolge zu beraten, und es scheint bei ihnen Einigkeit darüber geherrscht zu haben, daß Vorbereitungen für den Ernstfall getroffen werden mußten, wenn es auch keine Vereinbarung darüber gab, wer Nehrus Nachfolger werden sollte. Die Chefminister, die sich in dieser Runde trafen, waren Kamaraj selbst, S. Nijalingappa (Mysore), Sanjiva Reddy (Andhra) und Biju Patnaik (Orissa). Patnaik zufolge berichtete Kamaraj ihm von seinem Plan; Patnaik unterbreitete ihn Nehru, als dieser Urlaub in Kaschmir machte, und Nehru besprach die Idee Anfang August in Hyderabad mit Kamaraj.

Dann wurde der Plan dem Arbeitsausschuß vorgelegt, der ihn am 8. August grundsätzlich akzeptierte. Am nächsten Tag leistete Nehru seinen Beitrag in Form eines Rücktrittsangebots, das natürlich abgelehnt wurde. Abgesehen von allem anderen hätte ein Rücktritt zum jetzigen Zeitpunkt die Nachfolgefrage aufgeworfen, bevor irgend jemand dafür gerüstet war. Der Arbeitsausschuß verwarf auch Nehrus Vorschlag, die Durchführung des Plans einer kleinen Gruppe zu übertragen, und bat statt dessen den Ministerpräsidenten, die ganze Verantwortung allein zu übernehmen. Am 10. August nahm das AICC die Empfehlung des Arbeitsausschusses mit Beifall entgegen, und wenige Stunden später erklärten die meisten Kabinettsmitglieder der Zentralregierung und die Chefminister der Bundesstaaten ihren Rücktritt. Diese Geste wurde mit entsprechendem publizistischem Trommelwirbel begleitet, doch rechnete niemand damit, daß die Rücktrittsangebote auch wirklich angenommen werden würden.

Nehru hatte jedoch rasch erkannt, welche machtvolle Waffe Kamaraj ihm in die Hand gegeben hatte. Nach dem Debakel in der Nordöstlichen Grenzprovinz hatten eine Reihe von Ministern, namentlich des rechten Flügels, Nehrus Autorität im Kabinett herausgefordert. Diese Leute, so glaubte Nehru, hatten hinter der Bewegung gegen Krishna Menon gestanden, und sie hatten ihn auch – nur sieben Tage, nachdem der AICC den Kamaraj-Plan gebilligt hatte – gezwungen, einen anderen linken Minister, K. D. Malaviya, der im Verdacht der Korruption stand, fallenzulassen.

Anscheinend hat Nehru den Gebrauch des Messers, das ihm so treuherzig offeriert worden war, nur mit seiner Tochter Indira und mit Lal Bahadur Shastri besprochen, den Mrs. Gandhi zwar nicht mochte, der aber seit dem Ausscheiden Menons ihrem Vater sehr nahestand. Eigentlich hatte Nehru Shastri im Kabinett behalten wollen, aber Shastri riet ihm, auch den Rücktritt einiger seiner Anhänger in der Zentralregierung und in den Bundesstaaten zu akzeptieren, um den Anschein einer offenen Abrechnung zu vermeiden. Am 21. August wurde Kamaraj dringend nach Delhi beordert, um gemeinsam mit dem Ministerpräsidenten darüber zu entscheiden, wer abgesägt werden sollte. Eine Operation von der Tragweite, wie sie Nehru vorschwebte, bedurfte sorgfältiger Erwägung. Es mußte Ausgewogenheit herrschen. Vor allem durfte keine einzelne Region Anlaß haben, von Günstlingswirtschaft zu reden. Bestimmte Gruppierungen mußten berücksichtigt werden. Vor allem lag Nehru daran, zwei rechte Minister der Zentralregierung loszuwerden: Morarji Desai, Finanzminister und aussichtsreicher Kandidat für die Nehru-Nachfolge, und S. K. Patil, zuständig für das Ressort Ernährung und Landwirtschaft. Ein minder gefährlicher Bewerber um die Nachfolge, nämlich Transport- und Verkehrsminister Jagjivan Ram, ein Unberührbarer, sollte ebenfalls ausgebootet werden.

Am 24. August gab Nehru auf einer Sitzung des Arbeitsausschusses seine Liste bekannt. Ausscheiden sollten außer Desai, Patil, Jagjivan Ram und Shastri noch der unbedeutende Gopala Reddy, der geopfert wurde, weil er angeblich ein Angebot der USA angenommen hatte, in Indien einen Hochleistungsrundfunksender zu bauen, wenn Amerika dafür Sendezeit für antikommunistische Propaganda bekam (in Wirklichkeit war die Sache in Nehrus Zuständigkeit gefallen), sowie Bildungsminister K. L. Shrimali. Die Chefminister der Bundesstaaten, die gehen sollten, waren Kamaraj (Madras), Patnaik (Orissa),

Bakshi Ghulam Muhammad (Kaschmir), B. Jha (Bihar), C. B. Gupta (Uttar Pradesh) und B. A. Mandloi (Madhya Pradesh). Um bei den nicht Entlassenen keine Selbstzufriedenheit aufkommen zu lassen, fügte Nehru hinzu: »Es ist möglich, daß ich zu einem späteren Zeitpunkt einige weitere Vorschläge werde machen müssen.« Sie wurden nicht gemacht.

Nehrus Enscheidung wurde in gewissen Kreisen als das erkannt, was sie tatsächlich war – eine Begleichung alter Rechnungen und die Beseitigung möglicher Nachfolger. Nur ein einziger der gestürzten Minister sprach das offen aus. S. K. Patil sagte bei zwei Gelegenheiten, Nehru habe den Kamaraj-Plan dazu benutzt, mißliebige Leute loszuwerden. In Anbetracht des Umstandes, daß Patil der Kamaraj-Resolution im Arbeitsausschuß zugestimmt hatte, können seine Bemerkungen als Eingeständnis gewertet werden, daß er überspielt worden war. Andere hüllten sich bis nach Nehrus Tod in Schweigen. Danach offenbarte Desai, daß er zwar seinerzeit hinter Nehrus Vorgehen keine verborgenen Motive vermutet habe, daß er aber jetzt (im Oktober 1964) überzeugt sei, daß es in Wirklichkeit den Weg für Indira Gandhi als Nachfolgerin Nehrus freimachen sollte.

Als Nehru nach der Säuberung sein Kabinett neu bildete, fühlte er sich bemüßigt, seine Beweggründe zu erläutern. Er schob die Hauptverantwortung für die Entscheidung, welche Minister entlassen werden sollten, Kamaraj zu, was dieser damals auch nicht bestritt. Aber welches auch die Beweggründe gewesen sein mochten – und es gab gewiß mehr als nur einen –, es war völlig klar, daß Nehru mit einem Schlage seine Vormachtstellung in der Kongreßpartei zurückerobert hatte. Und wirklich hatte sein Handstreich etliche potentielle Nachfolger aus dem Rennen geworfen, während es immer noch keinen gekürten Thronprätendenten gab. Nehru war nicht bereit, einen Nachfolger zu benennen. Es blieb daher anderen überlassen, dafür zu sorgen, daß die Wahl auf einen Kandidaten fiel, der ihre Unterstützung hatte. Der Wink wurde sogleich von jenen Spitzenpolitikern verstanden, die bereits mögliche Namen erörtert hatten und zu dem Schluß gekommen waren, daß der geeignetste Mann Lal Bahadur Shastri sei.

Anfang Oktober 1963 trafen sich fünf Männer (nicht so heimlich, wie sie gehofft hatten) in einem abgelegenen Bungalow in der Stadt Tirupati in Andhra. Zwei von ihnen waren Chefminister: S. Nijalingappa von Mysore und Sanjiva Reddy von Andhra. Die anderen drei waren Kamaraj, Atulya Ghosh, der Chef der Kongreßpartei in Bengalen, und Srinivas Mallayya, ein führendes Mitglied der Parlamentsfraktion des Kongresses. Sie waren zusammengekommen, um die Frage zu diskutieren, wer im folgenden Jahr zum Präsidenten des Kongresses ernannt werden sollte. Wer immer gewählt werden würde, er war, so glaubten alle, der natürliche Kandidat für die Nehru-Nachfolge. Die allgemeine Meinung ging dahin, daß Lal Bahadur Shastri der naheliegende Kandidat sei. Morarji Desais Name wurde zwar genannt, aber alle waren sich einig, daß man ihn, wenn irgend möglich, nicht in der Reihe der Nehru-Nachfolger haben wollte. Daß Nehru nicht einen Kongreßpräsidenten Desai begrüßen würde, war sicher. Aber würde er Shastri akzeptieren? Es hatte Gerüchte gegeben, daß Nehru das Amt des Kongreßpräsidenten wieder mit dem des Ministerpräsidenten koppeln wolle. Falls das zutraf, war eigentlich kein Widerstand zu erwarten. Aber was, wenn Nehru weder selbst das Amt haben noch Shastri als Ersatz akzeptieren wollte? In diesem Falle, so beschloß die Versammlung, solle der Kandidat Kamaraj heißen. Das war zwar überhaupt nicht nach Kamarajs Geschmack, aber er beugte sich der Mehrheitsmeinung, weil er nicht glaubte, daß Nehru gegen Shastri sein werde. Auf jeden Fall war Kamaraj mit den anderen der Meinung, daß es nur *einen* Bewerber um das Amt des Kongreßpräsidenten geben dürfe. Man wußte, daß Desai sich verzweifelt bemühte, diesen Posten zu erlangen, um seinen Anspruch auf die Nachfolge zu untermauern, sobald die Zeit kam. Das ›Syndikat‹, wie man diese Gruppe von Politikern später nannte, war entschlossen, einen Sieg Desais unter allen Umständen zu verhindern. In diesem Punkt hatte das Syndikat die Unterstützung nicht nur Patnaiks, sondern auch Patils, der einst als Parteigänger Desais gegolten hatte.

Der erste Schuß in der Kampagne, welche Shastri zum Kongreßpräsidenten machen sollte, wurde von Atulya Ghosh abgegeben, der in einer öffentlichen Erklärung Shastris Namen nannte. Daraufhin verkündete Desai, daß er dieses Amt selbst anstrebe, aber bereit sei, Ghosh als Kongreßpräsidenten zu akzeptieren. Für zusätzliche Verwirrung sorgte Patil, der offenbarte, daß auch er gerne Ghosh als Kongreßpräsidenten sähe, da seit Subhas Bose dieses Amt nicht mehr von einem Bengali bekleidet worden war. Ghosh stellte jedoch öffentlich klar, daß er kein Anwärter auf diesen Posten sei. Nehru, der Desai nicht wollte, war auch über Shastri nicht begeistert, doch lehnte er in einem Gespräch mit Kamaraj diesen Vorschlag nicht ab. Statt dessen fragte er Kamaraj, warum er dieses Amt nicht selbst übernähme. Der Wink wurde verstanden, und als Desai keine Einwände erhob, erklärte Kamaraj sein Einverständnis. Er wußte, daß er selbst keine Aussicht auf die Nehru-Nachfolge hatte, glaubte aber, daß das Amt des Kongreßpräsidenten dazu genutzt werden konnte, den Anspruch Shastris zu stärken. Am 20. November wurde auf einem Parteitag des AICC in Jaipur die einmütige Wahl Kamarajs durch den Arbeitsausschuß bekanntgegeben.

Die Lage im Kongreß war Ende 1963 von der Vorahnung eines Wandels geprägt, ohne daß man hätte sagen können, wie dieser Wandel die Nachfolgefrage lösen sollte. Nur eines war sicher − *alle* Bewerber waren in die Wüste geschickt worden. Nach der Kabinettsumbildung im Anschluß an das ›Säge-Werk‹ Kamarajs waren Desai,

Patil und Shastri in das Fraktionsgremium des Kongresses gewählt worden, das die Kandidatenlisten für Parlamentswahlen aufstellte, aber keiner der drei spielte eine positive Rolle bei der programmatischen Erneuerung des Kongresses. An Desais Stelle als inoffizielle Nummer zwei im Kabinett rückte Gulzarilal Nanda, der das von Shastri geräumte Innenministerium übernahm. Als Nummer drei kam T. T. Krishnamachari wieder ins Kabinett, der das Amt des Finanzministers 1958 unter etwas dubiosen Umständen aufgegeben hatte. Keiner der beiden galt als Thronprätendent. Gerade diese Ungewißheit erregte den Unmut der Partei, zumal bei denjenigen Ministern, die abgesägt worden waren. Shastri hingegen ließ sich überhaupt nichts anmerken und begnügte sich damit, den Kamaraj-Plan zu verteidigen oder gar nichts zu sagen. Gleichwohl festigte sich allgemein die Überzeugung, daß Shastri Nehrus Favorit in der Frage der Nachfolge sei, obwohl Mrs. Gandhi und andere versuchten, diese Überzeugung zu erschüttern.

Wie lange diese Situation noch angedauert hätte, kann man nur vermuten, aber plötzlich und unerwartet trat ein Ereignis ein, das den Gang der Dinge beschleunigte. Am 8. Januar 1964, bei der Jahreskonferenz des Kongresses in Bhubaneswar (Orissa), erlitt Nehru einen schweren Schlaganfall, der seine linke Seite lähmte. Als die ganze Schwere des Anfalls erkennbar war, trat das Syndikat zusammen und beschloß, Nehru zu raten, zu seiner Entlastung Shastri wieder ins Kabinett zu holen. Einige der Chefminister der Bundesstaaten schlossen sich diesem Rat an. Einem zuverlässigen Zeugen zufolge rief Nehru Shastri an sein Krankenlager und sagte zu ihm: »Jetzt müssen Sie mir helfen.« In Wirklichkeit geschah vierzehn Tage lang nichts. In dieser Zeit lagen die Regierungsgeschäfte in den Händen Nandas und Krishnamacharis; jener übernahm die Funktionen Nehrus als Ministerpräsident, Krishnamachari die des Außenministers. Die Verzögerung in der Neuberufung Shastris lag daran, daß man den noch immer schwer angeschlagenen Nehru unter Druck zu setzen suchte. Von Nanda weiß man, daß er hiervon abgeraten hat. Ram war entschieden gegen die Rückkehr Shastris ins Kabinett und sagte das auch öffentlich. Andere, unter ihnen Morarji Desai, gingen behutsamer vor. Das Syndikat wollte jedoch Shastri so bald wie möglich wieder im Kabinett haben.

Am 14. Januar traf Shastri mit Staatspräsident Radhakrishnan zusammen und erhielt seine Unterstützung. Kamaraj kam am 20. Januar nach Delhi und drang in einem Gespräch mit Nehru energisch auf Shastris Rückkehr. Am folgenden Tag unterstützte auch der Staatspräsident diesen Vorschlag. Am 22. Januar wurde bekanntgegeben, daß Shastri als Minister ohne Geschäftsbereich wieder in das Kabinett eintreten werde; er werde »solche Aufgaben im Zusammenhang mit dem Ministerium für Auswärtige Angelegenheiten, der Abteilung für Atomenergie und dem Kabinettssekretariat wahrnehmen, wie sie ihm von Fall zu Fall vom Ministerpräsidenten zugewiesen werden«. Es war für jedermann offenkundig, daß Shastri als eine Art Berater des Ministerpräsidenten fungieren sollte, doch um keine offene Bevorzugung Shastris als eines möglichen Nachfolgers zu verraten, wurde er geflissentlich als Nummer vier im Kabinett geführt. Niemand nahm diesen Rang ernst, aber die Weigerung Nehrus, offiziell einen Stellvertretenden Ministerpräsidenten zu bestellen, sorgte noch immer für Zweifel und Ungewißheit. Shastri erhob bescheidenerweise keine Ansprüche, sondern überließ es anderen, das für ihn zu tun. Das Ringen um die Nehru-Nachfolge war in vollem Gange.

Man hatte Nehru von Bhubaneswar zurück nach Delhi geflogen, wo er in seiner Residenz, dem Herrenhaus Teen Murti, das Bett hütete, umgeben von den üblichen schwarz gekleideten Sicherheitsleuten sowie einer ungewohnten Atmosphäre von Intrige und Verschwörung.

Die Regierung Indiens bestand jetzt aus einem etwas unsicheren Bündnis von Nanda, Krishnamachari und Shastri. Die anderen Kabinettsmitglieder führten ihr jeweiliges Ministerium weiter und zeigten im übrigen so wenig Initiative wie möglich. Das Triumvirat hielt ständigen Kontakt zu Kamaraj, der jetzt in der Öffentlichkeit als starker Mann auftrat. Zum ersten Mal seit Indiens Unabhängigkeit arbeiteten Partei und Regierung eng zusammen. In Teen Murti House spielte Mrs. Gandhi eine besondere Rolle. Sie überwachte den Zugang zu Nehru – selbst für das Triumvirat. Von Shastri wird berichtet, er habe sich darüber beklagt, daß er auf einen Termin bei Nehru warten müsse und von Mrs. Gandhi zurückgesetzt werde. Die Opposition – und einige Kongreßmitglieder – streuten das Gerücht aus, Mrs. Gandhi verhalte sich wie einst die Frau des amerikanischen Präsidenten Woodrow Wilson, welche die Amtsunfähigkeit ihres Gatten dadurch kaschierte, daß sie die notwendigen Entscheidungen selber traf. Das war zwar einigermaßen übertrieben, aber zweifellos war Mrs. Gandhi ein wesentliches Element im Machtgefüge Indiens geworden. Das vielleicht Auffallendste in dieser Zeit von Nehrus Lebensabend war die Untätigkeit der Regierung. Zwar mag Mrs. Gandhi in der Lage gewesen sein, Entscheidungen zu beeinflussen, aber es wurden keine Entscheidungen von Bedeutung gefällt.

Die allgemeine Stimmung in Delhi war düster. Die meisten Menschen waren überzeugt, daß in Teen Murti ein geschlagener Cäsar lag. Einige meinten, das Beste, was Nehru jetzt für Indien tun könne, sei, zurückzutreten, aber Nehru war nicht bereit, sein Amt aufzugeben. Ende Januar 1964 wurde bekanntgegeben, er sei völlig wiederhergestellt, aber bei seinem ersten Auftritt vor dem Parlament am 10. Februar war deutlich erkennbar, daß das nicht stimmte. Er war noch immer linksseitig gelähmt und zog einen Fuß nach. Er war gezwungen, im Sitzen zu sprechen, und hatte Mühe, seine Worte zu artikulieren. Sein Verstand war so scharf wie eh und je, doch gab es Anzeichen, daß er nach einer guten Stunde ermüdete. Die Anwesenden schienen zu merken – einige von ihnen zum ersten Mal –, daß Nehru ein müder alter Mann war. Durch diese Erkenntnis wurde der kaum verhohlene Kampf um die Nachfolge eher noch verschärft. Nehru war sich dessen bewußt, mochte aber niemanden als möglichen Nachfolger andeuten. Ende März erklärte er, er werde keinen Stellvertretenden Ministerpräsidenten ernennen, doch machte er Shastri Komplimente. Im April sagte er, er werde keinen Nachfolger nominieren; denn: »Jemanden zu nominieren wäre der sicherste Weg, um seine Wahl zum Ministerpräsidenten zu verhindern.« Er bestritt auch, seine Tochter »für irgend etwas aufzubauen«.

Menschen, die ihm in dieser Zeit nahestanden, berichteten nach seinem Tod, Nehru habe sich sehr zurückgezogen, selten mit irgend jemandem gesprochen und eine Aura der Trauer um sich verbreitet. Auch schien er sich von dem Agnostizismus seiner mittleren Jahre noch weiter zu entfernen. In den Jahren, in denen er sich mehr und mehr mit dem indischen Indien zu identifizieren gesucht hatte, war er der Religion nähergekommen. Sein Haß auf den religiösen Kommunalismus hatte ihn von einem förmlichen Bekenntnis abgehalten, ihn jedoch nicht daran gehindert, sich, so gut es ging, seinen persönlichen Synkretismus zu schaffen, der sowohl seine Sehnsucht nach Verwurzelung in der hinduistischen Welt als auch seinen Glauben an einen progressiven Sozialismus befriedigte. Geistige Rationalisierung hatte er in Vivekanandas brahmanischem Ideal des selbstlosen Dienens gefunden. Damit hatte er versucht, einen Sozialismus mit indischer Stimme zu artikulieren. Aber es war klar, daß damit irgend etwas schiefgegangen war. Die ›Fünf Grundsätze‹ hatten auf etwas einzigartig Indisches, die buddhistische Vergangenheit, zurückführen sollen. Auch das war fehlgeschlagen. Während des chinesisch-indischen Grenzkonflikts war Vernunft einmal mehr dem Glauben gewichen, als indische Mythen und Legenden dazu herhalten mußten, die Ansprüche Indiens auf seine Himalajagrenzen zu untermauern. Seit Ende der fünfziger Jahre hatte Nehru im privaten Kreis häufig von hinduistischen Idealen und Ideen gesprochen, doch war Nehrus kompromißlose Abneigung einer förmlichen religiösen Orthodoxie geeignet, seine zunehmende Religiosität zu verdecken.

Etwas typisch Hinduistisches, nämlich der Glaube an die Astrologie, hatte die Regierung Nehrus schon seit vielen Jahren gekennzeichnet. Die meisten Minister hielten sich ihre persönlichen astrologischen Berater, von denen einige beträchtlichen Einfluß auf ihre Klienten erlangten. Nehru hatte sich über die Abhängigkeit seiner Minister vom Okkulten ständig mokiert, jedoch nichts unternommen, um ihr entgegenzuwirken. Obwohl man ihm von einer Reihe zutreffender astrologischer Voraussagen berichtet hatte, blieb bis zu seiner Erkrankung 1962 seine Einstellung skeptisch. Einem früheren Minister in seiner Regierung zufolge willigte Nehru ein, sich von dem Astrologen Nandas das Horoskop stellen zu lassen. Als der Mann die Voraussagen machte, Nehru werde von seinem besten Freund verraten und Indien in einen Krieg mit China verwickelt werden, soll Nehru nichts als Hohn und Spott dafür übrig gehabt haben. Nach dem Einmarsch der Chinesen scheint er seine Meinung jedoch revidiert zu haben und gestattete Nanda, noch einmal seinen Astrologen zu bringen. Was er sah, war düster: Der Ministerpräsident werde sehr bald sterben, sofern nicht etwas unternommen würde, sein Leben zu verlängern. Nehrus Höflinge engagierten fünfzig Priester, die in einem Tempel am Stadtrand Delhis die notwendigen Riten vornehmen sollten. Einer Quelle zufolge habe Nehru, als die Priester zu ihm kamen, um seine Einwilligung in die Zeremonie zu erbitten – ohne Zustimmung der betreffenden Person war sie nicht absolut wirksam –, ärgerlich abgewunken. Eine andere Quelle bestreitet das, doch habe die Zeremonie jedenfalls stattgefunden. Alle Quellen sind sich jedoch darin einig, daß eine ähnliche Zeremonie Ende Januar 1964 stattgefunden habe. Diesmal lehnte Nehru nicht ab.

Zu der Zeremonie, die wieder in jenem Tempel in Delhi stattfand, gehörte unter anderem die 425 000malige Wiederholung eines den Tod besiegenden Mantras; dazu kamen noch Brandopfer. Die Zeremonie begann unter strenger Geheimhaltung am 26. Januar und war am 2. April beendet. Während sie noch im Gange war, hieß es, daß in einem Tempel in Uttar Pradesh ein magischer Ritus zur Herbeiführung von Nehrus Tod vollzogen worden sei. In diesem Zusammenhang wurde der Name eines Ministers der Zentralregierung genannt. Vom Chefminister von Uttar Pradesh kam jedoch ein offizielles Dementi; er betonte, daß diese Zeremonie keineswegs den Tod Nehrus herbeiführen sollte, sondern im Gegenteil ein Ritus zu seiner Genesung gewesen sei. Was immer man sich von der Mitwirkung des Okkulten erwartet haben mag, Nehru ließ sich zugleich auch von Meistern des Ayurveda behandeln, jener uralten hinduistischen Homöopathie. Sein Vater Motilal war durch diese Heilmethode vom Asthma befreit worden, nachdem die westliche Medizin sein Leiden nicht hatte lindern können, und war ein überzeugter Anhänger des Ayurveda geworden. Wann Nehru selbst sich zum ersten Mal nach dieser Methode behandeln ließ, steht nicht genau fest, doch scheint es bald nach seiner Erkrankung im Jahre 1962 gewesen zu sein.

Jener Astrologe, der Nehru eröffnet hatte, daß seine Tage gezählt seien, sagte auch voraus, daß er im Januar 1964 ernsthaft erkranken werde – die erste Serie magischer Riten war vermutlich nur ein Teilerfolg gewesen – und daß er den 27. Mai nicht überleben werde. Mag dies dem Ministerpräsidenten bekannt gewesen sein oder nicht, Nehru scheint sich bewußt gewesen zu sein, daß er nicht mehr lange zu leben hatte. Nach siebzehn Jahren Amtsführung schien es mit Indien schlechter zu stehen denn je. Der dritte Fünf-Jahres-Plan stieß auf erhebliche Schwierigkeiten, Lebensmittel waren knapp, und kommunalistische Spannungen flammten wieder auf. Hierzu hatte ein mysteriöser Zwischenfall in Kaschmir im Dezember 1963 beigetragen: Aus einer Moschee in Srinagar, der Hauptstadt von Kaschmir, war eine wichtige heilige Reliquie verschwunden – angeblich ein Barthaar des Propheten Mohammed. Man vermutete, daß der frühere Chefminister des Staates, Bakshi Ghulam Muhammad, der dem ›Säge-Werk‹ Kamarajs zum Opfer gefallen war, zu der Tat angestachelt hatte. Am 26. Dezember kam es in Srinagar zu ungeheuren und gewalttätigen Demonstrationen, die über eine Woche dauerten. Am 3. Januar tauchte die Reliquie wieder auf. Die Unruhen hielten an; jetzt richteten sie sich gegen die Staatsregierung, von der man die Freilassung des seit elf Jahren inhaftierten kaschmirischen Führers Scheich Abdullah verlangte.

Die Unruhen in Kaschmir veranlaßten die Regierung von Pakistan, die Kaschmirfrage wieder einmal vor die Vereinten Nationen zu bringen. Der britische Delegierte rief Indien und Pakistan zu konstruktiven Gesprächen auf und bekam dafür aus Indien bittere Vorwürfe zu hören. Der Besuch des chinesischen Ministerpräsidenten Chou En-lai in Pakistan im Februar und Chous Befürwortung eines Plebiszits heizten die Stimmung in Indien nur noch mehr an. Der von den USA in den Vereinten Nationen eingebrachte Vorschlag eines unabhängigen Kaschmirs, dessen Grenzen von Indien und Pakistan gemeinsam garantiert werden sollten, wurde abgelehnt, doch die Erregung um den Diebstahl des Prophetenhaares hatte ernste Auswirkungen in Ostpakistan, wo es schwere kommunalistische Ausschreitungen gab. Diese schwappten über die Grenze nach Indien über, wo es in den Stahlstädten Jamshedpur und Rourkela zu blutiger Vergeltung an Moslems kam. In Ostpakistan entwickelten sich die Ausschreitungen zu einer augenscheinlich organisierten Schlacht gegen Hindus, und es kam zu einem neuen tragischen Exodus von Nichtmoslems über die Grenze nach Indien. Nachdem die kommunalistischen Gefühle so gereizt waren, daß wieder einmal offen über die Chancen eines Krieges gegen Pakistan diskutiert wurde, entschloß sich Nehru, einen konstruktiven Schritt hinsichtlich Kaschmirs zu wagen. Als Auftakt einer Begegnung zwischen ihm und dem pakistanischen Präsidenten Ayub Khan ließ er im April Scheich Abdullah frei. Die Nachricht, daß eine solche Begegnung geplant sei, brachten die Zeitungen, wie es die Ironie des Schicksals wollte, am Morgen von Nehrus Tod.

Nachdem Nehru diesen mutigen, wenngleich verspäteten Entschluß gefaßt hatte, scheint er seinen Lebensmut teilweise wiedergefunden zu haben. In vielen Gesprächen mit Scheich Abdullah zeigte er sich geistig wach und offenkundig an einer Lösung stark interessiert. Energisch verteidigte er seinen Schritt, und bei seinem letzten politischen Auftritt anläßlich der AICC-Konferenz in Bombay am 16./17. Mai fiel auf, daß er viel gesünder wirkte. Die Kongreßführer begaben sich nach Hause, ohne einen plötzlichen Rückfall zu befürchten, obgleich einige von ihnen in die Voraussage des Astrologen eingeweiht waren. Nehru kehrte am 17. Mai nach Delhi zurück und wurde am folgenden Abend, beim Spaziergang in den Gärten des Präsidentenpalastes, von einem plötzlichen Unwohlsein befallen. Die Ärzte konnten nichts finden und stellten nur extreme Erschöpfung nach der Konferenz von Bombay fest. Sie verordneten Ruhe. Nehru folgte ihnen insoweit, als er eine für den 20. Mai anberaumte Pressekonferenz auf zwei Tage später verschob.

Nehrus Auftritt bei dieser Pressekonferenz sprach nicht für die Ansicht, daß seine Gesundheit sich gebessert habe. Fragen beantwortete er extrem langsam. Ein Korrespondent fragte ihn, ob es nicht im Interesse des

Landes wäre, »wenn Sie dieses Problem der Nachfolge zu Ihren Lebzeiten lösen?« »Das ist eine Suggestivfrage«, antwortete Nehru, worauf er zu hören bekam: »Sie liegt allen auf der Zunge!« »Man mag dergleichen sagen«, antwortete Nehru, und, nach einem langen Schweigen: »Mein Leben ist nicht so bald zu Ende.« Auf diese Bemerkung folgte zuerst Schweigen und dann donnernder Beifall. Am nächsten Tag zog sich Nehru zu einem Kurzurlaub in seinen Lieblingsbergort Dehru Dun zurück.

Am Abend des 26. Mai brachte ein Hubschrauber der indischen Luftwaffe Nehru zum Flughafen von Delhi zurück. In der Gruppe, die zu seiner Begrüßung erschienen war, befand sich auch Lal Bahadur Shastri, dem der Ministerpräsident mitteilte, daß er ihn im Juni zur Konferenz der Commonwealth-Premierminister nach London begleiten solle. In Teen Murti House angekommen, begab sich Nehru in sein Arbeitszimmer, um Schriftstücke zu lesen, und zog sich um elf Uhr abends in sein Schlafzimmer zurück. Die Ärzte und Krankenschwestern, die sich nach seinem Schlaganfall ständig um ihn gekümmert hatten, waren einen Monat zuvor entlassen worden. In einem Nebenzimmer schlief ein Diener. Um zwei Uhr morgens erwachte Nehru und bekam ein Beruhigungsmittel. Um vier Uhr morgens wachte er erneut auf und hatte Beklemmungen und Schmerzen. Zwei Stunden später klagte er über Schmerzen unterhalb der Hüfte und sagte, er könne sich nicht erheben. Schließlich wurden die Ärzte gerufen. Um 6.45 Uhr stellten sie fest, daß die Aorta gerissen war – ein Vorfall, der unweigerlich tödlich ist. Einer der Ärzte soll sich zur Operation erboten haben, doch wollte niemand diese Entscheidung treffen. Ohne das Bewußtsein wiedererlangt zu haben, starb Nehru um 13.44 Uhr. Die Maschinerie, die Lal Bahadur Shastri, einen ganz anderen Typus von Inder, auf den Posten des Ministerpräsidenten hieven sollte, lief bereits auf vollen Touren.

ANHANG

Zeittafel

1889	14. November: Jawaharlal Nehru als Sohn des Rechtsanwalts Motilal Nehru und dessen Ehefrau Swarup Rani in Allahabad geboren.
1892	Umzug der Familie aus der Innenstadt Allahabads in ein Haus an der Elgin Road in den Civil Lines, dem Wohngebiet der Europäer.
1893	Mohandas Karamchand Gandhi geht als Rechtsanwalt nach Südafrika. Dort entwickelt er angesichts der Rassendiskriminierung gegen die indische Gemeinde eine Strategie des Massenprotestes, deren wichtigstes Mittel die *Satyagraha* (gewaltlose Nicht-Zusammenarbeit) ist.
1900	Umzug der Familie in ein Haus an der Church Road in den Civil Lines. Geburt der Schwester Swarup.
1904/05	Russisch-Japanischer Krieg.
1905	13. Mai: Abreise der Familie nach England. Nehru besucht die Public School in Harrow. Die Entscheidung der britischen Kolonialregierung, die Provinz Bengalen aufzuteilen, führt zu einer Welle des Protestes bis hin zu terroristischen Aktionen. In der Folgezeit Radikalisierung des indischen Nationalismus und Polarisierung des Kongresses in einen gemäßigten und einen extremistischen Flügel. Geburt der Schwester Krishna.
1906	Gründung der Moslem-Liga, Beginn des Kommunalismus.
1907–1910	Studium Nehrus der Chemie, Botanik und Geologie am Trinity College in Cambridge. Daneben Beschäftigung mit Literatur, Politik, Geschichte und Volkswirtschaft. Prägender Einfluß der Sozialismus-Vorstellungen der Fabian Society auf Nehru.

1909	Den Moslems werden von den Engländern getrennte Wählerschaften zugestanden.
1910	Sommer: Ablegung des Examens in den Naturwissenschaften.
	Herbst: Beginn des Jurastudiums am Inner Temple in London.
	Reisen u. a. nach Norwegen und Irland, in dessen nationalistischer Bewegung Nehru ein Vorbild für Indien sieht.
1911	Die Wiedervereinigung Bengalens führt zum Rückgang der extremistischen Bewegung.
1912	Sommer: Zulassung Nehrus als Rechtsanwalt. Rückkehr nach Indien.
1913	Eintritt in den Provinz-Kongreß der Vereinigten Provinzen.
1914	28. Juli: Beginn des Ersten Weltkrieges. Der Kongreß erklärt feierlich die Unterstützung Englands im Krieg.
1915	Rückkehr Gandhis nach Indien.
1916	Februar: Heirat Nehrus mit Kamala Kaul.
	Zusammenschluß der Gemäßigten und Extremisten des Kongresses. Gemeinsame Forderung von Kongreß und Moslem-Liga nach dem Dominion-Status für Indien (Lucknow-Pakt).
1917	Oktober: Besuch des britischen Staatssekretärs für Indien, Edwin Montagu, führt zu Reformplänen der Regierung in London, die eine teilweise Selbstverwaltung für Indien bringen sollen.
	7. November: Oktoberrevolution in Rußland.
	19. November: Geburt der Tochter Indira Priyadarshini (Indira Gandhi)
1918	August: Veröffentlichung des Montagu-Chelmsford-Berichtes, der die teilweise Selbstverwaltung in den Provinzen vorschlägt.
	11. November: Ende des Ersten Weltkrieges.
1919	Anfang des Jahres: Zum Teil blutige Proteste gegen die im ›Rowlatt-Report‹ vorgeschlagenen und vom Vizekönig ratifizierten verschärften Sicherheitsmaßnahmen.
	9. April: Durch die Verhaftung Gandhis wegen eines am 6. April ausgerufenen *Satyagraha Day* Unruhen in

Bombay und Ahmadabad. Daraufhin bricht Gandhi
die Kampagne ab. In Amritsar im Panjab halten die
Unruhen jedoch an.

13. April: Bei einer trotz Verbot stattfindenden Protestversammlung von etwa 20000 Menschen in Amritsar versperrt britisches Militär den einzig möglichen Abzugsweg und eröffnet das Feuer auf die
Menge.

14. April: Die Briten beschießen in Amritsar eine in
Aufruhr geratene Menge.

15. April: Verhängung des Kriegsrechts in Amritsar
(bis 9. Juni).

Juni: Der Kongreß setzt eine Kommission zur Untersuchung der Unruhen im Panjab ein, Mitglieder sind
u. a. Motilal Nehru, Gandhi und der bengalische
Kongreßführer C. R. Das, dessen Assistent Nehru
wird.

Dezember: Auf der in Amritsar stattfindenden Jahresversammlung des Kongresses ruft Gandhi zu
Mäßigung und zur Annahme der von den Briten vor-
geschlagenen Reformen auf.

1920   Januar: Gandhi geht auf Konfrontationskurs gegenüber den Briten.

1. August: Beginn der gemeinsam mit der moslemischen Khilafat-Bewegung geplanten Nicht-Zusam-
menarbeit-Kampagne des Kongresses.

September: Auf einer Sondersitzung des Kongresses
setzt sich mit Hilfe Motilal Nehrus Gandhis Linie der
Nicht-Zusammenarbeit und des Aufrufes zum Boykott der Wahlen im November durch.

November: Fast zwei Drittel der indischen Wähler
folgen dem Boykottaufruf des Kongresses.

Dezember: Auf der Jahresversammlung des Kongres-
ses in Nagpur wird Gandhi dessen anerkannter
Führer. Daraufhin verläßt der Moslem Mohammed
Ali Jinnah den Kongreß.

1921   September: Die Verhaftung der Brüder Mohammed
und Sharkat Ali, der Führer der Khilafat-Bewegung,
bringt eine Belebung der bisher recht erfolglosen
Nicht-Zusammenarbeits-Kampagne.

Dezember: Nehru und sein Vater werden festgenommen und beide zu einer sechsmonatigen Haftstrafe verurteilt.

1922   4. Februar: Gandhi ordnet den Abbruch der Kampagne des zivilen Ungehorsams an, als die Regierung etwa 30000 Inder inhaftiert hat.

3. März: Entlassung Nehrus aus dem Gefängnis.

10. März: Verhaftung Gandhis.

18. März: Teilnahme Nehrus an dem Prozeß gegen Gandhi, der zu sechs Jahren Gefängnis verurteilt wird.

April: Erneute Verhaftung Nehrus und Verurteilung zu achtzehn Monaten Gefängnis.

Dezember: Auf der Jahresversammlung des Kongresses setzen sich die Anhänger Gandhis (›No-Changers‹) gegen dessen Gegner (›Pro-Changers‹) durch.

1923   Januar: Nach seiner Entlassung aus dem Gefängnis gelingt es Nehru, die drohende Spaltung des Kongresses zu verhindern.

Herbst: Nehru wird zum Vorsitzenden der Stadtverwaltung von Allahabad gewählt.

November: Die ›Pro-Changers‹ gewinnen bei der Wahl zur zentralen gesetzgebenden Versammlung 45 Sitze, die ihnen in Zusammenarbeit mit anderen nationalistischen Gruppen die Mehrheit sichern.

Dezember: Auf der Jahresversammlung des Kongresses wird der von Nehru gemachte Vorschlag zur Bildung einer Kongreß-Freiwilligenorganisation angenommen und er selbst zu ihrem Präsidenten bestellt. Zugleich wird er Kongreßgeneralsekretär.

Während des ganzen Jahres Zuspitzung des Konfliktes zwischen Hindus und Moslems.

1924   Sommer: Konflikt im Kongreß um das von Gandhi nach seiner Entlassung aus dem Gefängnis propagierte Garnspinnen.

November: Geburt eines Sohnes Nehrus, der jedoch nach wenigen Tagen stirbt.

Dezember: Auf der Jahresversammlung des Kongresses wird die *Swaraj*-Partei der offizielle verfassungsmäßige Arm des Kongresses.

1925	Februar: Rücktritt als Vorsitzender der Stadtverwaltung von Allahabad.
	November: Wegen der Erkrankung von Nehrus Frau Kamala an Tuberkulose Entschluß, Indien zu verlassen und mit ihr in die Schweiz zu gehen.
1926	März: Reise über Venedig nach Genf. Während des Aufenthalts Kontakt zu Romain Rolland und revolutionär gesinnten Indern.
	In Indien Auszug der *Swaraj*-Partei aus den gesetzgebenden Körperschaften.
1927	Februar: Teilnahme Nehrus als Delegierter des Kongresses am Antiimperialistischen Kongreß in Brüssel. Nach dem Kongreß Mitglied der Leitung der aus ihm hervorgegangenen Liga gegen den Imperialismus.
	Dezember: Rückkehr nach Indien. Auf der Jahresversammlung des Kongresses legt Nehru eine Resolution mit der Forderung nach völliger Unabhängigkeit Indiens vor.
1928	Februar: Protestaktionen gegen den Besuch der Simon-Kommission, die Verfassungsvorschläge vorlegen will, aber nur aus Briten besteht.
	Mai: Auf einer Allparteienkonferenz herrscht Einigkeit darüber, daß die Nationalisten eine eigene Verfassung für Indien ausarbeiten sollten.
	Nehru und der bengalische Kongreßführer Subhas Chandra Bose gründen die (allerdings bald wieder aufgelöste) Liga für die Unabhängigkeit Indiens.
	Nehru wird zum Präsidenten des Allindischen Gewerkschaftskongresses gewählt.
1929	24. Oktober: ›Schwarzer Freitag‹ an der New Yorker Börse, Beginn der Weltwirtschaftskrise.
	Dezember: Auf der Jahresversammlung des Kongresses in Lahore, die Nehru zum Kongreßpräsidenten wählt, wird als politisches Ziel die völlige Unabhängigkeit festgelegt. Wegen des abgelaufenen Ultimatums Vorbereitung einer neuen Kampagne des zivilen Ungehorsams.
1930	26. Januar: Mit dem überall in Indien gefeierten ›Unabhängigkeitstag‹ Beginn der neuen Kampagne des zivilen Ungehorsams.

12. März: Nach der Ignorierung seiner ›Elf Punkte‹ durch den Vizekönig beginnt Gandhi mit einer Reihe von Anhängern den am 2. März angekündigten Marsch ans Arabische Meer, um dort das britische Salzmonopol zu brechen.

5. April: Gandhi trifft am Arabischen Meer ein und löst mit seinem Verstoß gegen die Salzgesetze eine breite Boykottbewegung britischer Waren und eine Steuerverweigerung aus. Es kommt zu Massenverhaftungen und teilweise bewaffneten Auseinandersetzungen.

14. April: Verhaftung Nehrus, der von Allahabad aus die Aktion organisatorisch unterstützt, und Verurteilung zu sechs Monaten Gefängnis.

April: Abbruch der Beziehungen des Kongresses zur Liga gegen den Imperialismus. Nehru war bereits vorher wegen zu wenig radikaler Haltung des Kongresses aus ihr ausgeschlossen worden.

5. Mai: Verhaftung Gandhis.

Anfang Oktober: Entlassung Nehrus aus dem Gefängnis, kurz danach (19. Oktober) erneute Verhaftung.

November: Erstes Round Table-Gespräch in London ohne Beteiligung des Kongresses.

1931   25. Januar: Gandhi, Nehru sowie weitere inhaftierte führende Kongreßmitglieder werden aus der Haft entlassen, um eine Teilnahme des Kongresses an weiteren geplanten Round Table-Gesprächen zu erreichen.

6. Februar: Tod Motilal Nehrus.

5. März: Gandhi-Irwin-Pakt zur Beendigung der Kampagne.

Ende März: Auf einer Sondertagung des Kongresses in Karatschi gelingt es Gandhi, die Billigung des Paktes zu erreichen.

Dezember: Teilnahme Gandhis am zweiten Round Table-Gespräch in London, das ohne wesentlichen Erfolg bleibt. Nach seiner Rückkehr reagiert die Regierung auf den Versuch der Wiederaufnahme der Kampagne und vereinzelte Unruhen mit Härte und

Unterdrückung. Durch Verhaftungen und Verbote wird der Kongreß praktisch lahmgelegt.

26. Dezember: Verhaftung Nehrus.

1932   4. Januar: Verhaftung Gandhis und Vallabhbhai Patels, des nach Gandhi und Nehru bedeutendsten Kongreßführers. Verurteilung Nehrus in Allahabad zu zwei Jahren Gefängnis wegen Aufrufes zur Steuerverweigerung.

10. Januar: Der Kongreß wird zur illegalen Organisation erklärt.

Februar: Verlegung Nehrus in das Gefängnis in Bareilly.

Juni: Verlegung nach Dehra Dun.

September: Durch die Drohung eines ›Fastens bis zum Tode‹ erreicht Gandhi die Rücknahme gesonderter Wählerschaften für die Unberührbaren.

1933   30. Januar: In Deutschland Machtübernahme durch die Nationalsozialisten, Adolf Hitler wird Reichskanzler.

8. Mai: Auf die Ankündigung Gandhis zu einem 21tägigen Fasten zur Selbstreinigung hin entläßt die Regierung ihn gegen seinen eigenen Willen aus der Haft.

30. August: Entlassung Nehrus aus der Haft.

1934   12. Februar: Verhaftung Nehrus in Allahabad, wo er zu zwei Jahren Gefängnis verurteilt wird.

April: Gandhi beschließt das Ende der Kampagne des zivilen Widerstandes und die Teilnahme der *Swaraj*-Partei an den Wahlen im November.

Frühjahr: Gründung der den linken Kongreßflügel vertretenden ›Congress Socialist Party‹.

7. Mai: Verlegung Nehrus nach Dehra Dun.

Oktober: Gandhi tritt aus dem Kongreß aus.

November: Bei den Wahlen zur zentralen Gesetzgebenden Versammlung gewinnt der Kongreß 44 von 137 Sitzen.

1935   Mai: Aufgrund der wiederaufgetretenen Tuberkulose reist Nehrus Frau Kamala zur Kur nach Europa.

4. September: Entlassung Nehrus aus dem Gefängnis.

9. September: Nehru trifft bei Kamala in Badenweiler ein.

August: Verabschiedung des ›Government of India Act‹ durch das britische Parlament.

Glimpses of World History erschienen.

1936   28. Februar: Tod von Kamala Nehru.

Frühjahr: Nehru zum Kongreßpräsidenten gewählt.

The Autobiography of Jawarahal Nehru (späterer Titel: *Toward Freedom)* erschienen.

Beginn des spanischen Bürgerkrieges (bis 1939).

1937   April: Aufgrund des Wahlsieges treten Kongreßmitglieder in die Provinzregierungen ein mit der Verpflichtung, gegen den ›Government of India Act‹ zu kämpfen. Durch die Rücknahme des Versprechens, Koalitionsregierungen zu bilden, verschärfen sich jedoch die Spannungen zwischen Kongreß und Moslem-Liga.

1938   Februar: Bose zum Kongreßpräsidenten gewählt.

April: Der Versuch von Nehru und Jinnah, ein Zusammengehen von Kongreß und Moslem-Liga zu erreichen, mißlingt.

Juni: Europareise Nehrus (bis November).

1939   April: Bose wird von Gandhi und dem rechten Kongreßflügel zum Rücktritt als Kongreßpräsident gezwungen. Nachfolger wird Rajendra Prasad.

Juli: Nach der Forderung der Moslem-Liga nach einem eigenen Staat erneutes Scheitern von Gesprächen zwischen Nehru und Jinnah über eine Zusammenarbeit.

23. August: Deutsch-sowjetischer Nichtangriffspakt unterzeichnet.

1. September: Mit dem Überfall Deutschlands auf Polen beginnt der Zweite Weltkrieg.

3. September: Kriegserklärung Frankreichs und Großbritanniens an Deutschland. Der Vizekönig erklärt Indien zum kriegführenden Staat.

10. September: Aufgrund des Kriegsausbruch kehrt Nehru vorzeitig von einer Chinareise zurück.

1940   März: Die Moslem-Liga formuliert zum erstenmal die Zwei-Nationen-Theorie.

443

Mai: Churchill wird britischer Premierminister.

Juni: Der Vizekönig lehnt das Angebot des Kongresses zur Unterstützung Englands im Krieg wegen der daran geknüpften Forderung nach Unabhängigkeit ab. Während der daraufhin von Gandhi initiierten *Satyagraha* von Einzelpersonen wird Nehru verhaftet und zu vier Jahren verschärftem Gefängnis verurteilt.

1941   April: 13000 Inder befinden sich wegen zivilen Ungehorsams in Haft.

22. Juni: Beginn des deutschen Angriffs auf die Sowjetunion.

4. Dezember: Freilassung aller inhaftierten Kongreßmitglieder einschließlich Nehrus.

7. Dezember: Überfall der Japaner auf die US-Flotte in Pearl Harbor.

1942   Januar: Gandhi wird auf eigenen Wunsch von seiner (inoffiziellen) Führerschaft im Kongreß entbunden, da er die den Briten erneut angebotene Mitarbeit im Krieg als nicht vereinbar mit der von ihm vertretenen Gewaltlosigkeit ansieht.

März – April: Aufgrund der Bedrohung Indiens durch japanische Truppen sendet Churchill Sir Stafford Cripps zu Verhandlungen nach Neu-Delhi. Die nur vagen Versprechungen über den zukünftigen Status Indiens lassen diese jedoch scheitern.

7. August: Gandhis ›Quit India‹-Parole (Aufforderung an die Engländer zum Verlassen Indiens) wird offizielle Politik des Kongresses.

9. August: Verhaftung aller führenden Kongreßmitglieder.

Nehru bleibt bis zum Juni 1945 in Fort Ahmadnagar.

1943   Oktober: Bose proklamiert im von den Japanern eroberten Singapur eine ›Provisorische Regierung des Freien Indien‹.

Die britische Regierung favorisiert die Zusammenarbeit mit der Moslem-Liga, die in mehreren Provinzen die Regierung übernimmt.

1944   6. Mai: Aufgrund seiner schlechten gesundheitlichen Verfassung Entlassung Gandhis aus der Haft.

6. Juni: Landung der Alliierten in der Normandie.

1945	25. April: Gründung der Vereinten Nationen (UNO) in San Francisco.
	7./9. Mai: Ende des Zweiten Weltkrieges.
	15. Juni: Freilassung Nehrus.
	25. Juni: Die Simla-Konferenz (bis 14. Juli) scheitert am Anspruch der Moslem-Liga, alle mohammedanischen Mitglieder dieses Gremiums zu benennen.
	26. Juli: Ablösung Churchills durch die Labour-Regierung unter Premierminister Clement Attlee.
	6./9. August: Atombombenabwürfe über Hiroshima und Nagasaki.
	14. August: Kapitulation Japans.
	15. August: Die britische Regierung erklärt, Indien so schnell wie möglich die volle Selbstverwaltung gewähren zu wollen.
	18. August: Tod Boses.
	Winter: Bei den Wahlen zur zentralen Gesetzgebenden Versammlung erringt die Moslem-Liga fast alle den Moslems zustehenden Mandate. Ihre Forderung nach einem eigenen moslemischen Staat Pakistan bekommt dadurch größeres Gewicht.
1946	März – Juni: Die Verhandlungen einer britischen Kabinettsmission mit verschiedenen Gruppen und Parteien zur Bewahrung der Einheit Indiens führen zu einer Einigung zwischen Kongreß und der Moslem-Liga.
	10. Juli: Nehru relativiert als neugewählter Kongreßpräsident die Gültigkeit des Plans der Kabinettsmission.
	27. Juli: Die Moslem-Liga widerruft unter der Führung Jinnahs die Zustimmung zu dem ausgehandelten Plan und proklamiert für den 16. August einen ›Tag der direkten Aktion‹, der in Kalkutta zu schweren Unruhen führt.
	2. September: Eintritt von Kongreßführern mit Nehru als Vizepräsidenten in den Exekutivrat.
	10. Oktober: In Ostbengalen beginnen Ausschreitungen gegen die Hinduminderheit.
	15. Oktober: Eintritt von Mitgliedern der Moslem-Liga in den Exekutivrat.

9. Dezember: Erste Sitzung der von der Moslem-Liga boykottierten Verfassunggebenden Versammlung, die zu einem Instrument des Kongresses wird und am 11. Dezember Prasad zu ihrem Präsidenten wählt.

1947 20. Februar: Attlee kündigt die Machtübergabe in Indien bis spätestens Juni 1948 an.

24. März: Vereidigung von Lord Louis Mountbatten als neuer Vizekönig.

März: Erste ›Asian Relation Conference‹ in Neu-Delhi.

Die neugegründete ›Asian Relations Organization‹ hat ihren Sitz ebenfalls dort.

3./9. Juni: Kongreß und Moslem-Liga stimmen dem Mountbatten-Plan zu, der die Teilung Indiens vorsieht und in Einzelheiten regelt.

14./15. August: Indien und Pakistan werden unabhängig, bleiben aber als Dominions im Commonwealth. Die politische Führung haben in Indien Nehru (Ministerpräsident und Außenminister) und Patel (Innenminister) zusammen mit Mountbatten (Generalgouverneur) inne. In Pakistan ist Jinnah Generalgouverneur.

Aufgrund religiöser Verfolgungen bis hin zu Pogromen Einsetzen riesiger Flüchtlingsbewegungen von Hindus nach Indien und von Moslems nach Pakistan, die bis zum Jahresende einer halben Million Menschen das Leben kosten.

Herbst: Der Streit um Kaschmir entwickelt sich zu einer kriegerischen Auseinandersetzung zwischen Indien und Pakistan, die am 1. Januar 1950 mit einem Waffenstillstand und der Teilung vorläufig endet.

1948 30. Januar: Gandhi wird von dem früher zur extremistischen Hinduvereinigung *Rashtriya Swayamsevak Sangh* (RSS) gehörenden Nathuram Vinayak Godse ermordet.

Februar: In Junagadh ergibt eine Volksabstimmung eine Mehrheit für den Anschluß an Indien, das bereits am 9. November 1947 unter dem Einsatz von Truppen die Verwaltung übernommen hatte.

19. März: Durch den Auszug der ›Congress Socialist Party‹ wird der Kongreß vollständig vom rechten Flügel beherrscht.

Sommer: Cakravarti Rajagopalachari wird Nachfolger Mountbattens als Generalgouverneur.

11. September: Tod Jinnahs.

13.–17. September: Durch Einsatz von Militär gliedert sich Indien den Fürstenstaat Hyderabad ein.

November: Ansprache Nehrus vor der Generalversammlung der UNO in Paris.

1949   Januar: Die entscheidend von Nehru bestimmte Indonesien-Konferenz in Neu-Delhi leistet einen wichtigen Beitrag zur indonesischen Unabhängigkeit (17. Dezember 1949).

April: ›Londoner Erklärung‹ über den Status Indiens im Commonwealth.

Juni: Wiederzulassung des nach der Ermordung Gandhis verbotenen RSS.

1. Oktober: Gründung der Volksrepublik China.

Auf einer Reise in die USA versucht Nehru ohne großen Erfolg, Nahrungsmittel und Kapital für Indien zu bekommen.

1950   26. Januar: Inkrafttreten der Verfassung der Indischen Union.

15. Dezember: Tod Patels. Dadurch wird Nehru zum unangefochtenen Führer Indiens und des Kongresses.

Einrichtung einer Nationalen Planungskommission für die Wirtschaftsentwicklung mit Nehru als Vorsitzendem.

1951–1953   Koreakrieg.

Inkrafttreten des ersten Fünf-Jahres-Plans.

Gründung der nationalistisch-hinduistischen *Jan Sangh*-Partei.

1952–1954   Aus den ersten allgemeinen Zentral- und Regionalwahlen geht der Kongreß als Sieger hervor.

Nehru Kongreßpräsident.

1952   Dezember: Die UNO nimmt die von Indien vorgeschlagene Regelung der Koreafrage an, im März 1953 China ebenfalls.

447

1954	Januar: Die von den USA Pakistan gewährte Militärhilfe führt zu einer Verhärtung Indiens im Verhältnis zu seinem Nachbarn.

1954   Januar: Die von den USA Pakistan gewährte Militärhilfe führt zu einer Verhärtung Indiens im Verhältnis zu seinem Nachbarn.

26. April–21. Juli: An den Vereinbarungen der Genfer Indochinakonferenz wesentlicher Anteil Indiens. Es übernimmt den Vorsitz in den Kommissionen, die die Einhaltung der Beschlüsse überwachen sollen.

April/Juni: Indisch-chinesisches Abkommen über Tibet, in dessen Präambel zum erstenmal die ›Fünf Grundsätze‹ (Panchsheel) Nehrus zur Außenpolitik formuliert sind.

November: Nehru gibt die Schaffung eines Nationalen Entwicklungsrates bekannt, dessen Vorsitzender er wird.

Nehru besucht China.

Verfassen des Testamentes.

1955   Januar: Verabschiedung der Avadi-Resolution durch den Kongreß, in der Nehrus Wirtschaftsvorstellungen (›Sozialistisches Gesellschaftsmuster‹) unterstützt werden.

18.–24. April: Auf der Konferenz von 29 afrikanischen und asiatischen Staaten in Bandung (Indonesien) erreicht Nehrus Außenpolitik ihren äußerlichen Höhepunkt.

Juli: Besuch Nehrus in der Sowjetunion.

18. Dezember: Die sowjetischen Führer Chruschtschow und Bulganin kommen zu einem Besuch nach Neu-Delhi.

Indira Gandhi wird Mitglied im Arbeitsausschuß des Kongresses.

1956   23. Oktober–4. November: Ungarn-Aufstand. Nehrus sehr zurückhaltende Kritik an der Sowjetunion stößt bei vielen der ihn bisher als Führer und treuen Freund ansehenden blockfreien Nationen auf Unverständnis.

Oktober: Besuch Nehrus in der Bundesrepublik Deutschland.

Oktober–Dezember: Suezkrise.

1. November: Reorganisation der Indischen Union.

Dezember: Besuch Nehrus in den USA.

Während eines Besuches des chinesischen Ministerpräsidenten Chou En-Lai in Indien Bekräftigung der
›Fünf Grundsätze‹ auch für die Außenpolitik Chinas.

Inkrafttreten des zweiten Fünf-Jahres-Plans.

1957	26. Januar: Indien gliedert sich die besetzten Gebiete Kaschmirs ein.

Japanreise Nehrus.

1958   Sommer/Herbst: Die akute Gefährdung des zweiten
Fünf-Jahres-Plans wegen Devisenknappheit wird
durch eine Anleihe bei den westlichen Industrienatio-
nen und der Weltbank in Höhe von 350 Millionen
Dollar gebannt.

Indira Gandhi zur Kongreßpräsidentin gewählt.

1959   31. März: Nach einem von den Chinesen sofort unterdrückten Versuch, ein unabhängiges Tibet zu pro-
klamieren, flieht der Dalai Lama nach Indien.

1./2. August: Gründung der rechtsgerichteten, nicht-
kommunalistischen *Swatantra*-Partei.

25. August: Auseinandersetzungen zwischen indischen und chinesischen Grenztruppen bei Longju in
Tibet.

1960   11. Januar: Abkommen mit Pakistan über Grenzfra-
gen im Panjab und über die Nutzung des Indus zur
Bewässerung.

1961   März: Besuch Nehrus in Ägypten.

1.–6. September: Konferenz der Blockfreien in Belgrad.

18. Dezember: Indien gliedert sich die portugiesischen Kolonien Goa, Damao und Diu ein.

Inkrafttreten des dritten Fünf-Jahres-Plans.

1962   12. Oktober: Besuch Nehrus in Ceylon.

21.–27. Oktober: Kubakrise.

Oktober/November: Bewaffnete Auseinandersetzungen zwischen Indien und China im Grenzkonflikt in
Tibet enden mit einer Niederlage Indiens. Bis März
1963 ziehen die chinesischen Truppen aus den besetzten indischen Gebieten wieder ab.

Aus den Zentral- und Regionalwahlen geht der Kongreß als Sieger hervor.

1963	Frühjahr/Sommer: Heftige Angriffe der Opposition gegen Nehru.

1963 Frühjahr/Sommer: Heftige Angriffe der Opposition gegen Nehru.

Oktober: Eine Gruppe von führenden Kongreßmitgliedern einigt sich auf Lal Bahadur Shastri als nächsten Kongreßpräsidenten und damit als möglichen Nachfolger Nehrus.

1964 8. Januar: Nehru erleidet einen Schlaganfall.

27. Mai: Tod Nehrus.

9. Juni: Nehrus Asche wird, wie in seinem Testament festgelegt, in den Zusammenfluß von Ganges und Jamuna und aus einem Flugzeug über Felder verstreut.

Auswahlbibliographie

Schriften

Glimpses of World History, London 1934
Toward Freedom. An autobiography, London 1936
The Discovery of India, London 1946
Jawaharlal Nehru's Speeches, 3 Bde., Delhi 1949–58
The Quintessenz of Nehru, London 1961
Selected Works, Bd. 1–9, hrg. von S. Gopal, Neu Delhi 1972–76
Indiens Weg zur Freiheit, übers. von R. Aeberhard, Zürich 1948
Weltgeschichtliche Betrachtungen. Briefe an Indira, übers. von Else Sticken, Düsseldorf 1957
Summe meines Lebens, übers. von P. Baudisch, München 1962

Quellen

J. Nehru/T. Mende: Conversations with Mr. Nehru, New York 1956; deutsch: Gespräche mit Nehru, übers. von G. von Uexküll, Stuttgart 1956
A Bunch of Old Letters. Written Mostly to Jawaharlal Nehru and Some Written by Him, London 1960; deutsch: Ein Bündel alter Briefe, übers. von H. Venedy, Darmstadt 1961
J. Nehru: Letters to his sister, ed. by Krishna Nehru, Hutheesing, London 1963

Literatur

M. R. Anandi: The Humanism of Jawaharlal Nehru, Calcutta 1978
E. Berghaus: Nehru. Ein Lebensbild des großen Inders, Berlin 1955
M. Breecher: Nehru. A Political Biography, London 1959; deutsch: Nehru. Eine politische Biographie, übers. von Eva Schönfeld, München 1963

V. N. Chhibber: Jawaharlal Nehru. A Man of Letters, Neu Delhi 1970

R. C. Dutt: Socialism of Jawaharlal Nehru, Neu Delhi 1981

Indira Gandhi: Indira Gandhi spricht, München 1975

Mahatma Gandhi: Mein Leben, hrsg. v. C. F. Andrews, übers. von Hans Reisinger, Frankfurt/M. 1983

Mohandas Gandhi: Eine Autobiographie oder Die Geschichte meiner Experimente mit der Wahrheit, hrsg. v. Rolf Hinder, übers. von Fritz Kraus, 4. Aufl., 1984

S. Gopal: Jawaharlal Nehru. A Biography, London 1975

S. A. Husain: The Way of Gandhi and Nehru, 2. Aufl., London 1961, Indian Foreign Policy. The Nehru Years, ed. by B. R. Nanda, Neu Delhi 1976

R. K. Karanjia: The Philosophy of Mr. Nehru, London 1966

K. P. Karuna Karan: The Phenomenon of Nehru, Neu Delhi 1979

H. Köster: Indien zwischen Gandhi und Nehru, Mannheim 1957

V. B. Kulkarni: The Indian Triumvirate. A Political Biography of Mahatma Gandhi, Sandar Patel and Pandi Nehru, Bombay 1969

B. P. Lamb: The Nehrus of India. Three generations of leadership, New York 1967

H. Lehmann: Nehru. Baumeister des neuen Indien, Zürich/ Göttingen 1968

M. O. Mathai: Reminiscences of Nehru age, Neu Delhi 1978

Marla, Sharma, Hanck, Gerhard u. Wilhelm F. Mühlmann: Gandhi und der Gandhismus, Königstein 1977

F. Moraes: Jawaharlal Nehru. A Biography, New York 1956

M. Mohl: Gandhis gefährliches Erbe, Gütersloh 1966

H. Mukerji: The Gentle Colossus. A Study of Jawaharlal Nehru, Kalkutta 1964

B. R. Nanda: The Nehrus. Motilal and Jawaharlal, London 1962

B. R. Nanda: Glokhale. Gandhi and the Nehrus. Studies in Indian Nationalism, London 1974

J. Nehru: Nehru on Gandhi, 2. Aufl., New York 1948

M. Nehru: Motilal Nehru. Essays and Reflections on his Life and Times, Neu Delhi 1961

S. Pandit Nehru: Mahatma Gandhi. Sein Leben und Werk, Bergisch Gladbach 1983

B. N. Pandey: Nehru, London 1976

G. Prashad: Nehru. A Study in Colonial Liberalism, Neu Delhi 1976

A. Rao u. B. C. Rao: Six Thousand Days. Jawaharlal Nehru. Primeminister, New Dehli 1974

M. C. Rau: Gandhi and Nehru, Bombay 1967

T. K. Ravindran: Nehru's Idea of History, Neu Delhi 1980

D. Rothermund: Politische Willensbildung in Indien 1900–1960, Wiesbaden 1965

W. W. Schütz: Unteilbare Freiheit. Nehrus Politik der Selbstbestimmung, Göttingen 1964

M. Seton: Panditji. A Portrait of Jawaharlal Nehru, London 1967

J. S. Sharma: Jawaharlal Nehru. A Decriptive Bibliograhy, Delhi 1955

J. V. Sheean: Nehru. The Years of Power, London 1960

G. Tyron: Nehru. The Years of Power, London 1966

The Legacy of Nehru: A Memorial Tribute, ed. by K. Natwar-Singh, New York 1965

F. Wartenweiler: Jawaharlal Nehru. Demokrat im Osten, Zürich 1959

Personenregister

456

HEYNE BIOGRAPHIEN

Die Taschenbuchreihe mit den bedeutenden
Biographien der Großen der Weltgeschichte

Wilfried Blunt
Ludwig II.
König von Bayern
12/2 - DM 7,80

Robert Gutman
Richard Wagner
Der Mensch, sein Werk,
seine Zeit
12/3 - DM 9,80

Gavin de Beer
Hannibal
Ein Leben gegen Rom
12/7 - DM 5,80

H. F. Peters
Lou Andreas-Salomé
Das Leben einer außer-
gewöhnlichen Frau
12/8 - DM 8,80

Erich Eyck
Bismarck und das
Deutsche Reich
12/9 - DM 8,80

Edward Crankshaw
Maria Theresia
Die mütterliche
Majestät
12/10 - DM 8,80

G. P. Gooch
Friedrich der Große
Herrscher – Schrift-
steller – Mensch
12/12 - DM 12,80

Zoé Oldenbourg
Katharina die Große
Die Deutsche auf
dem Zarenthron
12/13 - DM 7,80

Werner Maser
Adolf Hitler
Legende – Mythos –
Wirklichkeit
12/15 - DM 12,80

Marcel Brion
Die Medici
Eine Florentiner Familie
12/20 - DM 7,80

Heinrich Eduard Jacob
Mozart
Geist – Musik –
Schicksal
12/22 - DM 9,80

David Shub
Lenin
Geburt des
Bolschewismus
12/23 - DM 9,80

Virginia Cowles
Wilhelm II.
Der letzte deutsche
Kaiser
12/26 - DM 10,80

Neville Williams
Elisabeth I.
von England
Beherrscherin eines
Weltreiches
12/28 - DM 7,80

Ronald W. Clark
Albert Einstein
Leben und Werk
12/30 - DM 12,80

Raoul Auernheimer
Metternich
Staatsmann und
Kavalier
12/33 - DM 6,80

W. H. Lewis
Ludwig XIV.
Der Sonnenkönig
12/34 - DM 8,80

Michael Grant
Caesar
Genie – Eroberer –
Diktator
12/35 - DM 6,80

Berndt W. Wessling
Beethoven
Das entfesselte Genie
12/36 - DM 8,80

Egon Caesar
Conte Corti
Elisabeth
von Österreich
Tragik einer
Unpolitischen
12/40 - DM 10,80

Robin Lane Fox
Alexander der Große
Eroberer der Welt
12/41 - DM 12,80

Eberhard Horst
Friedrich II.,
der Staufer
Kaiser – Feldherr –
Dichter
12/43 - DM 12,80

Jean Héritier
Katharina von Medici
Herrscherin ohne Thron
12/44 - DM 9,80

Ruth Jordan
George Sand
Die große Liebe
12/47 - DM 9,80

Robert Payne
Stalin
Macht und Tyrannei
12/48 - DM 14,80

W. Siegmund-Schultze
Johann Sebastian
Bach
Genie über den Zeiten
12/49 - DM 7,80

Michael Grant
Nero
Despont – Tyrann –
Künstler
12/53 - DM 7,80

HEYNE BIOGRAPHIEN

Die Großen der Weltgeschichte –
Wissenschaft · Politik · Kultur

Ingeborg Drewitz
Bettine von Arnim
Romantik – Revolution –
Utopie
12/56 - DM 9,80

Carl Brinitzer
G. C. Lichtenberg
Genialität und Witz
12/59 - DM 7,80

Benno von Wiese
Eduard Mörike
Ein romantischer
Dichter
12/61 - DM 7,80

Manuel Fernandez
Alvarez
Karl V.
Beherrscher eines
Weltreiches
12/69 - DM 7,80

Karl Heinz Wocker
Königin Victoria
Die Geschichte eines
Zeitalters
12/72 - DM 12,80

Gordon Brook-Sheperd
Edward VII.
Ein europäischer
Herrscher
12/74 - DM 8,80

Berndt W. Wessling
Gustav Mahler
Prophet der neuen
Musik
12/75 - DM 9,80

Mary Lavater-Sloman
**Annette von Droste-
Hülshoff**
Einsamkeit und
Leidenschaft
12/77 - DM 10,80

Franz Herre
**Kaiser Franz Joseph
von Österreich**
Sein Leben – seine Zeit
12/78 - DM 10,80

Joseph Wechsberg
Verdi
Ein musikalischer
Triumphzug
12/80 - DM 9,80

Hans Otto
Gneisenau
Preußens unbequemer
Patriot
12/81 - DM 8,80

Roland Penrose
Pablo Picasso
Sein Leben – sein Werk
12/82 - DM 16,80

Merete van Taack
Königin Luise
Die unbesiegbare Liebe
12/83 - DM 12,80

Heinz Liepman
Rasputin
Heiliger und Dämon
12/87 - DM 9,80

Montgomery Hyde
Oscar Wilde
Triumph und
Verzweiflung
12/88 - DM 14,80

Nancy Mitford
**Madame de
Pompadour**
Geliebte des Königs
12/89 - DM 7,80

Wilhelm von Schramm
Clausewitz
General und Philosoph
12/90 - DM 12,80

Desmond Steward
Lawrence von Arabien
Magier und Abenteurer
12/91 - DM 12,80

Peter Haage
Ludwig Thoma
Bürgerschreck und
Volksschriftsteller
12/92 - DM 7,80

Max Auer
Anton Bruckner
Mystiker und Musikant
12/93 - DM 9,80

Peter Quennell
Shakespeare
Genie des Welttheaters
12/94 - DM 9,80

Montgomery Hyde
Neville Chamberlain
Der glücklose
Staatsmann
12/96 - DM 9,80

Marcel Brion
**Johann Wolfgang
von Goethe**
Dichterfürst und
Universalgelehrter
12/97 - DM 14,80

Ludwig Marcuse
Sigmund Freud
Das Geheimnis Mensch
12/98 - DM 9,80

Christopher Herold
Madame de Staël
Dichterin und Geliebte
12/99 - DM 10,80

Vincent Cronin
Napoleon
Krieger und Staats-
mann
12/100 - DM 12,80

HEYNE BIOGRAPHIEN

Die Taschenbuchreihe mit den bedeutenden
Biographien der Großen der Weltgeschichte

Franz Herre
Wilhelm I.
Der letzte Preuße
12/102 - DM 12,80

Roland Bainton
Martin Luther
Rebell für den Glauben
12/103 - DM 9,80

Joan Haslip
Maximilian
Kaiser von Mexiko
12/104 - DM 12,80

Richard Collier
Mussolini
Aufstieg und Fall
des Duce
12/105 - DM 9,80

Robert Reid
Marie Curie
Erfolg und Tragik
12/106 - DM 9,80

Bernt von Heiseler
Schiller
Dichter, Idealist,
Philosoph
12/107 - DM 7,80

Eugen Diesel
Diesel
Der Mensch, das Werk,
das Schicksal
12/108 - DM 12,80

Louis Fischer
Mahatma Gandhi
Prophet der
Gewaltlosigkeit
12/109 - DM 9,80

Georgina Masson
**Christina von
Schweden**
Königin zwischen
Stolz und Tragik
12/110 - DM 12,80

Leopold Nowak
Joseph Haydn
Leben und musikali-
sche Schöpferkraft
12/111 - DM 10,80

Herbert Scurla
Wilhelm von Humboldt
Reformator – Wissen-
schaftler – Philosoph
12/112 - DM 14,80

Alan Palmer
Alexander I.
Gegenspieler
Napoleons
12/113 - DM 12,80

Jürgen Klein
Virginia Woolf
Genie – Tragik –
Emanzipation
12/114 - DM 16,80
Gold/Fitzdale
Misia
Leben – Leidenschaft –
Schicksal
12/115 - DM 12,80

Salvador de Madariaga
Cortés
Eroberer Mexikos
12/116 - DM 12,80

Carl Sandburg
Abraham Lincoln
Heldentum und
Legende
12/117 - DM 16,80

Ludwig Hüttl
**Friedrich Wilhelm
von Brandenburg**
Der Große Kurfürst
12/118 - DM 14,80

Preisänderungen
vorbehalten.

Piers Brendon
Churchill
Stratege – Visionär –
Künstler
12/119 - DM 12,80

John Barnes
Evita Perón
Mythos und Macht
12/120 - DM 12,80

Wolfgang Leppmann
Rainer Maria Rilke
Leben und Werk
12/121 - DM 12,80

Ronald W. Clark
Bertrand Russel
Philosoph – Pazifist –
Politiker
12/122 - DM 16,80

Francesco Mazzei
Messalina
Macht und Intrige
12/123 - DM 12,80

Ronald Hayman
Bertold Brecht
Der unbequeme
Klassiker
12/124 - DM 16,80

Joanna Richardson
Colette
Leidenschaft und
Sensibilität
12/125 - DM 12,80

Rudolf Krämer-Badoni
Galileo Galilei
Wissenschaftler und
Revolutionär
12/126 - DM 12,80

Alfons Nobel
Charlotte von Stein
Goethes unerfüllte
Passion
12/127 - DM 9,80

HEYNE BIOGRAPHIEN

Die Großen der Weltgeschichte –
Wissenschaft · Politik · Kultur

Ronald Hayman
Friedrich Nietzsche
Der mißbrauchte
Philosoph
12/128 - DM 14,80

Karen Monson
Alma Mahler-Werfel
Die unbezähmbare
Muse
12/129 - DM 14,80

Don Cook
Charles de Gaulle
Soldat und
Staatsmann
12/130 - DM 16,80

Johannes Lehmann
Moses
Religionsstifter
und Befreier Israels
12/131 - DM 9,80

Felix Berner
Gustav Adolf
Der Löwe aus
Mitternacht
12/132 - DM 16,80

Daniel James
Che Guevara
Leben und Sterben
eines Revolutionärs
12/133 - DM 14,80

Colin Wilson
Rudolf Steiner
Verkünder eines neuen
Welt- und
Menschenbildes
12/134 - DM 12,80

Roland Hayman
Franz Kafka
Sein Leben –
sein Werk –
seine Welt
12/135 - DM 12,80

Nicholas Henderson
Prinz Eugen
Der edle Ritter
12/136 - DM 12,80

R. J. Overy
Hermann Göring
Machtgier und Eitelkeit
12/137 - DM 16,80

Andrew Turnbull
F. Scott Fitzgerald
Der Genie der wilden
Zwanziger Jahre
12/138 - DM 16,80

Stephen B. Oates
Martin Luther King
Kämpfer für
Gewaltlosigkeit
12/139 - DM 16,80

Berndt W. Wessling
Franz Liszt
Ein virtuoses Leben
12/140 - DM 9,80

Gustav Sichelschmidt
Theodor Fontane
Lebensstationen eines
großen Realisten
12/141 - DM 14,80

Wolfgang Jeske /
Peter Zahn
Lion Feuchtwanger
Der arge Weg der
Erkenntnis
12/142 - DM 12,80

Harry Wilde
Rosa Luxemburg
Ich war – ich bin –
ich werde sein
12/143 - DM 12,80

Julian Symons
Edgar Allan Poe
Leben und Werk
12/144 - DM 14,80

Donald Spoto
Alfred Hitchcock
Die dunkle Seite
des Genies
12/145 - DM 14,80

Hermann Schreiber
August der Starke
Kurfürst von Sachsen –
König von Polen
12/146 - DM 12,80

Henri Troyat
Peter der Große
Zar – Reformer –
Despot
12/147 - DM 14,80

Roman Karst
Thomas Mann
Der deutsche
Zwiespalt
12/148 - DM 9,80

Beatrix Kempf
Bertha von Suttner
Schriftstellerin –
Politikerin
12/149 - DM 12,80

Stan Gébler Davies
James Joyce
Das bewegte Leben
des großen irischen
Schriftstellers
12/150 - DM 16,80

Berndt W. Wessling
Furtwängler
Eine kritische
Biographie
12/151 - DM 14,80

Terence Prittie
Konrad Adenauer
Der Staatsmann, der
die Bundesrepublik
prägte und Europa
den Weg bereitete
12/152 - DM 14,80